MONTBARD

Recueil historique

Tome 1

Eva Beliaeff
Gilbert Bonsans
Georges Beliaeff

ISBN : 978-2-9564511-1-2

© 2018 - BELIAEFF – Auto-édition

Couverture : © Towani

Livres publiés par Gilbert Bonsans :

Montbard au fil du temps – Office d'édition du livre Historique 1997
Montbard Album Souvenir - 1997
Montbard C'était Hier - 1999
Montbard 1900 – 2000 – 2007
Montbard par le petit bout de la lorgnette – 2014 (En collaboration avec François Raymond)

En préparation par les mêmes auteurs :

Montbard – Recueil Historique Tome 2
Montbard – Recueil Historique Tome 3

REMERCIEMENTS

Les auteurs tiennent à remercier toutes les personnes qui ont écrit et publié dans différentes revues historiques ou d'information sur la ville de Montbard, ainsi qu'aux associations qui ont fait paraître ces articles.

Les auteurs tiennent à remercier également tous ceux qui ont contribué (Ils se reconnaîtront) à la réalisation et à la publication de cet ouvrage, qui ont investi leurs soirées et leurs Week-ends dans la remise en forme et la correction des documents initiaux dactylographiés ou très souvent manuscrits.

Préface de Laurence Porte, Maire de Montbard.

Je salue l'initiative des auteurs qui se sont attelés avec passion à la compilation de nombreux documents et articles sur l'histoire de Montbard. Madame Eva Beliaeff, monsieur Gilbert Bonsans et monsieur Georges Beliaeff nous offrent là une belle contribution à l'œuvre de transmission de l'histoire de notre cité.

L'Histoire n'est pas une science figée, elle confronte faits et hypothèses à l'aune des découvertes. Ainsi, l'étymologie de Montbard a fait couler beaucoup d'encre. Notre toponyme est imagé par ses deux bars dont la plus ancienne représentation connue à ce jour figure sur le sceau de cire d'un manuscrit de 1353 retrouvé aux archives départementales de Côte d'Or en 2017 seulement.

La généreuse entreprise des auteurs permettra aux amateurs et aux curieux de trouver informations et anecdotes dans ce premier recueil. Corpus documentaire, tout étudiant ou chercheur y verra également une aide précieuse pour remonter vers les documents-sources qu'il leur appartiendra de questionner avec la méthode des sciences historiques.

Ce travail livresque remarquable fait écho aux récentes études mises en œuvre par la ville de Montbard avec le concours de la Direction régionale des Affaires culturelles. Il en résulte une base iconographique et archivistique de première importance qui documente l'histoire d'un site majeur de la cité : le château des Ducs de Bourgogne transformé en parc au XVIIIème siècle par Georges-Louis Leclerc, comte de Buffon. Constituée de 6000 documents numérisés, 600 pages de retranscriptions, des centaines de photographies d'objets, cette connaissance est accessible à tous par une borne numérique installée en 2018 au musée Buffon et dont tout le contenu est téléchargeable depuis le site internet : musee-parc-buffon.fr

Bonne découverte !

Laurence PORTE

Maire de Montbard

Vice-présidente du Conseil départemental de Côte d'Or

Introduction

Si vous aimez Montbard, si vous vous intéressez à son passé et que vous avez envie d'élargir vos connaissances, ce livre s'adresse à vous

Les textes regroupés dans cet ouvrage, résultat d'un travail de passionnés de l'histoire de Montbard, de la Bourgogne et plus généralement de la France, étaient éparpillés dans de nombreuses revues : Société archéologique et biographique, bulletin des amis de la Cité de Montbard, bulletin paroissial, bulletin municipal, mais aussi dans les archives municipales ou régionales.

Pour la première fois, un ouvrage tente de réunir une partie de ces documents qui traitent aussi bien de grands sujets historiques, des évènements qui ont conduit au développement de la ville et de la région, de la vie des français à différentes époques ou des difficultés économiques ou financières des communes ou des habitants.

Nous avons retravaillé sensiblement les documents d'origine en proposant, quand cela nous semblait nécessaire, une retranscription des textes anciens pour en faciliter la lecture, mais avons volontairement conservé des phrases, expressions ou tournures de phrase anciennes pour colorer les articles. Il ne s'agit donc pas de fautes à proprement parler mais d'un choix délibéré. Lorsque les mots sont difficilement compréhensibles en français ancien, vous en trouverez l'explication dans les notes de bas de page.

Ce livre est le premier tome d'une série d'ouvrages à venir et il est un des témoignages que nous laisserons aux générations futures.

Nous espérons que vous prendrez autant de plaisir à le lire que nous en avons eu à le réaliser.

Eva Beliaeff, Gilbert Bonsans, Georges Beliaeff.

Table des matières

Préface de Laurence Porte, Maire de Montbard. 7

Introduction 9

Étymologie du nom de Montbard.. 15

Les frontières de la Gaule d'après Ptolémée 16

Montbard ou bien Montbar ?... 17

Historique de Montbard... 20

Château et autres édifices publics de Montbard 26

Chartes des communes et affranchissement 30

Charte d'affranchissement (Avril 1231).. 38

Charte de Commune 41

14 juin 1981 - Montbard fête le 750ème anniversaire de la Charte 45

Tour Ronde (1934)... 48

Montbard en 1356 49

Établissement du Grenier à Sel 50

Mariage d'Anne de Bourgogne et du Duc de Bedford le 13 avril 1423.. 51

Le siège de Montbard en février 1590... 54

Application des ordonnances de Colbert sur la draperie 57

La Guerre de Hollande 59

L'Église et le Prieuré de Courtangy 61

Seloichey 66

Corbeton-les-Montbard 68

Église Saint-Urse... 71

L'orgue de l'église Saint-Urse 76

Vitrail de Saint-Urse.. 80

Les tribulations de l'autel de Saint-Urse 81

Dans les sous-sols de l'église de Montbard 83

État et inventaire de Saint-Urse le 1er septembre 1782.. 84

Autres ornements, linge, vase sacré et ustensiles qui restent en la chapelle Saint-Jean 94

Église Saint-Paul : Inventaire des objets de culture présentés sous vitrine 95

Les Chasubles.. 99

Une Œuvre montbardoise 101

Quelle est la Fête patronale de Montbard ? 103

Saint-Urse, patron de l'Église de Montbard (26 juillet)	104
L'ermitage de Sainte-Barbe	107
Liste des Curés de l'Église Saint-Urse	111
Naissances, baptêmes : 1700-1800	114
Les mariages 1700-1800	114
Anciennes chapelles	115
L'église Saint-Thomas	119
Tombera, tombera pas	121
Église Saint-Paul	123
Les Ursulines	125
Notes à propos des Ursulines de Montbard	127
L'agrandissement du Couvent des Ursulines	132
Anciennes Croix	134
Statuette de Saint Nicolas, Rue Voltaire.	135
De quelques attributions de la Municipalité de Montbard avant 1789	137
Lettre patente d'Henri IV créant deux foires à Montbard en 1609.	143
Lettre patente de Louis XIV créant quatre foires à Montbard en 1654.	144
Montbard à la fin du XVIème Siècle	145
Une procession en 1668 de la ville de Montbard	147
Montbard dans les deux premiers tiers du XVIIème siècle.	148
Montbard à la fin du XVIIème Siècle.	170
Faux-Sauniers montbardois	182
Passage de l'ambassadeur de la Porte	184
Au temps de « Louis le Bienaymé »	189
La Révolution à Montbard (1789-1790)	205
La Révolution à Montbard en 1790	222
Le serment fédératif de Montbard en 1790	231
La Révolution à Montbard	232
Achats de Biens Nationaux par la Commune de Montbard	236
La Révolution à Montbard (1791 - 1792)	238
Du 14 juillet 1791	241
Le 22 août 1790. Procès-verbal de l'état des prisons	249
Un Suspect à Montbard en 1792	250
La Révolution à Montbard – L'an 1 de la République	252
La Révolution à Montbard (août - décembre 1793)	262
Les Assemblées électorales de Montbard	282

La Terreur à Montbard 290

Pétition pour la plantation d'un Arbre de la Liberté. Mai 1792 302

La vie difficile au temps de la Convention (1792 - 1795)... 303

La grande terreur et la réaction thermidorienne 312

Les Fêtes du 14 Juillet.. 322

Plan de la Fête de la Fondation de la République française 323

Les Arbres de la Liberté 325

Situation Matérielle d'un Vigneron au 18ème Siècle.. 327

Vie économique et situation financière de Montbard au XVIIIe siècle 331

Table des illustrations... 336

Étymologie du nom de Montbard

Le nom de Montbard vient selon les uns de Mons-Bardorum, mont des bardes, et selon les autres de Mons-Baris, mont qui barre. À notre avis, le premier seul doit être accepté.

En effet, tout le monde pensera comme nous qu'aucune des collines environnantes n'offre assez de hauteur ni d'étendue pour avoir frappé assez fortement l'esprit des fondateurs de la cité.

Mont des bardes, au contraire, s'impose de suite à l'imagination et se rapporte à une origine beaucoup plus vraisemblable.

Montbard est dans le voisinage d'Alise, et chacun sait qu'Alise fut, durant plusieurs siècles, le centre de la civilisation relative de nos ancêtres les Gaulois, dont la religion était personnifiée par leurs druides et la poésie par leurs Bardes.

1 - Lithographie

Or, ces derniers avaient coutume de se réunir, une fois l'an, sur un monticule quelconque et là, de se disputer un prix que des vierges vêtues de blanc décernaient sous la forme d'une écharpe. Quoi d'étonnant alors qu'une des collines de Montbard ait été choisie par les bardes d'Alésia pour leurs périodiques assemblés et qui sait si, après le sanglant triomphe des Romains dans la plaine des Laumes, les profondeurs boisées de Chaumour ou les solitudes sévères de Kraâ ne retentirent pas plus d'une fois de leurs tragiques lamentations.

Plusieurs érudits, entre autres Courtépée et Guy Le Fèvre, n'ont pas craint d'attribuer à Montbard cette origine glorieuse et dans la Galerie de Le Fèvre, Montbard est signalé comme le Parnasse des poètes français.

La date précise de la fondation de Montbard est inconnue. Certains auteurs pensent que cette ville subsistait déjà au temps de l'occupation romaine et en donnent comme preuve ce fait que dans tous les temps on a trouvé dans son territoire et même dans l'enceinte de son château, des médailles romaines.

D'autres, se refusant à considérer Montbard comme l'œuvre des Romains et se basant sur ce qui reste de l'ancien château et sur les différents titres reproduits dans le cartulaire[1] de la ville, font remonter la fondation de cette cité au milieu de l'époque mérovingienne, c'est-à-dire vers l'an 600 de notre ère.

Ces deux versions d'ailleurs ne détruisent nullement celle de l'étymologie de Montbard qui demeure d'après nous, dès l'origine, lieu de rendez-vous favori des bardes.

Le lien n° 4 – 1911[2]

---

[1] Recueil de copies d'actes et titres relatifs à ses biens et à ses droits, de documents concernant son histoire ou son administration, pour en assurer la conservation et en faciliter la consultation.
[2] Les documents composant cette étude ont été puisés simultanément dans « Mémoire pour servir à l'Histoire de la Ville de Montbard », par Jean Nadault, ainsi que dans « Montbard », par Ferdinand Sardin.

Les frontières de la Gaule d'après Ptolémée

Par Paul Schitt, docteur de 3e cycle, Histoire.

Tout comme sur la Creuse, la limite fait un angle droit en direction du sud-ouest pour suivre la côte des Bars, qui donneront leur nom à Bar-sur-Aube et Bar-Sur-Seine.

Le mot provient de « barrum », qui a donné « barrière », évoquant une séparation. C'est bien cette côte des Bars qui sépare les tricasses de Troyes des Lingons attestés par les inscriptions de Vertillum[3], les ruines romaines se trouvant à quelque 30 km au sud de Bar-Sur-Seine.

Nous avons donc ainsi la Lyonnaise au nord et la Belgique au sud. La limite va de nouveau bifurquer, cette fois vers le sud-est, lorsque le relief tournera pour suivre la lisière de la vallée de l'Armançon, puis celle de la Brenne, la ville de Montbard s'y trouve, qui portait à l'époque médiévale le nom de Castrum Barris Montis.

Là encore, Barris découle de « barrum » et non, comme on a tendance à le croire, du gaulois « barro » qui signifie hauteur ; il s'agissait d'un castrum situé en hauteur (d'où « Montis ») et contrôlant la frontière (d'où « Barris »).

Ptolémée fait état dans la région de l'oppidum des Vadicasses[4], qu'il ne faut pas confondre avec les Viducasses de Normandie.

Il est le seul auteur de l'Antiquité à faire mention de ce peuple et de son chef-lieu, Noemagus ; ce dernier n'a jamais été localisé.

Un site découvert sur photographies aériennes semble pourtant convenir pour cette localisation.

Il comprend un oppidum sur lequel on relève des traces de défenses. À son pied, dans la vallée, à 1 000 m de distance, un emplacement de 300 m sur 250 révèle les cicatrices de bâtiments enfouis. Le champ, à lui seul, constitue une anomalie dans le tracé cadastral. On peut voir, toute proche, la trace en

2 - Les Druides, dessin H.Tachy

sous-sol, sous les cultures, de la voie romaine qui aboutissait à cet emplacement et le bordait. Il s'agit de la voie romaine reliant Sens à Chalon-sur-Saône.

L'emplacement est encastré, à environ 700 mètres de part et d'autre, d'un côté par les traces d'un sanctuaire dont le bâtiment central mesurait 50 mètres sur 30 ; et, de l'autre, par les traces d'une agglomération d'allure gallo-romaine... L'oppidum semble correspondre au chef-lieu des Vadicasses.

Grâce aux dispositions visibles sur le site, on peut penser que les conditions politiques de la Pax Romana obligèrent la population à s'installer en plaine, condition fréquente pour bien des oppida en Gaule. L'emplacement avec bâtiments ressemble à ces centres ruraux, marchés ou foires, qui servirent à asseoir l'autorité de Rome sur le pays, et l'on peut facilement imaginer l'appellation de « Nouveau Marché » pour le site au 1er siècle...

---

[3] Vertillum est un site gaulois, puis gallo-romain localisé sur un plateau surplombant la commune de Vertault (Côte d'Or)
[4] Les Vadicasses sont un peuple gaulois de la Gaule lyonnaise.

Montbard ou bien Montbar ?

Depuis le 18e siècle, l'orthographe généralement suivie est MontbarD. Mais au cours des siècles antérieurs se rencontrent simultanément les trois variantes orthographiques : MontbarD MontbarT, MontbaR.

Au 17e siècle, Madame de Sévigné écrit MontbaR. Les gravures d'Israël, vers 1650, sont intitulées : « Veuê de la ville de Montbar en Bourgogne » ; « Chasteau de Montbar en Bourgogne ».

Si l'on désire recueillir des échantillons de variétés orthographiques, que l'on feuillette la collection intitulée : « Notes et pièces justificatives », faisant suite à l'ouvrage de Jean Nadault sur Montbard ou encore la collection de Chartes relatives à Montbard et figurant dans le tome 2, p. 96 à 127 de Joseph Garnier : « Chartes de Communes et d'Affranchissements en Bourgogne ».

Un acte de 1644 porte dix-huit fois Montbar, et une fois Montbart ; une gravure de 1609, conservée à la Bibliothèque nationale, et reproduite par Ernest Petit : « Histoire des Ducs de Bourgogne » tome 4 p454, porte : « La Ville de Montbart », un acte de 1603 écrit aussi deux fois Montbart.

Au 16e siècle, dans une même pièce (1590), on relève simultanément cinq fois Montbart, et deux fois Montbar ; dans un acte de François 1er (1517) une fois Montbart.

3 - Lithographie colorisée de la ville

Au 15e siècle, les actes officiels emploient les trois orthographes, mais plus souvent Montbar.

Au 14e siècle, une pièce de 1376 porte huit fois Montbar ; une autre de 1373, treize fois Montbar, une fois Montbart, une fois Montbard. Un sceau octroyé à la commune de Montbard par le Duc de Bourgogne en 1376 porte la réplique latine de Montbart : *sigillum Communié Montisbarti*.

Aux 13e, 12e, et 11e siècles (la première mention de Montbard, relevée dans les textes est de 1065) les répliques latines sont toujours celles de MontbaR, soit Montisbarri, Montebarro, Montebarri, Montembarri. À preuve le texte de la charte de commune octroyée aux habitants de Montbard (1231) et de la charte d'affranchissement de la mainmorte[5] (1201). Dans le texte latin de la charte accordant le banvin (1209), figure la forme française : Montbar.

Si l'on consulte l'Histoire du monastère de Moutier-Saint-Jean, publiée en 1637 sous le titre : « Reomaus » et reproduisant des pièces du IIe siècle, relatives à Montbard, il y est question de la chapelle de Mont Bar : *capella Montis Barri*.

Il résulte de cette enquête que plus l'on se rapproche de l'époque originelle de Montbard, plus souvent l'on rencontre la forme Montbar.

Dans une étude très fouillée, publiée en 1926[6] sur : « Le nom de Bar et ses dérivés en toponymie », M. Louis Davillé établit, en fournissant de multiples exemples, que le mot Bar est extrêmement répandu en France et dans toute la partie de l'Europe qu'occupèrent jadis les Gaulois. Sa forme latinisée au moyen-âge est Barrum, Barra et Barrus. Il paraît d'origine celtique et signifie en général hauteur abrupte, en pointe ou en éperon ; il désigne en particulier les forteresses primitivement placées sur ces hauteurs : par suite, il arrive à signifier obstacle, barrage.

En conséquence, il serait plus conforme à la prononciation originelle d'écrire MontbaR et non MontbarD. L'étymologie Mons Bardorum (mont des bardes) à cause du D final, vulgarisée par Jean Nadault, est donc fantaisiste.

C'est pour obéir à une préoccupation vraiment rationnelle d'étymologie que la ville-port de mer « Cette » a décidé récemment d'adopter l'orthographe « Sète », transcription française du mot Séta, nom que portait cette ville à l'époque romaine. C'est guidée aussi par le même souci d'exactitude étymologique que la direction du bulletin de la Société des Sciences de Semur a écarté l'orthographe usuelle : « Semur-en-Auxois » pour adopter la forme « Semur-en-AuSSois ». Pourquoi, dès lors, n'adopterait-on pas l'orthographe MontbaR !

4 - Tableau au musée Buffon

Noms apparentés à Montbard

Nous les relevons çà et là dans l'étude de M. Davillé.

Le Mont Bard (Jura) ; le Montbart, près de Montbéliard (Doubs) ; Montbart, localité du Pas-de-Calais ; Mont de Bar (Meurthe-et-Moselle) ; Mont-Barri à Aspremont (Alpes-Maritimes).

Bar-le-Régulier, commune de la Côte-d'Or, dont la hauteur voisine porte le nom de Camp de Bar ; Bar-sur-Aube, Bar-Sur-Seine (Aube) ; Bar-le-Duc (Meuse) et dans cette ville le faubourg Bar-la-Ville ; Bar-Sur-Ornain (Meuse).

Côte-de-Bar, près de Saint-Mihiel (Meuse) ; Cratère-de-Bar (Haute-Loire) ; Puy-de-Bar à Moularèse (Tarn).

---

[5] Voir chapitre relatif au servage.
[6] Paris, Imprimerie Nationale

Les, Lés, Lès, Lez *Montbard*

Le mot les, employé en composition dans les noms de lieux, n'est point un article, mais une préposition, qui signifie : à côté de, proche de, et qui dérive, par contraction, du mot latin *latus* signifiant côté.

Cette préposition a reçu, au cours des siècles, les cinq variantes orthographiques suivantes : letz, les, lés, lès, lez.

Mais pour la distinguer de l'article : les, qui dérive lui du latin *illos* et *illas*, on emploie l'une des trois formes suivantes, également correctes au point de vue de l'orthographe : lés, lès, lez. L'Académie des Inscriptions et Belles Lettres emploie la forme : lés, dans sa collection de Pouillés. L'ancienne administration des Postes et Télégraphes a adopté la forme : lès. L'Académie française se rallie à la forme : lez, comme dans chez, nez. Le dictionnaire général de la langue française de Hatzfeld et Darmsteter suit l'Académie française.

On peut donc écrire indifféremment Nogent, Fain, Courcelles-lés, lès, lez-Montbard.

Si l'on écrivait letz ou les, on s'écarterait, sans nul doute, de l'orthographe actuellement reçue, mais l'on n'en suivrait pas moins des variantes orthographiques autrefois usitées

Le Lien n°3, mai 1935

5 - Entrée du village de Nogent-Lès-Montbard

Historique de Montbard

Rien n'est plus obscur et plus incertain que l'Histoire et l'Origine de la plupart des villes anciennes, surtout lorsque ces villes n'ont jamais été fort considérables et qu'on n'y voit plus aucun de ces monuments qui peuvent servir à fixer l'époque de leur fondation ou qui répandent du moins de grandes lumières sur les temps qui l'on suivie. Telles sont les circonstances dans lesquelles se trouve aujourd'hui la ville de Montbard située dans l'ancien baillage d'Auxois, autrefois le territoire des Mandubiens[7], et dont cependant les auteurs qui en font quelque mention parlent comme d'une ville très ancienne et qui a été le lieu de la résidence des Bardes. Ces Bardes, au rapport de Diodore de Sicile, étaient en même temps les poètes, les historiens et les philosophes des Gaulois, et ce serait des Bardes que cette ville a été nommée Montbard.

Si l'on ne peut justifier cette étymologie de manière à ne laisser aucun doute sur ce point d'histoire, les observations qui vont suivre pourront rendre cette opinion vraisemblable et prouveront du moins l'ancienneté de la ville de Montbard.

On a la preuve que dès le 9ème siècle, c'était une ville importante, peuplée de commerçants, appartenant à une Maison des plus illustres et des plus puissantes de ce temps-là, portant le nom de Montbard, dont le château situé sur le sommet de la colline sur la pente de laquelle est bâtie la plus grande partie de la ville, subsistait en son entier au commencement du 18ème siècle et dont les restes attestent encore la grandeur de ses anciens maîtres.

Montbard a été possédé par cette Maison au moins depuis le 10ème siècle jusque vers la fin du 12ème où il passa aux Ducs de Bourgogne.

On peut donc en conclure que la ville de Montbard est plus ancienne que cette monarchie et qu'elle existait avant l'invasion des Francs dans les Gaules.

Une autre preuve que Montbard existait dès l'occupation romaine de la Gaule est qu'on a trouvé dans cette ville et dans l'enceinte de son château de nombreuses monnaies romaines.

Cela cependant ne signifie pas que Montbard soit un ouvrage des Romains, car les villes qu'ils édifiaient portaient ordinairement le nom de leur fondateur et possédaient toujours des monuments dont on voit encore de magnifiques restes en divers lieux.

Mais ce qui prouve encore mieux que Montbard est une ville très ancienne, autrefois plus considérable qu'elle ne l'est aujourd'hui, c'est le rang honorable qu'elle a toujours eu à l'Assemblée des Etats-Généraux de la Province de Bourgogne et le droit dont elle a toujours joui de nommer à son tour l'élu du Tiers-état.

Sur 27 villes qui en 1750 ont rang à l'Assemblée des États, Montbard est la neuvième et précède 18 autres villes, la plupart fort anciennes et plus importantes qu'elle.

Enfin, comme les armoiries éclairent parfois certains points d'histoire, il est à propos d'observer dans celle de la ville de Montbard, la possession d'une fleur de lys dans ses armes, selon les armoiries anciennes de Bourgogne, ceci est une distinction honorable dont ne jouit pas le plus grand nombre des villes de cette province.

Or l'usage des armoiries ayant commencé à devenir héréditaire dans le 10ème ou 11ème siècle, plusieurs villes prirent pour armes soit l'image de leur Saint titulaire, soit quelque singularité de leur pays, soit enfin quelque figure ayant de l'analogie avec leur nom. C'est ce qu'on nomme : armes parlantes. Il est facile de voir que celles de Montbard sont de cette espèce. Bar en terme Blason signifiant un barbeau. Or ce poisson est un des hiéroglyphes de Minerve et une figure symbolique de la sagesse, ce qui peut convenir aux Bardes qui étaient les philosophes des Gaulois, ce qui peut donner encore quelque poids aux conjectures employées touchant l'origine de Montbard.

Enfin, le nom de cette ville se trouve en latin dans plusieurs titres et chartes par celui de *Castrum Montis-Barri*. On a voulu désigner par là non pas le château de Montbard, mais la ville elle-même,

---

[7] Mandubiens (ceux qui battent le chemin) : petit peuple gaulois habitant sur l'oppidum d'Alésia (Laffont, Paris, 2000)

fermée, fortifiée et remplie d'habitants, ainsi qu'étaient anciennement nommées les principales villes de Bourgogne, comme Dijon, Mâcon, Chalon, dont les noms latins étaient *Castrum Divionesse, Castrum Matisco, Castrum Cabillo*.

La ville de Montbard avait autrefois le titre de Comté et c'est sous ce titre qu'elle était le domaine d'une puissante Maison, et cela jusqu'à la fin du 12ème siècle.

6 - Détail du vitrail au-dessus de la porte d'entrée de St-Urse

Cette maison de Montbard était une des premières de la Province, dont les Seigneurs avaient le deuxième rang à la guerre après le duc de Bourgogne, et précédaient les plus qualifiés tels que les seigneurs de Vézy, de Mont-St-Jean, de Sombernon, de Saulx, de Beaujeu, de Digoin, les comtes de Chalon, de Mâcon, etc. Cette maison avait contracté des alliances avec celles de Saffres, d'Époisses, de Fontaine, de Montaigu, de Tonnerre, de Châtillon. St-Bernard[8] était fils de Tecelin de Châtillon et d'Aleth, fille du Seigneur de Montbard en Bourgogne.

Le premier seigneur de Montbard connu fut Bernard, qui mourut au milieu du 11ème siècle. On ne connait pas le nom de ses prédécesseurs. Ce Bernard eut six enfants, dont l'un, Rainard lui succéda, et, par sa femme, donna à l'Abbaye de Fontenay la seigneurerie d'Eringes. Il fut remplacé par l'un de ses fils, Bernard II, dont la fille Aleth de Montbard épousa Tecelin de Châtillon et eût de ce mariage St Bernard et cinq autres fils qui furent tous moines de l'Ordre de Cîteaux et une fille qui fut abbesse de Pralon. Aleth avait d'abord été destinée par ses parents à l'état monastique mais, recherchée par Tecelin, elle l'épousa à l'âge de 15 ans et passa sa vie dans l'exercice de toutes les vertus chrétiennes. Elle mourut en odeur de sainteté le 1er septembre 1100 dans le château de Fontaine-les-Dijon, après avoir prévu le jour de sa mort « dont elle avait eu révélation », nous dit un chroniqueur.

Les Religieux de Ste-Bénigne de Dijon, à la tête desquels se trouvait Gérannus, leur abbé, portèrent eux-mêmes son corps depuis Fontaine, et l'inhumèrent dans l'église souterraine, dans un tombeau de pierre. En 1250, le corps de cette sainte femme fut transporté à Clairvaux, à la prière des religieux de cette Maison, et inhumé à nouveau proche des lieux où St-Bernard son fils l'avait été un siècle auparavant.

André, chevalier du Temple, mourut sans laisser de postérité. Gaudrie, après avoir porté les armes avec honneur pendant quelques années, suivit l'exemple de St-Bernard et se fit moine à Cîteaux. Milon prit l'habit de frère convers à Cîteaux et ayant ensuite été reçu religieux de Chœur, devint prieur de l'Abbaye de Fontenay.

Bernard II, seigneur de Montbard, confirma, en 1129, toutes les donations que son frère avait faites à l'abbaye du Puits d'Orbe, transférée dans le siècle précédent à Châtillon-sur-Seine et fit une autre donation à cette abbaye pour le repos des âmes de Rainard son père, et de Milon son frère mort quelques années auparavant et inhumé dans le cimetière de cette abbaye.

Son fils André fut le dernier de cette Maison qui ait pris la qualité de Seigneur de Montbard.

C'est à la piété et à la libéralité des Comtes de Montbard et des habitants de cette ville que l'Abbaye de Fontenay est redevable de la plus grande partie des biens qu'elle possédait. Elle fut bâtie en 1130. Evrard, évêque de Norwik, en Angleterre, ayant pris le parti de passer le reste de sa vie dans la solitude, vint dans le même temps élire domicile près de cette abbaye et y fit bâtir à ses frais l'église qui fut consacrée en 1148 de la façon la plus solennelle, puisque le pape Eugène III présida cette cérémonie en présence de dix cardinaux qui l'avaient accompagné en France, de huit évêques, de St Bernard et d'un grand nombre d'autres ecclésiastiques.

---

[8] Fondateur de l'ordre cistercien. Voir chapitres sur ce sujet)

La Maison de Montbard portait pour armes : écartelé d'argent et de gueule chapée de même de l'un en l'autre.

La Maison de Montbard éteinte, la ville devint la propriété des Ducs de Bourgogne de la première et de la deuxième race, mais il est difficile de savoir quand et comment ce fait se produisit. Plusieurs auteurs pensent qu'André, le dernier Comte de la Maison de Montbard, voulant

7 - Blason de la maison Montbard

aller en terre sainte comme la plupart des Seigneurs de France se disposant à suivre en Syrie Philippe Auguste qui s'était croisé avec Richard, roi d'Angleterre. Pour se procurer de quoi subsister en Palestine, où il fut fait prisonnier, André avait vendu sa terre à Manassès, évêque de Langres. Ce dernier l'avait remise presque en même temps à Hugues III duc de Bourgogne à condition que lui et ses successeurs en fassent foi et hommage libre aux évêques de Langres.

En tous cas, il n'est pas à douter que Hugues III ait été Seigneur de Montbard dès l'année 1189, ce que prouve une charte de cette époque extraite du Cartulaire de l'Abbaye de Moutiers-Saint-Jean par laquelle ce prince lègue à cette abbaye : 1° Une maison lui appartenant dans le grand faubourg de cette ville proche de l'église de St-Thomas ; 2° Le droit de four sur les habitants de la même ville demeurant au-delà du Pont ; 3° Les pressoirs qu'il y avait dans ce quartier. Hugues III meurt à Tyr en Phénicie où il commandait l'armée de Philippe-Auguste. Eudes III son fils lui succède comme Seigneur de Montbard. D'un second mariage avec Alix, dame de Vergy, il eut un fils Hugues IV qui hérita de la Bourgogne et par conséquent de Montbard à la mort de son père survenue à Lyon le 6 juillet 1218.

Puis viennent comme seigneurs de la terre de Montbard, Robert II, Hugues V, Eudes IV et Philippe dit de Rouvres qui mourut en 1362 sans postérité.

Le Duché de Bourgogne passa alors en entier au roi Jean qui en fit don à son quatrième fils, Philippe le Hardi, chef de la seconde race royale des Ducs de Bourgogne. Puis vint son fils Jean sans Peur dont la fille, Marguerite de Bourgogne, eût en dot la terre de Montbard. Morte sans postérité en 1441, la terre de Montbard revint par droit de succession à Philippe le Bon qui la donna à sa femme Isabelle de Portugal, mère de Charles le Téméraire qui recueillit la succession de sa mère. À sa mort, survenue devant Nancy, la Bourgogne retourna à Louis XI avec toutes ses dépendances. Celui-ci ne garda pas longtemps Montbard. Par lettres patentes datées d'août 1478, il la donna au maréchal de Hechberg qui avait épousé sa nièce Marie de Savoie. À la mort du Maréchal, Montbard passe à Louis d'Orléans duc de Longueville, mort sans enfants. Les Ducs de Nemours en devinrent alors possesseurs. L'un d'eux la revendit à Edme de Màlain, baron de Lux ; après lui, elle passa au Duc de Bellegarde.

Quelque temps après la mort du baron de Lux, Claude d'Escars, évêque et Duc de Langres, fit féodalement saisir la terre de Montbard comme étant un fief de son évêché et porta l'instance à fin de commise aux requêtes du Palais de Dijon. Ce prélat étant mort quelque temps après, l'affaire n'eût pas de suite et M. de Bellegarde resta paisible possesseur de la terre. Il l'échangea en 1616 avec M. de Termes, son frère, Chevalier des Ordres du Roi et capitaine des Gardes du Corps.

8 - Cachet de cire en 1778

Ce dernier disparu, M. Duplessis, célèbre avocat du Parlement de Paris, l'acheta et institua en mourant M. Aubry, avocat, son légataire universel. Ce fut le dernier seigneur de Montbard. Par arrêt du Conseil rendu en février 1682, Montbard fut déclarée terre domaniale et comme telle réunie à la Couronne conformément à l'édit d'avril 1667.

La ville de Montbard, sous ses anciens seigneurs, était mainmortable comme toutes les autres villes et communautés de la province. Elle était cependant dès lors assez peuplée, mais elle le devint bien davantage sous les ducs de Bourgogne de l'une ou de l'autre race. Dès que ces princes furent seigneurs de Montbard, ils l'affranchirent des servitudes qui s'étaient introduites pendant les temps de licence des IXe et Xe siècles, sous le titre de *droits seigneuriaux*, et lui accordèrent plusieurs privilèges tels que ceux de justice, de chasse, de pêche, etc.

Eudes III, Duc de Bourgogne, affranchit Montbard du droit de mainmorte et du droit au Bauvin, par deux chartes différentes, mais toutes deux de 1201.

Hugues IV établit la commune de Montbard par une charte datée d'avril 1230. Par cet acte, la ville doit jouir des mêmes droits et privilèges que la ville de Dijon, à condition de payer au duc et à ses successeurs une redevance annuelle de cinquante marcs[9] d'argent, somme prodigieuse pour ce temps-là, eu égard à la rareté de l'argent et à la modicité des subsides au début du XIIIe siècle.

Voilà encore une preuve que Montbard était alors une ville importante, puisqu'on l'assujettissait à une redevance aussi onéreuse.

Philippe le Hardi, chef de la deuxième race des Ducs de Bourgogne, moyennant une somme de cinq cent francs d'or qu'il déclare avoir reçue des habitants de Montbard, confirma tous les privilèges que ses prédécesseurs avaient accordés à cette ville, et lui en accorda de nouveaux par sa charte datée de Beaune le 12 août 1376. Jean, son fils, par une autre charte donnée à Montbard en 1404, confirma ces mêmes privilèges qui le furent ensuite par François 1er et Henri II, rois de France, par leurs lettres patentes[10] de 1517 et 1547, chartes et lettres patentes qui étaient en 1840 en original aux archives de l'hôtel de ville de Montbard.

Ces franchises et privilèges contribuèrent sans doute à rendre Montbard plus considérable, mais rien ne fut plus capable de l'enrichir, d'y attirer de nouveaux habitants et d'augmenter son commerce, que les longs et fréquents séjours de ces princes dans cette ville, surtout ceux de la dernière race, toujours accompagnés d'une cour nombreuse égalant en richesse et en puissance les plus grands rois de ce temps-là.

Philippe le Hardi ayant épousé, le 19 juin 1369 Marguerite de Flandres, fille de Louis III, comte de Flandre, et veuve de Philippe de Rouvres, la fit venir en Bourgogne au mois de juin de l'année suivante. Montbard fut la première ville où elle s'arrêta. Le prince alla la recevoir à Molesme et la conduisit à Montbard où ils séjournèrent quelque temps. Ce fut au château qu'ils reçurent les visites et les compliments de la plus grande partie des seigneurs et des dames des deux Bourgognes.

Au mois d'août 1371, Philippe le Hardi, revenant de Vincennes conférer avec le Roi sur les affaires du Royaume, vint passer quelques temps à Montbard avec la duchesse qui l'y attendait. Ils allèrent ensuite à Moutiers-Saint-Jean, de là à Montréal, à Avallon et à Vézelay, où ils se séparèrent. Le Duc

---

[9] Ancienne unité de masse, valant huit onces ou une demi-livre (En45 grammes). Le marc d'argent a donné son nom à plusieurs monnaies : Mark finlandais, Mark allemand.
[10] Actes législatifs ou textes par lesquels le Roi rend public et opposable à tous un droit, un état, un statut ou un privilège.

continua jusqu'à Nevers où était le rendez-vous de ses troupes ; la Duchesse revint à Montbard.

Le 22 octobre 1374, la Duchesse accoucha au Château de Montbard d'une fille qui fut nommée Marguerite et épousa Guillaume, fils aîné du Duc de Bavière.

Au mois d'août 1376, les Etats-Généraux de Bourgogne s'assemblèrent à Montbard et accordèrent au duc Philippe une somme de cent vingt mille livres.

En 1378, la duchesse accoucha, toujours à Montbard, d'une seconde fille qui fut nommée Catherine et épousa Léopold, second fils de Léopold, duc d'Autriche.

Au mois de mai 1381, toujours sous Philippe le Hardi, les Etats de cette province s'assemblèrent à nouveau à Montbard et accordèrent à ce prince une somme de soixante mille livres.

Le 11 septembre 1419, le duc Jean ayant été assassiné sur le pont de Montereau par les gens du Dauphin qui devint Roi de France sous le nom de Charles VII, Philippe le Bon, fils du Duc Jean, alors en Flandre, revint aussitôt en Bourgogne, puis à Montbard où résidait la Duchesse sa mère ; il y fit assembler son conseil, et ce fut là que furent prises les mesures convenables pour tirer vengeance du meurtre de son père.

La cérémonie du mariage d'Anne de Bourgogne, fille du Duc Jean, avec Jean, Duc de Belfort, troisième fils d'Henry IV, roi d'Angleterre et régent du royaume de France, se fit au château de Montbard, le 13 avril 1423.

Tous ces faits sont tirés de différents historiens de Bourgogne ou des Archives de la ville de Montbard et font connaître que cette ville était autrefois beaucoup plus importante qu'elle ne l'était à la moitié du XIXe siècle, que les Ducs de Bourgogne l'affectionnaient et qu'ils y faisaient un assez long séjour chaque année.

Dans le cours du XIVe siècle, la peste désola Montbard au point qu'il n'y resta pas suffisamment d'habitants pour la culture des terres, de sorte que, au début du XVe siècle, les montagnes de son territoire, auparavant en nature de labourage, commençaient déjà à être couvertes de bois, ainsi que les habitants l'exposaient à Philippe le Bon qui, par des lettres de 1409, ordonna que des bornes soient plantées entre ces nouveaux bois et les siens. Ce qui fut fait : l'on planta, entre les bois du Duc et les terrains où le

9 - Les différentes bornes séparant les bois du Duc et les bois communaux.

bois avait crû, soixante-douze bornes de pierre de taille de quatre pieds (1,20m) de hauteur sur lesquelles étaient en relief, d'un côté les armes de Bourgogne ancienne et de l'autre celles de Montbard. C'est là la véritable origine des bois communaux de la ville de Montbard qui contenaient environ 1500 arpents et qu'elle fut obligée d'aliéner en 1665 pour l'acquittement de ses dettes, avec la justice qui lui appartenait dans ces bois et dans les métairies et hameaux qui y sont enclavés et les cens[11] qu'elle avait sur plusieurs maisons de cette ville.

---

[11] Cens : redevance annuelle, foncière et perpétuelle qui est due par celui qui possède la propriété utile d'un fonds à celui qui en possède la propriété éminente, appelée seigneurie.

Sous ces derniers seigneurs, la ville de Montbard, loin de se rétablir, diminua considérablement les sièges qu'elle soutint pendant les guerres civiles, les garnisons qu'elle fut obligée de recevoir et d'entretenir, encore, les dettes immenses, qu'elle contracta durant le XVe siècle, la ruinèrent absolument. Elle s'en trouva accablée : les contraintes, les emprisonnements faisaient chaque jour déserter ses plus riches habitants et cette ville ne se serait jamais rétablie si le Roi n'avait bien voulu pourvoir au paiement de ses dettes vérifiées par arrêt du Conseil de 1665 et qui se montaient à plus de trois cent mille livres.

Elles furent acquittées par la vente de ses bois communaux qui ne produisirent que cinquante mille livres environ, par la perception, pendant dix-sept années, de droits considérables sur différentes espèces de denrées et par une somme de quatre mille livres que Sa Majesté accorda sur les octrois de Chalon-sur-Saône et de Tournus.

On élisait alors tous les ans six échevins, le nombre fut réduit à deux par cet arrêt pour ne point multiplier celui des privilégiés ; et, entre autres règlements touchant l'économie des deniers publics, « défenses furent faites, sous peine de la vie, aux maires et échevins, d'imposer à l'avenir aucune somme sur la communauté, sans une expresse permission du Roi. »

Enfin, Montbard, en 1760, ne comptait plus guère que 1 400 habitants, elle avait diminué au moins des trois quarts de ce qu'elle était du temps des Ducs de Bourgogne.

10 - Tableau au musée de Buffon

Château et autres édifices publics de Montbard

Le château de Montbard subsistait en son entier et était même habité sur la fin du XVIIIe siècle, mais Montbard ayant été réuni à la Couronne en 1682, et l'esprit du gouvernement n'étant pas de conserver et d'entretenir des forteresses au centre du royaume, il était déjà ruiné faute de réparations, au commencement de ce siècle. Buffon, son possesseur, le fit démolir en conservant les murs qui sont entiers, construits en grosses pierres de taille. Il a également conservé la grande tour du nord et celle dite de St-Louis, au levant, en l'abaissant d'un étage.

Au Pied de la tour nord, il y avait un creux d'une très grande étendue, très large et très profond. Il y a lieu de croire qu'on avait tiré de ce creux les pierres ayant servi à bâtir le château. Buffon s'en servit pour enfouir les démolitions de ce même château, et si dans la suite des temps on venait à faire des fouilles en cet endroit, on serait étonné d'y trouver une aussi grande quantité de pierres taillées prêtes à être à nouveau mises en place.

En construisant les murs de ce château qui ont dix, douze pieds d'épaisseur et même davantage en certains endroits, on a suivi les contours des rochers, ce qui produit différents angles, différentes saillies. Quant aux fortifications extérieures, elles ne consistaient qu'en un fossé et en un chemin couvert.

Le château avait deux portes, flanquées de grosses tours carrées, l'une au nord, l'autre à l'est, et qui débouchaient sur une grande esplanade ou place d'armes, appelée dans la charte de Philippe le Hardi - Le Bel du Château. - C'est là que se trouve l'église paroissiale, ainsi qu'un puits taillé dans le roc, d'une grande profondeur et qui ne tarit jamais.

11 - Gravure du château de Montbard au XVe siècle

Cette portion du château était commune aux habitants, dans toute son étendue, comme elle l'est encore actuellement, à cause de l'église paroissiale. Une simple muraille la séparait du Donjon ou château proprement dit qui avait en avant une assez grande cour et des jardins sur la gauche.

Les bâtiments consistaient principalement en plusieurs tours carrées très élevées, construites en pierres de taille, entre lesquelles étaient les différents appartements également très élevés et qui formaient entre les tours des espèces de courtines. À gauche, en entrant, plus bas que le rez-de-chaussée, se trouvaient les cuisines et les offices et, au-dessus, les principaux appartements. Sur la droite, il y avait une très grande cave creusée dans le rocher dont la voûte était très élevée, une grande pièce appelée la salle des Gardes et la Chapelle sous l'invocation de Saint-Louis. Cette chapelle paraissait être de la même époque que le reste du château, ce qui laisse supposer qu'elle n'avait pas été tout d'abord dédiée à St-Louis qui ne fut canonisé qu'en 1297. Un duc de Bourgogne de la seconde race l'aurait fait placer sous l'invocation de ce saint qui était un de ses ancêtres.

Les bâtiments du château avaient trois faces, la plus grande, tournée au sud, et devant laquelle il y avait un fossé assez profond, taillé dans le rocher, sur lequel un pont-levis faisait communiquer avec la porte d'entrée située sur cette face et pratiquée dans l'épaisseur d'une grande tour carrée.

Les deux autres faces, en ailes, étaient au levant et au couchant. Au nord, un mur très élevé, paraissant plus ancien que le reste du château, était percé de deux ou trois grandes fenêtres cintrées par le haut, ce qui formait dans l'intérieur du château une cour peu éclairée à cause de la hauteur des bâtiments dont elle était entourée. Il y avait également dans ce mur une porte communiquant, au pied de la tour de l'Aubépin, avec le grand creux dont nous avons parlé.

La tour de l'Aubépin est encore actuellement aussi entière que si elle venait d'être bâtie. Elle est coupée à pans du côté de la campagne et carrément du côté du Donjon.

L'escalier de cette tour, pris dans l'épaisseur du mur conduit d'étage en étage.

Tel était à peu près ce château, l'un des plus vastes de la Province, et peut-être le plus fort avant l'invention de la poudre. Il avait une vaste étendue, puisque les Ducs de Bourgogne, ceux surtout de la deuxième race, y faisaient de longs séjours chaque année avec leur nombreuse cour, et que les Etats-Généraux s'y tinrent plusieurs fois, surtout sous Philippe le Hardi en 1376 et en 1381.

12 - Lithographie, début du XXe siècle

Le château n'existe plus, sauf la tour de l'Aubépin, Monsieur de Buffon l'a démoli et converti la plus grande partie du terrain en jardins très agréables où règnent également l'intelligence et le goût.

Mais par qui, et en quel temps, avait-il été bâti ? Question difficile à résoudre. Il est évident qu'il ne l'a pas été par un des Ducs de la seconde race, puisque dans la charte de Philippe le Hardi, chef de cette race, donnée à Beaune en 1376, ce château se trouve exactement décrit au sujet de savoir si « la justice dans le bel du dit » appartenait au Duc ou aux maires et échevins de Montbard, auxquels elle fut adjugée. On ne peut pas non plus en attribuer la construction à un des Ducs de la première race royale qui ont possédé cette ville pendant près de deux cents ans. Ce château était un monument trop considérable pour que ces princes eussent négligé d'y faire mettre leurs armes, comme ils l'on fait dans tous les édifices sacrés ou profanes qu'ils ont fait construire. Or, on n'a jamais aperçu d'armoiries dans le château de Montbard, ni des Ducs de Bourgogne, ni d'aucun autre seigneur. Il a donc dû être bâti avant l'usage des armoiries, c'est-à-dire avant le Xe ou le XIe siècle, temps auquel ces marques de noblesse ont commencé à être en usage et à devenir héréditaires. En effet, avant le XIe siècle, aucun tombeau de prince ou de seigneur ne portait d'armoiries, pas plus que les sceaux et les monnaies. Ce château peut donc avoir été bâti par un des anciens seigneurs de Montbard.

Ce fut en effet sous les premiers Capétiens que les seigneurs prirent une sorte de souveraineté dans leurs terres, et que, dit Mezeray, ils firent bâtir des châteaux et des forteresses, la plupart sur la croupe des montagnes, où ils exerçaient mille sortes de brigandages. On peut même présumer, qu'il est encore plus ancien que la maison de Montbard ou du moins antérieur à Bernard 1er, car ce seigneur l'habitait, et ce qui le prouve, c'est qu'il y a sur la pente de la montagne un chemin étroit qui y conduisait et dénommé dans plusieurs actes, le sentier d'Aleth. Or, comme nous l'avons dit, Aleth était fille de Bernard 1er et la mère de Saint-Bernard.

On peut même avancer que, dès les temps romains il y avait au même lieu un château habité, parce que, dans les fouilles faites par Buffon, après l'avoir démoli pour niveler le terrain qu'il occupait, on a trouvé quantité de médailles romaines, et surtout d'Auguste.

La ville proprement dite, qu'on distingue mal à présent de ses deux faubourgs, n'eut jamais pour fortifications qu'un mur ou rempart avec quelques tours placées de distance en distance, la plupart liées avec le mur, ce qui laisse supposer qu'elles sont de la même date, un fossé et un chemin couvert. Ce mur, dont les vestiges subsistent encore, avait environ 20 pieds de hauteur, sur 5 d'épaisseur. Il environnait toute la ville sauf la partie du quartier de la halle, immédiatement située sous les murs du château qui fermaient la ville de ce côté.

Montbard, se trouvant, depuis la conquête de la Franche-Comté presque au centre du royaume, on a regardé ses fortifications comme inutiles ; le château a été abandonné et l'usage des remparts, des fossés, du chemin couvert, des tours et autres fortifications a été accordé en différents temps par les magistrats de cette ville aux particuliers dont les maisons étaient adjacentes, moyennant un cens au profit de la ville.

Montbard avait autrefois quatre portes : l'une au levant, nommée *Porte de la Boucherie* et le séparant du quartier appelé le grand faubourg ; l'autre au couchant, nommée *Tour de l'Horloge*, celle de la ville la surmontant. Ces deux portes étaient pratiquées dans une haute tour carrée, en pierres de taille à peine dégrossies, à côté de laquelle il y avait un petit bâtiment servant de corps de garde. De plus ces portes étaient munies d'une herse et d'un pont-levis.

Les deux autres portes étaient situées, l'une dans la rue de la Halle, le quartier le plus élevé, qu'on appelait *Porte Neuve* ; l'autre, dans la rue du Couard, la partie la plus basse de la ville. Ces deux dernières n'étaient d'aucune défense ; pour se dispenser de les garder, on les murait en temps de guerre. Elles n'existent plus depuis longtemps.

La Porte de l'Horloge, disparue aussi, était précédée d'une autre porte démolie en 1712. On transporta alors l'horloge dans le clocher de l'église paroissiale où elle resta jusqu'en 1718, pour être placée sur la Tour de la Boucherie avec les deux figures, exécutées par un horloger de la ville, qui paraissaient mouvoir les marteaux de l'horloge.

13 - Le vieux quartier des Halles à Montbard

Avant que l'horloge y fût placée, il y avait sur la Tour de l'Horloge une petite cloche servant à avertir de l'entrée des audiences du Maire et de l'ouverture des marchés.

Le quartier de la Halle, ainsi nommé de ce que la halle où se tenaient les marchés y était autrefois placée, se trouve immédiatement situé sous les murs du château. C'était anciennement l'un des plus peuplés, parce que le principal commerce de la ville s'y faisait et que la proximité du château, habité par les seigneurs, avait aussi contribué à y attirer des habitants, surtout depuis que les Ducs de Bourgogne faisaient chaque année un très long séjour à Montbard. Actuellement ce quartier est au contraire presque désert parce que le Château est désert lui-même et que le commerce se fait dans la partie basse de la ville, d'un accès bien plus facile que le quartier de la Halle situé

presque au sommet de la colline. La Halle elle-même n'existe plus depuis la fin du XVIIe siècle. Elle avait été construite par les seigneurs de Montbard, ce que semble indiquer le terrier[12] de la terre de Montbard, fait en 1548 en vertu de lettres patentes du Roi, obtenues par M. le Duc de Guise en qualité de tuteur et légitime administrateur des personnes et biens de M. le Duc de Longueville alors seigneur de Montbard. L'article 32 de ce terrier est conçu en ces termes : « Item à lui compte la hâle assise au dit

---

[12] Registre contenant les lois et usages d'une seigneurie (Droits, redevances et obligations)

Montbard, en laquelle il lève le samedi jour de marché ordinaire son droit d'éminage[13] ci-devant déclaré » Le droit d'éminage se levait donc dans cette halle comme il se levait encore dans le lieu où se tenaient les marchés, et cela jusqu'à la révolution.

Le seigneur de Montbard n'avait que la moitié de ce droit. - Article 23 du même terrier « item la moitié de l'éminage qui se lève sur les vendant bleds[14] au marché public de la halle jour de samedi, marché ordinaire » et quant à l'autre moitié, les héritiers de feu M. Guy Daubenton la tiennent. Art. 24 « item la moitié de l'éminage comme ci-dessus est due aux sieurs de la Berchère et autres, les 2 foires ordinaires du dit Montbard à savoir St-Nicolas en mai, St-Jacques et St-Christophe en juillet. »

Le produit de cet éminage était anciennement considérable ; on payait le vingtième de tous les grains vendus aux marchés et de ceux consommés par les boulangers de la ville et par toutes autres personnes. Puis il se trouva réduit à presque rien vers le milieu du XVIIIe siècle par l'établissement d'un 2ème marché le jeudi, lequel étant franc, on cessa d'amener les grains au marché du samedi pour éviter de payer l'éminage.

M. Leclerc, conseiller au parlement de Dijon, qui était engagiste à vie du domaine de Montbard depuis 1718 dont le droit d'éminage pour sa moitié fait partie, se trouvant de plus propriétaire d'un quart de ce droit et d'un vingt-cinquième du tout par son mariage avec Melle Antoinette Nadault laquelle était aux droits de M. Legoux de la Berchère, se pourvut au conseil en 1734, en rétablissement de ce droit presque anéanti et par arrêt du 8 mars 1740, contradictoirement rendu avec les maires et échevins de Montbard. (Il fut maintenu dans la possession et jouissance de l'éminage de Montbard, à savoir : pour un pour cent et un 25ème du total comme mari de la demoiselle Nadault et pour le surplus de sa qualité d'engagiste à vie du domaine de Montbard, et il fut ordonné que ce droit d'éminage serait perçu sur le vendeur pour tous les grains qui se vendraient dans ladite ville les jours de foire et de marché sur le pied d'un 32ème seulement voulant néanmoins. « Sa Majesté, que les ventes d'un boisseau et au-dessous demeurassent exemptes du dit droit d'éminage, que les maires et échevins seraient tenus de recevoir les éminageurs qui lui seraient présentés par ledit sieur Leclerc, de leur faire le serment et d'égaudiller[15] leurs mesures, le tout sans frais, comme aussi d'indiquer un lieu convenable pour y tenir les foires aux jours accoutumés et les marchés tous les jeudis et samedis de chaque semaine, faisant Sa Majesté défense d'en exposer en vente pendant d'autres jours que ceux ci-dessus, à peine de confiscation et de cent livres d'amende ; sur le surplus des demandes, met les parties hors de cour. Fait au Conseil d'Etat du roi tenu à Versailles le 8 mars 1740. »

Enfin, par autre arrêt du Conseil du 1er août 1741, « le roi étant en son Conseil, interprétant, en tant que besoin, l'arrêt du 8 mars 1740, ordonne que les peines prononcées par celui contre ceux qui exposeront des grains en vente dans le marché et autres lieux de la ville de Montbard d'autres jours que ceux du marché, demeureront pareillement encourues par ceux qui arrêteront au passage dans ladite ville ceux qui seront destinés pour le marché ; ordonne pareillement que tous les grains seront mesurés sans que les vendeurs puissent s'en dispenser. Enjoint Sa Majesté au sieur intendant départi dans la province de Bourgogne et aux maires et échevins de Montbard de tenir à main à l'exécution tant du présent arrêt que de celui du 8 mars 1741. Fait au Conseil du roi. Sa Majesté y étant, tenu à Versailles le 1er août 1741. »

N. L. NODOT
Bulletin de la Sté des Sciences historiques et naturelles de Semur 1931, n°4 et n°7

---

[13] Eminage ou héminage en vieux français : droits perçus sur une hémine de grain. Une hémine est une ancienne mesure de volume valant un demi-setier, soit environ 76 litres. Cette unité de mesure servait également pour mesure le vin et représentait une demi-chopine, soit 0,24 litres.
[14] Blés
[15] Étalonner

Chartes des communes et affranchissement

La première charte d'affranchissement de Montbard est une charte de mainmorte[16]. Elle est datée de 1201 et la charte établissant une commune des habitants de Montbard est de 1231. Rappelons pour mémoire que la première charte de Bourgogne est celle de Dijon en 1187.

Montbard au XIIIe siècle

Qu'était donc Montbard au 13ème siècle ? Aussi loin que remontent les documents d'archives, on trouve la baronnie de Montbard - Mons Barri, et non pas « bardorum » -. Elle était la possession d'une puissante famille alliée à la famille ducale. La branche aînée de ces barons s'éteignit au XIIe siècle et la terre échut à Hugues III, duc de Bourgogne de la première race. Son fils Eudes III en acquit la mouvance, et en devint ainsi le maître absolu, sauf l'hommage qu'il devait à l'évêque de Langres. Eudes voulut s'attacher les habitants de sa nouvelle possession par un premier affranchissement, celui de la mainmorte. Il y voyait de nombreux avantages : l'assurance d'une population plus dévouée, les revenus fixes de la taille, une milice régulière toujours prête à marcher au premier signal. Cette charte est écrite en latin et conservée aux archives départementales. Elle est très courte, quatre ou cinq lignes seulement : « Moi, duc de Bourgogne, je donne à tous, pour le présent et pour l'avenir, et concède à perpétuité la mainmorte que j'avais sur eux. Je ratifie la présente charte de mon sceau. Fait en l'année mil deux cent un de l'incarnation. » Ce fut la première charte édictée par nos ducs après Dijon.

14 - Le pont sur la Brenne et le château. Dessin de la fin du XIXe siècle

Situation des habitants des villes et des campagnes au XIIIe siècle.

Aujourd'hui, tous les citoyens de n'importe quelle nation civilisée sont, en principe, égaux devant la loi. Et nous avons du mal à imaginer quelle était la complexité des situations au moyen-âge. Prenons un exemple concret : Autun. La population de cette ville était loin de former une communauté. La ville appartenait à plusieurs seigneurs et les habitants pouvaient être sujets du comte, de l'évêque ou du chapitre. Ils constituaient donc autant de groupes séparés qu'il y avait de seigneurs. Les hommes de l'évêque, de même ceux du chapitre, étaient cantonnés dans le château au centre duquel s'élevait la cathédrale. Mais ceux qui étaient établis dans la ville basse à Marchaux obéissaient à l'officier du duc, *le vierq*. À Semur il y avait les hommes du prieuré Notre-Dame qui dépendaient de l'abbaye de Flavigny, tandis que d'autres étaient les hommes du Duc.

---

[16] La mainmorte est l'incapacité dont sont frappés les serfs de transmettre les biens à leur décès.

Le servage

Il m'a paru indispensable, si l'on veut comprendre la suite des évènements, de parler de la situation des différentes catégories de populations issues de l'antique servage, dans les petites villes et les campagnes, puis de rappeler succinctement la marche en Bourgogne de la révolution communale.

J. Garnier, dans son livre sur les chartes de commune en Bourgogne, note le fait qu'il y avait encore des hommes *libérie, liberae,* ou hommes francs, dont la situation n'était pas le servage. Il donne de nombreux exemples : c'étaient d'anciens colons descendants des colons gallo-romains ou encore des Germains établis dans le pays. Les documents citent des *liberi* par opposition aux serfs et serves de l'abbaye de Molesme (1158), les *hospites* de la terre de Tart, etc. Ils suivaient la destinée de la terre sur laquelle ils étaient fixés, mais restaient libres de leur personne et de leurs biens. Ils devaient au seigneur des censes ou revenus fixes.

Mais c'était là des exceptions. La grande masse de la population était engagée dans les liens de la servitude.

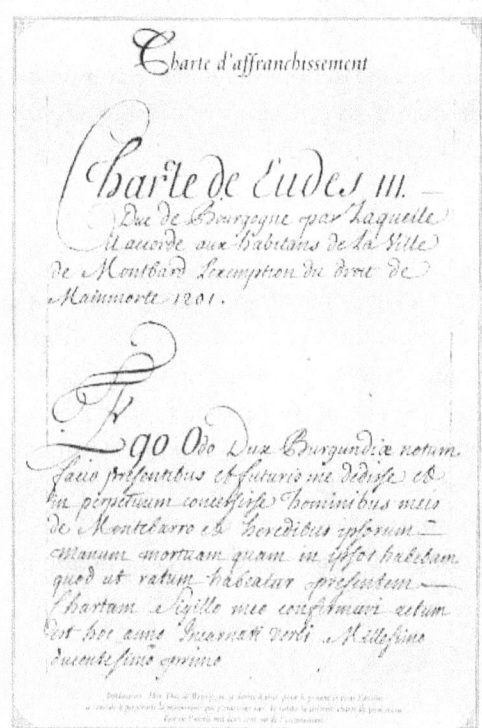

15 - *La charte d'Affranchissement de 1201*

Les documents écrits distinguent parmi eux :

Les familiers du 6ème au 11ème siècle :

C'étaient d'anciens hommes libres qui, pour se soustraire à la violence des temps d'anarchie, s'étaient mis sous la protection d'un monastère. Ils n'étaient pas considérés comme des serfs d'origine. Souvent ils exerçaient des fonctions d'intendants, de prévôts, d'officiers, chargés par les moines de la surveillance des exploitations. Mais ils avaient peu à peu, au cours des siècles, perdu leurs privilèges et au 12ème siècle. Ils étaient devenus taillables et mainmortables.

Les hommes taillables :

Suivant les anciennes coutumes de Bourgogne, les hommes taillables ne se confondaient pas avec les mainmortables, contrairement à ce qui se passait dans d'autres contrées pourtant toutes proches comme la Bresse où taillables et mainmortables étaient confondus et suivaient le même sort. Ils étaient assujettis à la taille, mais considérés comme francs. La taille était soit réelle, c'est-à-dire sur les biens, c'est l'impôt foncier, soit personnelle, impôt par tête ou famille.

Les mainmortables :

Ils étaient en somme les descendants des serfs, mais la situation des serfs avait évolué au cours des siècles. J. Garnier affirme : « Ils sont devenus les usufruitiers de leur tenure[17]. Ils ne doivent à leur

---

[17] La tenure est la terre concédée à un serf, c'est la tenure servile

propriétaire que des redevances et des services. Mais ils ne peuvent quitter leur terre sans être dépossédés de leurs biens. Le serf ayant retiré sa personne et son champ des mains de son maître devait à celui-ci non plus son corps et son bien, mais seulement une partie de son travail et de ses revenus. » (Benjamin Guérard). Ainsi le régime de la mainmorte, devenu par la suite si odieux, était tout de même un progrès notable sur l'arbitraire de l'époque antérieure.[18]

En résumé, au moment de la révolution communale, le domaine de toute seigneurie comprenait :
- Le domaine seigneurial cultivé par les métayers du maître, avec l'aide des corvéables.
- Le domaine acensé où la population avait conservé quelques libertés.

Comment se contractait la mainmorte ?

Elle avait le double caractère d'enchaîner l'individu (elle était donc personnelle) et d'enchaîner à la terre (réelle). De plus elle était imprescriptible. L'enfant né de parents mainmortables était lui-même mainmortable, même s'il naissait dans un lieu franc. Une femme franche, ou même noble, qui épousait un mainmortable devenait elle-même mainmortable, et à sa mort, si elle n'avait pas de descendance, ses biens revenaient au seigneur. Mais si elle était veuve elle recouvrait sa franchise, et pouvait quitter librement les lieux. L'homme franc qui allait habiter dans un lieu serf et épousait une serve tombait dans la servitude. Le formariage[19] était l'interdiction de contracter mariage avec une femme étrangère à la terre du seigneur sans la permission de ce dernier. Le formariage se maintint, en certaines régions et surtout pour les femmes, jusqu'à la Révolution de 1789.

Les charges du mainmortable étaient lourdes

La taille à volonté, le droit de gîte, le droit de prise, les redevances appelées coutumes (les produits du sol), les corvées et charrois exigés par le seigneur, les banalités comme le four, le moulin, le banvin, les impôts provenant du droit d'induire. - Il ne pouvait témoigner devant les tribunaux comme témoin, mais seulement à titre d'information. On lui laissait cependant le « droit de réclamation contre les aggravations de sa charge... » Naturellement, pas le droit de chasse ni de port d'armes, sauf pour le guet et la garde.

L'une des obligations les plus dures était l'interdiction de quitter sa glèbe[20] sans la permission du seigneur. Tout seigneur conservait encore au XIIIe siècle le pouvoir de rechercher le serf fugitif partout où il s'était réfugié et de le ramener sur sa terre. Notons cependant que l'application d'une telle sanction devint de plus en plus difficile, surtout dans les temps troublés ; il fallait que l'ancien maître fournisse les preuves de sa propriété, et le seigneur du lieu de refuge, surtout lorsqu'il s'agissait de ville neuve, intéressé à voir grossir la population, ne laissait pas partir facilement le réfugié.

Enfin si le mainmortable mourait sans descendance directe tous ses biens revenaient au seigneur.

Le désaveu

Suivant la coutume de Bourgogne remontant *ab antiquis temporibus*, faculté était laissée aux hommes de quitter la seigneurie sous la condition d'abandonner leur tenure. Mais il fallait l'autorisation du Seigneur et dans ce cas, il ne pouvait même pas emporter ses meubles. La possibilité du désaveu était considérée comme un frein à la dureté du seigneur. En fait c'était l'exception, sauf dans les temps de misère extrême.

---

[18] J. Garnier, p. 42
[19] Formariage ou for-mariage. Les serfs ne pouvaient contracter mariage qu'avec un autre serf du même seigneur, sauf s'ils obtenaient la permission de leur seigneur. Il y avait le droit de formariage payé au seigneur pour obtenir son consentement.
[20] Du latin gleba : motte de terre. Terre du domaine auquel un serf était attaché.

L'affranchissement personnel

On trouve très peu d'affranchissements personnels antérieurs au XIIe siècle. Puis ils devinrent plus nombreux et souvent précédèrent les affranchissements généraux à cette époque. Les hommes ainsi affranchis étaient parfois libérés de toute taille ou redevance serviles. D'autres moins favorisés restaient soumis à la taille et aux corvées. Mais tous étaient assujettis à un sens.

Les serfs servages

Au dernier rang de la société étaient les serfs servages. C'était la servitude telle que l'avait laissée la conquête barbare. Voici comment s'expriment les vieux styles à leur sujet : « sont ceux qui sont serfs de leur chef et de la teste. Et peut le seigneur prendre tous leurs biens quand il *luy* plait comme son serf qui ne peut se désavouer de *luy* par quelque manière que ce soit. Lorsque le serf servage n'a que *mangier*, le seigneur est tenu de *luy* donner son vivre ». Ainsi au XIIIe siècle, alors que la liberté se répand jusque dans les campagnes, le servage des temps primitifs se maintenait encore dans certaines parties reculées du Duché. Au XIVe siècle, les serfs s'étaient confondus avec les mainmortables dont l'émancipation complète n'a eu lieu qu'en 1789.

En résumé

Voici comment J. Garnier, dans son ouvrage sur les affranchissements en Bourgogne résume la situation de la population au moment où commence la révolution communale :
- Un prince sans terre (le Duc) en lutte continuelle pour dégager sa couronne des possesseurs du sol et finissant par les dominer,
- Un clergé et des abbayes sauvegardant ce qui peut subsister de la civilisation gallo-romaine et imposant un minimum de paix et d'ordre dans un monde anarchique, mais renfermé dans ses immunités et usant pour les défendre des armes spirituelles et temporelles dont il dispose,
- Une noblesse turbulente, moins antipathique que le clergé à l'émancipation des classes inférieures, quand elle y trouve son avantage,
- En ville, à Dijon par exemple, des bourgeois jouissant d'antiques libertés, mais impatients de les revivifier à des sources nouvelles,
- Dans de nombreux bourgs, des hommes libres en petit nombre qui travaillent, à l'exemple des villes voisines, au développement de leur franchise, une masse de taillables et mainmortables qui aspirent à la liberté de leur personne et de leurs biens, à l'exemple des communes du nord et de certaines provinces méridionales. Nous allons voir comment va s'installer peu à peu un régime d'affranchissement. À Montbard, une première charte d'affranchissement de la mainmorte avait été octroyée par le Duc Eudes III en 1201 et la charte établissant la commune est de 1231 et fut concédée par Hugues IV, duc de Bourgogne de la première race.

Quelle fut la marche de cette révolution communale en Bourgogne ? Il faut signaler avant tout, bien que ne faisant pas partie de la Bourgogne, mais à cause de sa proximité relative, le retentissement des luttes dramatiques qui marquèrent la conquête de sa liberté, les évènements de Vézelay au XIIe siècle, luttes qui ont passionné nos contrées.

L'Abbaye de Sainte-Madeleine, bien antérieure à Cluny, prétendait ne relever que du Saint-Siège. Les abbés de Vézelay étaient ainsi parvenus à se soustraire à la juridiction de l'évêque d'Autun et du comte de Nevers.

Les foires amenaient chaque année de nombreux marchands et plusieurs s'étaient installés, de telle sorte que la population s'était adonnée avec succès au commerce et à l'industrie. La prospérité des habitants allait croissant. Aussi les habitants qui étaient encore engagés dans les liens de la servitude aspiraient aux libertés d'autant plus que de nombreuses restrictions entravaient le droit de propriété, les abbés augmentaient à leur bon plaisir les taux de prestations à payer, surtout lors de la construction de l'abbatiale.

Les débuts de la révolte furent marqués par la dramatique mise à mort de l'abbé Artaud en 1106. Mais les luttes violentes se poursuivirent tout le XIIe siècle. Il fallut soixante années de luttes violentes et sanglantes, avec l'intervention du duc de Nevers et du roi de France, pour qu'en 1221, enfin, fut octroyée la charte qu'on appelle la « liberté de Vézelay », « Libertas Verzeliacensis » : abolition de la mainmorte pour tous les habitants situés à l'intérieur de la ville moyennant une taille annuelle, fixation des redevances, abandon du droit de suite, liberté pour les habitants de quitter le pays, établissement d'un tribunal d'arbitres en cas de litiges. Mais il n'est pas encore question d'un gouvernement municipal : cela ne viendra que plus tard.

On pourrait, dans le même ordre d'idée, étudier les chartes de Langres, d'Auxerre, de Tonnerre et, plus loin de nous, de Lyon et de Besançon...

Il est remarquable que, tandis que les villes dont nous venons de parler luttent avec des chances diverses pour conquérir leur liberté, la commune jurée s'installait pacifiquement à Dijon. Il semble qu'en Bourgogne, le mouvement communal, qu'il vînt du nord, la commune, ou du midi, le consulat, fut toujours relativement pacifique. Les croisades avaient décimé et ruiné l'antique noblesse de race. La prospérité s'était déplacée. De plus, le prix exorbitant auquel on vendait les franchises n'était pas à dédaigner par les seigneurs qui les octroyaient. Enfin, la royauté encourageait un mouvement qui était à son avantage puisqu'il donnait au roi l'occasion d'intervenir, et la médiation du roi était toujours acceptée avec empressement.

La charte de Dijon fut la première et la plus complète expression des affranchissements en Bourgogne.

Même si la charte affectait la forme d'une libéralité accordée à la seule bienveillance du Seigneur, il s'agissait bien en fait d'un véritable contrat entre les deux parties. Plus tard au XIIIe siècle, une autre forme se fit jour qui avait le caractère de transaction entre les droits du Seigneur et la communauté.

Dans les chartes les plus anciennes et les plus importantes, on retrouve au début l'invocation à Dieu ou à la Trinité. C'est le cas de la charte de Montbard qui est écrite en latin : *In nomine sancte et indidue Trinitatis. Amen.* Mais plus souvent la charte commence par le nom du seigneur : *N.dux* ou *cornes*, ou *dominus* ou *episcopus*, suivi rarement de l'exposé des motifs.

Puis on entre dans le vif du sujet avec ceci de remarquable : le manque absolu d'ordre et de synthèse entre les différents articles. Les parties une fois d'accord sur l'essentiel : affranchissement ou rétablissement d'une commune, on dicte au tabellion, à mesure qu'elles viennent à l'esprit, les différentes clauses. Le seigneur fait des réserves sur les droits qu'il veut sauvegarder, les habitants dictent les exemptions qui leur semblent découler de la concession première. Quand on s'inspire d'une charte déjà existante, et c'est le cas de celle de Montbard avec Dijon, on se contente souvent de copier servilement. Ainsi les paragraphes relatifs aux banquiers et changeurs de Vézelay sont insérés dans la charte d'une petite commune de l'Auxois, Mont-Saint-Jean, qui n'a jamais vu ni banque ni banquier. Des droits d'usage forestier sont insérés dans les documents de la commune de Talant dont le territoire ne comporte aucun bois ni aucune forêt puisqu'elle était limitée par les murs de la cité. Enfin on recherchait, dans ces temps où le droit ne prévalait pas toujours sur la force, la garantie du roi de France, ou du Duc de Bourgogne, ce qui fut le cas de Montbard pour le Duc. L'évêque était surtout appelé au maintien des privilèges de la charte et la menace des censures de l'église avait alors tout son poids.

C'est ainsi qu'il y a eu une double promesse de sauvegarde pour Montbard, l'une faite par Robert, évêque de Lyon, l'autre par Guy de Vergy, évêque d'Autun, datée du 3 janvier 1232 ou 33, au cas où le duc de Bourgogne ne serait pas fidèle à ses engagements.

Ces chartes étaient délivrées en minutes et comme à cette époque il n'y avait pas encore de chancellerie, comment faire pour conserver avec quelque sécurité un document aussi précieux ? Certaines clauses déterminaient parfois le seul lieu de la ville où la charte non seulement devait être conservée mais pouvait être consultée. C'est ainsi que la charte d'affranchissement de la ville de Seurre était conservée par les moines de Cîteaux. Elle n'en devait pas sortir et de fait, elle n'en sortit qu'en 1789 lorsqu'elle fut brûlée sur la place publique de Seurre par les habitants qui n'avaient pas compris que cette charte était le témoin des premières libertés et était à ce titre infiniment précieuse. Celle de Montbard a été heureusement préservée et se trouve encadrée dans le grand salon d'honneur de l'hôtel de ville.

Ce serait une erreur de croire que les affranchissements n'eurent lieu qu'aux XIIe et XIIIe siècles. Ils vont se poursuivre jusqu'à la veille de la révolution de 1789. Voici deux exemples significatifs. Une charte est octroyée aux habitants de Venarey par acte de Me Cosseret, notaire à Semur. Le marquis de Bataille libère les habitants de Venarey de la mainmorte en se réservant une tierce de douze gerbes l'une, plus deux boisseaux d'avoine et froment et deux paires de poulets par feu[21], ceci en date du 13 novembre 1777, donc douze ans avant la révolution. Le dernier affranchissement que l'on trouve en Bourgogne fut celui d'Ogny. En 1783, M. Rigolet seigneur d'Ogny offre aux habitants de les affranchir de la mainmorte et du formariage moyennant une prestation en avoine sur chaque journal de terre. Mais les habitants ne sont pas pressés de signer. Ils ne le firent qu'en novembre 1787. Il leur aurait suffi d'attendre la nuit du 4 août, moins de deux ans plus tard...

En Bourgogne, le prévôt (praepositus) désignait l'homme préposé par le seigneur pour administrer le domaine, exercer la justice, lever l'impôt, etc... Mais parfois on l'appelait aussi le maire (Major).

L'octroi d'une charte de commune eut pour effet de substituer dans la cité, à l'autorité directe du Prince ou du Seigneur, celle toute nouvelle de magistrats librement élus. Pour ceux-ci on conserva le nom de maire Major (à Dijon Maieur) et échevins (scabini) en souvenir des anciens « curiaux[22] » les attributions du maire et des échevins n'étaient pas partout les mêmes. Elles varient en raison de la somme de libertés prévues dans la charte qui les établissaient.

Dans les communautés de plein exercice comme à Dijon ou Montbard, le maire exerçait tous les pouvoirs : judiciaire, financier et militaire. On levait l'impôt dû au seigneur, mais aussi celui qui était nécessaire pour les besoins de la cité. Mais dans d'autres communautés moins favorisées, les pouvoirs du maire et des échevins étaient beaucoup plus restreints. Dans beaucoup de petites communes la magistrature ne comportait qu'un ou deux prud'hommes chargés de répartir les prestations dues au seigneur.

Le principe de solidarité, inscrit dans les chartes, n'était pas une vaine formule. La communauté avait à veiller, au milieu d'éléments hostiles, à défendre les intérêts dont elle avait la garde. Aussi tous les habitants se devaient de participer personnellement à la vie politique de la cité. Celui qui manquait à l'assemblée risquait des peines pécuniaires. Les magistrats ne pouvaient refuser le mandat qu'on leur imposait. *Oportet ut electus in majorem et juratum si major vel juratus velit nolit*, dit la charte de Soissons.

Si Dijon avait un maire et vingt échevins, Montbard se contentait de six échevins seulement en plus du maire.

---

[21] Par foyer
[22] Du latin curialis : de cour, courtisan.

Comment se faisaient les élections[23] ?

Les élections du maire et des échevins, qui étaient toujours annuelles, avaient lieu le jour de la Saint-Jean-Baptiste, le 24 juin. Quelques jours auparavant le maire en exercice convoquait la communauté des habitants dans l'église du prieuré Saint-Thomas. Il rendait compte de son administration et re Momettait les insignes de sa charge au plus ancien des échevins. Ces insignes à Dijon étaient : les évangiles sur lesquels on prêtait serment, les sceaux, les clefs de la ville, les bannières de la milice, les étalons des poids et mesures. Il devait en être de même à Montbard.

16 - La chapelle St-Thomas en 1972. Elle sera démolie quelques années plus tard pour laisser place au centre social.

La veille de la Saint-Jean, le crieur passait dans les rues pour convoquer les habitants. Le garde des évangiles et les autres officiers siégeaient à une estrade et chaque votant dictait aux scribes le nom de son candidat.

On procédait immédiatement au dépouillement sous la surveillance du scrutateur, et les élus prêtaient serment sur les évangiles. Puis on levait la séance. Détail pittoresque : à Dijon, l'on procédait alors à une ample distribution de pain, de vin et de cerises au populaire et il n'est pas interdit de penser qu'il en était de même de Montbard.

À Montbard, comme ailleurs, les institutions issues de la charte durèrent jusqu'à la grande révolution, mais elles eurent à subir bien des vicissitudes.

Voici une anecdote relative aux élections, qui se passe au XVIIe siècle.

Les mandats de maire de Montbard et des échevins sont, nous l'avons dit, annuels, et renouvelés le jour de la Saint-Jean-Baptiste. En général, les élections se font à l'église. Pourquoi à Montbard à l'église Saint-Thomas au faubourg ? Rien d'étonnant à cela puisque Montbard n'avait pas de véritable église paroissiale, Saint-Urse n'étant primitivement que la chapelle castrale. Les habitants ne se seraient pas sentis libres dans un lieu qui dépendait directement du Duc de Bourgogne.

Au XVIe siècle s'introduisit la coutume d'admettre comme scrutateurs pour le contrôle des suffrages quatre prud'hommes. Ceux-ci devaient s'engager à ne pas faire acte de candidature aux diverses fonctions municipales. En 1643 le choix de ces contrôleurs excita une violente controverse entre la chambre de ville et un certain Guillaume Colle, procureur du roi au grenier à sel de Montbard. Guillaume Colle avait protesté contre le choix fait par le garde des évangiles, Jacques Canal, de personnages qui selon lui étaient incapables et indignes de procéder au contrôle des élections. La chambre de ville n'en tint pas compte et voulut procéder aux élections. Colle interjeta appel et fit suspendre les élections.

Les magistrats poursuivirent Colle devant le Parlement de Bourgogne à Dijon comme calomniateur et rebelle. Colle demanda une nouvelle élection sous la présidence d'un officier royal. Mais il eut le tort (sans doute avait-il raison de se méfier !) de ne pas se présenter aux assignations de la Cour qui le condamna à mort. Il fut exécuté heureusement en effigie seulement. Un arrêt du Conseil cassa cet « arrêt » et Colle put continuer ses poursuites. Le Parlement, qui décidément ne lui était pas favorable,

---

[23] Référence :
- Charte des communes et des affranchissements en Bourgogne. Introduction de Joseph Garnier pages 260 et suivants.
- Chartes de Communes et des affranchissements en Bourgogne. Tome 2, pages 96 et suivants.

le condamna à nouveau et sous prétexte d'assemblées illicites pour les élections et de soi-disant violence contre les huissiers de la Cour, elle le condamna à être pendu au champ du Morimont à Dijon et à verser 1 000 livres d'amende au bénéfice du Roi.

À nouveau cet arrêt fut brisé et lui-même rétabli dans sa charge. Mais cette fois les magistrats ordonnèrent que les élections se fassent suivant les usages de la Province, c'est-à-dire avec le contrôle des officiers du roi.

En résumé, toute cette procédure, issue semble-t-il de rivalités personnelles, n'eut d'autres résultats définitifs que de confisquer au profit de l'État royal la liberté d'élection des échevins, et donc le contrôle financier de la ville.

Abbé Bergerot (Les amis de la cité n°24 et 25)

Charte d'affranchissement (Avril 1231)

Jusqu'en 1230, les habitants de Montbard étaient les hommes de leur seigneur, le Duc de Bourgogne, c'est-à-dire qu'ils appartenaient corps et bien à ce maître, qui, les gardant sur ses terres, leur laissait du fruit de leur labeur, juste de quoi vivre. Ils étaient, suivant la coutume « taillables et corvéables à merci et miséricorde ».

Cet état de servilité, absolue au début, avait, au cours des siècles, été adouci assez sensiblement, grâce aux progrès généraux de l'activité matérielle et de la culture morale des travailleurs et des penseurs. Et, profitant souvent de certains embarras ou besoins de leur maître, les serfs obtinrent un relâchement des exigences de ceux-ci.

De là sortit, soit à la suite de luttes, soit grâce à des ententes pacifiques, le mouvement d'affranchissement communal. De bon gré ou de force, le seigneur sacrifia quelques-uns de ses « droits féodaux » à ses sujets « communiés ».

A Montbard, ce n'est qu'en 1231 que le Duc de Bourgogne, Hugues, signa la « charte » qui transformait en « hommes libres » ses serfs de la ville. Cette charte est une pièce historique, un parchemin exposé dans la salle principale de l'hôtel de ville.

Dans ses quarante-cinq articles, rédigés avec précision en latin, elle détermine limitativement les droits et obligations réciproques du Duc de Bourgogne et de ses sujets de Montbard.

Cette charte est écrite en mauvais latin, mais nous avons une traduction complète. Ne soyons pas choqués par le mot « octroyée », nous sommes au début du XIIIe siècle, le mot est banal pour un grand seigneur du royaume qui peut l'accorder « du haut de sa grandeur... »

L'introduction est claire : « au nom de la sainte et indivisible trinité », elle invoque la protection divine à l'époque du plein épanouissement de l'église et de la foi chrétienne symbolisée par la floraison des églises gothiques.

Dans l'introduction, le Duc informe que cette charte est « selon la forme de la commune et franchise de Dijon », donnée en 1183 par Hugues III ; elle a servi de modèle à celle de Montbard et Dijon s'érige en « grande sœur. Une ville donnera aide à l'autre » (article 1).

Dès l'article 2, le Duc parle de victuailles que Montbard lui donnera sous les 15 jours, mais il doit les payer, sinon « ils ne me confieront plus rien »... Viennent ensuite différents articles réglant les rapports entre les habitants, les marchands, les étrangers, les ennemis (art. 5, 7, 10 à 12) ; elle met au point les serments, les procès, la justice, même pour le doyen de la chapelle Saint Thomas (art. 3 à 6, 15, 17), les prêts d'argent (art. 9), le rôle des juges (art. 13) « ne chargeront personne par passion par haine et qu'ils jugeront avec droiture », le Duc n'oublie pas de rappeler son intervention ou celle de son sénéchal (art. 8).

L'article 14 précise qu'il vaut mieux jurer la charte, « quant à celui qui ne voudra pas la jurer, ceux qui l'ont jurée feront justice au moyen de sa maison et de son argent ». Le 16 est inattendu pour nous : « celui qui n'aura pas répondu à l'appel au son fait pour rassembler la commune, il fera amende de 12 deniers... »

Tout tort ou « forfait » envers le Duc sera jugé par lui, dans le prieuré de Saint Thomas, au faubourg (à peu près l'emplacement actuel du centre Voltaire), en accord avec le maire (art. 18) ; en passant, il rappelle que tout manquement aux quelques droits encore existants sur les vendanges dépendra directement de lui (art. 19).

Cependant, dès l'article 20, il est fait mention aux cas oubliés ou non prévus : la commune de Dijon fera « enquête » et donnera les « témoignages » de ses jurés. Le Duc précise maintenant les amendes qui lui reviendront (art. 21 à 25, 28), le meurtrier sera livré au prévôt, chargé jusqu'alors à Montbard de rendre la justice, diriger le domaine ducal, percevoir impôts et revenus, rassembler les hommes pour le service armé. Dès l'octroi de la charte, il ne garde que les droits directement attachés à ceux du Duc. Sont précisés alors les montants des amendes et les peines (art. 26), le vol des fruits, grave s'il est de nuit (art. 27), le rapt de femmes (art. 28), infractions sur la route ! (art. 29), la fausse mesure (art. 30) et le péage ou ventes hors de la ville (art. 31).

Le Duc sait qu'il lui faudra guerroyer (art. 33) : « ils iront avec moi pendant quarante jours » dans le Royaume (comme l'obligation faite aux vassaux vis-à-vis du Roi), mais « à ma volonté » dans le Duché...

Si ces premiers articles sont plus ou moins la copie de ceux de la charte de Dijon, apparaît à l'article 40 un nouvel impôt : la taille des marcs. « Mes hommes de cette commune me rendront à moi ou à mon envoyé, ou à mon prévôt, annuellement cinquante marcs... le mardi avant les rameaux, ou le Grand samedi de Pâques (samedi Saint) à Bar ». La somme est importante... Si la ville ne la paie pas, il peut prendre un marc sur les cinquante plus riches (art. 41), mais si la somme n'est pas encore réunie, « les habitants de ladite ville sont tenus de suppléer ce qui manquera... Et si... Ladite ville produit plus de cinquante marcs d'argent, l'excédent m'appartiendra (art. 42).

Cette nouveauté qui coûte cher à la ville, mais qui donne un revenu annuel au Duc, est intéressante : Hugues IV en fait une première expérience et l'applique ensuite à d'autres villes, notamment à Dijon...

L'article 35 était important : « Le roi de France Louis (futur St-Louis), à ma demande, a promis de maintenir cette commune, de sorte que, si je m'écarte, il me fera amende en rendant le capital... dans les quarante jours ». Cependant, cette garantie ne suffit pas... L'article 30 précise les quatre garants, pour les noms propres : « L'archevêque de Lyon, les évêques d'Autun, de Langres, de Chalons, ont permis à ma demande de maintenir cette commune... Si moi, ou un autre... nous enfreignons... l'archevêque et les évêques me demanderont... pour que j'amende... en rendant le capital engagé... si je n'ai pas amendé dans les quatorze jours, ils mettront en

17 - Charte présentée en 1910, puis mise en réserve en 1998, après restauration, car elle supportait mal la trop forte exposition à la lumière.

interdit toute ma terre, excepté Montbard... » Cet article est très important, il rassure les habitants de la bonne foi du duc et de la sûreté durable de leur charte... Autour de la Bourgogne, nombreux furent les problèmes pour acquérir une charte... Dès le XIIe siècle, luttes graves et dramatiques à Vézelay, troubles aussi à Langres qui ne parvint à ses fins qu'au milieu du XIVe siècle (voir dans la vie d'Hugues IV, le refus de l'évêque de le baptiser, à cause des libéralités de son père) ; à Auxerre, moins de violence, mais la charte fut longue à obtenir, de même à Tonnerre...

Quelles en furent les principales raisons ? Pas de garant ou peu nombreux et peu sûrs : très vite, le Duc (ou le Comte) désavouait la charte, ou elle l'était par son successeur, peut-être par peu « d'intelligence politique ». Très vite, les Ducs de Bourgogne, suivant l'exemple de leurs cousins royaux, avaient compris qu'ils pouvaient ainsi, non seulement régler leurs problèmes financiers, mais aussi s'attacher avec sûreté la fidélité de leurs villes et obtenir des soldats dévoués.

Du reste, dans l'article 37, le Duc précise que personne ne paiera l'impôt de la Taille, et ni pour « moi ou mon épouse ou mes héritiers », précisons qu'il reprend dans l'article 44 : « mes hommes quelconques... soient paisibles et francs, libres de taille à toujours ». Il termine en disant bien qu'il ne se contredira pas, qu'il ne se récusera pas : « ces accords, j'ai juré de les garder et observer irréfragablement[24], et je leur ai munis de l'impression de mon *scel*[25] ». (art. 46 et derniers)

Montbard n'avait plus qu'à élire son maire et ses cinq échevins, en juin, avant ou après la Saint-Jean (par dérogation, Semur avait choisi le 1er janvier et Avallon le 1er dimanche après Noël). L'élection était directe, ou à deux ou plusieurs degrés, les suffrages exprimés à haute voix : toute la commune devait prendre part à l'élection et les personnes élues ne pouvaient décliner ce mandat annuel... Les élus prêtaient ensuite serment devant les officiers du seigneur.

La ville était alors libre de diriger ses destinées internes, dans le respect des lois ducales et royales.

H. Rossano mai 1981[26]

---

[24] Irréfragable : incontestable, indéniable.
[25] Sceau
[26] Bibliographie :
- « Institutions communales en Bourgogne sous l'ancien régime » par J. Garnier et E. Champeaux (fin XIXe)
- Articles de l'abbé Bergerot, bulletin 24 et 25 des amis de la cité de Montbard (1977)

Charte de Commune

Octroyée aux habitants de Montbard par Hugues IV,
Duc de Bourgogne.
Avril 1231

Au nom de la sainte et indivisible Trinité, ainsi soit-il. Sachent tous présents et à venir que moi, Hugues, Duc de Bourgogne, ai donné et concédé à mes hommes de Montbard, une commune et franchise à posséder à toujours, selon la forme de la commune et franchise de Dijon, étant sauf de leurs bons usages.

1) Une ville donnera aide à l'autre, droitement, selon son jugement, et l'on ne souffrira nullement que quelqu'un enlève quelque chose à quelqu'un d'entre eux ou prenne chose de leurs biens.

2) Le dépôt du pain et du vin et des autres victuailles se fera à moi, à Montbard, tous les 15 jours ; et si, dans ledit terme, je n'ai pas rendu le prix des choses confiées, ils ne me confieront rien de plus, jusqu'à ce que les choses confiées soient acquittées.

18 - Reproduction de la charte originale exposée dans le salon d'honneur de l'Hôtel de Ville

3) Si quelqu'un doit prêter serment à quelqu'un, et, avant la prestation du serment, dit qu'il doit aller à son négoce, à cause de cela il n'en restera point-là de son voyage, ni par conséquent il ne l'interrompra ; mais, après qu'il sera revenu, s'il a été convenablement averti, il prêtera serment.

4) Si le doyen de Montbard intente un procès à quelqu'un, si ce n'est que plainte soit venue auparavant ou que le forfait soit manifeste, il ne lui répondra pas ; si cependant il avait un témoin contre lequel l'accusé ne puisse se défendre, celui-ci fera amende.

5) Si quelqu'un a fait quelque tort à un homme qui a juré cette commune, et que réclamation en soit venue aux jurés, s'ils ont pu saisir l'homme qui a fait le tort, ils en tireront vengeance corporelle, si ce n'est qu'il est amendé le forfait à celui envers qui il a été commis, selon le jugement de ceux qui garderont la commune.

6) Et si celui qui a forfait a gagné quelque asile, et que les hommes de la commune se rendent à l'asile, et demandent au seigneur de l'asile et aux premiers de ce lieu de leur faire droit au sujet de leur ennemi ; s'il veut faire droit, ils saisiront l'homme ; que s'il ne veut pas le faire, les hommes de la commune donneront aide pour tirer vengeance corporelle et pécuniaire de celui qui a forfait et des hommes de cet asile.

7) Si un marchand vient dans cette ville pour faire commerce et que quelqu'un lui fait quelque tort dans la ville de Montbard, si les jurés entendent réclamation à cause de cela, et que le marchand le découvre en cette ville, les hommes de la commune prêteront aide pour la vengeance à faire à ce sujet, droitement, selon leur jugement, si ce n'est que ce marchand soit des ennemis de ladite commune. Et si cet adversaire a gagné quelque asile, si le marchand où les jurés ont envoyé vers lui, et que celui-ci a satisfait aux marchands selon le jugement des jurés de la commune ou a pu prouver et montrer qu'il n'a pas fait ce forfait, cela suffira à la commune. Que s'il ne veut pas le faire, s'il peut ensuite être saisi dans la ville de Montbard, les jurés feront vengeance de lui.

8) Personne excepté moi et mon sénéchal ne pourra louer dans la ville de Montbard un homme ayant forfait à un homme qui a juré cette commune, si ce n'est qu'il vienne amender le forfait, selon le

jugement de ceux qui gardent la commune.

9) L'argent qu'ont prêté les hommes qui sont de la commune avant qu'ils aient juré la commune, s'ils ne peuvent pas le ravoir après qu'ils en auront fait juste réclamation, ils chercheront, de quelque manière qu'ils pourront, à ravoir l'argent prêté. Quant à l'argent prêté après qu'ils auront juré cette commune, ils ne saisiront aucun homme, si ce n'est qu'il soit débiteur ou garant.

10) Si un homme étranger amène son pain ou son vin dans la ville de Montbard pour cause de sûreté, si un dissentiment s'élève ensuite entre son seigneur et les hommes de la commune, il aura quinze jours pour vendre le pain et le vin dans cette ville et pour emporter sa monnaie et le reste de son argent, à l'exception du pain et du vin, si ce n'est qu'il est forfait ou bien qu'il soit avec ceux qui ont forfait.

11) Personne de ladite ville, qui aura juré cette commune, ne prêtera son argent ou n'en fera accommodement aux ennemis de la commune, tant que la guerre durera ; et si quelqu'un a été convaincu d'avoir prêté quelque chose aux ennemis de la commune, justice sera faite de lui au jugement des jurés de la commune.

12) Si quelquefois les hommes de la commune sortaient contre leurs ennemis, aucun homme de la commune ne parlera avec les ennemis de la commune, si ce n'est par permission des gardiens de la commune.

13) Les hommes établis pour cela jureront qu'ils ne banniront ni ne chargerons personne par passion ou par haine, et qu'ils jugeront avec droiture selon leur opinion. Tous les autres jugeront qu'ils acquiesceront et consentiront au jugement que les susdits feront sur eux, si ce n'est qu'ils pourront prouver que, de leurs revenus propres, ils ne peuvent s'acquitter.

14) Tous mes hommes de Montbard jureront la commune, quant à celui qui ne voudra pas la jurer, ceux qui l'ont jurée feront justice au moyen de sa maison et de son argent.

15) Si quelqu'un de la commune a forfait en quelque chose, et ne veut pas faire amende, à l'avis des jurés, les hommes de la commune en feront justice.

16) Si quelqu'un ne vient pas, au son fait pour rassembler la commune, il fera amende de douze deniers.

17) Nul ne peut saisir quelqu'un dans la ville de Montbard, sauf le Maire et les jurés, tant qu'ils voudront faire justice de lui.

18) Si quelqu'un de la commune ou la commune elle-même m'a forfait en quelque chose, il faut qu'il vienne dans le prieuré de saint Thomas de Montbard, et moi, je tirerai justice de lui ou d'elle, par le Maire de la commune, au jugement des jurés ; et je ne pourrai pas les contraindre à plaider à dénoncer la charte, en dehors du dit prieuré.

19) Si quelqu'un enfreint le ban des vendanges, l'amendement sera au-dessus du pouvoir du Maire et au-dessus des jurés ; l'amendement m'en appartiendra.

20) Or, si quelque dissentiment s'élève ensuite, à savoir touchant un jugement, soit au juste de quelque chose qui ne soit pas prévu dans cette charte, il s'amendera suivant l'enquête et le témoignage des jurés de la commune de Dijon, et par conséquent il ne sera pas réputé y avoir eu forfait envers moi.

21) Touchant ma justice et les forfaits envers moi, il est ainsi statué : pour le sang violemment répandu, s'il y a plainte et preuve pour cela, il s'amendera sept sous, et le blessé aura quinze sous.

22) Si pour un duel, il est fait composition, avant le coup ou après le coup, j'aurai soixante-cinq sous et six deniers. S'il y a un vaincu dans le duel, il sera en ma disposition.

23) Pour l'épreuve judiciaire, il sera fait comme pour le duel.

24) Si un homme de la commune est surpris volant et convaincu de vol, il sera en ma disposition dès lors.

25) Pour le meurtrier, il sera à ma disposition et à mon jugement, et le meurtre sera livré à mon prévôt, si le maire en a à pouvoir ; il ne sera plus reçu à l'avenir dans la commune, si ce n'est de l'assentiment des jurés.

26) L'infraction en ville s'amendera soixante-cinq sous.

27) Pour le forfait des fruits, il sera à la disposition du Maire et des jurés, si ce n'est qu'il ait lieu de nuit, et qu'il soit prouvé qu'il ait lieu de nuit, il s'amendera alors soixante-cinq sous.

28) Pour le rapt, il sera à ma disposition et à mon jugement, si seulement la femme proclame qu'elle a été entendue par des hommes légaux, qui puissent l'attester.

29) L'infraction, sur la route, s'amendera soixante-cinq sous.

30) La fausse mesure s'amendera soixante-cinq sous.

31) Or, si quelqu'un a porté péage ou ventes hors de la ville de Montbard, et sans le consentement du fermier du péage ou de la vente, il paiera soixante-cinq sous, si toutefois il en est convaincu.

32) Or il est à savoir que toutes choses tenant à celles qui sont contenues dans cette charte sont à la disposition du Maire et des jurés.

33) Si j'avertis la commune, pour mon armée, ils iront avec moi ou avec mon sénéchal ou avec mon connétable dans le royaume de France, selon leur pouvoir, raisonnablement, et ils iront avec moi pendant quarante jours. Mais si j'assiège quelque château dans mon Duché, alors ils iront avec moi à ma volonté.

34) Est à savoir que les hommes de la commune peuvent envoyer, au lieu d'eux, à mon armée, les serviteurs recevables.

34) La commune peut retenir des hommes de quelque terroir qu'il soit, dans la ville de Montbard, selon les coutumes et l'usage de mon père et de mes prédécesseurs.

35) En outre, le roi de France Louis, à ma demande, a promis de maintenir cette commune, de sorte que si je m'écartais des constitutions de cette commune, il me fera faire amende à la commune, en rendant le capital engagé, selon le jugement de sa cour, dans les quarante jours à partir de celui où la réclamation lui parviendrait à cause de cela.

36) L'archevêque de Lyon, les évêques d'Autun, de Langres, de Chalon, ont permis, à ma demande, de maintenir cette commune ; de telle sorte que si moi, ou un autre dont j'aie pouvoir, nous enfreignions les constitutions de la commune qui sont contenues dans la présente charte, du jour où réclamation leur parviendrait à cause de cela, et aussi, où cette infraction leur serait confirmée par le Maire de la commune, ou par un autre, au lieu du maire, si le maire ne peut y aller en sûreté, et par deux autres des jurés de la commune, dont le Maire aura affirmé par serment la légitimité, l'archevêque et les évêques me seconderont, par eux ou par leurs envoyés, dans le royaume de France, pour que j'amende cette infraction, en rendant le capital engagé. Mais si, après semonce faite, je n'ai pas amendé cette infraction dans les quatorze jours, ils mettront en interdit toute ma terre, excepté Montbard, et la feront amender jusqu'à satisfaction.

37) Il est à savoir aussi que moi ou mon épouse ou mes héritiers ne pourrons avoir d'hommes recommandés ou d'hommes taillables dans Montbard.

38) En outre, si un homme de la commune est saisi pour une dette mienne bien et fidèlement connue, ou a perdu quelque chose de mes revenus de Montbard ou de ma cens, si ces revenus ne sont pas suffisants, elle sera rachetée ou ce qu'il a perdu sera restitué.

39) Je leur ai concédé aussi que, si le prévôt de Montbard a accepté quelque chose des biens des hommes de la commune, il rendra sans aucun plaid tout ce que l'homme déclarera avec preuve, s'il est attesté par le maire de la commune.

40) Est à savoir encore que, pour la concession de cette commune, mes hommes de cette commune me rendront à moi ou à mon envoyé ou à mon prévôt, annuellement, cinquante marcs de tel argent que les marchands donneront et recevront entre eux dans les marchés, à rendre à Montbard le mardi avant les Rameaux, le grand samedi de Pâques (le samedi Saint) à Bar.

41) Mais s'ils ne le rendaient pas, alors, je puis dès lors prendre gage : l'homme le plus riche de ladite ville de Montbard ne me paiera pas par an les cinquante marcs de mon cens qu'ils me doivent annuellement, mais un marc d'argent, et lesdits hommes seront ainsi tenus de me faire valoir annuellement par la ville de Montbard cinquante marcs d'argent, en levant du plus riche un marc d'argent.

42) Mais si en levant du plus riche un marc d'argent par an, ladite somme de cinquante marcs ne pouvait être levée de ladite ville, les habitants de ladite ville sont tenus de suppléer ce qui manquera à ladite somme. Et si, en levant du plus riche un marc d'argent, ladite ville produit plus de cinquante marcs d'argent, l'excédent m'appartiendra.

43) Le maire et les échevins, après l'élection du maire et des échevins, jureront chaque année qu'ils me feront valoir la ville de Montbard autant qu'ils pourront, en bonne foi, au-delà de ladite somme de cinquante marcs d'argent, en levant un marc d'argent seulement du plus riche, comme il est dit ci-dessus ; et l'on se fiera aux dits maires et échevins, en vertu dudit serment, sur ce qu'ils feront à cause cela ; et ils ne pourront pas être inquiétés par moi en quelque chose, à ce sujet, au-delà de cela.

44) Sous les dispositions susénoncées, donc, je concède que tous mes hommes quelconques, qui seront dans ladite commune, soient paisibles, et francs de taille à toujours.

45) J'ai concédé aussi à mes hommes de Montbard tout l'attrait et tout ce que j'acquerrai dans ladite ville de Montbard.

46) Or, cette commune et franchise et ces accords, j'ai juré de les garder et observer irréfragablement, et je les ai munis de l'impression de mon scel[27], étant saufs mon droit et celui des églises et des chevaliers, et sauf tout ce que possédaient les églises et les chevaliers sur leurs hommes au temps de mon père, et, avant la commune, ceux qui ont quelques droits dans ladite ville.

Fait en l'an de grâce 1231, au mois d'avril.
Original : Archives de la ville de Montbard. Privilèges et franchise de la commune.

---

[27] Sceau.

14 juin 1981 - Montbard fête le 750ème anniversaire de la Charte

C'est sur la place Jean Jaurès qu'a lieu les manifestations de la remise de la charte.

À 14 heures 30, les festivités commencent par un tournoi de chevalerie. Les chevaliers s'affrontent dans des jeux d'adresse, de force et de rapidité. Les Jeux se transforment vite en passe d'armes, puis en combat singulier où épées, haches, masses s'abattent sur les heaumes et boucliers dans un impressionnant vacarme tout cela sous un soleil de plomb.

À 16 heures 30 le cortège des Montbardois, en costume d'époque, se met en route à travers la ville et revient place Jean Jaurès.

À dix-huit heures se déroule la reconstitution de la cérémonie de la remise de la charte par le Duc, suit le discours par Huguette Rossano, fait au nom de toute la population montbardoise, pour remercier le Duc de sa charte. L'ambiance est prolongée grâce au groupe théâtre de la maison des jeunes qui interprète quatre farces du moyen âge.

Cortège historique du 14 JUIN 1981

- 4 tambours,
- Des hommes d'armes (soldats),
- Le capitaine du Château (appartient au Duc),
- Des hommes d'armes,
- Enfants des classes primaires,
- Paysans,
- Bûcherons, fendeurs de bois,
- Vignerons,
- Corps de métiers (aubergistes et taverniers, boulangers, fileuses, fruitières, maréchal-ferrant, mercières, meuniers, tailleurs,
- Bourgeois
- Noblesse Montbardoise,
- Des hommes d'armes,
- Le prévôt de Montbard (représente le Duc),
- Le bourreau,
- Des hommes d'armes,
- Blason de Montbard (bleu avec 2 bars),
- Doyen de la chapelle Saint-Thomas,
- 2 prêtres,
- Les notables Montbardois,
- 4 trompettes,
- Écu des deux évêques qui suivent,
- Robert d'Auvergne, archevêque de Lyon,
- Hugues de Montréal, évêque de Langres,
- Écu de l'évêque qui suit,
- Guy de Vergy, évêque d'Autun, Durand, évêque de Chalon-sur-Saône,
- 3 prêtres,
- Écu de Fontenay,
- Abbé de Fontenay,
- 3 moines,
- Porte-écu de la Bourgogne ancienne (à cheval),
- Porte-flamme aux couleurs de la Bourgogne (bleu-or) à cheval,
- 3 hommes d'armes à cheval,
- Duc Hugues IV

- La Duchesse Yolande de Dreux, sa femme,
- La Duchesse mère, Alix de Vergy,
- Eudes de Frolois, connétable (juridiction militaire), sa femme, Alix de Chappes,
- Guillaume de Vergy, sénéchal (justice) et sa femme Clémence,
- Eudes le Riche, maire de Dijon,
- André de Montbard, seigneur d'Epoisse, sa femme Clémence de Villaines
- Mile de Noyers, bouteiller (intendant du vin) et sa femme,
- André de Savoisy et sa femme Nicole,
- 3 hommes d'armes à cheval
- Des hommes d'armes à pied,
- Hervé de Sombernon, lieutenant de liaison, à cheval.

Huguette Rossano.

Discours du duc de Bourgogne

« Messieurs les notables et vous tous, habitants de ma bonne ville de Montbard, merci de votre chaleureux accueil, merci d'être si nombreux... C'est avec un grand plaisir que je suis venu moi-même vous accorder votre charte ; il faut aussi que je connaisse mon Duché... Et Montbard m'est chère ; votre ville est tout près de cette si belle Abbaye de Fontenay que fonda, voici un peu plus d'un siècle, Saint Bernard, le petit-fils de votre comte Bernard 1er. Ses moines, « hommes si versés dans l'art de guérir » ont soigné avec dévouement mon père, lors de son retour de la bataille de Bouvines : je ne l'oublie pas... Je suis heureux aussi de posséder votre beau et fier château que mon grand-père Hugues III avait échangé contre la seigneurie d'Époisses. Je remercie de sa présence André de Montbard, seigneur d'Époisses qui est parmi vous lors de cette journée historique pour la terre de ses aïeux, journée tout particulièrement historique, car Montbard est la première ville à laquelle j'octroie une charte de commune... Pour Saint-Jean-de-Losne en 1227, je n'étais pas majeur... à Montbard, je pourrai signer Hugues IV, Duc de Bourgogne, mais je ne fais que continuer la politique de mes aïeux qui mirent la Bourgogne en tête des affranchissements, contrairement à d'autres duchés ou comtés du royaume. Mon grand-père, Hugues III, octroyait à Dijon ses premières libertés, charte que compléta mon père Eudes III en 1183 ; il supprima les corvées dans le Duché... Mon père n'oublia pas Montbard. Il signa la charte de mainmorte : nombreux furent ceux qui, sans enfant, purent alors léguer leurs biens en toute liberté, sans les voir aller dans le patrimoine de leur seigneur. Enfin, en 1209, encore mon père, vous octroyait le droit de banvin[28] : toutes libertés étaient données aux vignerons pour vendre leur vin, sans attendre l'autorisation seigneuriale. Ma mère, elle-même, du temps de ma minorité, confirma et donna de nombreuses chartes.

19 - 750e anniversaire de la charte

---

[28] Droit féodal. Seul le seigneur pouvait vendre son vin, dans Sa Seigneurie, pendant 30 ou 40 jours après le ban des vendanges. Pendant cette période, les cabaretiers pouvaient continuer à vendre du vin, mais seulement aux étrangers.

En ce jour d'avril 1231, moi Hugues, 4ème du nom, je vous donne toutes vos libertés communales... Dans quelques minutes, moi et vos notables, nous signerons cette charte : soyez loyaux et fidèles, je le serai aussi ; je vous le promets solennellement ici, devant vous tous. »

Huguette Rossano
Secrétaire générale des amis de la cité de Montbard
Les amis de la cité n° 33. Mai 1981

Discours du notable Montbardois

« Les notables de cette ville m'ont demandé de prendre la parole en leur nom et en celui des habitants de votre bonne ville de Montbard... C'est donc avec un très grand honneur et une grande joie que je vous accueille, notre cher Duc de Bourgogne, quatrième du nom. Nous en sommes tous d'autant plus heureux, car voici à peine trois ans que vous avez atteint majorité et que la lourde charge ducale vous revient entièrement : notre ville est ainsi l'une des premières que vous visitez depuis votre prise de pouvoir... Nous vous en sommes reconnaissants et flattés.

Merci aussi d'être venu avec les deux Duchesses : votre mère, la Duchesse Alix de Vergy, qui, pendant dix ans, avec douceur et fermeté, a dirigé ce Duché ; votre jeune épouse, Yolande de Dreux, que vous venez d'imposer, par la guerre, aux grands vassaux de ce royaume, jaloux de votre illustre alliance.

Nous remercions tout particulièrement de sa présence. Monseigneur Robert d'Auvergne, archevêque de Lyon, qui fut votre tuteur, zélé et compétent ; nous vous savons gré de bien vouloir être le garant de la charte de commune que va nous octroyer le Duc ; nous remercions aussi les trois autres garants de cette charte : Monseigneur Hugues de Montréal, évêque de Langres, Monseigneur Guy de Vergy, évêque d'Autun et Monseigneur Durand, évêque de Chalon-sur-Saône.

Nous sommes très heureux de la présence de Eudes le Riche, Maire de Dijon, qui nous a beaucoup aidés et conseillés dans l'étude et la mise au point de notre charte de commune.

Merci aussi à vous tous, grands Seigneurs et vassaux du Duché qui êtes là, accompagnés de vos gentes dames...

Cette cérémonie de remise de Chartes, si importante pour nous, est donc rehaussée par votre présence à tous...

En ce jour d'avril 1231, un nouveau jour commence pour la ville de Montbard... Dès la Saint-Jean, en juin, au prieuré Saint Thomas, en faubourg, nous élirons notre Maire et nos cinq échevins... Nous serons alors maîtres de notre vie communale, mais soyez assurés de notre fidèle et sincère loyauté : nous ne faillirons pas à nos charges et devoirs envers vous... Mais vous aussi, notre Duc, gardez-nous votre soutien, votre protection, dans le respect profond et la fidélité que nous devons à notre jeune roi Louis...

Merci notre Duc... Longue vie à notre Duc ! »

Huguette Rossano
Les amis de la cité n° 33

Tour Ronde (1934)

La pioche des démolisseurs vient de faire disparaître un reste du vieux Montbard que nous ne voulons pas laisser partir sans souvenir.

Pour la construction du pavillon de chirurgie, il a fallu sacrifier la tour ronde qui se trouvait à l'angle nord-est des bâtiments de l'hôpital, à gauche de l'entrée de cet établissement, rue Auguste Carré.

Cette tour faisait partie d'une maison sise « rue au *Pescheurs*[29] », acquise en 1748 pour le transfert de l'hôpital Saint-Jacques, qui se trouvait alors rue du pâtis, au petit faubourg.

Elle était comprise dans le système de fortifications qui entourait la partie de Montbard dite « le grand faubourg » et englobait notamment le couvent des Ursulines (le vieux couvent), l'église Saint-Thomas et le Vivier.

Ces fortifications, construites au XVIe siècle par ordre de Catherine de Médicis, consistaient en un mur de vingt pieds de haut sur cinq d'épaisseur avec des tours espacées de distance en distance, un fossé et des portes qui étaient au nombre de six, dont celles de la rue aux Juifs (Rue Alfred Debussy), d'entre les Barres (Rue Anatole Hugot) et du Beugnon. Elles ont toutes disparu. Au fur et à mesure que l'unité de la France se consolidait et que se raffermissait le pouvoir royal, bien des villes fortifiées et des châteaux perdaient de leur importance. Il en fut ainsi pour Montbard. Le Château fut abandonné et les remparts, avec leurs tours et les fossés, furent laissés aux propriétaires des immeubles qui les joignaient, moyennant une redevance à la ville. Des portions de ces murs et trois tours existent encore : 2 chemin de Montmuzard, dans le mur de clôture de la maison du « Lion », la troisième, qui a été récemment amputée de son toit pointu, est encore visible dans le chemin qui, parallèle à la rue des Tanneries, relie la route de la Mairie au Champ de Foire.

Sur la rive gauche de la Brenne, les défenses de ce quartier de la ville rejoignaient les murs du château. La rue des Fossés a été ouverte sur l'emplacement des anciens remparts. La grosse tour qui existe encore la « tour Chifflot », du nom d'une très ancienne famille de Montbard (1358 - 1682). Le Jacquemard y fut placé pendant la démolition de l'ancien Hôtel de Ville qui était à proximité.

Paul Beau
Bulletin de la société archéologique et biographique de Montbard n° 31-1934

20 - Les remparts

---

[29] Pêcheur

Montbard en 1356

L'année 1356 fut terrible : tous les fléaux semblaient s'abattre sur notre malheureux pays. La guerre dévastatrice ruinait les campagnes ; les Anglais, vainqueurs à Poitiers, entraient plus avant dans le cœur de la France. Les épidémies de toutes sortes et la famine décimaient la population.

Qu'on se figure l'angoisse de ces populations épouvantées par les récits des guerres, des brigandages des grandes compagnies, anémiées par la maladie et les privations, lorsque la terre elle-même sembla se dérober sous leurs pieds et que des phénomènes météorologiques, des orages épouvantables, leur montrèrent le ciel embrasé, les éléments déchaînés.

En effet, un mois après la désastreuse journée de Poitiers, des phénomènes sinistres vinrent redoubler l'épouvante des populations.

De violents tremblements de terre agitèrent la chaîne des Alpes pendant les journées des 18 et 19 octobre 1356. Ces secousses furent terribles et ébranlèrent les montagnes ; leurs répercussions se firent sentir à plus de cent lieues et produisirent d'affreux ravages.

Le Châtillonnais et l'Auxois souffrirent de ce tremblement de terre. Nous ne connaissons pas les dégâts que produisit ce phénomène dans les campagnes. Certainement, les maisons des pauvres serfs durent être bien endommagées et bien grande dut être la misère dans certaines contrées.

Les receveurs généraux ont enregistré dans leur comptabilité les dépenses occasionnées par ce qu'ils appellent « tremble de terre ou croulement de terre ».

21 - Réparation de la toiture de la tour St-Louis en 2017

A Montbard, le châtelain Guillaume Broquart entreprend la réparation des toitures du Château ; il fait « rapparoiller et rasseoir trois tuauls des cheminées de la sale et de la haute chambre amprès ycelle, desquelles l'un estoit cheoitte et les deux autres esquartelées et desjointes, pour le crôlement de terre qui fust le jour de Saint Luc évangéliste, MCCC.LVI ». Ce même châtelain signale plus loin des travaux rendus urgents par « le crôlement de la terre qui fust le jour de Saint Luc et le landemain ». (Arch. de la côte d'or, comptes de Montbard. 5306, fol.4 et 16.)

On doit signaler les singulières variations atmosphériques qui se produisirent soit avant, soit après ce tremblement de terre. Les populations furent effrayées par des orages épouvantables comme on n'en avait pas vu de mémoire d'homme. (E. Petit, Hist. des Ducs de Bourgogne de la race capétienne, p.7, t. IX)

A Montbard, des dégâts furent causés par ces orages ; on peut les constater dans les comptes de Montbard ; ce fut Costaing, le verrier de Dijon, qui fut chargé de faire les réparations : « A. Costaing, le voirie de Dijon, pour faire en la sale du chasteau le Mombar III panneau de veriere à nuef, rapparoillier et remettre en estat suffisant toutes les autres verrières du château qui estoient cassées de la grole qui cheut le jour de Saint Germain, MCCC.LVI» (Arch. de la Côte-d'Or, comptes de Montbard, de Guillaume Broquart. B. 5306, fol. 4)

Louis Farcy
Bulletin de la société archéologique et biographique de Montbard n°6 -1912

Établissement du Grenier à Sel

Le roi perçoit depuis un grand nombre d'années un droit sur le sel qui se consomme dans le Royaume ; et cet impôt ou subside fut inventé, dit Mezeray, par les juifs, qui lui donnèrent le nom de gabelle, du mot hébreu Kabbala, qui signifie don. La gabelle commença en France, selon plusieurs historiens, en 1286, sous le roi Philippe IV, dit le Bel. Philippe V fit une ordonnance concernant la gabelle en 1318. Philippe de Valois, qu'Édouard III roi d'Angleterre, appelait par raillerie l'auteur de la loi salique, en fit une autre en 1344, et Charles V en fit encore une en 1379. Jusqu'alors, cet impôt n'était que de quatre deniers par minot de sel, et passait pour un subside extraordinaire, mais ce roi ordonna que ce droit serait uni à la Couronne, et qu'il serait levé à perpétuité.

Charles VII l'augmenta de deux deniers et François 1er, sous prétexte des guerres qu'il avait à soutenir contre Charles Quint, imposa vingt-quatre livres sur chaque muid ; ce droit a été tellement augmenté dans la suite, qu'il fut ensuite un des principaux revenus de l'état.

Cet impôt, regardé autrefois comme excessif, causa des séditions en plusieurs endroits et particulièrement à Arras sous le roi Jean, et dans la Guyenne sous Henri II. Philippe le Bon, Duc de Bourgogne, ayant aussi voulu établir la gabelle en Flandre, en 1452, et la rendre perpétuelle, en imposant vingt-quatre gros, monnaie du pays, sur chaque sac de sel, les Gantois se révoltèrent et se résolurent à souffrir les plus grandes extrémités plutôt que de consentir à cet impôt ; mais ayant été vaincus en cinq ou six combats, ils furent obligés de s'y soumettre.

Il n'y a personne qui soit exempt de la gabelle dans les provinces où se lève ce droit ; les ecclésiastiques et les nobles sont tenus, comme les roturiers, d'acheter le sel qu'ils consomment dans le grenier le plus proche de leur domicile. Mais il y a plusieurs provinces qui sont exemptes du droit de gabelle, telles le Poitou, la Saintonge, et les pays d'Aunis, le Périgord, la Marche, l'Angoumois, le haut et le bas Limousin. La nécessité, dit Mezeray, dans son abrégé de l'histoire de France (tome V), « extorqua des ministres, sous Henri II, pour la Guyenne, ce que la compassion pour le peuple n'en avait pu obtenir. Lorsqu'ils virent qu'il y avait toujours grand danger et encore de plus grands frais à établir la gabelle en cette province, ils la révoquèrent mais contraignirent les peuples à payer douze cent mille écus pour la racheter. »

22 - Rue où se trouvait le grenier à sel

Le comté du Boulonnais, la ville de Calais et les pays conquis, tels que la Franche-Comté, en sont aussi exempts à certaines conditions. Il y a des greniers volontaires, dans lesquels chaque particulier ne prend du sel qu'autant que bon lui semble et qu'il en a besoin. Mais dans les greniers d'impôt, le sel s'impose comme la taille, et chaque paroisse est obligée d'en prendre la quantité qui lui a été fixée, et qui se répartit ensuite sur les particuliers à proportion du nombre des personnes qui composent leur famille. Les appellations des jugements des officiers des greniers à sel se relèvent à cour des aides.

Le grenier à sel de Montbard a été établi par ordonnance de Jean, Duc de Bourgogne, donné à Châtillon-sur-Seine le 8 janvier 1404, et adressé aux officiers de sa chambre des comptes de Dijon. Il approvisionnait 77 paroisses. Cette juridiction était composée, en 1776, d'un président, d'un grainetier, d'un contrôleur, d'un procureur du roi, d'un greffier, de deux huissiers, et les clefs du grenier à sel sont entre les mains du grainetier, du contrôleur et du receveur pour la ferme. Les bâtiments situés dans la rue Grébillon à côté des remises du château sont encore debout et en parfait état.

Mariage d'Anne de Bourgogne et du Duc de Bedford le 13 avril 1423

L'année 1423 fut fertile en événements importants pour la ville de Montbard. Le premier fut le mariage d'Anne de Bourgogne, sœur du Duc Philippe, avec le Duc de Bedford, frère du défunt roi d'Angleterre, et pour lors le régent de France pour le jeune roi Henri VI.

Les conditions du mariage étaient arrêtées dès le 12 décembre 1422. Ce qui fut célébré à Montbard le 13 avril 1423, ce fut en réalité la cérémonie des fiançailles. Le mariage lui-même eut lieu à Troyes au mois de juin.

Il est nécessaire de donner quelques détails sur cette cérémonie qui eut lieu à Montbard, au château, où elle avait attiré une grande foule de nobles seigneurs et de hautes dames.

Dom Planchet nous apprend que les conditions du mariage avaient été débattues et adoptées entre le Duc de Bourgogne et le Duc de Bedford à Vernon sur Seine, le 12 décembre 1422. Le Duc de Bourgogne donnait à sa sœur cinquante mille écus d'or pour sa dot, et le duc de Bedford lui assurait une rente de dix mille écus à la Couronne pour son douaire s'il y avait lieu. On entend bien que les conditions civiles du mariage étaient accessoires, et que c'était surtout des considérations politiques qui avaient déterminé cette union. Il s'agissait de consolider l'alliance entre les Anglais et les Bourguignons, conséquence inévitable de l'attentat criminel du pont de Montereau. Un auteur de mémoires de cette époque, Pierre de Fenin, écrit à ce sujet :

23 - La ville de Montbard en 1609

« Environ le temps que dit est, le Duc Phelipe de Bourgoigne donna sa sœur Anne à mariage au Duc de Bethefort frère du roy Henry d'Engleterre, lequel roy Henry estoit mort. Et fut le Duc de Bethefort fait régent de France pour son neveu le jeune Henry. Par quoy l'alliance fut faite entre le Duc de Bourgoingne et les Englez[30] plus forte que devant. »

On avait décidé qu'après la cérémonie qui devait avoir lieu au château de Montbard, la jeune princesse s'en irait à Dijon et de là à Troyes pour se rencontrer avec son époux. Mais les chemins n'étaient pas sûrs. Le 9 février 1423, le bailli de la Montagne envoya un exprès de Châtillon à Dijon au chancelier et aux gens du conseil, pour les aviser que le bâtard de la Beaume accompagné d'un grand nombre de gens d'armes et de trait, avait donné plusieurs fois l'assaut à la place de la Thoire, appartenant à Régnier Pot, et qu'il avait dessein d'empêcher le voyage que Madame de Bedford[31] devait faire de Dijon à Troyes pour y épouser le Duc de Bedford. Il les prévenait en même temps que les Armagnacs étaient depuis peu arrivés en grand nombre à Tonnerre et que grand nombre d'entre eux s'étaient mis en embuscade « pour du dit qu'il pourvoir sur les pays et sujets du duc ». Il les avisa en même temps qu'il envoya reconnaître l'état et les forces du bâtard de la Beaume.

La cérémonie de Montbard eut lieu avec grand éclat. Ce fut Jean II de Laignes, vingt-deuxième abbé de Fontenay qui célébra, à dix heures du matin, la messe solennelle Saint-Esprit, dans la chapelle du château. Il était coiffé de la mitre et portait le bâton pastoral : *sacris vestibus, cum mitra et baculo*.

Dom Plancher nous a conservé le récit de la cérémonie. D'après lui, ce ne serait pas la cérémonie

---

[30] Anglais
[31] Bedford

des fiançailles qui auraient eu lieu à Montbard, mais un véritable mariage par procuration, qui aurait été en quelque sorte confirmé par la cérémonie de Troyes. Il indique bien que ce fut Jean, abbé de Fontenay, qui célébra l'office mais, selon lui, ce serait Pierre de Fontenay, Chevalier, seigneur de France, maître d'hôtel du régent qui aurait épousé pour lui la princesse.

Or nous trouvons l'indication de dons faits par le Duc de Bourgogne à Thomas Matisson, écuyer d'écurie du Duc de Bedford, et ambassadeur envoyé de sa part vers Madame la Princesse Anne, avec la mention suivante, la fiança au nom de son maître. Le duc de Bourgogne lui fit présent à cette occasion d'un pot et d'une coupe d'argent doré[32]. Il lui fit encore présent d'un gobelet d'argent à pied couvert doré dehors et dedans de très belle façon, au-dessus duquel gobelet il y avait une espèce de Couronne, et un aigle, pesant trois marcs moins deux tresaulx[33]. (Extrait d'une quittance de Jean Villaines, orfèvre, demeurant à Dijon, du 14 avril 1423). Le récit de Dom Plancher doit donc être rectifié en ce sens que c'est Thomas Matisson qui représentait le Duc de Bedfort. A cette cérémonie assistait Agnès de Bourgogne, sœur de la Princesse Anne, Imbert de Villiers, Comte de La Roche, Charles de Montmort, Chevalier, Richard Valère, Capitaine de Montreuil, Hugues de Saubertier, Capitaine du Bois de Vincennes, Pierre Damas, Capitaine du Château de Montbard, Girard de Chavanges, maître d'hôtel des deux Princesses Anne et Agnès Guillaume de la Tournelle, et plusieurs autres seigneurs et dames, entre lesquelles étaient Marguerite de Charny, dame de Montfort, et Jacquette d'Orges, dame d'Allenges.

24 - Anne, duchesse de Bedfort, prie devant Ste-Anne

La cérémonie de Montbard terminée, la princesse se rendit à Dijon, pour prendre congé de la duchesse de Bourgogne, sa mère, et de là, se rendre à Troyes auprès de son époux.

Indiquons ici que tandis que la cérémonie du mariage se célébrait à Montbard, le duc de Bourgogne, le duc de Bedfort jeune marié, le duc de Bretagne, le comte de Richemont frère de celui-ci, étaient réunis à Amiens, du 11 au 20 avril 1423. C'est là que le 14 avril on arrêta les dispositions du mariage du comte de Richemont avec Marguerite de Bourgogne, dame de Guyenne, et que le 17 avril fut signé un traité d'alliance entre le duc de Bourgogne et les Anglais.

La nouvelle régente du royaume quitta Montbard le 21 avril 1423 pour se rendre à Dijon, Guillaume Bon-Amy, clerc, eut mission d'aller la prendre à Montbard et de payer sa dépense au cours du trajet de Montbard à Dijon. Cette mission s'accomplit les 21, 22 et 23 avril.

Elle resta à Dijon jusqu'au mois de mai auprès de sa mère et, à ce moment, elle se mit en route pour Troyes, où elle devait rejoindre son époux. Huguenin Brulard, procureur du Duc au bailliage de la Montagne, était parti en avant le 9 mai, accompagné de seize personnes et autant de chevaux, depuis Saint-Seine jusqu'à Châtillon, tant pour préparer les logis de la noble dame sur sa route que pour battre les chemins et découvrir le pays du côté de Montbard et du Tonnerrois, à raison de ce qui se racontait, que les ennemis s'étaient assemblés de ce côté pour empêcher ce voyage ; Jean Duchemin et plusieurs chevaliers et écuyers faisaient partie de cette petite troupe de seize personnes. De son côté Guy de la Trémoille, bailli de la Montagne, avait procédé depuis le 15 avril à des reconnaissances du même genre dans son bailliage.

---

[32] Extrait d'une quittance de Girard Marriot, marchand, demeurant à Dijon
[33] Le marc valait généralement 244g75, et le tresaul 3g8

Quand la Duchesse se mit enfin en route, elle était accompagnée d'un imposant cortège. Divers documents nous ont conservé les noms des seigneurs et personnages qui l'accompagnaient. Nous retrouvons ainsi : le chancelier de Bourgogne, le prince d'Orange, seigneur d'Arley, qui partit ensuite de Troyes « pour aller dans un pays lointain pour affaires importantes dont l'avoit chargé Mond. Sgr le duc de Bourgogne qui lui donna pour cela 500 livres monnoie courante par lettres de Dijon 20 avril 1423 », l'évêque de Langres, Jacques de Villers.

Elle arriva à Troyes début juin, et son mari y arriva le 14 du même mois. Monstrelet nous dit que le mariage se fit à Troyes « et furent les nopces tant solennellement que royalement ».

La duchesse de Bedfort mourut à Paris, le 14 décembre 1435, d'après Monsieur Ernest Petit et Dom Plancher. Mais l'épitaphe de cette princesse, rapportée par Dugdal (II, 201), nous apprend qu'elle fut enterrée à Paris aux Célestins, dans la Chapelle d'Orléans, le 14 novembre 1432. Cette date est d'ailleurs confirmée par le récit de Monstrelet qui place la mort de la duchesse de Bedfort en 1432.

25 - Jean de Lancastre, 1er duc de Bedfort

On sait que pendant la domination anglaise, elle sut se faire aimer des parisiens et prendre souvent leur défense contre l'oppresseur étranger. Elle assistait en 1424 à la fête donnée par le Duc son frère à l'hôtel d'Artois pour le mariage de Jean de la Trémouille, seigneur de Jonvelle, à la sœur du Seigneur d'Antoin. Et l'auteur qui nous raconte cette fête écrit ; «et si y estoit la royne de France, mère au roy Charles, la régente, seur au duc Phelipe, laquelle estoit pour le temps tenue pour la plus gaillarde de toutes autres dames. »

Il restait à régler ceux qui avaient été employés au mariage, et les frais de transport de Madame de Bedfort de Montbard à Dijon et de Dijon à Troyes. Nous avons vu que c'était Guillaume Bon-Amy qui avait réglé la dépense du voyage de Montbard à Dijon, et qu'il en avait été payé dès le 21 avril 1423. Pour la dépense du voyage de Dijon à Troyes, Madame de Bedfort reçut deux cents francs prélevés sur l'aide de vingt-mille francs accordée au Duc par les États de Bourgogne au mois d'avril 1423, et dont Jean de Gray avait été établi receveur particulier.

Les Ducs avaient plusieurs moyens de reconnaître le zèle de leurs sujets. Tout d'abord ils pouvaient leur accorder de l'argent, ce qui fut fait en faveur du prince d'Orange, seigneur d'Arly, qui avait chevauché avec la régente de Dijon à Troyes. Mais ils avaient une façon plus originale, qui consistait à récompenser leurs sujets en ordonnant qu'ils soient payés de ce qu'il leur était dû précédemment. Il en fut ainsi pour Girart Mariot, bourgeois de Dijon. Le Duc pour reconnaître ses services, surtout le zèle qu'il lui a témoigné à l'occasion des noces sa sœur Anne, duchesse de Bedfort, par lettres de Dijon, 25 avril 1423, ordonne qu'il soit payé de ce qui lui est dû de reste pour vins fournis au Duc, son père, en 1415.

Bulletin de la société archéologique et biographique de Montbard. N° 19 – 1929

Le siège de Montbard en février 1590

La ville de Montbard, autrefois entourée d'une ceinture de remparts, était défendue par son château fort, situé au sommet du coteau. Le château de Montbard était un des plus importants des environs, et il était considéré comme imprenable avant la création de l'artillerie.

Certainement, il eut à subir bien des sièges, dont l'histoire a oublié les épisodes. Un de ces sièges mérite cependant une place dans l'histoire. C'est ce siège que nous avons l'intention de rappeler. C'était en 1590. Depuis soixante ans, les protestants et les catholiques s'acharnaient en luttes fratricides.

Montbard appartenait alors au Duc de Nemours, maréchal de France, frère de Mayenne, et tenait pour la Ligue.

La Ligue, née du conflit religieux, avait un tout autre but que celui qu'elle affichait : c'était d'interdire à Henri de Navarre l'accès du trône de France.

Henri IV, à qui on contestait la Couronne, fut amené à mettre le siège devant Montbard.

26 - Le siège de Montbard dessin de H. Tachy

Le siège commença le 8 ou le 10 février 1590. L'armée assiégeante, si on en croit Nadault, était très importante. Il la porte à 10 000 hommes composés « des habitants des villes de Flavigny et de Semur en Lauxois, tenant le party contraire, accompagnez des traistres exilez et banniz de la ville de Digeon », de Reistres et de Lansquenets.

Cette armée était commandée par Guillaume de Tavannes, qui tenait en Bourgogne pour le parti du Roi ; il était le frère de Jean, vicomte de Tavannes, troisième fils de Gaspard de Saulx, qui était un des ligueurs les plus acharnés, récompensé plus tard, en 1592, par le titre de Maréchal - général des camps et armées catholiques. Parmi les capitaines de l'armée assiégeante, on voyait d'Inteville Beaujeu, Cypierre, de Ragny, Mirebeau, Saffre, Vaugrenant.

La garnison de Montbard était bien peu nombreuse : 26 soldats commandés par le sieur de la Colombière[34], un des capitaines ligueurs, la composaient. De Badet[35], capitaine pour M. de Nemours, gouverneur de la ville et du château de Montbard, prit la défense de la place ; il manda la « jeunesse et enfants de la ville, qui lors batailloient soûls l'estandart et guide des capitaines des Moulins et Sansoulsis ». Ceux-ci accourent à son appel.

Les violences des capitaines de la Sainte-Union ne connaissaient point de bornes. Le parti royaliste avait recruté des officiers qui n'étaient pas des plus recommandables... Montbard comprenait alors :

1° La ville avec son château, entourée de remparts et de tours, qui s'étendait jusqu'au pont de la rivière de Brenne ;

2° De l'autre côté du pont, le grand Faubourg, qui n'était défendu que par des murs et des tourelles

---

[34] Pierre Boyaux, ligueur, seigneur la Colombiere, écuyer de la garnison du château de Dijon, qui figurera dans la capitulation accordée par Henri IV au gouverneur Franchesse. (les capitaines de la Sainte-Union, par Ch. Muteau)

[35] De Badet, famille connue à Montbard dès 1541, dans la personne de Renaud de Badet, écuyer, capitaine et gruyer de Montbard, qui fil construire l'hôpital du petit-faubourg, dans la rue du Palis.

De Badet, capitaine, gouverneur de la ville et du château de Montbard, défend en 1590 avec les habitants, contre une attaque du comte de Tavannes et les contraint à lever le siège. Son fils, marié à Jeanne Daubenton, fut aussi Capitaine du Château et Maire en 1590. (Nadeault et Mallard.)

« Badet, capitaine de Monsieur de Nemours, commandant pour lui à Montbard, très vaillant, abattit et mit en déroute des assaillants de cette ville, tant Reitres, lansquenets et français hérétiques » (Les Capitaines de la Sainte-Union, par Ch. Muteau.)

qu'on peut voir aujourd'hui encore en partie.

La ville était en très bon état ; il y avait suffisamment d'armes pour pouvoir en distribuer à tous les habitants en état de s'en servir. Le château était fort pour ce temps-là et il y avait dans cette place bon nombre de canons qui ont été plus tard transportés en Franche-Comté sous le règne de Louis XIV.

« Cependant, dit Nadault, il est surprenant que cette ville, sans aucune espérance de secours, ait osé fermer ses portes et résister à des troupes nombreuses et aguerries pendant près de quinze jours que dura ce siège. »

Tavannes et Tintcville attaquèrent d'abord les faubourgs, « quatre pièces de batteries furent *repoussez* jusques à quatre et cinq fois hors les fauxbourgs », mais ceux-ci furent bientôt au pouvoir des assiégeants. Les maisons, au nombre de quatre à cinq-cents, furent brûlées ou détruites.

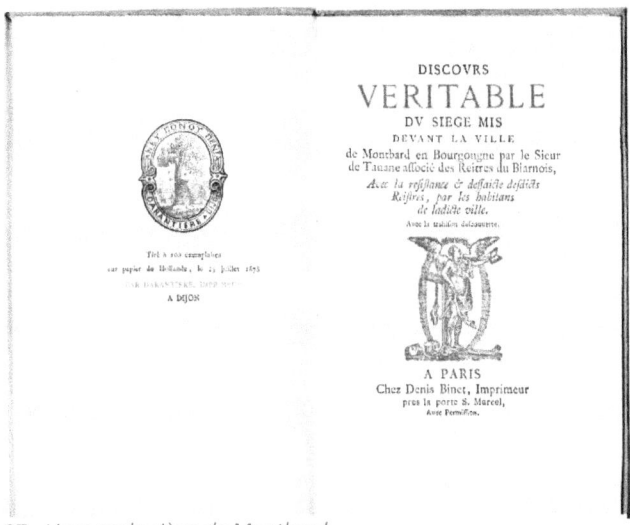

27 - Livre sur le siège de Montbard

Puis commença l'attaque de la ville ; l'artillerie fut braquée sur le point le plus faible et pendant quatre jours, les boulets frappèrent les remparts ; une petite brèche fut faite. « Un faux assaut, dit Guillaume de Tavannes dans ses mémoires, fut donné pour recognoistre la bresche et travail qu'en avait faict au-dedans d'une tour rompue de l'artillerie. Les Lansquenets devaient pendant iceluy faire bresche, avec des pionniers, à la sape à une muraille où il n'y avait aucun terrain, où le dict sieur de Tavannes les avoit menés ; à quoy ils manquèrent, s'excusant que les capitaines de gens à pied du régiment de Champagne qu'il leur avoit donné pour marcher à l'heure teste, les avoient abandonnés. Dans la dicte tour fut tué le capitaine Bandeville, gentilhomme de Champagne, qui combattoit avec les ennemis, et, sans estre suivy de ses soldats. Le sieur de Beaujeu, valeureux gentilhomme, qui avait été enseigne de la compagnie de l'admiral de Chastillon, fut aussi porté mort d'une arquebusade, aux approches du pont de la ville, lorsque l'on dressoit sur iceluy des barricades en biaisant pour approcher la porte ».

Dans la lettre écrite à Monseigneur le duc de Mayenne par les habitants de la ville de Montbard, la mort de Beaujeu est ainsi racontée : « et finalement se présentent pour la dernière fois, ayant pour chef le sieur Beaujeu, et usant de ces propos : sauve Beaujeu et tu es riche ; mais à grand-peine eut-il fini ces propos, que luy et ses gens furent emportez tant par la furie du canon comme aussi par l'ardeur du feu artificiel par lequel comme canailles furent presque tous bruslez »

Pendant le siège, les Montbardois conservèrent leur gaieté et leur confiance ; ils tournaient en ridicule, en prose et en vers, les malheurs qui arrivèrent aux assiégeants.

Les bourgeois, dit Nadault, chantaient ce vaudeville :

« Tavannes, d'Inteville, Cypierre, de Ragny,
Nos femmes ny nos filles ne sont à vos mercis
Et encore moins la ville.
Nous sommes assez de gens
Pour vous rendre inutiles
Et vous casser les dents... »

Parce qu'un des principaux officiers ennemis eut la mâchoire brisée d'un coup de fauconneau pendant le siège. Après la mort de Baujeu, il semble que le siège ait été mené avec moins d'ardeur.

> « Tavannes lors et Tinteville
> Qui jamais n'attaquèrent ville.
> Voyant sur les carreaux Beau-jeu
> Vouloyent faire lever l'armée
> Misérablement consommée.
> Quittant la partie et le jeu. »
>
> (Truffes de Montbard).

D'ailleurs, la poudre manquait à l'artillerie pour l'attaque des murailles, « on fut contraint d'attendre les poudres que le sieur de la Ferté-Imbaut faisait venir du chasteau de Grancey. » (Tavannes, Mémoires.)

Pendant cette attente, dit Mezéray, d'Inteville reçut commandement du Roi de quitter toute entreprise pour venir se joindre à Dreux, d'où il ne croyait pas pouvoir se dégager sans bataille ; mais quelque diligence que fit d'Inteville, il n'y pût arriver assez tôt. La date exacte où le siège de Montbard fut levé n'est pas très précise. Le siège, commencé le huit ou le dix, dura quinze jours ou trois semaines selon les auteurs consultés.

D'après les lettres patentes du roi, le 12 mars 1590, dont nous reparlerons, le siège commencé le « dixième febvrier dernier », dura « l'espace de trois semaines entières et jusqu'aux derniers dudit mois de febvrier ».

D'après la « lettre des habitants de Montbard à Mayenne », Tavannes et d'Inteville « avoient campé leur siège dès le huitiesme de février, lequel avoit continué à leurs grands frais, et pertes de leurs soldats, jusques au premier de mars ».

Enfin Nadault, dans un passage déjà cité, parle d'un siège de près de quinze jours.

Ainsi donc, l'armée de Tavannes s'en va avant d'avoir pu mener à bien son entreprise.

Grande est la joie des Montbardois et des ligueurs ; des poèmes, des chansons, chantent la gloire de Montbard et couvrent de ridicule et de honte les malheureux royalistes. C'est un de ces poèmes, anonyme, datant de 1590, l'année même du siège, très rare, intitulé « Truffes de Montbard », qu'a bien voulu nous communiquer l'érudit dijonnais, M. A. V. Chapuis.

Par lettres patentes du 12 mars 1590, Charles X (Cardinal de Bourbon, proclamé à Paris), pour atténuer les pertes subies pendant le siège, « exempts les manants et habitants de Montbard » de payer, pendant quatre ans la somme de 300 écus pour le subside du taillons, ainsi que toutes les nouvelles impositions qui pourraient être demandées au pays pendant douze ans, et leur permet de lever vingt sols pour chaque minot[36] de sel qui se vendra en leur grenier.

Pour commémorer le souvenir de l'heureuse issue du siège, les habitants s'obligèrent à donner chaque année pendant cent ans, une fête le jour de la levée du siège.

Ce fut la « Fête des Lansquenets ». Montbard la célébra plus d'un siècle.

Louis Farcy
Bulletin de la société archéologique et biographique de Montbard N°7-1912

---

[36] Un minot équivalait à 3 boisseaux, soit 38 dm^3.

Application des ordonnances de Colbert sur la draperie

Une industrie qui fut prospère autrefois à Montbard et qui a complètement disparu est la fabrication des draps et des toiles.

Le 1er décembre 1675, 20 drapiers et 15 tixiers[37] procèdent à l'élection des jurés de leur corps de métiers. Si l'on tient compte des absences possibles, il est vraisemblable que Montbard comptait dans le dernier tiers du XVIIe siècle une quarantaine de métiers à tisser le drap ou la toile.

On sait qu'en 1669, Colbert, pour remédier autant qu'il est possible aux abus qui se commettent depuis plusieurs années aux longueurs, largeurs, force et bonté des draps, serge et autres étoffes de laine et fil et rendre uniforme toutes celles de même sorte, nom et qualité en quelque lieu qu'elles puissent être fabriquées, publia des ordonnances qui déterminaient en effet la qualité de la matière première ainsi que le nombre de fils de laine et trame des tissus ouvrés.

28 - Un tisserand - Aquarelle de J. Bonsans

29 - Portrait de Colbert par Philippe de Champagne (1655)

Le but visé par le surintendant des manufactures de France était d'assurer aux produits de l'industrie française une force et une bonté qui leur permissent de concurrencer dans le pays et en dehors les meilleurs produits de l'étranger

C'est le 8 février 1670 que les drapiers de Montbard, convoqués à l'hôtel de ville, prennent connaissance des ordonnances de Colbert. Le procès de la réunion ne mentionne aucune réaction de leur part. Ils se bornent à nommer deux d'entre eux pour veiller à l'exécution des règlements de Sa Majesté.

Pour s'assurer que ces ordonnances ne resteront pas lettre morte, Colbert désigne des commis, sortes d'inspecteurs des manufactures, qui parcourent les provinces, visitent les artisans, examinent les étoffes, fondant des observations ou recommandations, recueillent des vœux, dressent les contraventions.

En Bourgogne c'est le sieur Étienne Legras, marchand drapier à Paris, qui est commis pour faire observer les statuts et règlements généraux des manufactures.

Les pièces d'étoffes défectueuses devaient être confisquées et attachées en public à un poteau et en cas de récidive, le fabricant lui-même devait être mis au pilori pendant deux heures avec des échantillons des marchandises saisies.

Etienne Legras passe à Montbard la première fois le 24 avril 1671. Il veut se faire présenter par

---

[37] Tixier ou texier : personne qui fabrique des tissus de laine, de soie, de lin, de chanvre.

les jurés la marque de l'ancienne manufacture. Le procureur syndic explique que cette marque a été rompue et brisée le 5 mai 1670. Monsieur Legras fait convoquer les marchands, notables habitants, pour délibérer des mesures les plus avantageuses pour l'augmentation et perfection des manufactures en ce lieu. Les drapiers présents ont promis d'observer les règlements de l'ordonnance royale. Ils demandent seulement qu'il leur soit toléré de donner à leurs draps et étoffes des bouillons pour leur donner du lustre, qui fait que leurs marchandises se débitent facilement. Les bouillons ne portant aucun préjudice à la durée des draps. Le commissaire n'empêche pas que, comme les autres drapiers, ils ne donnent un bouillon modéré, mais il insiste sur ce point qu'il faut se conformer strictement aux conditions imposées par le règlement.

Le lendemain, il visite avec les magistrats municipaux les drapiers dans leurs boutiques. Il ne trouve aucun sujet de plainte. Il remarque seulement quelques vieilles marques d'avant le règlement et il ordonne aux jurés de rompre et briser toutes celles qu'ils rencontreraient.

Chaque année, cet inspecteur général des manufactures renouvelle sa visite. Le 10 avril 1672, à une

30 - Anciennes mesures de France : l'aune.

des observations, les drapiers disent que s'ils peignaient leur laine, ils feraient leurs draps plus fins, mais ils sont contraints de vendre leurs draps à des pauvres vignerons et autres gens qui n'achètent guère qu'en troc d'autres marchandises.

Le 30 août 1675, le sieur Legras a constaté que tous les drapiers observent exactement les règlements. Les drapiers lui ont même déclaré qu'ils ne connaissaient point de moyens plus avantageux pour la perfection des draps que ceux contenus dans le règlement.

31 - Métier à tisser

La Guerre de Hollande

Le roi à Montbard

Par suite de la déclaration de guerre à l'Espagne, une campagne est engagée en Franche-Comté. Montbard est un lieu d'étape. Les troupes y passent fréquemment. Le roi lui-même traverse la ville pour suivre un moment la campagne.

Par une lettre reçue le 25 avril 1674, le roi avise la municipalité « qu'il passera incessamment à Montbard et qu'à cette occasion, les habitants pourront être mis sous les armes et le canon tiré, mais qu'il suffira qu'on vienne le saluer, sans lui faire de harangue. »

Le 26 avril, « Sa Majesté, la Reyne, monseigneur le Dauphin et toute la Cour ont arrivé à Montbard et ont sorty le lendemain ».

Le 30 avril, Monsieur, « frère unicque du Roy a passé à Montbard et en est sorty le lendemain ». Il « a repassé à Montbard, le 8 juin ».

Le 21 juin 1674, « Sa Majesté, retour de Franche-Comté, à couché une nuict seulement à Montbard, et deux heures après son arrivée, et suivant ses ordres, les canons de cette ville on esté tirés à deux reprises ».

32 - Les troupes. Dessin d'Henri Tachy

Passages de troupes

Quant aux mouvements de troupes, la municipalité se plaint fréquemment des sacrifices que lui impose le passage incessant des gens de guerre. On en aura une idée par le relevé suivant qui concerne le premier trimestre de l'année 1676.

14 janvier, une « revue » du régiment de la Ferté,

26 janvier : une revue du régiment de Navarre (un capitaine, deux valets et quatre chevaux, un sergent à cheval et quarante soldats.)

27 février : une revue d'infanterie du régiment de Piémont et une de cavalerie du Régiment d'Anguien.

27 février : deux revues de cavalerie, l'une de Bligny et l'autre de Beringhen. Même jour, le soir, une autre revue de cavalerie

6 mars : une revue du régiment de Picardie,

8 mars : une revue cavalerie du régiment de Rosin,

9 mars : une revue d'infanterie suisse,

11 mars : une revue au régiment de Picardie,

12 mars : une revue régiment de Navarre et une du régiment de Piémont,

13 mars : une revue de l'infanterie du régiment de Normandie, une du régiment de Picardie et une de cavalerie.

14 mars : une revue d'infanterie du régiment de Languedoc et une de cavalerie de Lambert.

16 mars : une revue de cavalerie du régiment de Bligny et une d'infanterie du régiment de Champagne. Au total, en trois mois, douze cantonnements pour vingt revues ou compagnies.

Les frais de logement des gens de guerre dépassaient les moyens de beaucoup de Montbardois. Le 3 mai 1675, la ville, sur la considération de la grande misère et pauvreté de ce lieu, contractait un emprunt de 1.288 livres et 12 sols pour faire avance de quelques deniers aux pauvres pour aider à subsister.

Le remboursement des étapes et des frais de logement de troupes se fait avec un retard sensible. C'est le 1er février 1677 que sont touchées les indemnités dues pour la période du 1er août 1674 au 1er juillet 1676. Et personne ne peut se soustraire à cette charge. Une ordonnance du 29 janvier 1672, de l'intendant de Bourgogne, porte défense à tous les habitants de la ville de quitter leurs habitations pour se soustraire au logement des gens de guerre.

Incident Anglo-Montbardois

Au début de la guerre de Hollande, l'Angleterre était notre alliée. Mais Montbard n'avait sans doute pas été informé de ce résultat des négociations de la belle-sœur de Louis XIV, Henriette, avec le roi d'Angleterre, son frère, et il se produit un curieux incident.

Le 1er juin 1675 se présenta un maréchal des logis du régiment royal anglais, qui demande « le logement pour 150 hommes, 3 capitaines, 3 lieutenants, 3 cornerons, 3 maréchaux des logis », sans justifier d'aucun ordre de Sa Majesté, « disant seulement avoir droîct de logis, puisque le corps dudict Régt. y avoit logé ». Dans la chambre de ville, les magistrats étaient en compagnie d'une partie des notables de la communauté, tous les habitants « on résout que le refus leur serait par nous » (les magistrats) « faict de les recevoir, à moins qu'ils représentassent l'ordre, et qu'en cas qu'ils voulussent entrer par force, que l'on prendrait les armes pour les en empêcher ».

Et en effet, les habitants se sont mis sous les armes et ont empêché les 150 Anglais et leurs officiers de loger dans la ville, prêts à les repousser si ces derniers avaient voulu entrer par force.

Le lendemain, le capitaine major ayant représenté un ordre de Monseigneur l'Intendant du 11 juin ordonnant le logement de tous les habitants, pour éviter les désordres qu'ils pourraient faire, ont consenti à loger le détachement du royal anglais

Bulletin de la société archéologique et biographique de Montbard n° 36 - 1936

L'Église et le Prieuré de Courtangy[38]

On ne s'attachera pas à déterminer précisément le temps auquel la ville de Montbard a été éclairée des lumières de la foi. On suppose que dès le milieu du cinquième siècle, les Bourguignons ayant tous reçu la religion chrétienne, la ville de Montbard, si elle subsistait dès lors, comme on peut le présumer, l'avait par conséquent embrassée. Elle a cet avantage qu'elle n'a jamais, depuis, altéré la pureté de la doctrine qu'elle avait reçue des apôtres de la Bourgogne.

On remarque, en effet, qu'il n'y a jamais eu dans cette ville aucune famille hérétique. On ne sait pas positivement quels furent ses premiers pasteurs ; mais on sait que, dès le neuvième siècle, son église fut gouvernée par les religieux bénédictins de l'abbaye de Moutiers-St-Jean, l'une des plus anciennes du royaume. Cette abbaye, fondée, à ce que l'on prétend, par Clovis 1er, jouissait alors d'une réputation d'autant mieux établie que la mémoire de Saint-Jean de Réome, son premier abbé qui avait consacré à la pénitence le cours d'une vie de plus d'un siècle, était encore récente.

La ville de Montbard n'avait alors point d'autre église que celle de Courtangy, dédiée à Saint-Étienne, premier martyr. Quoiqu'à un quart de lieue de cette ville, elle n'avait point d'autre cimetière que celui qu'on voit encore joignant cette église, et la cure de Montbard était desservie par le prieur de Courtangy.

33 - La ferme de Courtangy

Il paraît que les choses restèrent en cet état jusqu'à ce que la ville, devenue plus considérable et le nombre des fidèles augmentant, l'on fut obligé d'y bâtir l'église paroissiale qu'on y voit à présent, comme nous le dirons dans la suite, après avoir rapporté quelques particularités sur le prieuré de Courtangy.

Ce bénéfice est originairement régulier ; si dans le cours du siècle précédent, il a été possédé jusqu'à deux fois par des séculiers, il est enfin retourné aux religieux de Moutiers-St-Jean, qui l'on fait réunir, avec les formalités ordinaires, à leur mense conventuelle[39]. Ses revenus consistent dans les seigneuries de Crépand et de Courtangy, et actuellement dans la dixme de Montbard, à la charge de payer aux curés et vicaires leur portion congrue. Ces deux terres furent données à l'abbaye de Moutiers-St-Jean, en 1197, par Eudes III, duc de Bourgogne, comme il paraît par l'acte qui contient cette concession :

Ego Odo, dux Burgundie, notum facio tam presentibus quam futuris, me pro salute anime mee et antecessorum meorum dedisse in eleemosinam abbati et ecclesie monasterii Sancti Joannis Reoaensis perpetuo et liberé possidendam, omnen justiciam quam me habere dicebam in villa de Cortengi et in villa de Crepea, tam in terris quam in hominibus et in omni utilitate. Eodem modo concessi abbati et ecclesie predicte omnen censum quem Andréas portarius de me tenebat, ubicumque esset, ipso Andrea jus suum hec mea donatio perpetuam obtineat firmitatem, presentem chartam inde fleri feci et sigillo meo confirmavi. Actum est hoc anno Incarnati Verbi millesimo centesimo nonagesimo septimo (Reomaus, ou Cartulaire de Moutiers-Saint-Jean).

---

[38] Extrait de l'ouvrage « Mémoires pour servir à l'Histoire de la Ville de Montbard », d'après le manuscrit de Jean Nadault, ancien Maire de Montbard

[39] La mense est le revenu ecclésiastique attribuée à l'évêque ou à l'abbé (mense épiscopale), aux chanoines ou aux moines (mense capitulaire ou conventuelle), au curé ou desservant (mense curiale ou priorale).

On voit par cet acte qu'il y avait autrefois un village à Courtangy, tandis qu'il n'y a plus à présent que l'église et la maison du prieur qui subsistent. Ce qu'on peut encore recueillir de cet acte, c'est qu'Eudes III semblait douter de son droit à l'égard de la justice de ces deux seigneuries, en usant de ces terres : *quam me habere decebma*. Quoi qu'il en soit, il ne se réserve rien ; il donne la totalité de la justice, *omnen justucuam* ; il est donc surprenant que les prévôts châtelains de Montbard aient plusieurs fois prétendu exercer une portion de justice dans ces terres.

L'abbaye de Moutiers-Saint-Jean a joui anciennement de toute la dime de Montbard ; le domaine du roi en eut ensuite un tiers, et en dernier, il n'en avait plus qu'un sixième. Ces faits vont être éclaircis après que nous aurons expliqué de quelle manière elle se perçoit dans cette ville et indiqué les héritages qui en sont exempts.

La dime de grain est la vingtième gerbe ou la vingtième partie de ce qui se recueille ; la dime de chanvre, de laine et d'agneaux, qui est aussi d'usage, se paye de la même façon.

A l'égard du vin, la dime s'en paye à la cave ; la vingtième pinte appartient au décimateur, après qu'on en a déduit le tiers pour le pressurage, qui ne paye rien ; mais cette dime, suivant un usage immémorial, se paye à la pinte de Rougemont, plus grande d'environ un cinquième que celle de Montbard, de sorte qu'on ne peut exiger que huit pintes, mesure de Rougemont, sur une queue de vin, qui est composé de 240 pintes, mesure de Montbard. Il y a plusieurs héritages, dans le territoire de cette ville, qui sont exempts de la dime ; tels sont les héritages qui appartiennent à l'abbaye de Fontenay, proche de Montbard, de l'ordre de Saint-Bernard et de la filiation de Clairvaux, les religieux de Cîteaux, peu après leur fondation, ayant été déclarés exempts de la dime de leurs héritages, parce qu'ils les avaient pour la plupart défrichés et qu'ils les cultivaient tous alors de leurs propres mains (Fleury, Institution au droit ecclésiastique).

Quoique tous les laïques soient sujets à la dime, et quoiqu'ils ne puissent point acquérir cette exemption par la prescription, cependant, la vigne du Seigneur, à Montbard, appelée vulgairement le doux, ou le Clos, et les vignes joignantes, dites de Corbeton, qui autrefois faisaient peut-être aussi partie de ce clos, sont dans la possession paisible et immémoriale de ne point payer de dime ; mais il est vrai que ceux qui sont préposés pour la percevoir exigeaient de chaque propriétaire des vignes de Corbeton un certain droit, appelé collation, et évalué dans les derniers temps à une pinte de vin et à un pain d'une livre.

Nous n'entreprendrons pas de rendre ici raison de cette exemption ; nous remarquerons, au contraire, qu'en 1239, la dime de ces mêmes vignes était entre les mains des laïques ; c'est ce qui paraît par un acte de cette date (*Sancti Bemardi genus illustre assertum*), fait en présence d'Hugues IV, duc de Bourgogne, par lequel un Jean de Montbard, chevalier, confirme la donation que Béatrix, sa mère, avait faite à l'abbaye de Fontenay, de deux setiers de froment et un muid de vin à prendre, dit-il, sur la dime qui lui appartient au lieu de Corbeton. Cet acte, sur lequel nous ne ferons aucune réflexion, a été sans doute tiré des archives de Fontenay et se trouve imprimé parmi les pièces servant à l'histoire du XIIe siècle, recueillies par le R. Chifflet, jésuite.

Outre ces héritages, il y a encore à Montbard une pièce de vigne située lieudit en Faye, appelée la Vigne Dieu, qui est de même en possession de ne point payer de dime ; mais à la place de la dime, les propriétaires sont tenus de fournir et de faire porter une certaine quantité de vin, le jour de Pâques, au-dessus de l'église paroissiale, avec du pain. Cet usage, qui paraît indécent, a été sans doute introduit en faveur des habitants des hameaux éloignés de Montbard, qui, par la longueur et la fatigue du chemin, peuvent avoir besoin de prendre de la nourriture. Voilà quels sont les héritages exempts de la dime à Montbard, et de quelle manière elle se perçoit.

Sans examiner si la dime est de droit divin ou non, il est certain qu'on n'en trouve des vestiges que dans le quatrième et le cinquième siècle. Mais ce droit ne passa en loi que dans les siècles suivants, temps auquel les laïcs furent obligés par les canons, sous peine d'anathème, et par les lois des princes, de payer aux ecclésiastiques la dime de leurs revenus et des fruits qu'ils recueillaient ; et elle appartenait alors de droit à ceux qui servaient l'Église, dans les fonctions de leur ministère. Les laïques s'en emparèrent en partie au huitième siècle, soit de leur autorité, soit par la concession des princes ; mais après l'avoir possédée pendant quelque temps, plusieurs la restituèrent à des moines ou à des chapitres, et l'Église toléra cette restitution. De là viennent les dimes inféodées dont jouissent les laïques et la plupart de celles qui appartiennent aux moines et aux chapitres.

Le concile de Latran, tenu en 1199 sous Alexandre III, ordonna que les dimes possédées par les laïques soient restituées à l'Église ; mais le quatrième concile de Latran, tenu en 1215, sous Innocent III, confirma en quelque sorte, par son silence, les laïques dans la possession des dimes dont ils étaient alors en jouissance, et défendit néanmoins très expressément ces sortes d'aliénations pour l'avenir.

Ce n'est pas ainsi que l'abbaye de Moutiers-Saint-Jean a acquis la dime de Montbard. Dès le huitième siècle, les prieurs de Courtangy s'étaient chargés des fonctions curiales de cette ville, comme la plupart des moines firent alors, car c'est à cette époque qu'on commença à réunir des cures aux monastères ; la dime dès lors dut leur appartenir. Cette abbaye a constamment joui de la totalité de la dime de Montbard, jusqu'en 1256, qu'elle en remit le tiers à Hugues IV, duc de Bourgogne. Le motif de ce don est bien exprimé dans l'acte de concession rapporté dans le cartulaire de cette abbaye (Reomaus, ou Cartulaire de Moutiers-Saint-Jean).

Cette concession des moines de Moutiers-Saint-Jean n'était faite à Hugues IV que pour engager le duc à leur faire payer exactement les deux autres tiers de cette dime et à les maintenir dans la possession de ce droit. Ce titre donne lieu aussi de conjecturer que ce prince était défenseur de cette abbaye, et l'on sait que c'était anciennement une charge dans l'Église et un titre d'honneur. Chaque église, chaque abbaye avait autrefois son défenseur ; les rois, les princes, les empereurs même se faisaient gloire de porter ce titre ; les papes envoyaient aussi alors dans les provinces des personnes préposées pour avoir soin des bénéfices de l'Église romaine, et on les appelait défenseurs du patrimoine de Saint-Pierre. Ces défenseurs s'appelèrent aussi dans la suite des avoués.

Hugues IV, après avoir accepté le don que lui fait l'abbé de Moutiers-Saint-Jean, qui s'appelait Eudes, promet de ne jamais aliéner cette portion de dime, ce qui est une preuve qu'alors les canons du quatrième concile de Latran, dont nous venons de parler, étaient en vigueur ; car l'un de ces canons portait qu'il était expressément défendu aux laïques qui possédaient des dimes de les transmettre à d'autres laïques.

Il y a déjà un grand nombre d'années que la moitié de cette dime, donnée à Hugues IV, est retournée à l'abbaye de Moutiers-Saint-Jean. On ne sait point ce qui a donné lieu à cette remise, si elle a été faite par un duc de Bourgogne ou par un des seigneurs qui ont possédé Montbard après eux. Ce qu'il y a de certain, c'est que, depuis très longtemps, le domaine du roi, qui est aux droits des ducs de Bourgogne, n'a plus qu'un sixième de la dime de Montbard ; et dès le milieu du XVIe siècle, les seigneurs de Montbard ne jouissaient plus que de ce sixième : c'est ce qui permit un compte des revenus de cette terre de l'an 1549.

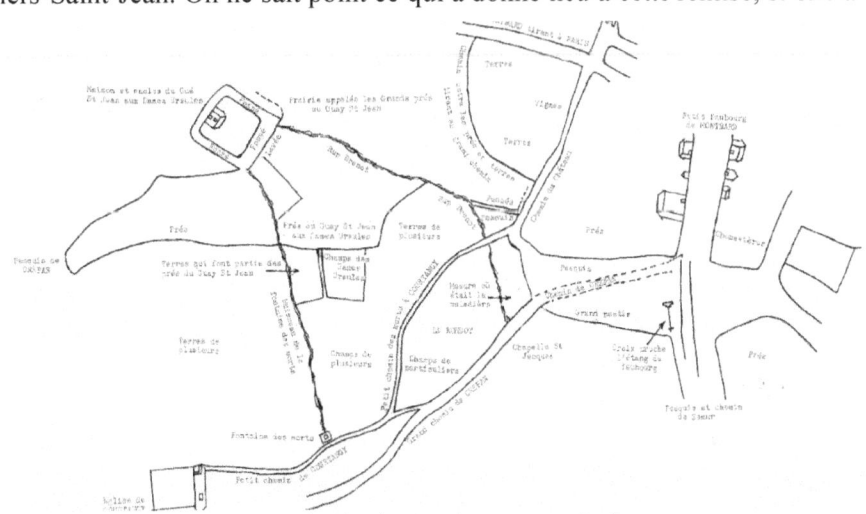

34 - Croquis du 18 janvier 1695 de Claude Mongin, arpenteur juré

Non seulement le roi jouit d'une portion de la dime de Montbard, mais l'abbesse et les religieuses de Saint-Julien de Rougemont, transférées à Dijon le 16 juillet 1677, partagent cette dime par égale portion avec les religieux de Moutiers-Saint-Jean, dans toutes les vignes, terres labourables et chènevières situées aux environs de la chapelle Saint-Pierre, proche de Montbard.

Cette dime des religieuses de Saint-Julien s'appelle le droit de rapport, et s'étend à tous les héritages qui composaient apparemment autrefois le territoire du village de Seloichey, dont plus rien ne subsiste depuis plusieurs siècles et dont nous parlerons par la suite.

L'église de Courtangy n'a rien de remarquable. Elle mesure 13m x 7m. C'est dans cette église et dans le grand cimetière qui la joint qu'ont été inhumés les habitants de Montbard. En 1702 on fit attention, pour la première fois, à la difficulté et aux inconvénients qui se rencontraient dans le transport des corps, et qu'on se détermina à faire un cimetière à Montbard. Il fut demandé fort longtemps par le curé, mais ville ne consentit qu'avec peine à abandonner l'ancien. Le peuple, sur lequel la coutume fait toujours une grande impression, regretta pendant longtemps l'ancien cimetière, et ne regardait le nouveau que comme une terre profane. Le temps a détruit ces préventions, et il est rare à présent que quelqu'un choisisse sa sépulture à Courtangy.

On ne doit pas, au reste, être surpris que pendant plusieurs siècles il n'y ait point eu de cimetière à Montbard. Outre que Courtangy est la principale et la plus ancienne église de cette ville, tel était autrefois l'usage, qu'il n'était pas permis d'enterrer dans l'enceinte des villes ; et cela est si vrai que, du temps de Philippe Auguste, il n'y avait point à Paris de cimetière : celui des Innocents, qui était unique alors, était presque dans les bois. Cet usage nous est venu sans doute des Romains et des Grecs, dont les lois défendaient expressément d'inhumer ou de bruler les corps morts dans les villes : *in urbo ne sepelito nevo urito*. Leurs sépultures étaient ordinairement le long des grands chemins ; les *sta viator*[40] qu'on y voit encore en sont une preuve.

Nous sortirions des bornes que nous nous sommes prescrites, si nous voulions nous arrêter aux différentes inscriptions des sépultures qui se voient dans l'église et le cimetière de Courtangy elles sont en très grand nombre, mais les plus anciennes ne sont que du milieu du XIVe siècle, et sont d'ailleurs peu intéressantes. Le chœur de l'église de Courtangy paraît plus ancien que le reste de l'édifice ; il est beaucoup mieux bâti, et il est même trop grand à proportion de la nef dont il est actuellement séparé, et l'on n'en fait plus aucun usage pour le service divin ; mais nous n'avons rien découvert de certain sur le temps auquel l'un et l'autre ont été bâtis. C'est dans cet ancien chœur qu'est la chapelle des Bouchu, originaires de Montbard, dont les armes sont en plusieurs endroits de cette chapelle. Jean Bouchu, grenetier au grenier à sel de Montbard, mort à Semur le 27 septembre 1547, y est enterré.

On voit près de sa sépulture, celle de demoiselle Odette Odebert-Bouchu, fille de Pierre Odebert, second conseiller au parlement de Dijon, et de demoiselle Marguerite Bouchu. Tout le monde sait que les Bouchu ont été illustres sur la fin du XIXe siècle et au début du XXe : mais peu de personnes savent qu'ils sortaient d'une famille bourgeoise de Montbard. Vis-à-vis de la chapelle des Bouchu est celle des Guilleminot, autre famille ancienne de cette ville, mais qui ne fit pas partie de la bourgeoisie.

Une balustrade sépare le cœur de la nef qui renferme de nombreuses sépultures. Plus de trente inhumations ont lieu au cours du XVIIe siècle. En 90 ans, quarante prêtres différents signent les registres paroissiaux.

En 1772 la nef s'écroule, le mur gouttereau nord-est détruit, la charpente est écrasée par la couverture de pierre, aucun bois n'est récupérable. L'intendant fait estimer les travaux de réparations. Il faut refaire entièrement le mur et une partie du pignon, la charpente et la couverture en lave de la nef, la montée au clocher et le mur du cimetière, un nouveau grand portail, un nouveau Christ en bois, blanchissement des murs intérieurs et refaire les vitraux de la nef. Le coût est estimé 2847 livres. L'adjudication a lieu le 23 juillet 1772. Les travaux sont vite engagés.

En démolissant le mur nord sans étai, l'entrepreneur fait s'écrouler le clocher, dont les voûtes s'écrasent dans le cœur et les chapelles, entrainant la chute d'une grande partie de ce qui restait de la nef. L'église ne sera pas reconstruite. Il ne subsistera à Courtangy que la chapelle des Bouchu qui sera détruite pendant la Révolution. Vers 1780 le naturaliste Daubenton y établira une bergerie.

Dans le clocher, il n'y avait que deux cloches ; l'une d'elles, qui avait été fondue dans le dernier

---

[40] Épitaphe signifiant : arrête-toi, voyageur ! Elle fait référence à la coutume des Romains dont les tombeaux étaient situés le long des routes.

siècle, n'a point été endommagée ; l'autre, au contraire, a été tellement brisée, qu'on n'a pu lire l'inscription, à l'exception du millésime qui était de l'an 1133, date assurément bien ancienne pour une cloche chaque jour sujette à être cassée ; ce qui est une nouvelle preuve de l'ancienneté de cette église. Les habitants de Crépand, qui en étaient éloignés d'un quart de lieue, ont pris le parti de faire bâtir, dans leur village, une église qui a été, en effet, construite à leurs frais dans le cours de l'année suivante.

Bulletin municipal n°46-1968

35 - Église de Crépand

Seloichey

Le village de Seloichey était situé au pied de la montagne qu'on nomme d'Aumus, dans le petit vallon qui porte le même nom que ce village ; son église, sous l'invocation de Saint-Pierre, qui existe encore dans ce vallon, avec quelques bâtiments de fermier, ne peut laisser aucune incertitude sur le lieu qu'il occupait anciennement. La petitesse de cette église est une preuve de celle de ce village, et la simplicité de sa structure annonce sa pauvreté. Elle n'était point paroissiale et, comme celle de Corbeton, elle n'est qualifiée que de chapelle dans le pouillé de l'évêché de Langres qu'on vient de citer, et qui la nomme la chapelle de Saint-Père de Seloichey qui était pourtant le patron de cette chapelle, et dont l'image en pierre est encore sur l'autel. Elle était, suivant ce pouillé, à la nomination de l'abbesse de Rougement, dont l'abbaye a été transférée à Dijon dans le dernier siècle, et qui porte à présent le nom de Saint-Julien.

36 - Le quartier Saint-Pierre

« Capella Sancti Patris de Seloichey, juxta Montembarrum, in presentatione abbatissae de Rubeomonte. » Cette chapelle, qui n'est plus desservie et dont on ignore la valeur et les charges, était du patronage de l'abbesse de Rougemont parce qu'elle l'avait sans doute fondée. Cette abbaye possède encore une assez grande quantité de fonds dans les environs, entre autres une tuilerie, et elle jouit aussi de la moitié de la dime du canton, qui formait apparemment le petit territoire de Seloichey, et qu'on nomme droit de rapport.

Par les anciens comptes de la terre de Montbard, il paraît que ce village était taillable haut et bas, mainmortable et corvéable, comme ceux de Courtangy et Corbeton. La charte d'affranchissement octroyée en 1446, par Philippe le Bon, duc de Bourgogne, aux habitants de Seloichey, nous apprend que ce village n'était plus alors composé de deux rues ; la rue du Four et la rue Serve, que la rue du Four était déserte depuis quarante ans, et que les habitants de la rue du Serve avaient aussi abandonné celle-ci depuis deux ans. Le motif de cet affranchissement avait été le désir de repeupler ce village et d'engager ceux qui l'avaient quitté à y revenir. Mais ce remède fut employé trop tard, et Seloichey est toujours demeuré depuis sans habitants, les maisons sont tombées en ruines, et le terrain qu'elles occupaient a été converti en terres labourables ou en vignes, de sorte que, sans l'église qui subsiste encore, on pourrait douter que ce terrain n'eût jamais été habité. Il ne paraîtra pas, au reste, surprenant que ces 3 villages aient ainsi successivement disparu, si on fait réflexion que la ville de Montbard a été affranchie de la mainmorte, en 1201, par Eudes III, duc de Bourgogne ; et que les habitants de ces villages, qui n'en étaient éloignés que d'une portée de fusil, durent dès lors préférer un lieu franc à une habitation chargée de toutes ces servitudes, et venir s'établir à Montbard.

Nombre d'habitants par rapport aux feux

1356	130 habitants,
1397	65 habitants,
1413	35 habitants,
1442	40 habitants,
1460	20 habitants,
1461	15 habitants.

Le 21 mai 1784, la chapelle Saint-Pierre existait encore, pour preuve, cet acte : « Aujourd'hui, 21 mai 1784, la chapelle de Saint-Pierre de Seloichey a été bénie par Maître Pierre Aigoley, curé de Perigny-sur-Armançon ; la visite de ladite Chapelle ayant été faite la veille par Maître Charles Hyvert, curé de Montbard, selon procès-verbaux envoyés au secrétariat de l'évêché. »

37 - La barre Émile Zola dans le quartier Saint-Pierre

Corbeton-les-Montbard

Le village ou hameau de Corbeton était situé au bas de la vigne dépendant de la seigneurie qu'on nomme le Clos, et par corruption le Clous, à mi-côte de la montagne qui est à gauche du grand Chemin, et à cinq cents pas environ de la rue des Juifs,

Son église était sous l'invocation de Saint-Pierre, qu'on nommait Saint-Père de Corbeton. Elle n'était point paroissiale, et n'a que le nom de Chapelle dans un ancien pouillé[41] du diocèse de Langres, sans date, mais dont l'écriture paraît être du XVIe siècle, pouillé qui m'a été communiqué, et dans lequel il est fait mention de cette église parmi les bénéfices du doyenné de Moutiers-Saint-Jean, en ces termes :

« Capelle Sancti Patris de Courbeton, in dicto oppido de Montebarro, quae in ruinam devenit, et tenet eam decanus Flavigniensis » : valor L.I.

On ignore aujourd'hui quelles étaient les charges de ce bénéfice dépendant autrefois de la messe du doyen des bénédictins de Flavigny ; mais le moulin dit de Poupenot, situé au bas et tout près du lieu où était ce village, qui est chargé d'un cens de cent francs par an envers l'abbaye de Flavigny, pourrait bien être le fonds de ce bénéfice.

38 - Vue aérienne de Corbeton

Il y a lieu de croire que l'emplacement de l'église et les lieux voisins ont été convertis en vignes, qu'on nomme les vignes de Saint-Père, lesquelles ne payent point de dime, comme nous l'avons déjà remarqué, et l'emplacement du village en terres labourables qu'on nomme les champs de Corbeton

Je faisais travailler, en 1770, à un aqueduc dans un de ces champs qui m'appartient ; les ouvriers trouvèrent, en ma présence, un médaillon en cuivre jaune de l'empereur Antonin, ce qui pourrait faire juger que ce village était ancien. Quoi qu'il en soit, il ne subsiste plus depuis plusieurs siècles ; c'est ce qui paraît par le compte rendu par Jacques Daubenton, châtelain et receveur de la terre de Montbard, à la Chambre des comptes de Dijon, en 1534, pour Mme la Duchesse de Longueville, alors dame dudit Montbard, dans lequel le comptable à l'article de Corbeton, s'exprime ainsi :

« Des tailles dues chacun an à ma dite dame par les habitants et hommes de Corbeton, au terme de Saint-Rémy, taillables haut et bas à volonté, néant pour l'an de ce présent compte, pour ce qu'il n'y a aucun homme à présent audit lieu de Corbeton ». Et les corvées de ces mêmes habitants y sont aussi tirées à néant par la même raison.

Le compte de cette terre, pour 1550, fait encore mention de ces tailles et corvées de Corbeton, mais il n'en est fait aucune recette parce qu'il n'y avait plus d'habitants.

Il est très probable que les habitants de Corbeton ne furent jamais bien nombreux. On voit cependant dans la cerche des feux de bailliage d'Auxois, en 1397, figurer : Courbeton, avec 5 feux serfs et 1 feu misérable. Total : 6 feux. Comme en moyenne, à cette époque, un feu représentait 4 habitants, cela nous donne une population de 24 habitants.

En 1442, la population a diminué considérablement dans toute la France, par suite des fléaux de

---

[41] Dénombrement de tous les bénéfices ecclésiastiques d'un domaine géographique donné (Exemple : un diocèse)

toutes sortes qui semblaient accabler notre pays : guerres, épidémies, famines ; aussi, la cerche des feux de cette époque donne, pour « Courbeton : un feu mendiant, hommes sers appartenant au Duc de Bourgogne ».

En 1464, il n'y a rien de changé : « Courbeton les Montbard : a Monseigneur le Duc ; hommes sers : 1 feu. »

C'est donc probablement à la fin du XV° siècle que Corbeton cessa d'être habité. Seloichey avait été abandonné, en 1347, lors de l'épidémie de peste à Montbard.

On peut croire que la guerre de Cent Ans fut une des causes de l'abandon de Corbeton par les habitants. Les grandes compagnies, les bandes armées anglaises, s'attaquaient aux maisons isolées, aux hameaux sans défenses. Il est probable que, sous cette menace continuelle, les habitants de Corbeton se retirèrent à Montbard, ville fermée et protégée par le château et la garnison ducale, où ils n'étaient plus à la merci d'un coup de main.

Le coteau de Corbeton, bien exposé au levant, fut jadis renommé pour la qualité du vin qu'il produisait ; ce vin était mousseux et devait être très apprécié. Agnès de France, duchesse de Bourgogne, fille de Saint-Louis, sœur du roi Philippe le Hardi, épouse de Robert II, duc de Bourgogne, possédait des vignes à Corbeton. Ces vignes produisaient du vin mousseux.

Bulletin municipal N° 52-1970
Bulletin de la Société Archéologique et Biographique de Montbard-1911

Extension de la ville dans le quartier de Corbeton

39 - Corbeton IV ouest en 1967

La ville, en dehors des constructions d'H.L.M. et des initiatives privées, a pratiqué une politique de logements à outrance, afin de permettre de décongestionner la crise de l'habitation si nuisible au développement normal de la cité. Avec le concours de la Société Vallourec, la municipalité a porté ses efforts dans le quartier Est de la ville, propice à la création de zones d'habitations. Ainsi, en bordure de la route nationale n° 5, à la sortie de Montbard, direction de Dijon, il a été construit des lotissements.

Le 1er lotissement a démarré en 1955, comprenant 41 habitations (21 pavillons individuels et 20 habitations jumelées).

Le 2ème lotissement, lancé en 1957, complète le premier et comprend 12 habitations (8 pavillons individuels et 4 logements jumelés).

1964 - construction de Corbeton III
1966 - construction de Corbeton IV Ouest - 39 pavillons
1966 - construction des H.L.M.
1968 - construction de Corbeton IV Est - 29 pavillons.

40 - Corbeton IV est

Église Saint-Urse

La première église bâtie à Montbard est l'église St Urse. Elle a été bâtie au Xe ou XIe siècle. Elle était appelée chapelle, l'église était à Courtangy. Jusqu'au milieu du XVIe siècle, la chapelle ne servit qu'aux châtelains. À cette époque, l'église de Courtangy s'écroula ; on prit alors la chapelle du château en l'allongeant d'une nef, pour en faire la paroisse. En 1545, l'autorité ecclésiastique ratifia le transport et Saint-Ours, dont on a fait St-Urse, devint le titulaire et, par la suite le patron de la paroisse, à la place de St-Étienne, titulaire de l'église détruite.

41 - L'église St-Urse

L'église de Montbard n'a rien de remarquable. Tout s'y ressent de l'ignorance des temps auxquels elle a été bâtie. On lui a cependant procuré un peu plus de décence par les réparations qui y ont été faites dans le cours des années 1714 et 1715. Le chœur, avant ce temps, était séparé de la nef par une grande grille de fer dont la masse grossière marquait bien qu'on n'avait point par-là cherché à décorer cette église. La vue des deux chapelles à côté du chœur était entièrement ôtée au peuple par un mur, dans lequel on avait pratiqué de chaque côté une petite porte, si basse qu'il fallait se courber pour y passer, et ce mur occupait tout le vide des deux arcs qui s'élèvent à présent presque à la hauteur de la voûte des bas-côtés de ce même chœur. On avait peut-être pris ces précautions pour pouvoir célébrer les saints mystères avec sûreté, et pour garantir les ministres des insultes des huguenots pendant les guerres de religion.

Avant les changements faits dans cette église dans le cours des années 1714 et 1715, il y avait une chaire en pierre, semblable à celles qu'on voit dans les anciens réfectoires des moines et qu'on nommait ambons. Elle fut alors démolie, et remplacée par la chaire en menuiserie, ornée de sculptures, qu'on y voit à présent, et qui fut donnée par M. François Benjamin Leclerc, conseiller au parlement de Dijon. Près de cette chaire antique, du côté droit, était une chapelle dédiée à Saint Joseph, qu'on jugea à propos de détruire dans ce même temps comme inutile.

Le clocher, qui est une flèche assez élevée, est sur le chœur ; l'entretien par conséquent de l'un et de l'autre est à la charge du décimateur. Le 1er avril 1661, la croix de ce clocher ayant été abattue par l'impétuosité du vent, on y trouva une petite boîte de plomb qui renfermait un morceau de la vraie Croix avec un acte qui marquait que cette croix, faite par un ouvrier de Troyes, avait été placée sur le clocher de cette ville au mois de novembre 1533.

« Dans laquelle boîte, on avait mis avec révérence un morceau de la vraie Croix, en présence de scientifiques personnes M. Charles Godran, chanoine de la Sainte-Chapelle de Dijon et curé de Montbard ; de Guillaume Coulenot et de Clément Cureau, vicaires, de Jean Gathelot, Gérard Calet, Urse

Dutartre, Marc Regrard, Odin Daubenton, Philippe Monchinet, Pierre Forestier, Michel Sordot, Nicolas et André Gelot, Philippe de Paris et Mathieu de Linotte, tous prêtres de ladite ville ; d'honorable homme Jean Bouchu, maire de Montbard ; de scientifiques personnes M. Guy Daubenton, Jean d'Époisses, Philibert Chifflot, Jean Regnard, Guillaume Mongeron, dit Fabry, et Nicolas le Rouge, échevins ; d'honorable Jacques Daubenton, procureur-syndic, et de Simon de Godebillon, greffier.

Cette croix fut replacée le 7 septembre de cette même année 1661 ; et l'on y remit la boîte de plomb contenant le bois de la vraie Croix, ainsi que l'acte ci-dessus qu'on y avait trouvé, et celui du replacement de cette même croix, scellé des armes de la Ville, signé par MM. Les Maires et échevins, en présence de M. Nicolas de Lessalot, Pierre Bauvoit et Jean Godin, prêtres habitués au départ de Montbard, de sieur Vaussin, curé, et de plusieurs autres notables habitants de cette ville.

42 - Rue Clemenceau peinture F. Maillard

L'église de Montbard, bâtie sur un rocher, n'a pu servir de sépulture que récemment, on y a creusé un assez grand caveau, ce qui est regrettable, par rapport à l'histoire de cette ville. On ne voit, en effet, dans cette église, qu'une seule tombe, à l'extrémité du grand couloir ; personne ne fut cependant enterré sous cette tombe, qui a été déplacée et qui était autrefois entre la chaire et les fonts baptismaux. Lorsqu'en 1714, on répara l'église à neuf, on fut apparemment obligé de la laver, et le hasard l'a placée ensuite où elle est à présent. Voici l'inscription qui est à l'entour de cette tombe :

« Cy gît Bernard Debadet, écuyer, homme d'armes, qui trépassa le 13ème jour d'avril 1572. Priez Dieu pour son âme ».

Bernard Debadet était d'une famille noble de cette ville et bien alliée. Sur sa face latérale droite, côté sud, saillie une chapelle. C'était la chapelle de Buffon. C'est dans le sous-sol de cette chapelle que se trouve le caveau de famille de Buffon. Au-dessus de la porte de la chapelle, on lit « Buffon a été inhumé dans le caveau de cette chapelle, le 20 avril 1788 ». Quatre chapelles décorent St Urse :

1°) La chapelle de la Vierge, à gauche,
2°) La chapelle de Sainte-Anne, à droite,
3°) La chapelle St-Belin ou St-Eloi, à gauche du chœur
4°) La chapelle de Ste-Barbe, à droite du chœur

Le cardinal Claude d'Escars, évêque de Langres, connu sous le nom de cardinal de Givry, consacra le grand autel dans le milieu du XIVe siècle. Cet autel ayant été démoli en 1714, on y trouva, dans un petit coffre de plomb, l'acte de cette consécration avec plusieurs reliques, une de St-Laurent et une de St-Urse. Le tout fut remis dans le nouvel autel.

La révolution de 1789 a tout profané et tout détruit. Sur notre reliquaire où manque l'authentique, on lit : « Reliquoe sancti Ursi patroni Hujus urbis è manibus commissariorum (93) excerptoe, patriat parocha », mais ce n'est certainement pas de la tête que provient cet ossement. Il est hors de doute que cette phrase et ce nom sont de la main de Jean Patriat, vicaire de Montbard de 1790 à 1793, ensuite curé de cette paroisse de 1807 à 1810. Entre le 8 décembre 1793 et le 27 juillet 1794, l'église fut pillée au nom du Directoire. Il ne restait plus que des murs nus. Même les bras de la croix furent sciés pour la somme de 40 livres par deux Montbardois, couvreurs de métier : Jean Mouillot et Edme Bogureau.

Un certain Bernard, qui ne doit pas être Montbardois, se présente en séance publique et fait lecture d'une lettre venue de Dijon et datée du 5 février, aux termes de laquelle l'église doit devenir désormais le temple de la Raison. Le conseil ne se résigne pas à donner immédiatement suite à cet ordre barbare. La mesure est trop grave et la partie saine de la population se révolte. Le 25 mars, Charles François Petit, qui cumule les fonctions de président et déjugé de paix, vient signifier au corps municipal, un arrêté : « la municipalité était invitée à l'exemple du chef-lieu du district à ne faire servir le temple qu'à la publication des lois et à l'instruction de la morale ».

43 - Le fronton de l'église St-Urse

Le conseil se fait livrer les clés de l'église qu'avait gardée l'abbé Degriselle et lui enjoint de s'abstenir de toutes cérémonies religieuses.

De 1867 à 1877, des travaux importants sont entrepris. 1868, réfection de la nef, percement des fenêtres. Juin 1874, pose du fronton sculpté au-dessus de la porte principale, par un nommé Creusot, sculpteur à Dijon.

Avril 1876, pose du grand vitrail au-dessus de la tribune par un verrier de Paris, la maison Didron, et pose du chemin de croix en plâtre moulé.

À l'intérieur de l'église, un fragment de vitrail, du XVe siècle, la pierre des fonts baptismaux du XVe siècle et une toile de l'école française représentant l'adoration des bergers de 1599 sont classés monuments historiques, en date du 24 février 1910.

1902, réparation du clocher.

En 1945, 1946, l'église vient de s'enrichir d'une vaste composition peinte à l'huile sur toute l'étendue du mur qui sépare la nef du chœur.

Cette œuvre, due à un généreux donateur, a été exécutée par l'artiste montbardois Ernest Boguet.

Le 18 mai 1953, pour le huitième centenaire de la mort de St-Bernard, les reliques de ce saint sont déposées à St-Urse.

En 1965, la municipalité décide de faire démolir des petites chapelles qui menacent de s'effondrer. Ces chapelles se trouvaient face à Montbard. C'est plus de 100 mètres cubes de pierres et de terre que la maison Chaument a dû déblayer. L'église apparaît maintenant avec ses contreforts et ses murs d'origine. Saint-Urse possède un orgue à un seul clavier et un pédalier.

Le 24 octobre 1937, visite de Monseigneur l'évêque Sembel.

En 1952, la foudre tombe sur le clocher et cause de gros dégâts.

Le 12 février 1968, le coq du clocher a été remplacé et un paratonnerre a été installé.

Le 6 avril 1974, le sous-préfet de Montbard invite la population à s'associer à l'hommage national rendu au Président de la République Georges Pompidou ; une centaine de personnes assiste à cette cérémonie.

En 1984, réfection du chœur.

Le dimanche 19 octobre 1986, 700 personnes se sont pressées dans l'église pour assister à l'ordination diaconale de M. Éric Ardiet. Éric a prêté serment de fidélité à l'église et de chasteté, devant Monseigneur l'évêque Balland de Dijon et plus de 40 prêtres. Les efforts pour satisfaire les nombreux invités n'ont pas été ménagés, les personnes n'ayant pas pu prendre place à l'intérieur de l'église, purent assister à la cérémonie grâce à une reproduction vidéo en direct qui se déroulait sur le parvis de l'église.

De février à juillet 1987, réfection du clocher par une entreprise d'Arrans. Date sur la cloche : 1641.

En 1991 : réfection de la toiture.

En 1994 : l'église est complètement restaurée et inaugurée le 25 septembre, en présence de Monseigneur Coloni, évêque de Dijon.

Les richesses de Saint-Urse

Objets classés parmi les monuments historiques :
1° - Ornement de soie blanche à broderies d'or, XVII° siècle.
2° - Ornement de soie blanche à broderies de soie polychrome et d'or, XVII° siècle.
3° - Fragment de vitrail, l'Annonciation, XV° siècle.
4° - Fonts baptismaux, pierre, fin du XV° siècle.
6° - L'Adoration des bergers, panneau, école française, 1599.

Nous nous servons des ornements blancs pour les grandes fêtes. Le fragment de vitrail a été déposé en 1940, pour être mis à l'abri des bombardements. Les Beaux-arts ne l'ont pas encore fait remettre à sa place qui est occupée par un panneau contre-plaqué. L'Adoration des bergers est due à un peintre montbardois : Ménassier. Ce tableau fut donné à l'église St-Urse par Guillaume Bourgoin, curé de Montbard, qui y est représenté dans un coin, à genoux, en surplis.

La Chaire Saint-Urse

Elle date de 1715 et remplaça une chaire en pierre. Elle a été déplacée, c'est un fait, elle a servi pour la première fois, dans sa position nouvelle, lors de la messe du retour des prisonniers.

Il est désagréable pour un auditeur de ne pas voir l'orateur.

Il est désagréable pour l'orateur de ne pas parler à ses auditeurs, en face.

Ces deux désagréments sont maintenant supprimés. Notons que les lois liturgiques ignorent profondément les chaires et ne parlent pas de la place à leur attribuer.

44 - La chaire de St-Urse

La statue de la Vierge, exilée momentanément, sera replacée sur un socle et fera pendant à la chaire devant un fond qui la mettra en valeur.

La statue du Sacré-Cœur prendra la place de la chaire et sera, elle aussi, mise en valeur par un fond approprié.

Un antique usage montbardois

45 - Le vitrail du XVe siècle

En déplaçant la chaire, nous avons retrouvé sur le mur primitif de l'église les commandements de Dieu et voici à quoi servait cette inscription.

Autrefois, le premier dimanche de chaque mois, après l'évangile, un choriste allait près de la chaire et chantait ces commandements qui étaient écrits en lettres d'or sur le mur joignant cette chaire près de l'autel de la Sainte Vierge. Vers 1722, les officiers du grenier à sel voulurent avoir un banc distinct ; ce banc fut placé contre le mur sur lequel on lisait les commandements et les cacha entièrement ; ce qui fit dire à un rieur que les officiers du grenier à sel, qui étaient alors au nombre de sept, avaient mis les commandements de Dieu derrière leur dos et y avaient substitué les sept péchés capitaux, dont l'application à chacun d'eux paraissait assez juste.

(Le lien n° 5 - 1946)

Une petite Révolution

On en a parlé... même au lavoir.

Elle a fait des heureux... et des mécontents. C'est normal. Il s'agit de la location des places de bancs à Saint-Urse. Les places de bancs à Saint-Urse ne sont plus louées. La décision a été prise, après avis du Conseil paroissial ; elle se justifie par plusieurs raisons. D'abord, les demandes de places étaient de plus en plus nombreuses et ne pouvaient plus être satisfaites. Il y a deux ans, il y avait environ trente places disponibles. Elles ont été prises et, les demandes continuant d'affluer, il fallait s'inscrire et faire la queue pendant un ou deux ans. Désormais, on n'aura plus à faire de queue, pour avoir une place.

Plusieurs places étaient louées à des personnes qui ne viennent presque jamais à l'église, mais qui considèrent qu'avoir sa place à l'église, c'est un brevet de bonne chrétienne. Ce sont les personnes « bien pensantes », comme il y en a trop. Ce qu'il nous faut, en effet, ce ne sont pas des personnes bien pensantes, mais des personnes « bien agissantes ». Naturellement, ces personnes ne trouvaient pas mauvais que l'on occupât leur place en leur absence, mais on n'ose pas toujours se mettre à une place qui porte une étiquette, on a toujours peur de se faire déloger ; alors, on reste debout, devant des bancs vides, ce qui est paradoxal.

46 - Intérieur de St-Urse

En plusieurs circonstances, il est intéressant de grouper les paroissiens par catégories, à l'occasion, par exemple, d'une communion pascale, de la communion solennelle, de la confirmation, en général, des cérémonies auxquelles assistent des corps constitués. Toutes les fois, il y a eu des protestations plus ou moins amènes de la part de certaines personnes qui, en ces circonstances, devaient céder leur place.

C'est un fait, vérifié tout au long de l'histoire, que les privilèges ont été supprimés à la suite des abus qu'ils entraînaient. Enfin et surtout, l'église, maison de Dieu, doit être la maison de tous, la véritable maison du peuple, la maison où l'on se sent chez soi, sans avoir peur de se heurter à des barrières intouchables. La fraternité chrétienne ne se prêche pas, elle se vit et se traduit en actes.

À quoi servirait un beau sermon sur l'amour universel de Dieu qui accueille tous ses enfants mélangés à la même table eucharistique, si certains d'entre eux pouvaient avoir l'impression qu'à l'église ils ne sont pas comme les autres, faute d'avoir une place louée ?

À Saint-Paul, il n'y a pas de places louées, et cela ne va pas plus mal. Quant aux personnes qui ne peuvent pas prier hors de leur place habituelle, qu'elles n'arrivent pas en retard et elles auront des chances de retrouver leur banc. Sauf les jours de grandes fêtes, il y a assez de place pour tout le monde à Saint-Urse ; souhaitons que cesse cette anomalie de voir des paroissiens debout devant des places vides. Les places sont au premier occupant.

47 -Inauguration du tableau « la présentation de la Vierge au Temple »

Le budget de l'église perdra une source de recettes. Plusieurs l'ont compris. Les uns, qui avaient des places, ont continué d'en payer la location ; d'autres, qui n'en avaient pas, ont fait une offrande à l'église, parce que, maintenant, ils pourront en avoir. Qu'ils soient tous remerciés.

(Le lien n° 2 - décembre 1944).

48 - 1994 – Inauguration de l'église St-Urse après les travaux.

L'orgue de l'église Saint-Urse

(Communication de M. l'Abbé J. BERGEROT, le 17 novembre 1978)

En consultant les anciens registres des recettes et dépenses de la paroisse de Montbard, on peut constater que, sur une période de dix années, de 1867 à 1877, c'est-à-dire la fin du Second Empire au commencement de la IIIe République, les curés-doyens étant M. Edme Maubert, puis lui succédant M. Jean Royer, des travaux importants sont entrepris à l'église Saint-Urse. Quelques exemples :
- Le 31 décembre 1867 : travaux faits à l'église : 8 582,85 francs.
- Le 31 janvier 1868 : travaux faits à l'église : 2 377,00 francs.

Ce qui fait un total de plus de 10 900 francs or, somme considérable. Ces « travaux » consistent, nous le savons par une visite pastorale de Mgr Rivet, évêque de Dijon, en la réfection de la nef de l'église, voûte en berceau d'ogive, percement de fenêtres, colonnes en stuc ornant les fenêtres, etc.

49 - Les orgues de St-Urse

- En juin 1874 : pose du fronton sculpté au-dessus de la porte principale, par un nommé Greuset, sculpteur à Dijon, 1 520,95 francs.
- En avril 1876, pose du grand vitrail qualifié d'historique :
- Dessus de la tribune : 2 205,15 francs, par un verrier de Paris, la maison Didron.
- En avril 1876 : 752,35 francs le chemin de croix.

À partir de 1877, aucune mention de travaux importants.

Chose incroyable, incompréhensible, nulle mention, dans le registre des dépenses concernant l'orgue de Saint-Urse. La plus ancienne mention au sujet de l'instrument se trouve dans la rédaction de la visite pastorale de Mgr Rivet, le 1er mai 1868. Nous lisons :

« Au-dessus de la porte principale règne une tribune svelte, quoique solide... Cette tribune, quand elle sera garnie de bancs disposés en amphithéâtre, pourra contenir environ cent places, sans préjudice de celle que doit occuper l'orgue ».

Donc, en 1868, pas encore d'orgue à St-Urse, mais un projet avancé. Il faut attendre 15 ans plus tard pour trouver une autre mention de l'instrument :

Avril 1883 : travaux à l'orgue : 29,25 francs

Puis en 1883, payé à Madame Ardoin, pour l'orgue, 50 francs, somme qui figure désormais chaque année pour l'organiste. Conclusion provisoire : l'instrument aurait été construit entre 1870 et 1880. C'est un orgue Ghys, comme en témoigne la plaque apposée au clavier.

Mais qui était Ghys ?

Jean-Baptiste Ghys est né le 25 avril 1840 à Nukerke, en Belgique. À 17 ans, il quitte sa famille pour aller travailler chez un facteur d'orgues à St-Nicolas, au pays de Waas (Belgique), puis à Bruxelles, chez un facteur d'orgues nommé Lorette qui vient s'installer à Paris, vers 1865. La mort de M. Lorette le fait entrer comme ouvrier dans la fameuse maison Merklin, de Paris. C'est pendant cette période qu'il est envoyé par la maison Merklin pour monter l'orgue de l'église St-Pierre de Dijon, ce qui montre qu'il est devenu maître dans son art. Il fait connaissance, à Dijon, du facteur d'orgues Dietsch qui l'engage à venir s'installer à Dijon. Il s'installe en effet en 1875 et travaille à son compte. Il ne sera naturalisé français qu'en 1891.

Ghys va désormais construire un nombre impressionnant d'instruments. Je n'en cite que quelques-uns :

50 - Les claviers

- Le grand orgue de la cathédrale de Nice ;
- Ceux de Notre-Dame-de-la-Salette, de St Ferréol et de St-Ferjeux à Besançon,
- Celui de Notre-Dame de Dijon et celui de St-Jean,
- Le petit orgue de chœur de la cathédrale St-Bénigne,
- L'instrument du Temple protestant,
- De nombreux petits instruments à Nolay, Laignes, Montbard, Précy, etc.

Ghys est un artiste consciencieux, ses instruments sont solidement construits. Il a contribué à certains progrès dans la facture ; en particulier un système pneumatique pour commander les jeux. La mise en harmonie est excellente. Les jeux de fond ont beaucoup de rondeur et de sonorité. Jean-Baptiste Ghys meurt à Dijon, le 21 mars 1923, dans sa propriété « les Argentières », âgé de 82 ans, alors qu'il a entrepris la réfection de l'orgue de St-Michel.

De tout cela, ne pourrait-on conclure, à défaut, de documents écrits, que la date de la construction de notre instrument pourrait se situer après l'installation de Ghys à Dijon, donc entre 1875 et 1880.

Trente ans plus tard, nous sommes en 1905. C'est la séparation de l'Église et de l'État. On fait les inventaires des églises.

L'inventaire des biens de la Fabrique de Montbard a lieu le 16 février 1906, en présence de M. Marguiller, Buisson, curé-doyen

51 - Les tuyaux

et de M. Honoré Guy, président du Conseil des Marguillers. Nous lisons au *n° 105* : un orgue modèle signé Ghys à 7 jeux ; 8 000 Francs (à titre de comparaison, la cure est estimée |5 000 Francs). En fin d'inventaire, nous lisons dans les remarques et observations : « En ce qui concerne l'orgue porté sous le n° 105 pour une estimation de 8 000 francs, M. Guy Marguiller fait observer que la Fabrique a versé sur cette somme 500 francs, et M. le curé de Montbard dit que le surplus provient de ses quêtes personnelles (notons que le curé Buisson refuse de signer l'inventaire, on se contente de la signature de M. Guy, président des Marguillers).

Les frais de construction de l'orgue de St-Urse ont donc été le fait de souscriptions particulières et de dons qui ne figurent pas dans les comptes paroissiaux.

(Les Amis de la Cité n° 29)

Le 25 août 1975 une soufflerie électrique est posée. Les avantages sont indéniables. L'organiste n'a y plus besoin de chercher deux gamins pour souffler.

Le 3 février 1979, un concert est donné, par des musiciens montbardois, pour collecter des fonds nécessaires à la réparation.

En 1988, on pense à le rénover, mais le projet est arrêté.

En 1990, il est repris et après consultations de différents facteurs d'orgues, c'est M. Jean Renaud de Nantes qui est retenu.

Démonté et expédié en 1993, il reviendra transformé en 1995.

L'orgue comporte maintenant 14 jeux au lieu de 7. Il a été doté d'une seconde soufflerie. Son remontage a été terminé fin juillet. L'inauguration a lieu le 28 octobre 1995. C'est devant un parterre de près de 300 personnes que Michel Chapuis, organiste de renommée mondiale, a donné son concert.

52 - Affiche de l'inauguration des orgues restaurées

Vitrail de Saint-Urse

Les parents de St-Bernard, Tecelin, seigneur de Fontaine les Dijon et Aleth, fille du seigneur de Montbard sont regroupés avec leurs sept enfants, comme les ancêtres du Christ dans les branches d'un arbre de Jéssé orné ici de rinceaux de vigne. Le saint, quatre de ses frères et sa sœur, Ombeline, sont en habits religieux. Nivard, le plus jeune frère, est représenté comme enfant et son père en chevalier. Tous deux iront cependant rejoindre les moines de Cîteaux par la suite.

53 - Le vitrail au-dessus de la porte d'entrée

Au bas de la verrière, un chien blanc rappelle le songe d'Aleth, selon la légende Dorée, augurant de l'impact qu'auraient les prédicateurs du fils qu'elle attendait, le futur St-Bernard. (1876 par E. Didron)

Au bas les parents de St-Bernard, le père avec sa grande épée et son casque à ses pieds. Les cheveux et la barbe sont roux, on l'appelait « Tecelin le roux. » Aleth est agenouillée aux pieds, en prière. Les noms des personnages sont écrits en latin.

Au milieu, en haut, St-Bernard revêtu du froc[42] blanc des cisterciens, tenant la crosse de père abbé de la main droite et une chapelle de l'autre main.

De part et d'autre, quatre de ses frères avec leurs frocs de cisterciens. Barthélemy, Guy, Gérard et André. Ombeline, sa sœur, est en vêtement de religieuse.

Pour ce qui concerne le chien blanc, voici la traduction d'un livre du XIIe siècle par le bénédictin, Guillaume de Saint-Thierry.

« Le songe d'Aleth » : comme elle portait dans son sein Bernard, le troisième de ses fils, elle vit en songe un petit chien blanc qui aboyait violemment. Effrayée par ce songe, elle consulta un homme religieux qui répondit : « Ne crains rien, c'est une bonne chose, tu seras la mère d'un excellent chien qui doit être gardien de la maison du Seigneur et qui, pour elle, poussera de grands aboiements contre les ennemis de la foi, car il sera un excellent prédicateur et, comme un chien, par la vertu salutaire de sa langue, il guérira nombre de malades et l'âme de bien des gens. »

Paul Passé B.M. no 130-1997

---

[42] (Ancien) Habit de moine

Les tribulations de l'autel de Saint-Urse

Nous savons par documents écrits et sûrs d'où viennent les stalles du chœur et le banc d'œuvre qui se trouve à droite de la petite porte de notre église paroissiale.

M. Lucien Bégule, dans sa notice sur l'abbaye de Fontenay, écrit ; « les stalles du moyen âge, qui ne purent résister au vandalisme ou à l'humidité, furent refaites en 1746. Ces dernières stalles, sans intérêt artistique, furent vendues en 1790 avec un banc abbatial de la fin du 16e siècle et sont actuellement utilisées dans l'église de Montbard ».

54 - L'autel de la chapelle de l'ancien hôpital

Par contre, nous ne savons pas d'où vient le maître autel ; une tradition orale le fait venir, lui aussi, de Fontenay mais nous n'en sommes pas sûrs et ce n'est là qu'une hypothèse. Quoiqu'il en soit de son origine que peut-être les chercheurs éclaireront un jour, cet autel est un autel double, c'est-à-dire qu'il n'a ni avant ni arrière, les deux faces sont semblables et on pourrait dire la messe aussi bien d'un côté que de l'autre.

Cette particularité semble indiquer une provenance monastique, en effet, chez les moines où l'autel est situé dans le sanctuaire, entre le chœur où sont les stalles des religieux et la nef où se placent les fidèles, on dit la messe soit du côté du chœur, quand seuls les moines y assistent, soit du côté de la nef, quand les laïcs sont admis.

Il semble encore que notre autel n'a pas été fait pour le sanctuaire de notre église paroissiale ; ses dimensions sont en effet trop grandes et les acolytes doivent résoudre un vrai problème d'équilibre pour présenter les burettes, tellement est exigu le marchepied de chaque côté.

Il est certain que les gradins et le tabernacle ont été ajoutés postérieurement. Leur style est différent de celui de l'autel et un autel double ne peut avoir de gradins, on doit pouvoir suivre la messe aussi bien du chœur que de la nef.

C'est pourquoi nous avons supprimé ces gradins, puisque primitivement ils n'existaient pas ; nous avons remis l'autel en son premier état et nous y avons trouvé un double avantage : le premier est que les jeunes gens et les chanteurs qui sont au chœur peuvent suivre leur messe ; ils ne sont plus condamnés à ne voir que l'arrière des gradins qui n'était pas beau, mais ils voient l'autel et ce qui s'y passe, le prêtre et ce qu'il fait. Et ceci est très important. En effet, on n'assiste pas à la messe, mais on prend part à la messe. La messe n'est pas un spectacle que l'on trouve intéressant ou ennuyeux, mais une action à laquelle on participe activement. La messe ne se passe pas entre le prêtre et Dieu, mais entre les fidèles dont le prêtre n'est que le porte-parole officiel et Dieu.

L'autre avantage de cette suppression des gradins a été de redonner à l'autel son véritable caractère, son caractère de table. La messe est en effet le recommencement de la Cène, or la Cène était un repas, le dernier repas que Jésus prit avec ses disciples et au cours duquel il institua l'Eucharistie. La messe étant le recommencement de la Cène est donc un repas. Mais pour un repas, il faut une table, l'autel est cette table, on dit la table d'autel. Sur une table, les jours de fête, on met une nappe, c'est pourquoi on met une nappe sur l'autel, on en met même trois par respect pour Notre-Seigneur et on en met aussi une sur cette petite table étroite ou viennent communier les fidèles, la table de communion.

Pour un repas il faut une assiette et le prêtre se sert d'une petite assiette de métal doré qui s'appelle la patène ; il faut aussi un verre et le prêtre se sert du calice qui est aussi en métal doré. Tout ceci est très clair et fait admirablement bien comprendre à tous que la messe est le recommencement de la Cène.

Mais sur une table de salle à langer, on ne met que ce qui est nécessaire, aucune maîtresse de maison n'aurait l'idée de transformer sa table en une exposition florale, elle peut cependant y mettre quelques fleurs qui ne tiennent qu'une place discrète. C'est une question de bon sens. Il en est exactement de même pour l'autel et sur ce point le bon sens rejoint les règles tracées par l'Église. Il y en a deux, l'une est contenue dans le Missel et précise qu'on ne doit mettre sur l'autel que ce qui est nécessaire au sacrifice, l'autre est tirée du Cérémonial des Évêques et permet de mettre sur l'autel les dimanches et jours de fête *vascula cum flosculis*, des petits vases avec de petites fleurs. Nous avons appliqué la règle et ainsi notre autel a retrouvé son caractère de table et en même temps la sobriété de ses lignes.

55 - Intérieur de l'église St-Urse

En un temps où l'art cherche précisément la sobriété et la pureté des lignes et des masses, nous pensons qu'aucun de nos paroissiens ne nous fera grief de cette petite innovation.

Le Lien N° 6 - Décembre 1938

Dans les sous-sols de l'église de Montbard

Dans nos recherches relatives à la sépulture de Buffon, notre attention fut attirée par la rédaction de l'acte de décès de sa jeune fille. « Demoiselle Marie Henriette, fille de Messire Georges Louis Leclerc, chevalier, seigneur de Buffon, la Mairie et autres lieux, de l'Académie française, de l'Académie royale, des sciences, intendant du jardin du Roy, et de Dame Marie Françoise de Saint-Belin-Malain, morte le quatorze octobre mil sept cent cinquante-neuf, âgée d'un an quatre mois et dix-neuf jours, a été inhumée dans le charnier sous les fonds de cette église le jour suivant, par nous, curé de Montbard. »

Un autre acte mentionne que, le 20 mars 1775, a été inhumée dans l'un des caveaux de cette église Marguerite Thomas, épouse du sieur Edme Poussine, marchand aubergiste et maître de poste.

56 - Ossements et bois en décomposition dans l'un des caveaux

Ainsi il y aurait eu plusieurs caveaux dans l'église paroissiale, et l'un d'eux au moins aurait servi de charnier ou ossuaire. Il s'agissait de vérifier ce fait.

C'est pourquoi le 18 mars 1927, avec MM. Beau, Courtois, Maigrot Honoré, Maigrot Auguste, membres du Conseil d'Administration de la Société, M. Jabry, fossoyeur, M. l'abbé Guerre, vicaire de Montbard, nous avons exploré le sol de l'église pour y découvrir des indices révélateurs de l'existence de cryptes ou caveaux.

Deux dalles munies d'un anneau, situées près de la porte principale de l'église à droite et à gauche de l'allée centrale, sollicitent notre curiosité. Engagées partiellement sous les bancs des fidèles, elles sont néanmoins facilement soulevées par les hommes du métier, MM. Maigrot frères et Jabry.

La première à droite, scellait l'ouverture étroite d'un souterrain. On y descend à l'aide d'une échelle. C'est un caveau de 4 m 60 de long, 2 m 30 de large, et 1 m 70 de hauteur à la voûte, non pavé, orienté en longueur du nord au sud c'est-à-dire dans le sens de la façade de l'église. Au fond, du côté sud, c'est un amas d'ossements et de débris de planches, dont le volume peut être évalué à un mètre cube et demi.

La deuxième dalle soulevée, à gauche, donne accès à un deuxième caveau de même largeur, mais moins long que le premier, dont il est séparé par un mur. La masse d'ossements et

57 - Entrée des caveaux

de bois en décomposition est telle que la profondeur du caveau à l'entrée n'est que de 0 m 80 sous la voûte, et est moindre encore au fond.

Ce n'est donc pas un charnier, mais deux que possède l'église de Montbard.

Cette découverte nous ménageait une autre surprise. Dans le caveau de gauche, et exactement sous l'orifice, il y avait un tas de pierres comme si on les avait déversées là en bloc, ou jetées pêle-mêle l'une après l'autre. Or, amenées à la lumière, ces pierres se révèlent être des fragments de statues polychromes. Le nombre de pièces et leurs cassures dénotent qu'il s'agit de statues volontairement et systématiquement mutilées et qu'on a voulu dérober aux regards.

Parmi les débris que nous remontons au jour, quelques morceaux nous paraissent intéressants, des fragments de têtes, de troncs, de bras et de jambes. Il y a notamment une tête de Christ couronnée d'épines dont la facture nous semble remarquable.

Nous remontons également un Christ en bois, malheureusement décapité et sans bras. Le torse est intact, jeune, rétréci à la ceinture, cambré par la crucifixion, jambes ployées aux genoux, banderole faisant le tour du bassin et nouée sur la hanche gauche, le tout non sans une certaine beauté.

Fort vraisemblablement, ce sont là les restes d'une fureur iconoclaste, postérieurs à l'inhumation de demoiselle Marie Henriette Leclerc de Buffon et de la dame Poussine.

Peut-être quelque document nous confirmera-t-il dans l'hypothèse que des ornements et motifs religieux de l'église furent détruits à l'époque du culte de la Raison.

Lors de la rénovation de l'église en 1994, les deux caveaux sont rouverts et nettoyés. Les os sont placés dans 6 caisses et redéposés dans leur lieu.

Bulletin de la Sté archéologique et biographique de Montbard N° 15-1927

58 - Gilbert Bonsans dans le caveau nettoyé

État et inventaire de Saint-Urse le 1er septembre 1782

État et inventaire fait par nous curés et bedeaux de l'église paroissiale de Montbard de tous les ornements, linges, vases sacrés, argenterie, cuivre et autres ustensiles servant à l'église, et sacristie, en exécution de l'arrêt de règlement.

Argenterie

Article 1

Un grand soleil d'argent de vingt pouces de hauteur, dans le rayon du haut est attaché une petite croix plate d'argent sur laquelle porte la couronne aussi d'argent qui s'enlève à volonté, laquelle couronne est ajourée et huit pans, surmontée d'une fleur de lys, ledit soleil pesant 3 livres, 4 onces, 9 gros, sa couronne y compris le croissant et la couronne du poids de neuf once douze gros, c'est-à-dire 10 onces 4 gros

59 - Bâton de procession du XVIIIe siècle

Article 2

Un gros ciboire d'argent avec son couvercle pesant, le ciboire 2 livres 1 once 6 gros et le couvercle 10 onces,

Le petit ciboire de la hauteur de 13 pouces y compris la croix du couvercle.

Article 3

Un ancien ciboire d'argent auquel est attaché son couvercle par une charnière et qui se ferme avec une épingle d'argent, le couvercle surmonté d'une petite croix d'argent doré à laquelle est attaché un petit Christ aussi d'argent doré, le bord de la coupe du dit ciboire est doré ainsi que celle du couvercle, de même que la poignée relevée de 6 ronds et le bord du pied. Ledit ciboire est de la hauteur d'un pied juste, y compris la croix du couvercle et pesé avec son couvercle 19 onces 12 gros, c'est-à-dire 1 livre 4 onces 4 gros.

Article 4

Un vaisseau pour l'onction du baptême avec son couvercle surmonté d'une petite colombe fermant à charnière et épingle le tout en argent pesant tant le coffre que les petits vaisseaux et spatule une livre et la petite tasse aussi d'argent pour verser de l'eau du baptême pesant 18 gros

Article 5

Plus 7 calices dont le premier est d'argent doré sur toute la surface extérieure ainsi que la partie de la hauteur de 9 pouces et 2, pesant sans patène dix-sept onces douze gros y compris le poids d'une plaque de cuivre et un écrou en fer attaché dans l'intérieur du pied et la patène pesant 4 onces 8 gros ou 5 onces.

Le second aussi d'argent, de la hauteur de 8 pouces et demi dont la poignée est dorée et ornée, de huit ronds saillants. Le pied est à huit et demi-cercle doré sur l'un desquels est gravé une croix en vermeil et sur celui opposé est l'image de la vierge relevé en brosse aussi doré pesant sans sa patène une livre moins 12 gros et la patine 4 onces 9 gros ou 5 onces 1 gros. Le troisième est d'argent doré, le pied à 8 pentes triangulaires sur l'un desquels est attachée une pièce d'argent aussi dorée sur laquelle est gravée la figure d'un christ, la poignée à 8 losanges. Ledit calice a comme hauteur 7 pouces et demi pesé sans la patène 14 onces, et la patène au milieu de laquelle est la figure du père éternel en blanc est du poids de 3 onces et demie. Le quatrième aussi d'argent pèse 1 livre avec sa patène et sans patène 11 onces 3 gros a comme hauteur 7 pouces 1 ligne, le pied est à 8 pentes triangulaires, la poignée dans le milieu relevée de 8 carreaux en losange sur l'un desquels est gravée une croix en vermeil.

Le cinquième aussi d'argent de la hauteur de 9 pouces 9 lignes pesant sans patène 15 onces 2 gros et sa patène dorée seulement dans le milieu de l'intérieur pèse 3 onces 2 gros. Le sixième aussi d'argent, ne servant pas, sa coupe et sa patène n'étant pas doré à l'intérieur, a 9 pouces et demi de hauteur et pèse sans patène 1 livre moins 6 gros et la patène 4 onces moins 2 gros. Le septième sa coupe et la patène seulement sont d'argent et l'une et l'autre dorée à l'intérieur, le surplus du dit calice d'argent haché a 9 pouces de hauteur et pèse sans patène 13 onces moins 2 gros et la patène 3 onces 9 gros ou 4 onces 1 gros.

Article 6
Un petit plat ovale et deux burettes guillochées, le tout d'argent pesant savoir le plat une demi-livre, 11 gros et les 2 burettes, pesant 11 onces ou 12 onces 3 gros.

Article 7
Un encensoir avec ses chaînes, la navette et la cuillère le tout en argent, l'encensoir avec ses chaînes 2 livres six onces non compris le réchaud qui est en cuivre et la navette avec la cuillère et la petite chaîne qui l'attache pesant 13 onces 4 gros.

Article 8
La croix pour la procession avec son Christ, le tout en argent, sans pied de la hauteur de 2 pieds 2 pouces les deux pèsent 4 livres moins une once.

Article 9
Une petite croix pour la bénédiction avec son Christ, le tout en argent, ressoudée au le pied, de la hauteur de 13 pouces 3 lignes, pèse 1 livre 8 gros.

Article 10
Une image de la Sainte Vierge en argent tenant à la main la figure du petit Jésus aussi en argent, étant sur un piédestal en bois peint en noir sur lequel est une feuille d'argent où sont écrit ces mots : « Les filles de la ville de Montbard ont fait faire cette image ». Ladite image en argent de la hauteur de 8 pouces.

Article 11
Un chef d'argent représentant la figure de Saint-Urse, patron de cette paroisse, dans lequel il y a quelques reliques du même saint, lequel chef est sur un piédestal de bois partie argenté et partie doré, la partie d'argent au milieu de laquelle est un verre en ovale est de la hauteur 12 pouces.

Article 12

L'image de Saint-Nicolas en argent de la hauteur de 7 pouces et demi, tenant en main une petite crosse d'argent et sa cuvette aussi en argent dans laquelle sont trois petites figures pareillement d'argent, le tout porté sur un piédestal de bois peint en noir, sur l'un des côtés ce mot : *exvoto* et sur l'autre Saint-Nicolas *ora pro va bien*.

Article 13

L'image de Sainte Catherine ayant une palme à la main droite et un livre à la gauche, le tout en argent de la hauteur de 9 onces et demie, porté sur un piédestal en bois peint en noir.

Article 14

Une petite image représentant le chef de Saint-Blaise, de la hauteur de 5 pouces un quart, en argent sur laquelle sont gravées ces mots : « Saint-Blaise 1547 », ladite image portée sur un piédestal en bois peint en noir.

Reliquaires en Bois Peint.

60 - Tableau donné par le roi en 1846

Article 15

Deux chasses en bois, qu'on expose ordinairement aux fêtes solennelles sur le banc de l'œuvre, dans lesquelles sont les reliques de Saint... et de Saint-Geugou.

Article 16

Un chef de bois sur un piédestal de bois représentant l'image de Saint-Didier.

Article 17

Un autre chef représentant l'image de Saint-Thomas.

Article 18

Un autre chef en bois doré représentant Saint...

Article 19

Un autre chef aussi doré représentant Saint-Crépin.

Article 20

Un autre chef représentant Saint-Bernard peint en blanc.

Article 21

Deux bras en bois doré, sur l'un reposent des reliques de Sainte-Victoire et sur l'autre les reliques de Saint-Laurent.

Article 22

L'image de Sainte-Barbe en bois doré avec une tour aussi en bois doré, le tout porté sur un piédestal.

Article 23
Un autre chef en bois doré représentant l'image de Saint-Vincent.

Article 24
Autres images saintes, reliquaires : l'image de la Sainte-Vierge avec l'Enfant Jésus de bois doré et argenté couronnée d'une petite couronne d'argent.

Article 25
Cinq croix l'une en bois faisant partie du retable de l'autel et qui s'en détache à volonté avec son crucifix de plâtre, la seconde en cuivre, portée sur un pied d'étain, le crucifix étant aussi d'étain, le tout de la hauteur de 2 pieds 10 pouces, laquelle se pose à volonté sur la table de la sacristie, la troisième de bois doré ainsi que le crucifix qui s'expose pour les fêtes solennelles sur le banc de l'œuvre, au milieu de deux chasses dont il est ci-dessus parlé ; la quatrième en bois noir avec un Christ d'ivoire de la hauteur de 6 pouces et demi et le cinquième en cuivre ainsi que son crucifix en mauvais état de la hauteur de 13 pouces, ladite croix servant aux offertes des cérémonies communes. Et encore les petites croix en bois qui sont sur chacun des petits autels, le tout sans comprendre les images et tableaux qui font partie de l'ornement des autels du chœur de la nef et de la sacristie qui sont immuables.

Article 26
L'image du Saint-Jean-Baptiste avec son mouton ayant à la main droite une croix.

Article 27
Une niche en bois doré dans laquelle est l'image de Saint-Urse aussi en bois doré surmonté d'une couronne aussi en bois doré.

Article 28
Trois niches en bois doré qui servent sur le grand autel et l'image de Saint Louis en prière.

Chandeliers et Ustensiles.

Article 29
Six gros chandeliers en cuivre de la hauteur de 2 pieds cinq pouces compris la broche, qui servent toujours au grand autel.

Article 30
Six chandeliers d'étain de la hauteur de 15 pouces, juste, y compris la broche.

Article 31
Deux autres chandeliers en étain, de la hauteur d'un pied compris la broche et 2 autres petits chandeliers aussi en étain de la hauteur de 7 pouces trois quarts avec la broche.

Article 32
Six autres vieux chandeliers en bois doré couleur de l'autel.

Article 33
Six autres chandeliers d'argent, de la hauteur d'un pied onze pouces compris la broche, appartenant à la confrérie du Saint-Sacrement et déposés dans une armoire de la sacristie.

Article 34
Deux bénitiers avec leurs goupillons, l'un en argent haché avec son goupillon et l'autre en cuivre et une coquille pour le sel de l'eau bénite.

Article 35
Un grand plat de cuivre destiné à recevoir l'eau du baptême, un autre petit plat à recevoir les offertes et une coupe à quête, le tout de cuivre et un mortier avec son goupillon de fonte pour broyer l'encens.

61 - St-Augustin, toile du XVe siècle

Article 36
Un tableau doré, porté avec un bâton de bois peint en rouge garni d'une robe de serge verte appartenant à la confrérie de Laville

Article 37
Une bière pour le service de défunt avec 2 tréteaux de bois.

Article 38
Un gradin en bois, 2 tréteaux, une table, un petit marchepied et quatre montants en bois, l'ensemble est pour servir de reposoir le jeudi saint.

Article 39
Dans le sanctuaire de l'église : la banquette pour asseoir les ministres de l'autel et le marchepied pour l'exposition du Saint Sacrement, un autre marchepied dans la sacristie pour le service des autels et une table pour découper le pain bénit et de laquelle on se sert aussi pour lire les assemblées de cette fabrique ; deux corbeilles aussi pour distribuer le pain bénit, le chandelier en bois servant aux ténèbres et le bâton de la croix peint en noir.

Livres d'église.

Article 40
Trois missels avec leur pupitre en bois dont l'un est assez neuf, doré sur la tranche et son pupitre en bois, aussi doré, les deux autres, l'un à moitié usé et l'autre presque hors d'état de servir, garnis de leur carton dans le même état respectivement.

Article 41
Dans le pupitre en bois au milieu du chœur sont les livres qui servent, à savoir : un graduel Romain, imprimé à Toul en 1623, deux antiphonaires aussi imprimés à Toul en 1624, de même forme et papier, un psautier imprimé à Paris en 1692, 2 processionnaux dont l'un est fort vieux, un martyrologe, un cérémoniaire à l'usage du diocèse et 5 autres vieux livres en lettres gothiques dont 4 de plain-chant, sur le pupitre en question existe une croix en cuivre, à laquelle est attaché un Christ sur l'un des côtés et sur l'autre l'image de la Sainte Vierge. L'entretien des livres choraux est à moitié à la charge de la

Fabrique et l'autre à la charge de Messieurs les mépartistes[43] suivant un traité fait entre eux et la ville en 1617.

Ornements rouges

Article 42

Un ornement complet en damas rouge : chasuble tunique d'ecclésiastique avec la croix en taffetas blanc brodé de différentes couleurs en cordonnet les galons d'or faux.

Une autre chasuble de pareille étoffe et galons, fortement différente par la broderie et le voile du calice qui est en velours rouge et galons de soie blancs.

Trois chapes rouges, aussi en damas, garnies d'une vieille dentelle d'argent avec la frange le tout en mauvais état.

Une autre chasuble aussi en damas rouge et garnie d'un galon de soie blanche.

Une autre chasuble en velours rouge, la croix brodée en or et soie et en figure, sans voile.

Et une autre chasuble de camelot rouge, la croix en galon de soie verte ainsi que la frange autour.

62 - Tableau dans l'église

Ornements blancs

Article 43

Un ornement complet en damas blanc :

Une chasuble tunique dalmatique, galon d'or faux et la croix brodée en cordonnet de différentes couleurs.

Trois chapes aussi de damas blanc uni usé garnies de galon d'or.

Une chasuble neuve complète de damas à fond blanc, à fleurs de différentes couleurs, garnies d'un galon d'or, le fond de la croix, cannelé à fleurs d'or et de soie et un coupon de pareille étoffe de trois couleurs sur un pied 7 pouces de large.

Une chape de pareille étoffe et l'orfroi cannelé et brodé comme la croix de la chasuble et une seconde, pareille, allant avec la chape et le pavillon à mettre sur le ciboire.

Une écharpe en fond blanc de gros de Tours brodé avec fleurs d'or et de soie garnie de galon et de franges en or faux et un voile de gros tous broché en argent et en soie de différentes couleurs, dont on se sert pour mettre devant le Saint-Sacrement.

Une autre chasuble complète en damas blanc garnie d'un vieux galon et de frange d'or faux.

Une autre chasuble de damas blanc garnie d'un galon de soie rouge et blanc. 3 autres chapes blanches aussi en damas très usé dont 2 garnies d'un galon d'or faux et l'autre d'un galon de soie jaune.

---

[43] Ecclésiastique attaché à une paroisse sans en être titulaire.

Ornements verts

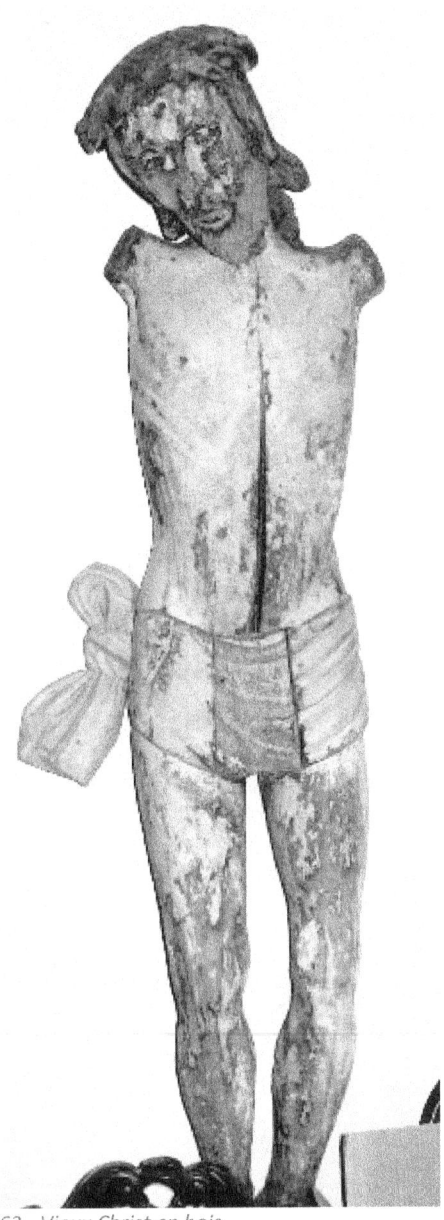
63 - Vieux Christ en bois

Article 44
Une chasuble complète en soie de fleurs argent et soie de différentes couleurs, garnie d'un galon de dentelle argent. Une autre chasuble complète à fond vert cannelé, fleurs d'or et d'argent, garnie de dentelles d'argent. Une autre vieille chasuble de satin fond blanc à fleur de différentes couleurs, garnie d'une vieille dentelle rouge et blanche. Et une autre chasuble verte en camelat, garnie d'un galon de soie blanc et vert.

Ornements violets

Article 45
Une chasuble complète de velours violet garnie de galons de dentelle d'argent faux bourse, le voile étant de gros de Tours d'un violet plus clair. Une autre chasuble complète de camelat violet garnie de galons de soie rouge et blanc.

3 mauvaises chapes en taffetas violet, très usées, garnies de galons d'or faux.

Ornements noirs

Article 46
Une chasuble complète de damas, garnie de galon de soie blanc.

Deux mauvaises tuniques et dalmatiques en laine, l'or faux, de fond blanc, brodé de différentes couleurs, le galon de laine rouge.

Une autre chasuble noire de camelot, galon de soie noir et blanc. 3 chapes de camelot, à fleurs, galons de soie noir et blanc avec une étole de même étoffe, le tout mis usé.

Trois autres très mauvaises chapes, de camelot uni, dont on ne se sert plus, garnies de galons de soie noir et blanc.

Article 47
Cinq mauvais tours d'autel, très usés de 5 couleurs et un tapis de serge verte pour couvrir le maître autel.

Dais et bannières

Article 48
Les 4 pans du dais de velours rouge garnis de galons et frangés d'or, et un coupon de pareille étoffe d'environ 6 couleurs de longueurs, savoir en 2 pieds de largeur, le châssis du dais est en bois peint en rouge relevé en or sur les quatre montants.

Quatre autres pans d'un ancien dais de damas rouge garni d'un mauvais galon et franges d'or faux. Une bannière de damas rouge, frange de soie rouge et blanche d'un côté est l'image de la Sainte Vierge et de l'autre est celle de Saint-Urse peint sur toile.

Robe et baguette du bedeau

Article 49

Une robe de gros drap violet dont les pans, parements et le collet sont de panne rouge et la baguette d'une baleine plate garnie de pelote d'argent au milieu et à chaque bout, le bout du haut surmonté d'une fleur de lys aussi d'argent.

Camail

Article 50

Un camail de drap noir garni de poil noir avec un crochet d'argent.

Bouquet

Article 51

Quatre bouquets artificiels avec leurs vases en bois doré.

Linge

Article 52

Aubes

33 aubes dont 15 presque neuves, parmi lesquelles il y en a 3, garnies de mousseline, dans les 8 autres moitiés usées, il s'en trouve une, garnie de filet à plus de moitié, une autre une vieille et mauvaise dentelle et 2 autres d'un tour de dentelle chacune.

Plus 6 aubes de grosse toile à l'usage des enfants de chœur et une autre à l'usage du porte-croix. Plus 7 cordons.

64 - Vieux Christ en bois

Article 53

Surplis

6 surplis tant bons que mauvais et 5 rochets de différentes toiles.

Nappes

Article 54

7 nappes ouvragées servant au grand autel et 10 autres de toile mince tant bonnes que mauvaises.

Plus 3 autres de taille fine dont 2 garnies de filet et l'autre de mousseline.

Plus 1 nappe pour les mariages, de toile en carreaux ajourés.

Plus 11 nappes très usées servant à la table de communion dont deux sont garnies d'une tresse de mauvaise dentelle.

65 - La bannière de la vierge

Autres petits linges

Article 55

5 douzaines d'amiète en bon état et quelques vieux qui ne sont propres qu'à faire les lavabos.

8 douzaines de purificatoires tant bon que mauvais.

12 poraux aussi tant bon que mauvais et quelques autres vieux linges servant à recouvrir les images pendant le carême.

Bonnets carrés

Article 56

3 bonnets garnis de leur houppe en soie

5 autres mauvais qui ne méritent pas d'être comptés, qui servent aux enfants de chœur.

66 - Le chemin de croix

Autres ornements, linge, vase sacré et ustensiles qui restent en la chapelle Saint-Jean

67 - Statue en bois

Article 1
Un ciboire déposé dans le tabernacle avec son couvercle, le tout d'argent, pesant avec son couvercle 6 onces[44] 4 gros.

Article 2
Un autre petit ciboire d'argent portatif dans une bourse de soie pour les malades des hameaux et cabanes de la paroisse, pesant avec son couvercle 1 once 4 gros, lequel couvercle tient à la charnière et se ferme avec une épingle.

Article 3
Un vaisseau d'argent à pied pour l'extrême-onction, pesant 19 onces et demie, y compris une patte de fer dans l'intérieur du pied avec une vis et écrou aussi de fer, lequel vaisseau est déposé en l'armoire de la chapelle Saint-Jean.

Article 4
Dans l'armoire de la chapelle 3 vieilles chasubles garnies l'une en camelot blanc galon de soie, la seconde en camelot gaufré noir aussi galon de soie et la 3ème de damas violet aussi galon noir.

Article 5
Un très vieux missel romain donné par M. Despoisse curé en 1764 avec son pupitre et un vieux rituel romain donné par M. Antoine Lorin prêtre en 1709.

Article 6
Et un vieux et mauvais dais en laine, pour porter le viatique aux malades, déposé au banc de la chapelle avec la clochette et le falot. Quant aux autres linges qu'on y dépose, ils sont inventoriés et compris dans le linge trouvé dans la sacristie de la paroisse.

Fait et arrêté par nous, Fabricien susdit ce 1er septembre 1782. Le double du susdit inventaire ayant été remis à René Bacheley sacristain qui a déclaré ne pas savoir signer.

Signé :
Bachelet Fabricien secrétaire
Guérard
Bernard
Curé Hivert

---

[44] Table de conversion :
    1 gros = 1/8 d'once = 3,82 grammes
    1 once = 1/16 de livre = 30,59 grammes
    1 livre = 0,489 kg.

Église Saint-Paul : Inventaire des objets de culture présentés sous vitrine
3 août 2016

Vitrine centrale, rayon inférieur :

Calice
Coupe en argent, pied et tige en bronze argenté ; décor ciselé : épis de blé, grappe de raisin, roseau entre 1819 et 1838, orfèvre lyonnais non vérifié (poinçon non lisible).

Calice et patène
Calice : coupe en argent doré, pied, tige et fausse coupe en bronze doré, décor estampé, patène en argent doré, bâte perlé, décor gravé : croix grecque pattée entre 1924 et 1964, orfèvre lyonnais Henri Nesme.

Calice et patène
Calice : coupe en argent doré, pied, fiche et fausse coupe en bronze doré, patène en argent doré, décor : croix grecque pattée brillante sur fond amati entre 1889 et 1927, orfèvre lyonnais Louis Gille § Cie.

Calice et patène
Calice : coupe en argent, pied et tige en bronze argenté. Ciselé : motif végétaux stylisés, patène en argent, décor gravé IHS surmonté d'une croix en cœur transpercé de trois flèches entre 1809 et 1819. Orfèvre auxerrois Guillaume Joseph Chapuy.

Patène
Argent, décor gravé : IHS, surmonté d'une croix rayonnante et cœur transpersé de trois clous. Entre 1846 et 1865, orfèvre parisien Joseph Philippe Adolph Dejean.

Ciboire des malades
Argent doré (manque la croix du couvercle). Première moitié du 20ᵉ siècle. Orfèvres lyonnais : Favier frères.

Calice de voyage (?)
Coupe en argent, pied et tige en métal argenté. Milieu du 20ᵉ siècle, orfèvres lyonnais. Favier frères.

Six pales
(sous les patènes), toile blanche brodée renforcée de carton, 19ᵉ et 20ᵉ siècle.

Trois bourses de corporal
Pour ornement noir, rouge et doré. 19e et 20e siècle.

Bourse de viatique
Satin blanc, galon doré. 20ᵉ siècle.

Vitrine centrale, rayon supérieur :

Ostensoir et sa lunule
Argent ; décor estampé (épis, grappes, fruits…), décor fondu et doré, rapporté sur le pied et la tige. (Agneau, têtes d'anges). Entre 1846 et 1865. Orfèvre parisien Joseph Philippe Adolph Dejean.

Ostensoir et sa lunule
Bronze doré, lunule en argent. Entre 1886 et 1927. Orfèvre lyonnais Louis Gille et compagnie.

Plateau à burettes
Argent (fente réparée par une pièce soudée au revers), décor à la molette. Entre 1809 et 1819, département (pas de poinçon d'orfèvre visible).

Burette et plateau à burettes
Burette en argent, décor ciselé, anse fondue. Plateau en bronze argenté. Entre 1838 et 1846. Orfèvres parisiens : Martin § Dejean.

Coquille de baptême
Métal argenté. 20ᵉ siècle.

Ampoule à huile des malades
Argent, initiales gravées : O.I. Début du 20ᵉ siècle. Orfèvres lyonnais : Favier Frères.

Quatre bourses de Corporal
Pour ornement noir, doré, blanc et vert. 19ᵉ - 20ᵉ siècle.

Burette et plateau à burettes
Burettes en verre taillé en facettes, pied en métal doré. Plateau en métal doré. Début du 20ᵉ siècle.

Ampoules aux saintes huiles à trois compartiments superposés. Bronze argenté, initiales gravées : O.I.O.S et S.C. 20ᵉ siècle.

Lampes de sanctuaire
Métal doré et verre teinté rouge. 20ᵉ siècle.

Vitrine de droite :

Sept manipules
Pour ornement violet doré, vert, rouge, noir et blanc. 19ᵉ et 20ᵉ siècle.

Voile de calice
Pour ornement rouge. 20ᵉ siècle.

Étoile pour ornement vert
20ᵉ siècle.

Croix de sacristie
Bois peint en noir, Christ en bronze. Début 20ᵉ siècle.

Deux croix d'autel
Bronze argenté, décor : Christ, Vierge et Saint-Pierre en buste sur le pied, palmettes aux extrémités de la croix. Milieu du 19ᵉ siècle.

Quatre clochettes d'autel
Bronze, poignée en bois tourné pour deux d'entre elles. 19ᵉ - 20ᵉ siècle.

Trois pales
À décor brodé. 20ᵉ siècle.

Reliquaire de Sainte-Louise de Marillac
Bronze doré (?) à forme octogonale à décor géométrique. 20ᵉ siècle (après 1934, date de sa canonisation).

Deux flacons en verre utilisés comme reliquaires
Inscription manuscrite illisible sur l'étiquette.

Croix d'autel
Bronze argenté. Extrémités de la croix fleur d'Élysée. 20ᵉ siècle.

Canons d'autel
Début du 20ᵉ siècle.

Reliquaire de la Bienheureuse Catherine Labouré
Argent, bordure festonnée, ajouré. 20ᵉ siècle (entre 1933, date de sa béatification et 1947, date de sa canonisation).

Six médaillons reliquaires de la vraie croix, Sainte-Junille (?), Saint-Lazare et Saint-Symphorien, Saint-Vincent-de-Paul (2 exemplaires) et Sainte-Brigitte. Argent. 19e siècle

Deux statuettes en plâtre : Sacré-Cœur et Immaculée Conception
19ᵉ et 20ᵉ siècle.

Vitrine de gauche en haut

Croix d'autel
Bronze doré, à pied ajouré et extrémités fleur d'Élysée (style néogothique). Début du 20ᵉ siècle.

Croix d'autel
Bronze doré, à pied polylobé. 20ᵉ siècle.

Croix d'autel
Bronze argenté, à pied ovale. 19ᵉ siècle.

Cadre reliquaire
Grande croix en os (?) relique sur fond de velours. 19ᵉ siècle (?).

Vitrine de gauche en bas

Lanterne de procession
Tôle dorée, manche en bois. 19ᵉ et 20ᵉ siècle.

Goupillon
Bronze. 20ᵉ siècle.

Deux sonnettes d'autel, l'une à trois clochettes, l'autre à quatre clochettes.
Bronze argenté. 20ᵉ siècle.

Plateau à burettes
Verre. 20ᵉ siècle.

Éteignoir
Cuivre. 20ᵉ siècle.

Seau à eau bénite
Métal argenté. 19ᵉ et 20ᵉ siècle.

Navette à encens
Bronze. 19ᵉ et 20ᵉ siècle.

Burette et plateau
Verre. 20ᵉ siècle.

Encensoir
Cuivre (mauvais état). 20ᵉ siècle.

Trois plateaux de communion
Métal doré. 20ᵉ siècle.

Inventaire réalisé par Élisabeth Reveillon et Jacky Pitaud
Montbard, août 2016

Les Chasubles

Notre paroisse possède pour la célébration de la « sainte messe », deux riches ornements sacerdotaux : deux chasubles de couleur blanche, avec leurs accessoires. Le Ministère des Beaux-Arts les connaît et les a classées. Elles se trouvent actuellement dans un meuble de la chapelle Saint-Paul. Nous les revêtons aux messes de certaines grandes fêtes.

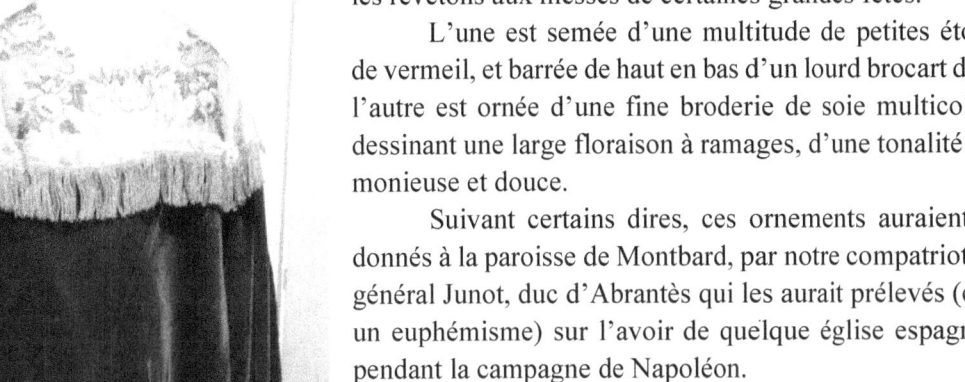

L'une est semée d'une multitude de petites étoiles de vermeil, et barrée de haut en bas d'un lourd brocart d'or ; l'autre est ornée d'une fine broderie de soie multicolore, dessinant une large floraison à ramages, d'une tonalité harmonieuse et douce.

Suivant certains dires, ces ornements auraient été donnés à la paroisse de Montbard, par notre compatriote, le général Junot, duc d'Abrantès qui les aurait prélevés (c'est un euphémisme) sur l'avoir de quelque église espagnole, pendant la campagne de Napoléon.

De prime abord, ce n'est point invraisemblable ; les pillages par les troupes guerrières sont de tous les temps et Junot n'était point particulièrement scrupuleux.

A la réflexion toutefois, l'on se demande si l'intérêt qu'il portait à quelque église de France, celle de Bussy-le-Grand, ou celle de Montbard, était en lui réellement si vif, et même si ce rude soldat avait assez de finesse pour apprécier la valeur des deux ornements, qui, tout en étant beaux, ne sont point des plus beaux.

A l'examen de leur facture, ils ne présentent rien de spécifiquement espagnol. Nous connaissons des ornements bien français de la même époque, de la même forme, exécutés suivant les mêmes procédés. Rien en eux ne révèle d'origine espagnole.

Mais voici qui peut nous renseigner. En feuilletant un document bien montbardois, le registre des Délibérations du Conseil de Fabrique de notre paroisse, nous avons découvert un acte, qui ressemble beaucoup à un certificat d'origine. Nous avons trouvé, que le 22 mars 1806, le Bureau de la Fabrique s'est réuni sous la présidence de M. Bilîotet, curé de Montbard, pour recevoir la présentation d'une lettre de M. Simon, chanoine de l'église cathédrale de Metz, exécuteur testamentaire « de Monsieur Bienaymé, évêque de ladite ville, décédé le 9 février 1806 » de laquelle il résulte, que « ce prélat a par son testament légué à l'église de Montbard deux très belles chasubles ».

Après réception du colis, le même Bureau de la Fabrique s'est de nouveau réuni pour décider la célébration d'un service pour « ce bienfaiteur à qui son élévation à la dignité épiscopale n'a point fait oublier le lieu de sa naissance », et pour fixer au lundi 2 juin 1806 la date de la cérémonie.

Ajoutons que Mgr Bienaymé a légué aussi par testament, à l'Hôpital de Montbard, la somme de

3000 francs ainsi qu'un calice d'argent. Junot l'aurait-il donc prélevé également sur l'avoir d'une église d'Espagne ? Non. Ce calice en ronde bosse, d'une forme élevée, fait partie de la série des nombreux calices des églises de France coulés les années qui ont suivi immédiatement le Concordat.

Comment le nom de Junot se trouve-t-il donc mêlé à l'histoire des deux chasubles ? C'est aisément explicable. Il était le fils de Marie-Antoinette Bienaymé, l'une des sœurs de Mgr Bienaymé ; il était donc propre neveu du prélat. La considération, dont jouissait le neveu auprès de Bonaparte, valut à l'oncle d'être nommé au siège épiscopal de Metz. En conséquence, le chanoine Pierre-François Bienaymé fut sacré évêque à Paris, le dimanche 9 mai 1802.

Il est probable que le neveu voulant offrir à son oncle un présent marquant le début de son épiscopat acheta, ou fit confectionner pour lui les deux chasubles. D'autant plus que le nouvel évêque fut du nombre de ceux à qui le Premier Consul fit présent d'un anneau épiscopal.

Ainsi s'explique, sans recourir à un larcin de Junot, pure légende, l'existence à Montbard des chasubles de Mgr Bienaymé, né à Montbard, en octobre 1737, longtemps vicaire dans cette paroisse, oncle du duc d'Abrantès.

Le Lien N°4- 1938

Une Œuvre montbardoise

L'église paroissiale de Montbard est enrichie d'une vaste composition peinte à l'huile sur toute l'étendue du mur qui sépare la nef du chœur. Cette œuvre, due à un généreux donateur, a été exécutée par l'artiste montbardois Ernest Boguet en 1945.

Elle traduit une conception optimiste du monde, comme l'indique le verset de la Genèse qui la souligne : « Et Dieu vit tout ce qu'il avait fait et cela était très bon. »
C'est Dieu accueillant et bénissant tout le labeur humain.

Au sommet, Dieu, en un geste paternel, étend ses deux bras vers sa création. Les bras et les mains sont fortement accusés pour rappeler le travail créateur ; la figure au contraire est laissée dans le vague, éclairée à contre-jour et baignée dans une sorte de halo lumineux, car Dieu est pur esprit et ne saurait se représenter. Elle est expressive cependant, bonne et douce.

68 - Peinture d'Ernest Boguet

Les deux scènes de la terre représentent le double travail humain, celui des mains et celui de l'esprit.

Saint-Eloi préside au travail manuel, entre un ange symbolique et deux forgerons très réels. Le paysage est dur, rocailleux, comme la peine de l'homme.

À droite, le groupe des anges musiciens entraînés par Sainte-Cécile évoque le travail intellectuel. Le rôle de l'esprit, dans tous les domaines, n'est-il pas de créer l'harmonie ?

Le paysage central, un paysage de chez nous, calme et reposant, avec la scène de labour, l'usine, les maisons, le clocher et la tour montre comment la terre, transformée par l'homme, devient un hymne à la louange de son auteur.

Les connaisseurs louent dans cette œuvre le bel équilibre de l'ensemble et de chacune des parties ; équilibre du classicisme le plus pur ; c'est solidement construit comme une tragédie de Corneille ou un sermon de Bossuet.

Ils admirent l'équilibre plus subtil des teintes et des valeurs, aucun disparate, harmonisation heureuse dans le jeu des couleurs obtenue par des moyens réduits et une palette très sobre, comme il convient à une œuvre décorative.

Enfin, l'œil se réjouit à suivre l'arabesque dans ses jeux multiformes mais toujours soumis à l'unité de l'ensemble. Belle œuvre en définitive qui honore son auteur et donne à notre église, une parure nouvelle.

Jean du PATIS

Tous les personnages et même les chevaux ont été faits d'après nature : ce ne sont pas des portraits, mais ils sont à base de réalité, ce qui est essentiel en art. Le paysage lui-même n'est pas inventé.

Il est bourguignon et Montbardois. On reconnaît facilement l'usine, l'église et la tour. Les quelques maisons qui sont devant l'église sont empruntées au quartier des Bordes et on distingue, à droite de l'épaule du forgeron, la silhouette du hameau de la Mairie.

Saint-Eloi rappelle l'ancienne confrérie qui portait son nom. Patron en particulier des métallurgistes et des laboureurs, sa place était tout indiquée pour présider au double travail manuel, celui de la terre qui produit et celui de l'usine qui transforme.

(Le Lien n° 2 – 1946)

Cette œuvre, ainsi que les peintures des fonts baptismaux ont été complètement rénovées lors des travaux de restauration de l'église, en 1994. Ces peintures ont été inaugurées par la femme de l'artiste, Mme Suzanne Boguet, en présence du maire M. Jacques Garcia et de nombreuses personnalités.

69 - Église Saint-Urse - Peinture des fonts baptismaux

Suite à des problèmes d'humidité, les peintures des fonts baptismaux se sont abimées.

Le 24 février 2017 un financement participatif est demandé à la population pour la réfection de cette œuvre.

Quelle est la Fête patronale de Montbard ?

À cette question, les uns répondent : nous n'en savons rien ; d'autres pensent que c'est la fête d'un saint de septembre, peut-être Saint-Nicomède, ou : c'est une fête de septembre sans patron, enfin, quelques-uns, une simple poignée : c'est la fête de Saint-Urse, prêtre et archidiacre d'Aoste en Italie, mort vers 529. Cette fête tombe le 26 juillet, et se célèbre le dimanche suivant.

70 - Séance de cinéma parlant à Montbard

À quoi répliquent les uns : erreur puisque la fête patronale tombe, non pas en juillet, mais en septembre. Allez faire un tour sur la place du Saoult, et vous verrez, si le dimanche après le 15 septembre, elle n'est pas couverte de baraques foraines, de manèges.

À cette réplique, d'autres répliquent : il est exact que la place du Saoult devient en septembre un terrain de fête, mais de fête purement foraine ; il est faux que cette fête soit patronale.

Vers le milieu du XIXe Siècle se célébrait en grande solennité, le dimanche après le 26 juillet, à l'église paroissiale qui porte le nom de Saint-Urse, la fête de ce saint, qui est le patron de Montbard.

Savez-vous depuis quelle époque se célébrait cette fête patronale ? Depuis le onzième siècle, c'est-à-dire depuis 900 ans. La preuve ? Lisez, dans les *Mémoires* de Jean Nadaud, le chapitre intitulé : de l'église paroissiale, page 96 et suivantes.

Or, il advint qu'une municipalité, soucieuse à bon droit du bien-être et de l'hygiène de la Ville, décida l'installation de bornes-fontaines. L'inauguration s'accompagna d'une fête de grande envergure. Le matin bénédiction du réservoir par le curé-doyen, M. Royer ; au cours de la journée, réjouissances publiques variées. La place du Saoult se garnit de boutiques, chevaux de bois et attractions en vogue. Les familles reçurent, à leur table, parents et amis. C'était un dimanche d'octobre. On jugea bon de récidiver l'année suivante, puis les autres années, la fête d'octobre eut lieu par la suite en septembre.

Le lien N° 31-1933

Le 8 septembre 1944, la ville de Montbard était délivrée de l'envahisseur allemand. On trouva judicieux de relier les trois occasions, la fête de Saint-Urse, l'inauguration des

71 - Inauguration de la fête de Montbard

bornes-fontaines et la fuite de l'ennemi. La fête patronale est désormais célébrée le 2ème dimanche de septembre.

Saint-Urse, patron de l'Église de Montbard (26 juillet)[45]

72 - Bannière de Saint-Urse

L'Irlande est la patrie de Saint-Urse. À la suite de la mission de Saint-Patrice, les monastères d'hommes y devinrent si peuplés qu'on vit, au Vème siècle, des essaims de religieux se répandre en dehors de la Grande-Bretagne et porter la bonne nouvelle dans le reste de l'Europe. Saint-Urse fut un de ces apôtres. Il se dirigea d'abord vers le Midi de la France et s'arrêta quelque temps dans le pays de Meyronnes, sur le versant français des Alpes-Maritimes. Un peu plus tard, l'homme de Dieu atteignait le diocèse d'Aoste. C'était vers l'an 500. Le siège épiscopal de cette ville était alors occupé par un saint pasteur nommé Joconde 1er. L'évêque ne tarda pas à remarquer les talents, les vertus et le zèle du jeune moine irlandais. Il l'appela près de lui, lui donna la confiance et l'éleva bientôt à la dignité d'archidiacre. C'était lui donner le premier rang après lui, c'était en faire son bras droit, un autre lui-même.

Non content de prêcher l'Évangile aux habitants de la cité, Urse visita, une à une, les chrétientés répandues dans les diverses vallées des Alpes, Graies ou Pennines. Parmi ces vallées, il en est une qui a conservé très fidèlement le souvenir de cet apôtre, c'est la vallée de la Cogne. À la prédication du saint prêtre, tous les paysans reviennent à Dieu qu'ils avaient abandonné. Urse s'avance alors sur un autre champ de bataille, passe à Valsoana, donne son nom à la paroisse de Campiglia et descend jusqu'à Ivrée, qui nous est devenu familier depuis l'exil de nos religieuses. Dans tous ces lieux, le nom du pieu missionnaire demeure en grande vénération.

73 - Saint-Urse

Le levier pour toutes les grandes œuvres réside dans la prière. Sa vie privée était des plus édifiantes. « Il priait cent fois le jour et cent fois la nuit. Il couchait sur la dure et ne se mettait jamais à table qu'il n'eut quelque pauvre avec lui. » L'ancien bréviaire d'Aoste dit de Saint-Urse qu'il fut célèbre par ses miracles. En voici deux qui donnent une haute idée de sa foi et de sa puissance surnaturelle.

La rivière du Buthier, qui sort des Alpes, ayant débordé, inondait la campagne et menaçait l'église de Saint-Pierre d'Aoste, seul refuge de la population en face de cet immense malheur. En présence de tant de dangers, l'homme de Dieu s'arme du signe de la croix et au nom de celui qui commande aux flots en courroux, fait reculer les eaux. Sur l'heure, le ciel reparaît et le torrent dompté reprend son cours ordinaire.

Une autre fois, c'était l'été, les ouvriers se livraient aux travaux pénibles de la moisson. Brûlés par la chaleur du soleil, ils ne pouvaient rafraîchir leurs lèvres desséchées. L'eau manquait partout. Déjà le murmure sort de leur bouche. Le saint, prévenu, accourt, frappe le rocher de son bâton et voit, nouveau

---

[45] Article est tiré en partie de la « Vie populaire, de Saint-Urse, par M. LE CHANOINE A. ROUX, de la collégiale d'Aoste », (Aoste, imprimerie Stévénin, 1906)

Moïse, l'eau jaillir en un ruisseau qui ne s'est jamais tari depuis. C'est la fontaine Saint-Urse. Sur le bord de cette source miraculeuse s'élève une petite chapelle due à la piété des chrétiens et but de pèlerinage.

Saint-Urse mourut le 1er février 529 ou 530. Aoste célèbre sa fête le même jour, tandis que Meyronnes le solennise le 17 juin et Montbard le 26 juillet.

On implore la protection de Saint-Urse pour tous les besoins, toutes les infirmités et toutes les calamités. Toutefois, on recourt spécialement à lui contre les inondations, les tempêtes, les maux de reins, les rhumatismes et autres maladies de cette espèce. Une autre dévotion, chère aux mères chrétiennes, c'est de recourir à ce bon saint en faveur des enfants morts sans baptême. Il les rappelle à la vie, afin qu'ils puissent être régénérés dans les eaux salutaires de ce sacrement.

74 - Vitrail représentant Saint-Urse

La puissance de ce grand serviteur de Dieu n'est pas diminuée, et ce qu'il fit pour les corps durant sa vie mortelle, Saint-Urse au ciel est toujours disposé à le faire dans l'intérêt de notre salut. Que les Montbardois se le disent et qu'ils réveillent leur confiance et leur culte envers celui qui les protège depuis plus de six cents ans.

En effet, en 1273, à la prière du cardinal Anchérus, qui passait par Aoste pour se rendre au concile de Lyon, le vénérable chapitre de Saint-Urse voulut bien remettre au révérant Père. Jean de Moutiers-Saint-Jean, chapelain du cardinal et curé de Montbard, une parcelle de la tête de Saint-Urse. On conserve, dit-on dans les archives de la Collégiale d'Aoste, l'acte authentique de cette donation. Hélas ! La révolution de 1793 a tout profané et tout détruit. Sur notre reliquaire[46], où manque l'authentique, on lit : *Reliquae sancti Ursi patrroni hujus è manibus commissariorum excerptoe, Patriat parochus*. Mais ce n'est certainement pas de la tête que provient cet ossement. Il est hors de doute que cette phrase et ce nom sont de la main même de Jean Patriat, vicaire de Montbard de 1790 à 1793, ensuite curé de cette paroisse de 1807 à 1827. Il est seulement regrettable que le sceau de l'évêque n'y ait pas été apposé, pour donner toute créance à ces reliques.

Le nom de ce saint fut souvent porté avant la Révolution. Il entre fréquemment parmi les noms de baptême. Depuis lors, on le rencontre rarement.

Le souvenir de Saint-Urse est encore commémoré dans notre église, par une statue de bois, recouverte d'une épaisse couche d'or et d'argent. Saint-Urse y est représenté, revêtu du costume de l'archidiacre, tenant d'une main le bâton diaconal, appelé « bourdon » et de l'autre, un livre emblème des

---

[46] La relique, ainsi que la chasse en bois qui la contenait ont disparu pendant les travaux de rénovation de l'église en 1994

lois et règlements ecclésiastiques, que l'archidiacre a mission de faire respecter.

Sur son épaule est posée une colombe argentée, symbole de la bonté et de la douceur, vertus caractéristiques de Saint-Urse.

Au fond du chœur, se trouve un vitrail récent, de 1895, représentant Saint-Urse, frappant de son « bourdon » un rocher d'où jaillit miraculeusement une eau abondante, que recueillent les moissonneurs, au cours d'un été brûlé par le soleil.

Bulletin paroissial N° 34 - Août 1907.

75 - Relique de St-Urse

L'ermitage de Sainte-Barbe

L'ermitage de Sainte-Barbe est éloigné de Montbard d'environ une demi-lieue ; il dépend de la paroisse de cette ville, quoiqu'il soit beaucoup plus près du village de Saint-Rémy ; et il est situé sur le penchant d'une montagne assez élevée dans la forêt de Chaumour, qu'on nomme plus ordinairement Chaumour, appartenant au roi, comme étant une dépendance de la terre de Montbard, qui est domaniale. On trouve dans le chemin qui conduit à cet ermitage une fontaine qui sort du pied d'un rocher, dont l'eau est de la plus grande pureté et ne tarit jamais ; elle est si abondante, qu'après avoir traversé le chemin par un aqueduc et serpenté le long de la colline, elle va former un étang dans le vallon, à cinq cents pas de sa source. Cet étang est pareillement du domaine du roi, il a été acensé dans le dix-septième siècle à son profit, avec quelques arpents de bois de la forêt contiguë à ce même étang. Depuis cette fontaine jusqu'à l'ermitage, il n'y a plus qu'un très petit trajet, et dès qu'on a gravi une colline assez escarpée, on aperçoit une allée de charmille, toujours bien entretenue, à l'extrémité de laquelle est la chapelle, et au côté droit de cette chapelle, la porte de l'ermitage.

76 - La chapelle Sainte-Barbe

Les bâtiments consistent en un rez-de-chaussée et un étage au-dessus. Il y a dans le bas une espèce de porche, qui traverse tout le bâtiment, à gauche duquel est la porte intérieure de la chapelle, une boulangerie, une citerne et une vinée. À droite est la cuisine, le réfectoire de seize pieds de longueur sur douze pieds de largeur un petit office, une cave sous le réfectoire, et l'escalier pour monter dans le haut, qui est occupé par le dortoir, composé d'un corridor, de sept cellules et d'une tribune sur la chapelle. Ces bâtiments sont au milieu d'un vaste enclos, qui contient un grand jardin potager, de grands vergers et onze ouvrées de vigne, le tout fermé de murs ; les voitures peuvent y entrer par deux grandes portes, dont l'une, du côté du midi, communique à un grand terrain hors de l'enclos, qui est tantôt en nature de labourage, et tantôt en herbage.

Les bâtiments sont presque tous assez nouveaux, à l'exception de la chapelle, dont nous parlerons bientôt, et près de laquelle il y avait autrefois un petit logement qu'occupait un ermite ou garde-chapelle.

Les ermites, comme nous l'avons déjà observé, vivaient alors dans l'indépendance, sans supérieurs, sans être astreints à aucune règle, et à leur volonté, c'est-à-dire qu'ils menaient une vie très éloignée de leur état.

M. Gonthier, grand-vicaire de Langres, qui était alors supérieur des ermites de ce diocèse, fit venir frère Jean-Jacques pour les réformer, celui-ci envoya à l'Ermitage deux ermites, mais le nombre en est beaucoup plus grand lorsque le supérieur juge de choisir cette maison pour en faire le noviciat de la congrégation.

La chapelle de Sainte-Barbe a été bâtie anciennement aux frais des marchands de Montbard, qui choisissent cette sainte pour leur patronne. Elle est voûtée, et sa longueur, le sanctuaire compris, est de vingt pieds, sur douze de largeur. Le Saint-Sacrement y repose depuis le 2 avril 1699, par permission de M. Amat, alors vicaire-général du diocèse de Langres. Elle est très proprement ornée ; elle a un calice, un saint-ciboire, et ne manque d'aucun des ornements et linges nécessaires pour le service divin. Il y a sur cette chapelle un petit clocher qui ne contient qu'une cloche, sur laquelle frappe le marteau d'une grosse horloge qui se fait entendre d'assez loin. À gauche en entrant dans cette chapelle est la sépulture des frères qui meurent dans cet ermitage, et qui sont inhumés sous une tombe qui y a été placée en 1689. À droite est celle de frère Théodore, visiteur-général des solitaires du diocèse, mort à Sainte-Barbe le 23 février 1725 ; et au milieu se trouve une autre tombe, avec l'inscription suivante :

« Cy-gît frère Jacques-Jérôme Chevreteau, prêtre qui est mort céans, en odeur de sainteté, le 7 août 1711 »

77 - Borne de la chapelle Sainte-Barbe

Jacques Chevreteau, appelé dans la congrégation des solitaires du diocèse de Langres le Père Jérôme de Saint-Joseph, était né à Pisy, le 14 janvier 1636, de Jean Chevreteau et de Jeanne Perrenelle. Il prit l'habit d'ermite dans l'ermitage de Saint-Peregrin, en 1684 ; il vint habiter la solitude de Sainte-Barbe en 1685, et y mourut le 7 août 1711, de sorte qu'il passa environ 26 ans dans cette solitude, de la manière la plus édifiante et dans les exercices de la plus austère pénitence. Ni lui ni les frères qui habitaient l'ermitage ne quêtèrent point tant qu'il vécut : une pension de cent écus qu'il s'était réservé ses messes et les productions de leur jardin suffisaient à ces solitaires, qui ne mangeaient point de viande, et qui ne se nourrissaient que de légumes et de racines, se contentant des aliments de première nécessité. La sainte vie du Père Chevreteau fut suivie d'une aussi sainte mort. M. Nicolas Lorin, alors curé de Montbard, lui administra les sacrements dans sa dernière maladie et on m'a assuré qu'après avoir entendu sa confession, il s'était jeté à ses pieds, en lui disant qu'il ne trouvait pas matière à absolution sacramentelle, et qu'il la lui demandait, au contraire, pour lui-même avec sa bénédiction. Lorsqu'on fut prêt à l'inhumer, chacun voulut avoir quelque chose qui lui eût appartenu : pour satisfaire la dévotion des assistants, on fut obligé de leur distribuer les grains de son chapelet et une grande partie de sa robe, qui fut coupée en morceaux de sorte que ce saint homme fut en quelque sorte canonisé dès lors par la voix du peuple.

Procès-verbal dressé à la mort du Père Chevreteau.[47]

« Le septième, du mois d'août, l'an 1711, est mort en odeur de sainteté le Révérant-Père Jacques Chevreteau, prêtre du diocèse de Langres, natif de Pisy, âgé d'environ 78 ans, solitaire de l'ermitage de Sainte-Barbe, paroisse de Montbard, appelé de son nom de religion frère Jérôme de Saint-Joseph, et inhumé par moi, curé de Montbard, soussigné, dans la chapelle dudit ermitage, en présence de frère Romuald, visiteur-général des solitaires de la congrégation de Saint-Jean-Baptiste, du diocèse de Langres, et d'une grande quantité de frères solitaires de ladite congrégation, qui se sont trouvés à Sainte-Barbe à l'occasion d'une assemblée générale convoquée audit lieu, et qui se sont soussignées avec moi, avec Messieurs du départ de Montbard, Messieurs les curés de Fain et Bierry, de Monsieur Favassier, chapelain de la chapelle de l'Annonciation dans l'église dudit Fain, de laquelle le Révérant-Père Chevreteau a été le premier chapelain, et de plusieurs personnes de distinction qui sont venues aux obsèques de ce saint homme, et singulièrement de Monsieur François Doublot, notaire royal, son neveu, et de Monsieur Guyot, greffier en chef au grenier à sel de Montbard et père de cette solitude ».

78 - Détail de la borne

Extrait du livre de Jean Nadault : « Mémoires pour servir à l'histoire de Montbard »

Le dernier ermite de Sainte-Barbe

Le 30 décembre 1792, devant la municipalité de Montbard, s'est présenté François Laurent, connu ci-devant sous le nom de « Frère Jérôme, ermite à l'ermitage de Sainte-Barbe ». La congrégation des ermites de Saint-Jean-Baptiste étant supprimée par la loi du 18 mai 1792, frère Jérôme demanda, puisqu'il n'avait plus la jouissance des quatre journaux dépendant de Sainte-Barbe qui l'ont fait vivre depuis 38 ans, qu'on lui fournit le traitement qui lui était dû. Et il fit le serment d'être fidèle à la nation, de maintenir la liberté et l'égalité, et de mourir en

79 - Inscription au-dessus de la porte de la chapelle

---

[47] Extrait du livre de Jean Nadault : « Mémoires pour servir à l'histoire de Montbard »

les défendant.

Sur le fronton de la porte d'entrée, on lit encore : « Cette chapelle a été rebastie par les Frères ermites de cet ermitage ». À l'intérieur : « Ci-gît frère Jacques Jérôme Chevreteau, prêtre, qui est mort céans, en odeur de sainteté, le 7 août 1711 ».

80 - L'étang Sainte-Barbe

Deux cents ans après cette dernière date, dit M. Mugneret, le 12 octobre 1911, à trois heures du soir, en présence de MM Joumelle Ulysse, propriétaire de Chaumour, Lemoine, instituteur à Saint-Rémy, Gilbain, aubergiste à l'étang de Sainte-Barbe, en creusant à l'entrée de la chapelle, nous avons trouvé, à 0m80 de profondeur, le squelette de Jérôme Chevreteau, orienté dans le même sens que la chapelle, les pieds vers la porte.

D'autres fouilles dans la chapelle ont mis en outre au jour de nombreux autres ossements.

Bulletin de la Société Archéologique et Biographique de Montbard n°14-1932

81 - Le puits des moines

Liste des Curés de l'Église Saint-Urse

Depuis 1545, Année qui fut le temps de leurs établissements

1568 à 1601	BOURGOIN	Guillaume	avec 8 prêtres
602 à 1635	BOURJAUT	Nicolas.	avec 5 prêtres
1636 à 1673	VAUSSIN	Antoine.	avec 5 prêtres
1674 à 1716	LORIN	François.	avec 5 prêtres
1717 à 1742	LORIN	Nicolas	
1742 à 1770	D'EPOISSE		
1770 à 1784	RIVEST		
1784 à 1803	DEGRISELLE		

Pendant le XIXème Siècle et depuis le Début du XXème

1°) Louis BILLOTET, né à Saint-Sauveur (Côte d'Or) le 7 janvier 1741, ancien curé de Saint-Broing-les Moines, son premier acte signé au registre des actes religieux de Montbard est du troisième jour complémentaire de l'an onze, c'est-à-dire du 23 septembre 1803. Il mourut le 26 novembre 1806.

2°) Jean PATRIAT, né à Montbard le 9 octobre 1765, vicaire de Montbard le 9 décembre 1790, exerce le culte jusqu'à la fermeture des Églises, recommence à signer des actes en 1796, jusqu'en 1803 comme vicaire ou desservant, le curé François Degriselle s'étant retiré vers 1798, et Louis Billotet n'ayant été nommé qu'en 1803. Après la mort de ce dernier, Jean Patriat fit l'intérim et fut nommé curé de Montbard le 7 mai 1807. Il mourut le 20 octobre 1827.

3°) François BERRET, né à Chalindrey (Haute Marne) le 15 octobre 1790, était curé d'Époisses quand il fut nommé Doyen de Montbard le 29 octobre 1827. Il démissionna à la fin de 1842 ? se retira à Châtillon-sur-Seine et y mourut le 4 octobre 1861.

4°) Étienne CLERC, né à Sacquenay le 22 décembre 1805, fut transféré de la cure de Pontailler à celle de Montbard le 12 février 1843, devint archiprêtre de Notre-Dame de Beaune le 3 octobre 1852, et y mourut le 11 août 1870.

5°) Jean-Baptiste GIRARDOT, né à Dijon le 30 mai 1802, d'abord curé de Volnay, fut nommé à la cure de Montbard le 24 octobre 1852, devint curé de Saint-Michel de Dijon le 12 septembre 1854 et mourut le 19 novembre 1865.

6°) Jean ROYER, né à Châtillon-sur-Seine, fut, comme M. Clerc, curé de Pontailler d'où il passa à la cure de Montbard le 17 septembre 1854. Il fut nommé chanoine honoraire en 1877 et mourut subitement à l'archevêché de Lyon, le 13 septembre, la même année. Il fut inhumé à Montbard le 17 septembre.

7) Edme Maubert, né à Beaune, curé des Maillys, fut appelé à la cure de Montbard le 23 octobre

1877. Il mourut le 30 septembre 1897, après avoir reçu les insignes de chanoine honoraire de Nantes.

8°) Pierre-Marie-Léon BUISSON, né à Jouey le 3 septembre 1848, curé de Millery en 1872, professeur au collège St-Ignace en 1881, curé de Clénay en 1888, de Bligny-sous-Beaune en 1889, curé-doyen de Montbard en novembre 1897, aumônier des Petites Sœurs des Pauvres de Dijon et chanoine honoraire le 12 octobre 1907, il se retire à Jouey en 1921, où il meurt le 22 avril 1922.

9°) Léon ROBLOT, né à Nuits-St-Georges en 1861, ordonné prêtre le 29 juin 1884, nommé vicaire à Châtillon-sur-Seine, où il resta jusqu'en 1893 ; nommé à cette date vicaire à St-Bénigne, puis en octobre 1907, curé-doyen de Montbard ; il fut transféré à Châtillon-sur-Seine, comme archiprêtre, il y fut installé solennellement le 11 juin 1911, et y mourut le 25 janvier 1936.

10°) Charles-Nicolas MILLOT, né à Concourt (Hte-Marne) le 18 juin 1851, ordonné prêtre à Dijon le 29 juin 1875, nommé vicaire à Semur en 1875, curé de Pothières en 1879, curé d'Aiseray en 1903, curé-doyen de Grancey-le-Château en 1904, curé-doyen de Montbard en juin 1911. Il quitte Montbard le 17 septembre 1931, pour se retirer d'abord à Bulligny (Meurthe-et-Moselle), puis à Nancy où il meurt le 8 décembre 1937.

11°) Henri LABOUREAU, né le 15 juillet 1880, ordonné prêtre le 19 septembre 1903, nommé vicaire à Selongey, puis professeur au Grand Séminaire de Dijon en octobre 1904, curé-doyen de Grancey-le-Château, où il ne s'installe qu'après la guerre le 19 mars 1919. De là, il est transféré à Saulieu comme curé-doyen en avril 1922 ; nommé archiprêtre de la Cathédrale St-Bénigne à Dijon en 1925 ; il démissionne pour raisons de santé et se retire à Dracy près de Vitteaux, comme curé en octobre 1928. Il est installé le 31 janvier 1932 comme curé-doyen de Montbard et est nommé Supérieur du Grand Séminaire de Dijon le 20 août 1938.

12°) Charles BOUZERAND, né à Monthelie en 1893, prêtre le 29 juin 1922, nommé d'abord professeur au Petit Séminaire de Flavigny, puis en 1935 supérieur de cette institution et chanoine honoraire, il devient curé-doyen de Montbard le 17 septembre 1938 jusqu'en 1962.

Le Lien N° 4 – 1938

82 - Le père Nurdin et le père Simon

13°) Pierre MORTUREUX,   curé de 1962 à 1968, avec 4 prêtres.
14°) François PATRIAT,   curé de 1968 à 1973, avec 4 prêtres.
15°) Pierre SIMON,   curé de 1973 à 1979, avec 2 prêtres.
16°) André NURDIN,   curé de 1979 à 1990, avec Hubert NAUDET

17°) Luc LALIRE   Curé de 1989-1996
18)) Yves GROSJEAN   1997
19°) Jean LOUET,   curé de 1990 à 2000
20°) HABIZIG   de 2000 à 2007
21°) Éric ARDIET   de 2007 à 2016
22°) Richard KAZAY   depuis 2016

Naissances, baptêmes : 1700-1800[48]

Pour ne pas risquer de voir l'enfant mourir sans avoir reçu le baptême, il est plus souvent baptisé le jour même de sa naissance, au plus tard le lendemain.

Ceci n'est pas sans influence sur la mortalité infantile, surtout où l'église se trouve éloignée des villages ; les nouveau-nés ne supportent pas toujours le voyage, surtout en hiver, ni la cérémonie de baptême dans une église glaciale.

Pour recevoir le baptême, l'enfant doit être vivant et il faut s'assurer de quelques signes de vie plus ou moins réels parfois. Dans le cas d'accouchements délicats l'enfant est parfois ondoyé avant même de sa naissance, dès qu'une partie de son corps est visible. Sur certains actes de baptême on lit : « un garçon a été baptisé dans le sein de sa mère. »

Le prénom masculin le plus usité est Jean, 20%, viennent ensuite Edme, 15%, prénom typiquement bourguignon, Étienne, 11%, puis Nicolas, Claude, Pierre Antoine, François, Louis Chrétien, et Jacques.

Les prénoms féminins les plus fréquents sont : Anne, 15%, Marie, 13%, Jeanne, 12%, Edmée, 7%, puis Marguerite, Reine, Agathe, Pierrette, Marie-Jeanne, Claudine.

Les garçons portent le même prénom que leur père dans 27% des cas et le même prénom que leur parrain dans 95% des cas.

Les filles portent le même prénom que leur mère dans 18% des cas et le même prénom que leur marraine dans 90% des cas

On compte environ 1,5% de naissances gémellaires. Les enfants jumeaux ont, hélas, une chance de survivre encore diminuée par rapport à la moyenne. Seulement 11% dépassent l'âge de 3 ans.

Robert Broisseau 1991

---

[48] Cet article et le suivant concernent le village de Crépand. Comme Montbard se trouve à proximité, on peut penser que les statistiques sont identiques.

Les mariages 1700-1800

De nos jours on célèbre plus de la moitié des mariages entre juin et septembre, pour des raisons essentiellement climatiques.

Au cours du XVIIIème siècle on remarque que le mois de janvier arrive largement en tête avec presque un tiers des mariages. Janvier et février en regroupent presque la moitié, la nuptialité est aussi importante en novembre, puis viennent avril et juin, mai et juillet, mars, août, septembre, octobre et décembre ne compte presque pas de mariage. 8% pour les 5 mois réunis.

Ces répartitions ne sont pas l'effet du hasard. On y trouve deux raisons principales :

D'abord une raison religieuse. L'église interdit les mariages pendant la période du carême (mars) et de l'avent (décembre). Entre ces périodes les mariages sont très nombreux, ainsi qu'en novembre qui précède une période interdite.

Il y a ensuite une raison économique. On évite de se marier pendant les périodes de travaux importants (moisson, vendanges), en gros : août, septembre, octobre.

Le choix du jour de mariage, comme celui du mois répond aussi à des contraintes. Aujourd'hui le samedi et le plus fréquemment choisi pour se marier. Au XVIIIe siècle le mardi voit la célébration de plus de 60% des mariages, le lundi 20%. Les 3 premiers jours de la semaine regroupent plus de 90% des cérémonies.

Au XVIIIe siècle le vendredi est un jour néfaste, c'est le jour de la mort du Christ. Le dimanche est réservé à l'office. Tous les mariages se concentrent donc sur le début de la semaine.

Il y a aussi une raison religieuse. Les fiancés peuvent ainsi communier le dimanche précédant le mariage et se consacrer aux préparations du repas de la fête.

Robert Broisseau.

Anciennes chapelles

Saint-Philibert, située derrière la gare, elle existait encore en 1794.
Saint-Michel, située au-dessus du Faubourg, démolie en 1758.
Saint-Thomas, située au faubourg, démolie en 1974.
Saint-Pierre à Seloichey (Saint-Pierre) existait encore en 1790.
Saint-Louis, érigée dans le château, démolie en 1740.
Saint-Étienne à Courtangy, démolie en 1672.
Saint-Urse devenue église paroissiale.
Saint-Jean-Baptiste rue Eugène Guillaume, vendue en 1795.
Saint-Père de Corbeton, située à Corbeton, disparue au XIe siècle.
Chapelle de la léproserie, située à Corcelotte, disparue en 1727.
Chapelle du Caillé, située route de Châtillon, démolie vers 1860.

L'ancienne chapelle Saint-Jean-Baptiste

Dans la rue, qui porte actuellement le nom du sculpteur Eugène Guillaume, nous passons et repassons devant un immeuble, en tout semblable aux autres, et dépourvu de toute particularité d'architecture et de sculpture. Il porte les N° 11 et 11 bis.

Tout au plus, le regard attentif relève-t-il, à la base de la façade, un soubassement renforcé, indice d'un mur exceptionnellement épais, appelé à supporter une charge particulièrement lourde.

Nous sommes devant l'ancienne chapelle Saint-Jean-Baptiste, construite entre 1395 et 1398, désaffectée en 1791, et vendue en 1795, après une affectation au culte divin de près de 400 ans.

Remarque intéressante : cette chapelle est située près de l'emplacement de la nouvelle chapelle Saint-Paul, une maison seule les sépare, le N° 9, l'ancien hôtel Nadault de Buffon, transformé en maison de commerce.

Dès 1390, l'on éprouvait le même besoin, que les paroissiens du XXe siècle : jouir, au cœur de la ville, d'une chapelle remédiant à l'église paroissiale Saint-Urse, d'un accès pénible à tous, et impossible à nombre de vieillards et d'infirmes.

Lorsque le fondateur de la chapelle St-Jean-Baptiste, Jean-Marie, obtint du duc de Bourgogne, Philippe le Hardi, le droit de la fonder et de la bâtir, par lettres de 1375, et lorsque, vers 1890, le curé-doyen Maubert, mit à exécution son projet longtemps mûri, de construire la chapelle Saint-Paul, tous deux, bien que vivant à cinq siècles de distance, obéirent à une identique intention : offrir aux habitants de Montbard un lieu de culte aisément accessible.

ASPECT GENERAL

La chapelle Saint-Jean-Baptiste était formée d'une seule nef, et surmontée d'une voûte lambrissée suivant l'usage qui s'est généralisé au XV° siècle. Il était plus aisé aux entrepreneurs de construction d'établir une charpente en forme de berceau et garnie de lambris, que d'asseoir une voûte de pierre ou de brique.

Un clocher à une cloche couronnait l'édifice. À l'intérieur, une vaste tribune, éclairée par un vitrail, communiquait avec l'hôtel des Nadault, pouvant ainsi assister aux offices, sans sortir de leur appartement.

L'entrée principale n'était pas percée dans la façade dominant la rue, mais dans la face latérale regardant le N° 9, l'hôtel Nadault. À cette entrée on accédait par un escalier s'arrondissant et formant perron, sur le terrain triangulaire, placé actuellement entre les 11 bis et 9. Ce terrain portait le nom de place Saint-Jean.

La chapelle Saint-Jean-Baptiste était limitée à droite par une ruelle, prolongeant la ruelle au Renard, contournant notre actuelle chapelle Saint-Paul, et débouchant sur la rue, appelée successivement rue du Parc Buffon, rue Crébillon, rue du Grenier-à-Sel.

De cette ruelle ne subsiste plus qu'un court passage, placé entre les N° 11 et 15, et occupé par un escalier desservant les étages du N° 11.

PROPRIETAIRES SUCCESSIFS

La chapelle Saint-Jean-Baptiste fut mise en vente aux enchères publiques par le Directoire du district de Semur, à titre de bien national, le 1er brumaire, an IV (octobre 1795), et adjugée au sieur Claude Laveme, marchand demeurant à Montbard.

Quelques années plus tard, Laverne convertit la chapelle en magasin, démolit le grand escalier, fit pratique des ouvertures et creuser une cave.

En 1817, l'immeuble ainsi transformé fut vendu par Claude Laverne et sa fille, Marguerite, épouse Gelez, qui en avait reçu une partie par contrat de mariage, à Pierre Mathieu, menuisier, lequel y ouvrit une auberge.

À la mort de Mathieu, la propriété de la maison passa à ses enfants Edme Mathieu et Marguerite épouse Pochât. En 1870, ils la vendirent à un fabricant de parapluies, Pierre Delchamps, locataire de la maison depuis 1859.

En 1900, M. Lalé, en reçut la possession par héritage. C'est grâce à sa complaisance, que nous avons pu suivre, sur les titres de propriété, les acquisitions successives. (Depuis plusieurs années, les lieux sont occupés par un salon de coiffure)

83 - L'ancienne chapelle Saint-Jean-Baptiste

SON ORIGINE

Elle est due à la libéralité d'un bourgeois de Montbard, du nom de Jean MARIE, et de sa femme Jeannette, qui possédaient un emplacement dans la Grand-Rue. Leur pieux projet se réalise entre 1395 et 1398.

Les fondateurs n'avaient pas seulement en vue la satisfaction de leur dévotion personnelle, mais aussi l'utilité paroissiale, car ils obtinrent de l'évêque de Langres, la concession de vingt jours d'indulgence pour toute personne qui contribuerait de ses deniers à la construction de la chapelle.

C'est en 1375 que Marie reçoit du duc de Bourgogne et de l'évêque de Langres, l'autorisation de fonder une rente perpétuelle pour le service de la chapelle, et d'en entreprendre la construction.

Marie la place sous le vocable de Saint-Jean-Baptiste, son patron. Il veut la célébration quotidienne d'une messe. Le service sera assuré par deux chapelains, qui se partageront une rente annuelle de 20 livres tournois, provenant de la donation d'un fonds de terre situé sur le territoire de Montbard.

Par contre, il veut jouir du droit de patronage, c'est-à-dire du droit de présenter à l'évêque de Langres les candidats au poste de chapelain. Il en obtient la jouissance pour ses descendants ; et il stipule qu'en cas d'extinction de sa descendance, ce droit sera recueilli par les officiers municipaux de Montbard, maire et échevins.

De son côté, l'évêque de Langres lui impose la charge de fournir le matériel liturgique nécessaire à la célébration du culte divin, ainsi qu'une cloche assez grosse pour être entendue dans toute la ville.

Comment expliquer que la construction de la chapelle, autorisée en 1375, ne s'est exécutée que vingt ans plus tard ? Quelles difficultés ont surgi ? Nous l'ignorons. Peut-être insuffisance de fonds. Jean Marie fournit l'emplacement, procure le matériel, constitue la rente, mais il n'assume pas tous les frais de construction, puisque l'évêque accorde des faveurs spirituelles à qui contribue pécuniairement à la construction. Peut-être a-t-on lésiné.

La chapelle s'édifie, sa surface n'est pas régulière, sans doute à cause de l'irrégularité même du terrain ; elle mesure en longueur 26 pieds sur un côté, 34 sur l'autre ; en largeur, 18 pieds. Une tribune occupe le tiers de sa longueur, sa distribution est copiée sur celle de l'église paroissiale.

84 - Jean-Baptiste par Anton Raphaël Mengs

Le lien N° 2 - 3 – 1993

Personnes inhumées dans la chapelle Saint-Jean

Edmée GRAND, épouse de Jacques DAUBENTON, le 7 septembre 1772
Bernarde AMYOT, épouse de Pierre DAUBENTON, le 11 août 1773
Anne DAUBENTON, épouse de Claude ADAM, le 8 septembre 1775

L'église Saint-Thomas

L'église Saint-Thomas, dans le grand faubourg de Montbard, a été bâtie et fondée en faveur de l'abbaye de Moutiers-Saint-Jean, en 1183, par Mananès, évêque de Langres, et dédiée à Saint-Thomas, archevêque de Canterbury, qui avait été canonisé par le pape Alexandre III, seulement treize ans auparavant.

Cette église a eu le titre de prieuré, parce que le motif de sa fondation a été l'établissement d'une communauté de religieux bénédictins. C'est ce qui paraît par la bulle du Pape Luce III, qui confirme le don de cette même église fait à l'abbaye de Moutiers-Saint-Jean avec les fonds qui en dépendaient.

Cette église avait encore le titre de prieuré au commencement du 13e siècle ; cela se prouve par la charte d'établissement de commune accordée à la ville de Montbard par Hugues IV, duc de Bourgogne, en 1231.

Cependant, dès le 14e siècle, ce prieuré n'était pas considéré comme un bénéfice, mais comme un simple office claustral dépendant de la mense du chambrier de Moutiers-Saint-Jean ; et quoique l'usage ait prévalu et qu'on ait toujours continué de regarder cette église comme prieurale, elle n'a plus cependant de prieur titulaire. L'église Saint-Thomas a environ 68 pieds de longueur sur 24 pieds de largeur.

85 - L'église Saint-Thomas. Dessin H. Tachy

L'épaisseur de ses murs et leur courbure très marquée à la partie supérieure sont une preuve qu'on s'était autrefois proposé, en la bâtissant, de la voûter : elle ne l'a cependant jamais été ; et il peut se faire que, la mort de l'évêque Mananès étant survenue avant que le bâtiment eût été achevé, on ait été obligé d'en changer le plan. Ceux qui considèrent cette église sans faire attention à sa situation sont peut-être surpris que la porte principale ait été placée à la partie latérale, et qu'il n'y ait à l'extrémité de la nef qu'une très petite porte de cinq à six pieds de hauteur et d'environ trois pieds et demi de largeur, qui n'est d'aucun usage et qu'on n'ouvre presque jamais.

Mais il faut observer que cette église est bâtie sur le penchant de la montagne et que, si on l'eût fait avancer davantage, le chœur ou sanctuaire aurait été absolument enfoui dans les terres de cette montagne, dont la pente est beaucoup plus droite et plus rapide un peu plus haut qu'à l'endroit où elle a été bâtie ; on ne pouvait pas non plus la faire descendre plus bas, parce que le four qui est banal pour ce quartier et qui appartenait au duc de Bourgogne, qui n'en fit don à l'abbaye de Moutiers-Saint-Jean que six ans après que cette église eut été bâtie ne permettait pas de s'étendre de ce côté et comme on ne pouvait laisser qu'un passage très restreint entre le pignon et la nef de cette église et le four ou la maison qui en dépendait autrefois, on fut obligé de faire la porte principale de cette église dans sa partie latérale.

La nef était autrefois séparée du chœur, ou sanctuaire, par deux autels adossés contre un mur ; entre ces deux autels était l'entrée du chœur. Il y avait aussi une chaire, et l'on y prêchait de temps en temps pendant l'Avent et le Carême, mais elle fut enlevée vers 1745, lorsqu'on fit quelques réparations et quelques changements dans cette église.

Nous venons de rapporter un article de la charte d'Hugues IV, duc de Bourgogne, concernant l'établissement de la commune de Montbard, pour justifier que l'église Saint-Thomas avait alors le titre de prieuré ; mais on trouve dans ce même article une disposition très particulière et qui mérite d'être observée. C'est que ce prince y déclara que « s'il y a quelque difficulté avec un habitant de Montbard, ou avec la commune, le différend sera jugé et terminé par le maire dans l'église du prieuré de Saint-Thomas et qu'il ne lui sera pas loisible de les traduire ailleurs que dans le prieuré. »

La justice se rendait donc dans cette église, et cela s'observe encore en quelque sorte à présent, puisque le maire et les échevins y ont leurs sièges, et que toutes les fois qu'il est question d'assembler les habitants en corps de communauté, soit pour faire l'élection de leurs magistrats, et faire choix de personnes qui doivent remplir les autres charges publiques, soit qu'il s'agisse d'intenter un procès ou d'y défendre, et enfin de délibérer sur toutes espèces d'affaires concernant les intérêts de la communauté, c'est dans l'église de St-Thomas que les habitants sont invités, au son de la cloche par les magistrats à se réunir, et qu'ils y forment leurs délibérations à la pluralité des voix.

Cet usage d'assembler les habitants d'une communauté dans une église pour y être traité des affaires qui les concernent s'est conservé dans plusieurs villes du royaume.

Tiré des « Mémoires pour servir l'histoire de la ville de Montbard » de Jean Nadault.

Tombera, tombera pas

En 1972 l'église ou chapelle Saint-Thomas figure au plan de démolition dans le cadre de la rénovation urbaine Voltaire-Traversière. Les uns sont pour sa démolition, en partant du principe que le bâtiment a été mutilé lors de l'alignement de la rue du Faubourg et que de ce fait il n'a plus aucune valeur, d'autres sont contre la démolition en insistant sur le fait qu'on n'élimine pas les vieilles pierres, et surtout un bâtiment qui a une histoire comme la chapelle Saint-Thomas. L'un d'entre eux nous disait même que, bien nettoyée intérieurement, cette église pourrait être aménagée en salle d'exposition par exemple. Les avis étant partagés, attendons de savoir qui aura raison, des « pour » ou des « contre » la démolition de la chapelle Saint-Thomas. En 1972 le projet de démolition de l'église ou chapelle Saint-Thomas a ému un certain nombre de Montbardois dont Jean Mairey, Préfet honoraire. Jean Mairey veut que l'on garde ce bâtiment riche en histoire. Après une réunion sur le terrain entre lui, Monsieur le Maire et Monsieur Jouven architecte, il est possible de déplacer légèrement vers le nord l'ensemble Voltaire afin de laisser en place la chapelle. Face à cela, il y a la réalité, la crise du logement qui sévit depuis tant d'années. Cette crise sera en grande partie résolue avec la construction de l'ensemble Voltaire, mille fois retardée. Faut-il sacrifier les habitations de nos contemporains au nom d'une ancienne chapelle qui a perdu sa valeur sculpturale.

86 - La chapelle Saint-Thomas

La chapelle avait été démantelée pour permettre l'élargissement de la rue du Faubourg, la réponse de la municipalité est non. La chapelle tombe fin janvier 1974. Seul le campanile sera conservé au musée.

Extrait des registres des assemblées des habitants de la ville de Montbard[49]

Aujourd'hui 28 mai 1780, heure d'une après-midi, à Montbard, en la Chapelle du prieuré Saint-Thomas de ladite ville, lieu ordinaire à tenir les assemblées générales de la communauté et devant nous maire et échevin a comparu maître Jacques Guérard Dévivier, procureur du roi syndic, lequel nous a dit et remontré qu'en conséquence de la délibération prise en l'Hôtel de Ville le jour d'hier il a fait convoquer assemblée générale des habitants à coups de caisse que présentement au son de la cloche à la manière accoutumée pour délibérer sur les objets mentionnés en ladite délibération.

Requérant acte de ses diligences et de la comparution de Louis Meignier, Jean Meignier, Pierre Sergent, Nicolas Febvre, Pierre Laurent, André Boguereau, Jeangentot, François Cheuillot, André Moreau, Jacques Sergent, François Bréon, Philippe Marot, Philibert Maréchal, Jean Joaunès, Urse Maréchal, Etienne Naudet, Edme Poussine, Jean Agosse, Emilland Emery, Jean Maillard, Edme Fanon, Edme Berthuot, Etienne Bréon, Jacques Tanière, Jean Prévôt, Jacques Tripier, Jean Febvre, Jean Baubant, Edme Bomet, Edme Maréchal, Nicolas Godin, François Guyard, Alexandre Malachin, Pierre Malachin, Edme Maréchal, Edme Berthier, François Soeure, Henry Bertrand, François Guenin, Jean Laurençon, Jean Bergeret, Jean Jobert, Antoine Petit, Joseph Doublot, Crétien Magnien, Jean Sergent, Edme Albin, Crétien Mouillot, François Pichenot, Joseph Mathieu, Jacques Bourceret, Charles Maigrot, François Maigrot, Jean-Baptiste Magnien, René Baubant, Edme Rémond, Edme Sergent, Nicolas Bacon, le sieur Lis Guérard, le sieur Guillaume Guérard, le sieur Bornyat, Jea, Morot, Roch Varet, Edme Bernard, Pierre Denoix, Jacques Benoit, François Gruyer, Jean Gelot, Philippe Gelot, Edme Bréon, Philibert Bréon, Jean Lenoir, Louis Sergent, François Prout, Louis Mathieu, Urse Maréchal, Edme Douillot, Pierre Siîevestre, le sieur Bernard Guiod, le sieur Charles-Claude Guérard, Nicolas Rémond, Louis Bribant, Robert Colas, Jean Lavergne, Edme Goulier, Christin Poussine, Antoine Epry, Jean Gaveau, Nicolas Ravier, Pierre Gautey, Claude Marsigny, Lis Guérard, Jean Pichenot, Edme Bressonnet, Crétien Fleuriet, le sieur Claude-François Bauchelin.

87 - La chapelle Saint-Thomas

Et défaut contre les non-comparants et pour le profit qu'ils soient condamnés en chacun trois livres cinq sols d'amende au profit du patrimoine de cette ville, au surplus, ordonne que la délibération des habitants présents vaudra comme si tous y étaient. Sur quoi donnant acte audit sieur procureur du roi syndic de ses diligences et de la comparution des habitants présents. Disons que la délibération des habitants présents vaudra comme si tous y étaient.

---

[49] Collection Eugène Mathieu. (Curieux document qui intéressera de nombreuses familles montbardoises)

Église Saint-Paul

Après la démolition de l'église Saint-Jean-Baptiste, l'utilité d'un lieu de culte plus central que l'église paroissiale se faisait sentir d'autant plus que Montbard s'agrandissait et descendait les pentes de la butte, suivant une loi constante de l'urbanisme.

88 - L'église Saint-Paul. Aquarelle J. Bonsans

Les Abbés de l'époque ont dû remuer les données du problème, cherchant une solution. Mr l'abbé Clerc, curé de 1843 à 1852, y pensait quand il fut transféré à la cure de Beaune. Mr l'abbé Royer, curé de 1854 à 1877, fut effrayé par les difficultés d'une telle entreprise. Il se borna à la restauration de l'église Saint-Urse.

La solution se présenta le 5 novembre 1885. En ce jour Mr Alexandre Roux et son épouse, Augustine Desgrand, donnèrent à Mr l'abbé Maubert, curé de Montbard, une propriété connue sous le nom d'hôtel Nadault ; à condition expresse que sur le remplacement de cet hôtel soit construite une chapelle, Mr l'abbé Maubert accepta aussitôt.

La chapelle devait être placée sous le patronage de Saint-Paul, en souvenir de Mme Pauline Desgrand née Seguin de Montgolfier, mère de Mme Augustine Desgrand. Mr l'abbé Maubert accepta ce vocable avec d'autant plus de satisfaction qu'il était un grand ami de Paul Foisset qui lui témoignait, ainsi qu'à sa paroisse, un vif intérêt.

La première pierre fut posée en 1886. En 1895 Mr l'abbé Maubert y célébrait la messe pour la première fois. La construction de la chapelle coûta 86 632 francs. Elle ne fut pas achevée et ne fut pas ouverte au public. Elle servit même de dépôt à un commerçant. Mr l'abbé Maubert mourut le 30 septembre 1897, son corps repose dans l'ancien cimetière. Grâce à la loi de séparation de l'Église et de l'État, la chapelle Saint-Paul put être ouverte au public par l'abbé Roblot, curé de Montbard de 1907 à 1911. L'inauguration eut lieu pour la messe de minuit. Après être passée entre plusieurs mains, elle appartient depuis le 21 janvier 1944 à l'association

89 - Intérieur de l'église Saint-Paul

diocésaine de Dijon.

Le plan primitif de la chapelle comprenait trois travées ; celles-ci devaient aller jusqu'à la rue. Les architectes en édifices religieux recommandant de laisser une zone de silence entre la rue et une église, le plan primitif est donc abandonné. L'église étant trop petite, des gradins sont posés en 1959.

L'autel d'origine en bois faisait disparate au milieu d'un ensemble de pierre. Il fut remplacé par un autel en pierre conçu par Mr Maigrot artisan.

Une statue de la vierge, du sculpteur Shanoski, est donnée par les Ursulines pour décorer la chapelle. Elle a été exécutée en l'an 1500. Elle est appelée Notre Dame de Montbard. Sa place d'origine était la niche au-dessus de la porte d'entrée de l'institution Buffon. Un chemin de croix, les statues de Saint-Bernard, sa mère Aleth, Saint-Joseph et une statue du sacré cœur haute de 1,43m, garnissent l'intérieur en 1908.

En novembre 1909, Mme Hardouin offre une statue de Jeanne d'Arc. Elle complète l'ornement de Saint-Paul et perpétue dans la paroisse le culte de la libératrice. En 1941 Mr Boguet peint les 2 panneaux de part et d'autre du panneau central. Ces panneaux représentent des anges adorateurs. Leurs visages sont dirigés vers la croix et nous invitent à adorer le Christ. Ce sont des enfants de Montbard qui fournirent les éléments des figures. Sur le Christ voici les renseignements recueillis par Mr le chanoine Laboureau. Il était fixé au mur de l'ancienne chapelle du prieuré de Saint-Pierre convertie en tuilerie. Il a été acheté le 3 août 1910 par Mr Jean L'Hôte à Mr Journaux, propriétaire de la tuilerie, puis transporté au domicile de Mme L'hôte mère, 30 rue Anatole Hugot.

Quelques mois après la mort de Jean L'hôte, survenue le 7 janvier 1922, Mme L'hôte le donna à Mr le chanoine Millot qui le plaça à Saint-Paul. Le Christ est en trois morceaux, le corps en chêne et les deux bras en orme. Le corps est bien conservé, les deux bras sont vermoulus. Le Christ en croix est placé au-dessus du maître autel.

90 - Entrée de la chapelle Saint-Paul

Le 2 février 1959, la paroisse achète sa première voiture, une 2CV Citroën. Cette voiture est très utile pour visiter les paroisses extérieures. Par économie, le curé utilise en ville son vélo. Le tronc de Saint-Paul est destiné pendant un moment au paiement de cette voiture.

Fin 1961, le clocher dont la partie inférieure a été construite en 1956 est terminé. Cinq cloches, commandées à la fonderie Causard de Colmar, l'ornent.

Pourquoi 5 petites cloches au lieu d'une grosse ? Et bien à cause du bruit. La plus grosse tintera le glas, la moyenne sonnera la messe et les 3 petites carillonneront les mariages. Ces cloches sont en bronze et pèsent 119 kg. En 1979, lors de grands travaux, l'autel est déplacé, la barrière supprimée, l'électricité refaite, le chœur et la nef sablés, les anges adorateurs peints par Mr Boguet disparaissent.

En 1997, grâce à un don de Mme Humbert décédée en 1994, l'église connaît une seconde jeunesse ; les murs sont décapés, les vitraux sont restaurés et protégés. Dans le chœur, une toile de Marie Javouhey évoque la conversion de Saint-Paul. Un sas en verre laisse disponible le fond de l'église et la tribune, pour les visites dans la journée.

Les Ursulines[50]

Il est remarquable que la petite cité de Montbard, qui comptait 1 000 habitants à l'arrivée des premières religieuses, ait bénéficié dès 1747 et pendant trois siècles des services d'une Congrégation prestigieuse, qui fut sans doute la première Congrégation enseignante de l'histoire de l'église.

Trois arrivées et trois départs, dont le dernier, définitif, ponctuent l'histoire de ces religieuses dans la cité.

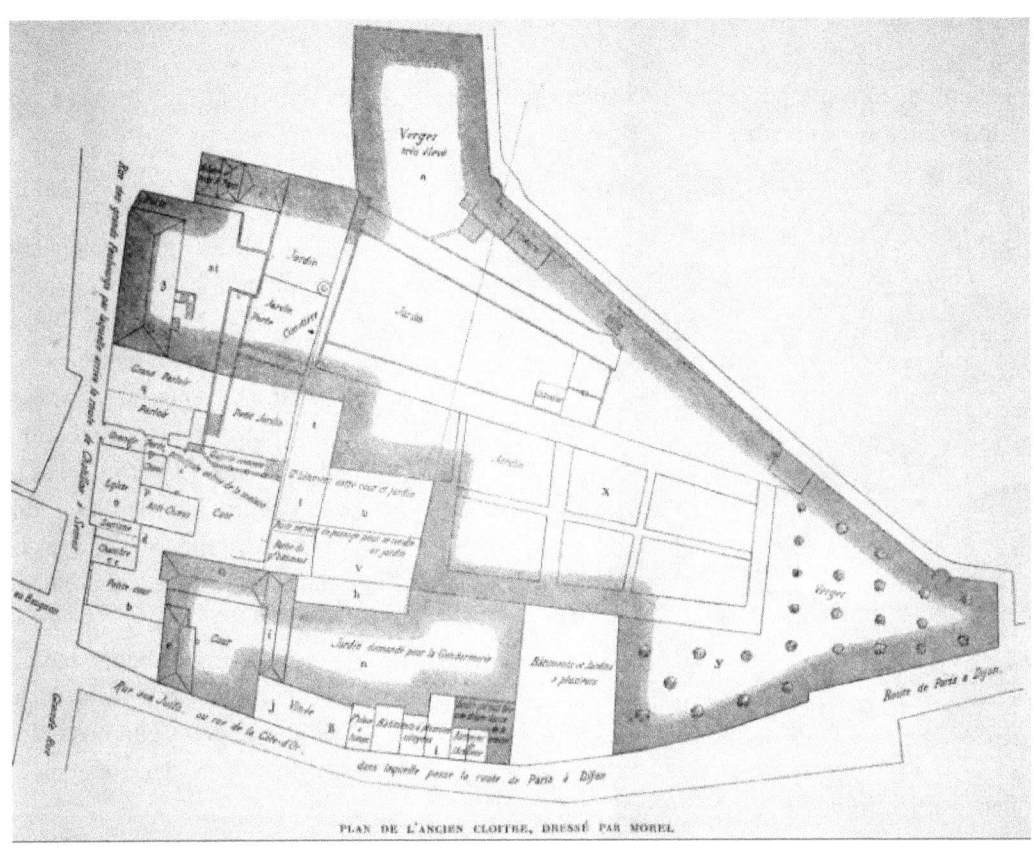

91 - Plan de la propriété des Ursulines

Première période : 1647 - 1792

Alors que des démarches avaient été tentées auprès des Ursulines déjà présentes à Saulieu et à Flavigny, c'est finalement de Noyers qu'arrivèrent les six premières religieuses, le 16 juin 1647. La communauté de Noyers, issue de celle de Châtillon-sur-Seine, se rattache à l'activité fondatrice de Françoise Xianctonge, une Dijonnaise qui, à la suite et à l'exemple de sa sœur Anne, introduisit en Bourgogne la Congrégation fondée en Italie par Sainte-Angèle de Mérici, pour l'éducation des jeunes filles.

Les six religieuses occupèrent tout d'abord un local étroit et insalubre, rue du Pâtis, au Petit-Faubourg, après avoir passé avec la municipalité un « acte de réception » dont les termes tempèrent d'une certaine prudence la chaleur du premier accueil.

En 1649, elles s'installent au Grand-Faubourg, dans ce qu'on appelle aujourd'hui le « Vieux Couvent ». Elles font l'acquisition d'une grande auberge et de ses jardins, puis des maisons qui bordent

---

[50] Article écrit par l'Abbé Nurdin.
Sources de documentation :
Abbé Buisson : « Les religieuses Ursulines de Montbard : 1647-1904 Chez l'auteur-Dijon
Nadault : « Mémoires » pages 145-151
A. André : article dans la semaine religieuse du diocèse de Dijon (17. 12. 1904)

la rue aux Juifs, l'actuelle rue Alfred Debussy, et enfin, d'un relais de Poste. C'est là qu'elles vont rester jusqu'en 1792. Elles vivent selon une règle donnée par l'Évêque de Langres, Sébastien Zamet. Les conseils pédagogiques qu'il leur donne mériteraient d'être mis en pratique aujourd'hui. Elles se consacrent à l'éducation des demoiselles des plus nobles familles de la région. Leur nombre ne doit pas excéder 40. Elles reçoivent aussi, gratuitement et en nombre illimité, les enfants du peuple. À la première catégorie de leurs élèves, elles enseignent « les arts d'agrément ». À la seconde, « les travaux utiles à leur condition ». Aux deux, une solide éducation religieuse. Elles reçoivent aussi des dames « attirées en ce lieu par la douce paix qu'on y respire » et qui s'y retirent pour finir leurs jours : ainsi la veuve de Daubenton.

La communauté compta jusqu'à 45 sœurs-professes. À la révolution, qui mettra fin à cette première période, elles seront encore 14.

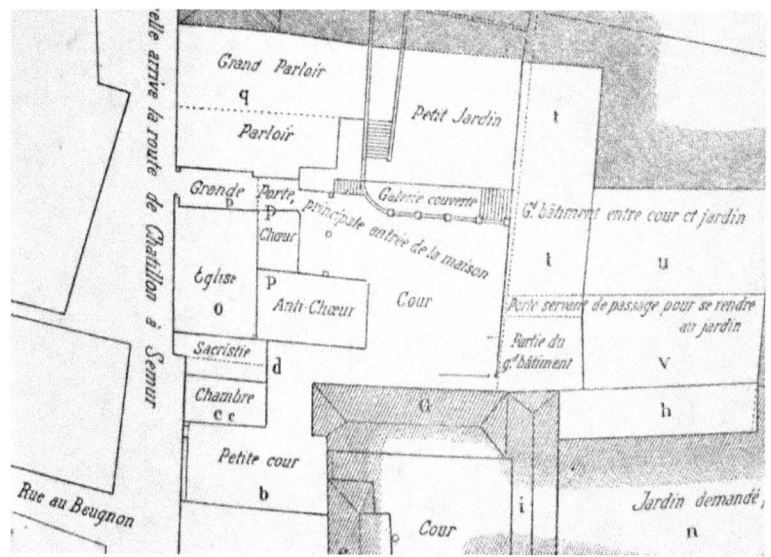

92 - Plan de la propriété des Ursulines (Détail de la partie bâtie)

1790 : inventaire du « personnel et du matériel » ;

1791 : mise aux enchères du domaine ;

Le 2 octobre 1792 : ordre d'expulsion ; « citoyennes, il faut partir » ; vente aux enchères du mobilier ; vente des bâtiments et des jardins. Les religieuses rentrent dans leurs familles. Le Club Jacobin de Montbard siège un moment dans l'ancienne chapelle du Couvent.

Les bâtiments scolaires seront finalement affectés comme écoles pour les garçons et les filles. L'instituteur des garçons sera un prêtre : Jean Patriat, futur curé de Montbard.

Deuxième période : 1821 – 1904

Deux anciennes religieuses sont à l'origine de la résurrection de la Communauté. Elles achètent quelques masures, rue Daubenton. En 1821, la cloche, depuis si longtemps silencieuse, signale aux Montbardois que la vie religieuse a repris. Après des débuts difficiles, la communauté va connaître une période active et féconde. En 1847, elle compte 13 religieuses. Vers 1875, elles seront 45. Les élèves affluent dans les mêmes proportions. Les locaux se trouvent bientôt insuffisants. La Congrégation engage alors de grands travaux. Elle confie à un moine de la Pierre-qui-Vire, le frère Maur, le soin de faire des plans de la chapelle des bâtiments conventuels et scolaires. On peut juger encore aujourd'hui de cet ensemble impressionnant. L'Évêque de Dijon bénit la chapelle en 1890. Il affectera au service de la Communauté un aumônier indépendant du clergé de Montbard. En 1894 les religieuses font l'acquisition des anciens jardins de Buffon.

Cette période faste va être interrompue le 14 juillet 1903 par la sentence de bannissement qui atteint les Congrégations dans la période difficile qui précède en France la séparation de l'Église et de l'État. La Communauté compte à ce moment-là 32 religieuses, l'école 60 élèves internes, 65 externe et 32 de classe enfantine.

En deux convois, au mois de novembre 1904, les religieuses gagnent le Castel-Saint-Joseph, près d'Ivréa en Italie. Le chroniqueur relate ce départ en des termes particulièrement tristes.

En 1913 les survivantes (huit sont mortes entre temps) se rapprochent de la frontière et s'établissent à Almèse dans la région de Suse.

Troisième période 1920-1947

À mon grand regret je n'ai pas trouvé de documents pour écrire la plus récente histoire des Ursulines à Montbard. De cette période de trente années environ il reste certainement des archives qui ne sont pas à Montbard et les souvenirs des anciennes élèves qui ne sont pas toujours précis.

Les bâtiments ont abrité des soldats américains pendant la guerre de 14-18.

Les jardins ont été achetés puis rétrocédés aux sœurs à leurs retours. Celui-ci s'est fait progressivement. L'école a d'abord repris sous la direction de personnes civiles, telles Melle Jaillot et Rebourseau. Sont ensuite réapparues des religieuses « en civil, » telle Melle Irma Beutot, dans les années 1920-1921.

93 - Blason des Ursulines

Dans les années 1930 il y avait une quinzaine de religieuses en costume religieux.

Un aumônier était au service de la Communauté et de l'école, le père Magalon d'abord et le père Jean Bergerot ensuite.

C'est en 1947 que les Ursulines ont quitté définitivement l'Institution. Les plus âgées se sont retirées à Semur, les plus valides ont gagné la Communauté des Ursulines d'Avallon.

L'Institution n'a pas disparu pour autant, mais ceci est une autre histoire.

94 - Bâtiments du couvent des Ursulines

95 - Porte d'entrée de la chapelle des Ursulines

Notes à propos des Ursulines de Montbard[51]

La grande auberge acquise en 1649 était à l'enseigne de la corne de Cerf.

La sœur de Buffon était supérieure des Ursulines pendant deux ans. Buffon rendit de fréquentes visites aux demoiselles Saint Belin-Malin qui y vivaient.

Enfin Buffon se décida et le 22 septembre 1752, il épousa Marie-Françoise, la plus jeune, en l'église de Fontaine-en-Duesmois.

Le décret du 2 novembre 1789, pris sur proposition de Talleyrand, évêque d'Autun, appuyé par Mirabeau, mit les biens du clergé à la disposition de la Nation pour éviter la banqueroute et garantir une émission de papier monnaie : les assignats.

De nombreux cahiers de doléances, rédigés en vue de la réunion des États-Généraux, avaient préconisé cette mesure.

En application du décret il convenait de procéder à l'inventaire du personnel et du matériel.

Le district de Semur l'ordonna en juin 1790 au nouveau maire de Montbard, le fils de Buffon, élu le 22 juin. (Il se démit de ses fonctions le 26 janvier 1791)

L'inventaire, terminé le 30 juin 1790, a recensé :
- 19 religieuses de chœur
- 6 converses
- 2 tourières.

Sauf trois d'entre elles, les religieuses déclarent vouloir mener la vie commune. Les Ursulines possédaient des biens sur Montigny-Montfort, Marmagne, Nogent et surtout à Montbard : 90 journaux de terre labourable, 21 soitures de pré, 41 ouvrée de vigne, 65 arpente de bois, des terres à chènevières, les bâtiments, jardin et annexe du couvent.

Pour faciliter la vente, le couvent a été divisé en 3 lots.

Le revenu des fonds terriens atteignait 5 139 livres,
- 1 160 livres provenaient des rentes,
- 856 livres étaient attendues de fermages échus, et en caisse on comptait 2 656 livres.

96 - Musée des Beaux Arts

Les domaines des Ursulines devaient être vendus aux enchères au mois de mai 1791.

La ville de Montbard soumissionna les 16 août 1790, les 9 avril, 27 avril et 23 mai 1791 en vue de cette acquisition, ainsi que de celle des fonds provenant notamment des abbayes de Fontenay de Moutiers-Saint-Jean, de Saint Andoche, d'Autun, des religieuses de Châtillon sur Seine et autres.

Le 21 novembre 1791, deux décrets de l'Assemblée Nationale sont enregistrés qui porte attribution à la municipalité de Montbard, des biens compris dans soumission de16 août 1790, moyennant la somme de 431 155 livres.

Le 7 mai 1792 le Directoire de la Côte d'Or décide que des Ursulines n'ayant plus l'usage de leur grande chapelle, il convient en confisquer tous les ornements et mobilier et de ne laisser aux religieuses

---

[51] Sources : Abbé Buisson : « Archives et mémoire familiales »
Entretiens avec Mme et le Dr. Ser, ainsi qu'avec d'anciennes élèves

qu'un seul calice et une chasuble simple de chaque couleur.

Le représentant du Directoire confisque donc le 14 mai 1792 six chandeliers, une croix, un calice et sa patène, plusieurs chasubles dont une brodée argent et or, des devants d'hôtel et de crédence, une chape, 20 aubes, 8 surplis, 16 nappes, 20 amicts, 4 pans de tapisserie de verdure et de la cloche de monastère.

Le 20 octobre 1792, jour de l'expulsion des religieuses, Michel Junot, de Bussy-le-Grand, chargé par le district de vider leurs cellules, se présente à cet effet rue aux juifs avec un chariot pour y emmener le mobilier.

Une foule se rassemble, apostrophe Junot, menace de le châtier de ce pillage, de lui couper la tête et détèle les chevaux.

Le Directoire adressera un blâme à la Municipalité de Montbard pour cette petite émeute.

Le mobilier fut néanmoins vendu aux enchères qui atteignirent 15 030 livres pour : 8 bois de lit, de tapisseries, une chaise à prêcher et un confessionnal.

Une école a fonctionné dans une partie du couvent par autorisation du 17 vendémiaire, an VII (octobre 1798).

Le 28 octobre 1820 des bâtiments sont remis au département pour l'installation d'une caserne de gendarmerie. Le plan joint aux présentes notes date des années de cette caserne.

97 - Musée des Beaux Arts

Le plan (au chapitre précédent) montre que les Ursulines possédaient la quasi-totalité de l'espace délimité par la rue aux juifs (actuellement rue François Debussy), le chemin de Montmuzard et la rue du Faubourg ou passait alors la route de Châtillon, y compris la propriété du docteur Ser.

La gendarmerie occupait les bâtiments qui encadrent la cour attenante, actuellement le café Piquet.

La chapelle des Ursulines (église sur le plan) correspond maintenant aux numéros 6 et 8 de la rue du Faubourg. On y entrait par une grande porte en plein cintre, encadré par deux pilastres qui soutiennent un entablement. Le portail situé immédiatement à droite de l'entrée, la cour du « vieux couvent »

Sur le plan, dans le petit jardin se trouve un lieu, nommé « cimetière » car c'est là que les religieuses devaient être enterrées. Y avait-il une dalle ? Madame Ser n'en a jamais vu, mais il y avait une croix que l'abbé Bouzerand a repérée il y a plusieurs années, en grattant un peu le sol.

Dans la rue Daubenton, dans les bâtiments les plus anciens des Ursulines, sans aucun caractère, on remarque immédiatement après la rue Piron une grande porte en plein cintre, maintenant murée, qu'encadrent deux pilastres, supportant un fronton brisé, surmonté d'une croix. Je suppose que c'était l'entrée d'une ancienne chapelle, avant les travaux de la fin du 19ème siècle.

Un peu plus loin, au 15 de la rue, une porte cloutée, ouvrant dans un large chambranle de pierre taillée portant un entablement (ce devait être l'entrée principale de l'établissement) sommé d'une niche qui abritait vraisemblablement une statue. À hauteur du sommet de la porte s'étend de part et d'autre, le long des bâtiments anciens, une moulure plate-bande en relief.

Le grand bâtiment cubique de trois étages, la chapelle, l'entrée de l'Institution Buffon, les bâtiments qui la prolongent parallèlement à la chapelle remontent aux travaux entrepris dans les années 1880-1890.

La chapelle qui abrite maintenant le Musée des Beaux-arts étant bien connue des visiteurs, signalons seulement que le maître autel en avait été consacré le 3 mai 1893 par Mgr. Oury, évêque de Dijon. La date de 1881 apparaît sur l'un des vitraux.

Une statue du Sacré-Cœur surmonte le chevet de la chapelle ? Ma tante Vinay nous disait que son nom figurait sur le socle de la statue, sans doute au titre de « bonnes élèves », car ma tante a obtenu le prix d'excellence en 1886.

La municipalité donna un avis favorable à la demande de rétablissement légal des Ursulines, formulé par la supérieure le 20 octobre1885.

98 - Vitrail du musée des Beaux Arts

En 1904, parties pour le Castello-Saint-Joseph à Ivréa, les Ursulines durent attendre onze jours à Turin l'arrivée de leur wagon.

Le castel s'élevait à quelque distance de la ville sur une haute colline, d'où la vue était splendide, mais l'eau rare. Si une chute de neige donnait un peu d'eau, cela ne suffisait pas à supprimer les courses des religieuses à travers la montagne pour laver le linge dans le lac Sirio. (Carte postale de sœur Madeleine à sa famille)

Pendant la guerre de 1914-18 les bâtiments de la rue Daubenton furent affectés à un hôpital militaire. Un hôpital auxiliaire occupait la maison de Buffon où le docteur Raphaël Vangeon donnait des soins avec l'aide de sa famille, de Mme Pernod qui faisait une bonne cuisine de sa fille et de Mme Duthu.

Les classes de l'école libre s'effectuaient rue de la liberté dans le bâtiment, côté rue, de la maison Pioud ; les petites occupaient les salles du rez-de-chaussée et les grandes celle du haut. Un poêle chauffait le rez-de-chaussée et son long tuyau qui traversait le palier chauffait l'étage. (Souvenir de Melle Vangeon)

Après la fin de la guerre, des religieuses italiennes accompagnèrent les Françaises qui se réinstallèrent rue Daubenton.

Il ne s'agissait plus, officiellement, du « pensionnat des Ursulines », mais de « l'Institution Buffon », où les religieuses qui enseignaient avaient dorénavant un costume civil noir. La première fois que j'ai accompagné ma tante Vinay à l'institution, elle demanda à voir « sœur Madeleine », mais par la suite il ne fut question que de « Melle Vinay ».

99 - Vitrail du musée des Beaux-Arts

La distribution solennelle des prix à l'Institution s'effectuait à la mi-juillet dans la grande salle de l'aile nouvelle, située au niveau de la cour. Des personnalités présidaient. La lecture du palmarès suivait les discours. Les élèves cités recevaient leurs livres et étaient coiffés d'une couronne de laurier en papier, à la grande satisfaction des membres présents de leur famille.

Dans la salle du parloir avait lieu l'exposition des travaux des élèves (couture, tricot et broderie).

Il semble que les Ursulines aient été autorisées à faire la classe, revêtues de leur tenue religieuse, seulement après les années 40.

Paul Passé
Les Amis de la cité no 40

100 - Le musée des Beaux-Arts

L'agrandissement du Couvent des Ursulines

Dans les années 1870, au lendemain du conflit armé, le couvent est en pleine expansion. Le succès du pensionnat impose une augmentation de sa capacité d'accueil et une amélioration des conditions d'hébergement des pensionnaires : salles de classe, dortoirs… Les bâtiments construits en bordure de la rue Daubenton s'avèrent vite insuffisants. La congrégation est prête à s'engager dans de grands travaux. La communauté dispose alors de terrains d'un seul tenant permettant l'élaboration d'un projet ambitieux. Vers 1885 l'étude d'un plan d'ensemble est confiée à un moine de la Pierre-qui-Vire, le frère Maur.

Le bâti préexistant est conservé et la pente du terrain utilisée pour dégager les vues sur la vallée depuis une vaste terrasse, à usage de cours de récréation. Les bâtiments bordant la rue Daubenton, bien que relativement récents, sont sensiblement remaniés.

Au-delà de ces modifications, le frère Maur est conduit à revoir la distribution intérieure des bâtiments conservés, afin de les incorporer au plan d'ensemble. Une aile nouvelle est glissée en bordure de la ruelle du four, la porte située dans l'axe est encadrée de colonnettes surmontées d'un arc plein cintre.

101 - Vue de l'Institution Buffon

Une croix signale le caractère religieux de l'édifice. En bordure de la ruelle du four, la façade est traitée de de façon très sobre, choix bien compréhensible vu le manque de recul.

Au début du XXe siècle, ce nouvel internat est la fierté de l'institution Buffon. Le bâtiment regroupe aux niveaux bas les salles de classes, au niveau haut se trouvent les dortoirs et les salles de bain collectives. D'importants remblais ont permis la création d'une cour de récréation.

A l'angle de la rue Daubenton avec la rue Piron, le frère Maur conserve le couvent proprement dit, mais augmente la capacité par une surélévation de deux niveaux. Il résulte de cette surélévation un volume cubique imposant, qui s'élève sur six niveaux. Un bel escalier en pierre, à quartiers tournants balancés, dessert les différents niveaux.

La construction de la chapelle commence en 1887. Le chantier est conduit avec une rapidité surprenante. Le 14 décembre 1887, la statue du Sacré Cœur est mise en place au faîtage du chevet de la chapelle. Le clos et le couvert de l'édifice sont donc assurés à cette date. Toutefois le chantier de l'aménagement intérieur n'est pas terminé.

En avril 1890, le chantier est enfin achevé. La nouvelle chapelle est bénie solennellement le 28 avril 1890 par Monseigneur Lecot, évêque de Dijon. La cloche avait été baptisée auparavant par l'abbé Perrot, sous le nom de Marguerite-Marie, le 19 mars de cette même année.

La partie la plus originale de l'édifice est très certainement cette trémie semi-circulaire, mettant en communication visuelle les niveaux 1 et 2. Le frère Maur a fait de cet ouvrage, composite et hors normes, une véritable dentelle de pierre.

Les vitraux de l'abside sont des créations contemporaines. La chapelle a toutefois conservé quelques verrières d'origine.

En 1945, les Ursulines, incapables de faire face aux dépenses de remise en état, doivent fermer leur école. Plusieurs essais d'implantation de communautés religieuses se succèdent. L'institution devient l'École privée Buffon.

Par acte du 2 septembre 1976, Madame Henri Bazin, petite fille de Madame Royer et présidente de l'Association Daubenton, signe l'acte de cession à la ville de Montbard de plusieurs bâtiments du couvent, dont la chapelle. Celle-ci deviendra en 1980 le siège du musée municipal des Beaux Arts, fondé en 1938 par Gabriel Vernet.

Extrait de l'ouvrage « Le frère Maur, moine-architecte, sa vie, son œuvre »
Par François Raymond
Imprimerie COLORADOC juin 2016

Anciennes Croix

Il ne reste plus que deux croix à Montbard.

La première, la Croix de l'Église, placée sur la terrasse de l'église paroissiale. Elle porte sur son socle, l'inscription suivante : « Cette croix a été érigée en l'honneur de Jésus-Christ à la dévotion du Sr Pierre Guérard, marchand à Montbard et de Marie Françoise Blesseau son épouse, l'an 1810. » Elle se dresse, en hommage de réparation, sur l'emplacement d'une autre croix, très ancienne, figurant déjà sur une représentation du château fort de Montbard, datée du XVe siècle, et nommée Croix de Villers, et qui avait été abattue en 1793 par vandalisme irréligieux.

102 - Croix près du monument aux morts

Le 31 décembre 1793, deux Montbardois, couvreurs de leur métier, avaient scié, pour la somme de 40 livres, les bras de la croix du clocher de Saint-Urse.

La deuxième croix :

Dans le vieux cimetière, près de la porte d'entrée se dresse une croix très ancienne. La date de 1604 est gravée sur la partie carrée, au-dessus de la colonne ronde.

Sur le socle figure cette inscription : « À la dévotion de Michel Denevers ». La première croix se trouve à la croisée du chemin qui allait à Paris et l'autre à la pépinière de Buffon.

Dans la portion supérieure de la rue du Faubourg, subsiste le croisillon, très endommagé, d'une croix ouvragée semblant dater du XV ou du XVIe siècle. Ce croisillon a été pieusement incrusté dans un mur et s'accompagne de cette inscription : « Croix érigée par Louis Thevenin en 1839 ».

Dans la nuit du 13 au 14 juin 1906 a été renversée et brisée en 10 ou 12 morceaux, une croix de pierre placée près du Champ de Foire, dans le prolongement de la rue Voltaire. On y lisait ces mots : « Cette croix a été érigée à la dévotion de Edme Goulier, ancien tanneur à Montbard, et de Marie Maigrot son épouse, le 31 mai 1787 ». Le vendredi 6 novembre 1908 fut enlevée une très belle croix, dite Croix de Saint-Vincent, placée à l'entrée de la rue de la Fontaine, afin d'offrir un emplacement à un urinoir.

Une cérémonie de réparation eut lieu dans l'église paroissiale, le dimanche 15 novembre. Sur sa demande, Monsieur le Dr Vangeon père a obtenu de la municipalité l'autorisation de s'approprier cette croix. On la voit dans la résidence de l'Arquebuse.

103 - Détail du socle de la croix

Une croix fut détruite aussi vers l'entrée de la rue Saint-Michel ; une autre à l'angle du chemin de la Lâche.

Une dernière croix, celle qui se dressait sur le parapet du pont de la Brenne, fut précipitée dans la rivière, la nuit du 14 au 15 août 1918. Dans une lettre datée du 26 août 1918, Monsieur le Chanoine Millot, curé de Montbard, demanda l'autorisation d'en recueillir les débris. On les a vus longtemps étendus dans la chapelle Saint-Paul, sous le bénitier. Depuis l'été 1932, ils sont rangés sous l'escalier, dans la cour d'entrée de cette chapelle.

105 - Croix à la dévotion de Michel Denevers

104 - Rue du Faubourg, emplacement de la croix

106 - Croix sur le pont de la Brenne

Statuette de Saint Nicolas, Rue Voltaire.

Dans les rues du vieux Montbard, on remarque, dans les façades des maisons, des niches, maintenant vides, dans lesquelles étaient logées des statues. Je connais encore trois de ces statues, deux au faubourg, une rue du Parc. Il en existe peut-être d'autres dans des ruelles ou des fonds de cour. Dans la façade d'une maison de la rue Voltaire on pouvait voir une statuette de pierre, datant du XVIIe siècle, d'environ 40cm de haut, représentant Saint-Nicolas debout à côté du saloir d'où sortaient les trois enfants que, d'après la légende, il venait de ressusciter. Or, un jour du mois d'avril, j'ai remarqué que la niche était vide. Comme la maison avait été expropriée et était vouée à une démolition prochaine, j'ai pensé que la propriétaire avait fait enlever la statue. J'ai voulu en être sûre et je me suis renseignée. Personne ne sait ce qu'elle est devenue. Quelques jours plus tard, j'ai lu dans les informations régionales dans le quotidien *Les Dépêches* le titre suivant : « En Meurthe-et-Moselle, une vierge en pierre du XVe siècle disparaît. » Notre Saint-Nicolas a peut-être aussi tenté un amateur de vieilles pierres.

Jean PHILIPOT.
Les amis de la cité.

107 - Niche au 58 de la rue du faubourg

De quelques attributions de la Municipalité de Montbard avant 1789

C'était quelqu'un que le maire de Montbard sous l'ancien régime.

Élu à part, et le premier, lors de l'élection de la chambre de ville et, à partir du commencement du XVIIIe siècle, nommé par les Etats de Bourgogne, le mayeur ou maire est le premier personnage de la cité.

Il préside naturellement la chambre de ville, dont il dirige les délibérations et dont il exécute les décisions. Il engage et ordonnance les dépenses de la ville. Il reçoit les ordres et instructions du pouvoir central ou provincial, et les porte à la connaissance de ses concitoyens. Il est de droit député du Tiers-État aux États de Bourgogne, quand ceux-ci se réunissent à Dijon.

Le maire préside toutes les cérémonies ou fêtes publiques, civiles ou religieuses. Il a sa place à part à l'église paroissiale. Les communications qu'il veut faire aux habitants, convocation à une assemblée générale, publication d'une ordonnance royale, d'un arrêté municipal, adjudication de travaux communaux, ban de moisson ou de vendanges, il les fait annoncer par ses sergents dans la ville et par le curé au prône de la messe dominicale.

S'il n'exerce pas, comme aujourd'hui, les fonctions d'officier de l'état civil, il a, en revanche, des pouvoirs très étendus en matière de justice. Il a droit de basse, moyenne et haute justice : c'est un magistrat qui poursuit et punit non seulement les contraventions, mais encore les délits et même les crimes commis dans l'intérieur de la ville et sur l'étendue du finage. De ses sentences on peut appeler au Parlement de Bourgogne, mais il n'en a pas moins le droit de prononcer en premier ressort des peines qui vont jusqu'à la mort inclusivement. Amendes, détention dans la prison de ville, sont monnaie courante. En 1675, le maire Lemulier condamne un individu à six ans de galères, c'est à dire aux travaux forcés[52], et au commencement du XVIIIe siècle, le maire, Jean Nadault, oncle de Buffon, condamne à mort un criminel.

Le maire de Montbard est une sorte de seigneur de caractère municipal, dont l'importance dans la cité est symbolisée par l'ancien sceau de la commune, qui le représente deux fois plus grand que chacun des six échevins au milieu desquels il est assis.

Évidemment, autrefois comme aujourd'hui, c'est bien plutôt l'homme qui ennoblissait la fonction que la fonction qui jetait de l'éclat sur celui qui en était investi. Et on a vu des citoyens manquer de respect au maire de Montbard[53]. Néanmoins, ainsi qu'en témoignent encore les uniformes des Sous-préfets et préfets, ou même des simples gendarmes, ou les robes des magistrats et l'entrée solennelle d'un tribunal au prétoire, certains apparats contribuent à rehausser le prestige des fonctions publiques.

C'est pourquoi le maire de Montbard élu le 24 juin 1675, fit voter, dès le lendemain, par la chambre nouvelle, l'ordre de service suivant, dont l'effet devait être de rendre plus imposante la dignité magistrale.

La chambre tiendra séance « le mardi de chaque semaine à 7 heures du matin, du 22 mars au 22 septembre et à 8 heures, du 22 septembre au 22 mars ; les clefs de la chambre seront en dépôt chez le syndic et pourront être prises par les magistrats quand bon leur semblera. »

---

[52] Le nommé Jean Le Bague pour raisons de violences, outrages et voies de fait par lui commises à la personne du Sr. Guilleminot, maire de la ville de Montbard en l'année 1675, procédant au logement de gens de guerre fut condamné par coutumance (contumace) le 19 août 1675 par le Sr. Lemulier, maire, conjointement avec les officiers du bailliage d'Auxois, en 6 années de galères, en l'amende envers le Roy et aux dépens de la procédure.

[53] À une assemblée générale des habitants du 6 janvier 1683, le nommé Nicolas Cheminée, mégislier (tanneur), ayant interrompu à plusieurs reprises le maire dans son exposé de l'objet de l'assemblée, a été condamné à 10 livres d'amende, qui devaient être appliquées à l'une des affaires mises en délibération, la réparation de L'Hôtel de ville, et notamment la construction de prisons dans cet édifice, « pour punir la désobéissance envers les magistrats pour l'exécution des ordres du roi et du bien public. »

Le service des sergents de la mairie commencera « le dimanche matin à huit heures, auquel temps le sergent qui entrera en semaine prendra ledit Mayeur pour marcher devant lui lorsqu'il ira à la messe paroissiale, et continuera de l'accompagner en même forme à toutes les entrées tant ordinaires qu'extraordinaires et lorsqu'il sera en marche pour l'expédition de la justice ou pour les civilités accoutumées, jusques au dimanche suivant à la même heure, de huit heures du matin, auquel temps le sergent qui le suivra immédiatement en ordre de réception entrera en exercice. »

« Les délibérations de la chambre seront écrites de la main du sieur mayeur si bon lui semble, la plume lui appartenant de droit à l'exclusion de tous autres et successivement par les échevins, syndic et greffier, en sorte néanmoins qu'autant que faire se pourra la plume soit laissée à celui qui écrira le mieux ».

Quelques jours après, le 6 juillet, le maire publie l'arrêté suivant, qui réglemente l'exercice de la justice municipale :

« Claude Lemulier, avocat en parlement mayeur de la ville et commune de Montbard.

Savoir faisons à tous qu'il appartiendra que ce-jourd'hui VI juillet 1675, sur les neuf heures du matin, en la Chambre du conseil de ladite ville, ont comparus par-devant nous Me Jacques Bigame, l'ainé, Jacques Ranard, Jacques Daubenton, Guillaume Fanon, Pierre Bouillot, Jacques Bigame puis, Jean Taphinon, Jean Turreau, François Turreau, Pierre Ladrée et Jean Despoisses, tous praticiens et procureurs postulants en ladite mairie, lesquels nous ont remontrés qu'il importe à l'autorité de la justice au bien public et au soulagement des parties, de fixer l'expédition des causes ordinaires de ladite juridiction à un lieu et jour certain, afin que la justice étant rendue dans un auditoire public soit reçue avec plus de respect, qu'il soit libre tous les autres jours de vaquer aux autres affaires sans craindre de surprise et que les délais tant pour les premiers sommaires que pour les instructions qui doivent être faites d'une audience à l'autre soient assurés sans qu'il soit besoin d'aucune signification, nous requérant d'occasion leurs remontrances et d'y pourvoir présentement en égard à l'importance d'icelles, auxquelles réquisitions inclinant, ouï Me Louis Leclerc (Grand-père de Buffon) procureur syndic de cette ville qui y adhère comme étant pertinentes et légitimes. Nous, sous le bon vouloir et plaisir de la Cour.

Avons ordonné et ordonnons qu'à l'advenir l'expédition des causes ordinaires de ladite mairie se fera à une audience publique qui se tiendra le lundi de chacune semaine heure de midi dans l'antichambre de la chambre du conseil. À cet effet le sergent de semaine sera obligé de nous venir prendre nous et nos

108 - Le Maire, assis au centre, est entouré de six échevins. Au-dessus d'eux, les blasons du Duc et de la ville de Montbard

successeurs à perpétuité à ladite heure de midi en notre hôtel pour marcher devant nous et nos successeurs et nous conduire en une des Chambres de l'hôtel de ville et présentement dans l'antichambre la baguette levée jusques audit auditoire où il sera tenu de demeurer pendant ladite expédition tant pour empêcher les tumultes que pour exécuter tout ordre de mandement de justice et à ladite audience finie nous conduire en notre hôtel avec la même cérémonie. La poursuite des audiences sera dénoncée trois jours francs avant ladite séance d'icelles en telle sorte que la dénonciation soit faite au plus tard le jeudi pour le lundi suivant. Autrement, il ne sera permis de s'en prévaloir sinon du consentement des parties intéressées. Lorsque le lundi sera férié, l'audience publique sera continuée au lendemain ou aux autres jours plus proches non fériés.

Lesdits jours d'audience advenus, lesdits procureurs nous apporteront le maint et avant ladite heure de midi en notre hôtel leur plait afin que sur iceux les causes soient appelées sur nos registres en tel ordre que bon nous semblera. Pendant l'expédition desdites audiences ne pourront lesdits procureurs être distraits pour plaider en d'autres juridictions ; lesdits audits seront tenus par nous autant que faire se pourra et en cas d'absence, maladie, récusation ou autre légitime empêchement, par le plus ancien de messieurs les échevins et en défaut d'eux par le plus ancien procureur ou praticien de cette ville ; et afin que le rang de chacun soit connu sera fait un tableau contenant les noms et surnoms de cesdits procureurs dans l'ordre de leur réception qui sera affiché audit auditoire pour y avoir recours

En ce qui concerne les causes extraordinaires privilégiées et qui par leur nature requièrent célérité l'instruction et expédition sera faite en notre hôtel et de nos successeurs en la manière accoutumée et afin qu'aucun ne puisse prétendre cause d'ignorance du présent règlement, nous avons ordonné qu'à la diligence du syndic, il sera publié par nos sergents à son de tambour, et inséré sur le livre des délibérations de la chambre du conseil. »

Signé : Lemulier, Leclerc, Ladrée, greffier. Bigame, Carre et Vigneron, sergents, Le Malyet, Leclerc, Bigame l'aisné, Ranard, Daubenton, Fanon, Bouillot, Bigame puisné, Taphinon, Turreau, Despoisses, procureurs).

« Le 27 décembre 1677, en la chambre de ville ou estoient J.M. Leclerc, mayeur, le sieur Fanon échevin avec Me. Jean Chevalier, syndic.

Ont comparu, en personne Flugues Pouillot hôte ou pend pour enseigne le petit renard et Anne Bourrenot sa femme de son autorité, lesquels ont dit et remontré à nous lesdits Leclerc mayeur et Fanon échevin que Me. Jean Guenin dit Belleuille aussi échevin était en train de se pourvoir contre eux pour raison de quelques injures par eux proférés contre son honneur ce matin tant en leur logis où il était allé pour rendre au sieur de Verlaques capitaine d'infanterie du régiment d'Anjou logé par étape en cette ville, l'ordre du roi pour sa route, qu'au-devant de lui, déclarent iceux Pouillot et Bourrenet pour prévenir l'instance que ledit Sr. Belleuille désire faire à ce sujet et éviter les frais et suites d'icelle, que mal inconsidérément et légèrement ils ont proférés lesdites injures contre l'honneur et le respect qu'ils doivent à sa qualité d'échevin et à son propre mérite, qu'ils s'en repentent et en demandent pardon à lui, lequel moyennant ce ils supplient de vouloir se départir de toutes actions à leur égard sous promesse même qu'ils font de à l'advenir se contenir dans le respect et l'obéissance qu'ils lui doivent et à tous messieurs des magistrats. Sur quoi, ouï le Sr. Belleuille qui a dit que la qualité des injures proférées par lesdits Pouillot et Bourenot sa femme étant atroces et publiques, il est besoin et nécessaire pour l'exemple que la déclaration qu'ils font par cet acte soit leu[54] et publié à la première audience qui se tiendra en présence de telles personnes qu'il désirera ou iceux par leur bouche feront même déclaration moyennant quoi il déclare qu'il se départ de toutes actions à leur égard à ce sujet. Nous avons donné acte de la déclaration faite par lesdits Pouillot et Borrenet et ordonné du consentement des parties qu'iceux se trouveront en personne à la première audience de la mairie ou ils porteront la même déclaration dont il sera dressé procès-verbal pour valoir et servir ce que de raison, faisant défense à iceux

---

[54] Lu

d'injurier et provoquer ledit Sr. Guenin et au contraire leur enjoignons de porter honneur et respect aux magistrats dont acte en foi de quoi nous nous sommes soubsnés avec ledit Pouillot, ladite Borrenet a déclaré ne savoir signer. »

Signé : Leclerc, Fanon, Guenin, Chevalier, Pouillot.

Une attribution spéciale de la Municipalité de Montbard est que le maire et les échevins sont patrons et collateurs du bénéfice de la chapelle Saint-Jean ; ils nomment le curé de cette chapelle, sous réserve de l'approbation de l'évêque de Langres.

Le 6 novembre 1675, le prêtre chapelain de l'église Saint-Jean, Nicolas Colli, malade, remet entre les mains de la municipalité la démission de sa charge.

Le 7 novembre, la chambre, composée du maire Lemulier, de l'échevin Lorain et du Syndic, Leclerc, procède à la nomination du nouveau chapelain. Le maire donne son suffrage à M. Marc Anthoine Maldan, prêtre doyen de Moutiers-Saint-Jean. L'échevin porte son choix sur M. François Lorain, « prêtre curé de cette ville ». Il y a égalité de suffrages. Le Sr. Mayeur a soutenu que dans le concours des suffrages, le sien doit prévaloir, et ordonné audit Syndic de dresser procès-verbal de cette élection, d'en porter copie au Sr. Maldant, afin qu'il se pourvoie à monseigneur l'évêque de Langres pour obtenir sur ce les provisions nécessaires.

Le 9 novembre, l'échevin Lorrain conteste la validité de l'opération du 7, sans dénier la prééminence du suffrage du maire. Le maire, par esprit de conciliation, consent à annuler la nomination faite, et à attendre le retour du deuxième échevin pour procéder à une nouvelle élection.

Le 11 novembre, les deux échevins étant présents, le maire s'en tient à son premier choix ; mais les deux échevins vote en faveur de François Lorin demeure nommé et institué chapelain de ladite Chapelle.

La Municipalité s'attribue même la désignation du prédicateur qui doit prêcher l'avent et le carême. Ainsi, pour l'hiver 1675-76, elle avait appelé le Révérent Père Hilarion de Naulet, capucin. Or le 1er décembre se présente un jacobin qui a, dit-il, mission de l'évêque de Langres de prêcher l'avent et le carême en cette ville. Sur la requête du syndic, la chambre charge le maire de s'interposer « pour faire en sorte que le droit de nommer les prédicateurs dont la ville est en bonne et paisible possession ne reçoive aucune atteinte. »

Le même jour, le Père jacobin. Lefèvre, s'étant présenté, le maire lui représenta courtoisement que la ville, ayant pris des engagements avec le Père Hilarion, était dans l'impossibilité de le recevoir. Elle avait fait les provisions nécessaires à la subsistance du prédicateur, « en quoi consiste toute la rétribution que les Magistrats ont accoutumé de fournir à leur prédicateur. » Le Père Lefèvre consentit de bonne grâce à renoncer à sa mission à Montbard.

La municipalité intervient jusque dans la police de l'église[55]. À plusieurs reprises, elle prend des mesures dans le but de prévenir ou de calmer la turbulence des enfants pendant les offices[56]. Il lui arrive même en 1717 d'enjoindre aux prêtres mépartistes, d'assister aux offices paroissiaux, notamment les dimanches et fêtes, de chanter et tenir le lutrin ainsi qu'il se fait dans toutes les autres villes où il y a des mépartistes.

Les mépartistes n'ont pas obtempéré à cette injonction, sous prétexte que le lutrin a toujours été tenu par un maître d'école gagé pour cela. Dénoncés par la municipalité à l'official de l'évêché de

---

[55] Et même hors de l'église le 5 décembre 1717, les magistrats décident de porter le dais à la procession du St-Sacrement. Ils ordonnent de « nettoyer les rues et de mettre des tapisseries ou linges devant les portes où la procession doit passer, à peine des trois livres cinq sols d'amende. »

[56] Le 4.4.1717, les écoliers et enfants de la ville se font remarquer à l'église « par beaucoup de désordre pendant les services divins tant par leurs gestes et contenance immodeste que par leurs voix déréglées qu'ils mettent à celle du cœur, ce qui fait une cacophonie fort grande ». Le Maître d'école fera assembler les écoliers les jours de dimanches et fêtes au second coup de la grand-messe et les vêpres dans la classe du collège pour les conduire en ordre à l'église où il les surveillera sans s'occuper à autre chose pour empêcher tout désordre de leur part. Le 16 novembre suivant, à la suite d'un scandale causé par un gamin que soutenait son père, il est décidé qu'au chœur de l'église ne seront désormais admis que les enfants désignés pour servir les prêtres.

Langres, ils se rendent le 27 avril 1717 à une convocation du maire, et, « dans un esprit de paix » et dans l'intérêt qu'ils portent au service de leur église, ils prennent pour eux et leurs successeurs l'engagement de tenir le lutrin les dimanches et jours fériés, ainsi que la semaine sainte, de chanter aux processions et de dire leurs messes pour la commodité des paroissiens.

En échange, les magistrats, reconnaissant qu'il est en quelque façon fâcheux aux prêtres de se trouver compris dans les rôles des tailles, déclarent que, sous le bon vouloir et plaisir de nos seigneurs les Commissaires de cette province, dorénavant les prêtres ne seront compris en aucuns rôles de tailles négotiales ni autres, à l'exception de celui appelé vulgairement les mars dus au roi de laquelle taille négotiale ils demeurent dès à présent déchargez autant qu'il est en leur pouvoir.

Ils accordent aux mépartistes les 24 livres qui rétribuent deux messes, pour les Trépassés et pour la Saint-Roch, leur donne la jouissance des livres choraux, chapes et tuniques, à charge de les entretenir et garder avec soin ; leur attribue la jouissance du pré de la Garaude pour la première coupe d'herbe, à charge d'y laisser ensuite paître le bétail, moyennant cinq sols par tête, et leur allouent 10 livres pour la procession de Saint-Marc.

La municipalité nomme également le maître ou recteur d'école. Voici, par exemple, la délibération qui a pour objet la Nomination d'un recteur d'école en 1671.

« Ce jour dix-neuf juin mil six cent soixante et onze en la chambre de ville de Montbard, nous, Pierre Richard échevin Mayeur garde des Évangiles la présente année, Jacques Ranard, échevin et Guille Fanon procureur, syndic de la ville, ont institué et instituons par les présentes… ?[57] pour recteur des écoles de Montbard pour faire la charge à Montbard pendant trois ans prochains et consécutifs qui commencent de ce jour, pendant lequel temps il sera tenu d'enseigner les enfants de Montbard, assidument, matin et soir de chaque jour à la coutumée dans la maison de collège de Montbard, sans leur cacher ni receler aucune chose de ce qu'il saura pour les rendre capables au service divin les jours de fêtes, dimanches et aux processions tant d'obligation que autrement, d'assister le Sr. Curé à l'administration des Saints Sacrements aux hans[58] de la ville, que les écoliers seront tenus par ses soins de s'assembler lesdits jours de fête et dimanche au dernier coup de la messe et vêpres pour de là aller sous sa conduite à l'église, se placer dans la chapelle Saint-Nicolas pour y prier ou recevoir les corrections dudit recteur sans que les écoliers puissent reconnaitre ni aller sous d'autre recteur de la ville que ledit Marcoux, à l'effet de quoi à la diligence dudit Syndic défenses seront faites à tous particuliers de recevoir ni s'entremettre à enseigner aucun enfant, y compris les filles, à peine de dix livres d'amende. Moyennant la somme de soixante et dix livres qui lui seront payées par le receveur des octrois de ladite ville suivant qu'il est porté par l'arrêt du Conseil et ce par quart de trois mois en trois mois outre quoi il aura le logement du Collège en traitement pour sa résidence et recevoir lesdits écoliers, sera exempte de toutes charges publiques et tailles guai[59] et garde. Et outre cela, lui sera payé chaque mois trois sols pour chaque petit écolier qui commenceront à apprendre à lire et cinq sols pour ceux qui apprendront à écrire chanter et l'arithmétique et suivant qu'il est plus amplement apporté en l'institution de Nicolas (?)

En date du 12 novembre 1664[60], ce qui a été accepté par ledit Marcoux qui a promis de satisfaire à toutes lesdites charges à peine d'intérêts. En témoin de quoi nous nous sommes sousbnés (soussignés). »

Signé : Richard, Ranard, Fanon, Syndic, Marcoux et Ladrée, greff.

L'établissement d'un Médecin à Montbard est l'objet d'un contrat entre un docteur et la ville, ainsi qu'en témoignent les actes suivants :

« Le 19 juillet 1675, le syndic ayant remontré que la place de médecin de cette ville étant vacante

---

[57] Le nom est omis : on le retrouve plus loin le nom de Marcoux.
[58] Habitants.
[59] Guet.
[60] Il n'y a rien au registre à cette date.

par le décès de Me Antoine Lejeune, il importe que ladite place soit promptement remplie par une personne habile, le Mayeur ayant assuré la chambre de la capacité et probité du sieur Baraud docteur en médecine demeurant à Semur, a été délibéré que ledit Sr. Mayeur proposera audit Sr. Baraud ledit établissement aux conditions suivantes :

1° Qu'il sera obligé de secourir de sa profession les habitants de cette ville préférablement aux estrangers,

2° Que pour ses honoraires de chacune visite qu'il rendra aux malades de ladite Ville il se contentera de dix sols et soignera les pauvres gratuitement,[61]

3° Moyennant ce, il sera exempt de toutes tailles autres néanmoins que celles qui sont à la charge des privilégiés et pareillement de tous les logements des gens de guerre tant actuels que de contribution même de guet et garde hors le cas d'un éminent péril.

Et au cas que ledit Sr. Baraud accepte ladite proposition le peuple sera convoqué à la diligence du syndic pour ratifier par une assemblée publique la présente délibération.

Le 30 juillet a comparu Me Charles Baraud docteur en médecine demeurant à Semur auquel lecture ayant été faite de la délibération du 19 de ce mois, il a déclaré que pour correspondre à l'estime de messieurs les magistrats et aux sentiments d'affection que les habitants de cette ville lui témoignent il accepte son établissement en cette ville sous les conditions contenues en ladite délibération, sans aucune modification sinon qu'il a supplié les magistrats de considérer que par ladite délibération estant sujet aux tailles auxquelles les privilégiés sont imposés, il ne serait pas juste de l'abandonner tellement à la discrétion des asseurs qu'ils fussent en état par une quote inique de ruiner son privilège, requérant par cette considération qu'il plaise aux. Magistrats de fixer ladite quote à un pied certain afin de le garantir de vexation.

Sur quoi ouï le syndicat est délibéré que ledit sr. Baraud ne pourra être compris au rôle des privilégiés que sur le pied des dix sols par cent livres, ce qui a été accepté par ledit Sr. Baraud. »

L'assemblée générale des habitants du 1er septembre 1675 ratifie le présent accord, ajoutant même qu'au cas, où les magistrats seraient contraints de comprendre le médecin pour des tailles exceptionnelles, les habitants s'engagent à prendre à leur charge ces impositions.

H DARGENTOLLE
Bulletin municipal N° 16 1959 et N°17 1960

---

[61] Le 13 novembre 1716, les notables habitants assemblés à l'hôtel de ville, règlent ainsi les honoraires du médecin : chaque visite « pour les personnes commodes » dix sols pendant les huit premiers jours et ensuite cinq sols ; pour les manouvriers et vignerons, cinq sols, et rien pour les pauvres gens.

Lettre patente d'Henri IV créant deux foires à Montbard en 1609.
Henri par la grâce de Dieu, roi de France et de Navarre

À tous, présents, et avenir, salut !

Nos chers et bien aimés habitants de notre ville de Montbard en notre pays et duché de Bourgogne nous ont très humblement fait remontrer que les ducs de Bourgogne et successivement les rois de France nos prédécesseurs audit duché les ont gratifiiez de quelques foires par an pour autant améliorer ladite ville et servir d'ailleurs la futilité publique dudit pays pour la commodité qu'ont les marchands de se rencontrer dans tous les endroits de ladite province dans cette ville et trafiquer et négocier ensemble de leurs marchandises, nous suppliant et requérant très humblement pour les mêmes considérations permettre et octroyer deux autres foires par chacun an audit Montbard, outre celles qui y sont déjà établies et y concéder et y attribuer les franchises et libertés ordinaires et accoutumés des autres foires tant de ladite ville que du pays circonvoisin et leur octroyer sur ce nos lettres nécessaires. Nous voulons à l'imitation de nos dits prédécesseurs gratifier et favorablement traiter lesdits habitants de notre ville de Montbard et qu'ils puissent ressentir et recevoir quelque témoignage de la bienveillance que nous leur portons.

Nous, pour ces causes et autres à ce nous avons créé, érigé, établi et ordonné et par ces présentes de notre grâce spéciale pleine puissance et autorité royale, créons, érigeons, établissons et ordonnons en notre ville de Montbard outre les foires déjà établies, deux autres nouvelles foires pour y être tenues dorénavant et pour l'advenir perpétuellement par chacun an. Une le vingt quatrième jour de février qui est le jour et fête de Saint-Mathieu l'autre le vingt-huitième du mois de décembre qui est le jour et fête des Innocents, avec pouvoir et faculté à tous de ladite ville ainsi qu'aux marchands forains et autres personnes qui y apporteront marchandises pour les y troquer, vendre, en accepter d'autres y voudront aller et venir hanter et fréquenter librement et sereinement et jouir par eux et de même par ceux de ladite ville des mêmes franchises, libertés, privilèges, droits et exemptions qui ont été octroyées par nos prédécesseurs pour les autres foires établies en cette ville de Montbard et qui sont accordés et octroyés d'ordinaire et à l'accoutumée aux foires de la province et lieux circonvoisins de cette ville, précédemment établies.

Si donnons en mandement à notre Bailly de … ou son lieutenant et tous autres nos justiciers et officiers qu'il appartiendra que ces présentes ils fassent lire et registrer de l'entier effet d'icelles jouir et user pleinement et paisiblement lesdits habitants de Montbard et tous les autres habitants et fréquentant lesdites foires qu'il appartiendra, cessant et faisant cesser tous troubles et empêchements ou contraires. Car tel est notre plaisir sauf en autres choses notre droit et l'autrui en toutes. Et afin que ce soit chose ferme et stable à toujours, nous avons fait mettre notre scel à ces dictés présentes.

Donné à Fontainebleau au mois de juin l'an de grâce 1609 et de notre règne le vingtième.

Signé : Henry

Bulletin de la société Archéologique et biographique de Montbard n°29-1934

Lettre patente de Louis XIV créant quatre foires à Montbard en 1654.
Louis par la grâce de Dieu, roy de France et de Navarre

A tous présents et à venir, SALUT !

Nos bien-aimés les habitants de notre ville de Montbard en notre province de Bourgogne Nous ont fait remontrer que ladite ville étant située en un bon pays fertile et abondant en grains bestiaux et autres commodités et sur le grand chemin de notre ville de Dijon, ils désireraient pour le débit de leurs marchandises et denrées et pour en aider et accommoder leurs voisins. Qu'il nous plaise créer et établir aux faubourgs de ladite ville quatre foires pour chacun an outre et par-dessus celles, ci-devant établies et qui se tiennent dans ladite ville. A quoi inclinant et voulant gratifier lesdits habitants,

Nous, pour ces causes et autres bonnes considérations à ce nous mouvants de notre grâce spéciale pleine puissance et autorité Royale.

Avons créé, érigé et établi et par ces présentes signées de notre main, créons, érigeons et établissons quatre foires par chacun an, pour être dorénavant perpétuellement et à toujours tenues, savoir une le lendemain du dimanche des Rameaux au grand Faubourg de ladite ville, une autre le jour et la veille de la fête Saint-Marc audit grand Faubourg et les deux autres au petit faubourg de celle une le jour et veille de Saint-Jean-Baptiste et l'autre le quatorzième jour d'août. Voulons et ordonnons qu'auxdits jours tout marchants y puissent aller, venir, séjourner, troquer et échanger toutes sortes de marchandises licites et permises, et que les habitants jouissent de tous et tels droits, privilèges, libertés dont jouissent les autres du pays qui ont pareillement foires et marchés, qu'ils puissent et leur soit loisible de construire et édifier halles, bancs et étals nécessaires pour loger les marchands et assurer la sureté de leurs marchandises pourvu toutefois qu'à quatre lieues à la ronde de notredite ville de Montbard il n'y ait autres foires aux jours dessus dictés et auxquelles ces présentes ne puissent nuire ou préjudicier et que si lesdites foires échéent aux jours de dimanches et fêtes solennelles ou d'apôtres, elles seront remises au lendemain et sans qu'au moyen des présentes on puisse prétendre aucunes franchises ni exemptions de nos droits si donnons en mandement au Bailly d'Auxois ou son lieutenant général à Semur et à tous autres nos justiciers et officiers qu'il appartiendra que ces présentes ils fassent registrer et du contenu en elles souffrent et laissent jouir lesdits habitants et user pleinement paisiblement et à toujours sans souffrir qu'il leur soit fait aucun trouble ou empêchement au contraire, faisant à cette fin publier et proclamer lesdites foires partout ou besoin sera ainsi qu'il est accoutumé en cas semblable, car tel est notre plaisir. Et afin que ce soit chose ferme et stable à toujours, Nous avons fait mettre nos rescel à ces dites pentes sauf en autres choses notre droit et l'autrui en toutes.

Donné à Paris au mois de mai l'an de grâce 1654 et de notre règne le douzième.

Signé : Louis.
Contresigné : Par le Roy PHELYPEAUX[62]

Bulletin de la société Archéologique et biographique de Montbard n° 29-1934

---

[62] À titre d'indication, les foires officielles de Montbard sont actuellement fixées aux dates suivantes : 24 février, 4 avril, 11 mai, 10 juin, 15 juillet, 14 septembre, 12 novembre, 28 décembre.
« Chaque lettre est écrite sur un parchemin de 58 sur 45, dans le sens de la plus grande longueur. Repliée à sa partie inférieure sur une hauteur du tiers environ, la partie rabattue est traversée avec l'autre partie de la lettre, à 5 centimètres du pli, par une sorte de tresse de fils ou cordonnets de soie verts et roses, d'environ en tout un centimètre de largeur, les deux extrémités nouées au-dessous du pli, et les franges prises dans un cachet de cire verte, à peu près rond, aux trois quarts intacts pour le sceau de Louis XIV, brisé en deux et très fruste pour le sceau de Henri IV. »

Montbard à la fin du XVIème Siècle

Jacques Trécourt est familier aux membres de la Société archéologique de Montbard qui ont suivi nos travaux depuis 1925. Il avait été présenté par M. le général Duplessis dans sa belle étude sur « les canons de Buffon ».

C'était le fondé de pouvoir du comte de Buffon dans ses démêlés avec la ville de Montbard en 1791 au sujet de la propriété de canons. Il était par ailleurs qualifié d'archiviste. Sa personnalité intriguait assez la curiosité du regretté général. Nous l'avons vu accusé de suspicion, se disculper en invoquant l'enrôlement volontaire de ses deux fils ; au fort de la Terreur, il a été arrêté comme « agent de Leclerc supplicié », il fut relâché après le 9 thermidor, et le corps municipal rendit hommage à son patriotisme et à son civisme.

En fait, un registre des Archives de la ville de Montbard nous révèle que Jacques Trécourt était réellement un savant archiviste. C'est lui qui dressa « l'inventaire des titres renfermés dans les archives de la ville de Montbard » le 22 juillet 1784. Et c'est sans aucun doute pour la rectitude de son esprit, et de son caractère, pour l'ordre qu'il savait mettre dans les choses, que le fils de Buffon le chargea d'administrer en son absence son domaine de Montbard[63].

Quoi qu'il en soit, le petit exposé historique qui suit, reproduit textuellement du registre qu'il a établi, et dont les éléments sont empruntés exclusivement aux délibérations de la municipalité de Montbard, témoigne des aptitudes et de la probité historiques de cet honnête archiviste.

À la rubrique « Henry III », J. Trécourt écrit :

« Ordonnance de ce Prince rendue en 1574 portant que tous gentilshommes et autres de ses sujets eussent à se procurer des armes : on avait besoin alors du peuple et l'on ne craignait pas de le laisser armé. Dès ce temps le grand nombre de reitres et autres gens de guerre, parcouraient et ravageaient les campagnes, et pour éviter toute surprise de leur part, on fit doubler la garde de la ville et des portes de Montbard. Les officiers de la milice bourgeoise s'occupèrent à dresser et à exercer les habitants qui étaient en état de porter les armes et ils les firent aussi se munir de poudre et de plomb. Une sentinelle fut placée au clocher de la paroisse pour avertir le peuple au besoin ; et en 1580 les portes de la halle et du Couard furent murées afin de diminuer le nombre des postes. On éleva des plates-formes et guérites ; les Tours furent réparées de même que les autres fortifications, les murailles exhaussées et il fut ordonné de laisser à l'entour un petit chemin pour en faciliter la défense. Les avenues des faubourgs furent aussi fermées, en un mot on ne négligea rien pour se préparer à bien recevoir l'ennemi. Dans cet état de choses la Bourgeoisie se tint continuellement sous les armes, et tous les étrangers furent expulsés de la ville dont on ne voulait sans doute confier la défense qu'aux véritables patriotes. On s'occupa ensuite à faire poser des barrières devant la porte du pont, à réparer encore les anciennes fortifications et à en construire de nouvelles ; et dans tout cela on ne fit que prévenir les ordres que donna le duc de Mayenne de ne rien négliger pour mettre la ville en état de défense. Henri III lui-même arrive à Dijon. Le mayeur de Montbard est député auprès de ce Prince pour recevoir ses ordres ; et, quelque temps après, c'est à dire en 1588, lorsque Henry III n'était plus, l'armée entière commandée par le duc de Mayenne et le marquis de Pont passa à Montbard. On avait fait en 1587 une levée de cinquante mille hommes pour faire la guerre aux Religionnaires et bientôt ils la firent à leur roi légitime, c'est à dire à Henri IV, contre lequel la ville de Montbard crut devoir se déclarer à l'exemple de la plupart des autres villes de la province.

Les précautions et les préparatifs dont on vient de parler ne devinrent pas inutiles ; car sur la fin du mois de décembre 1586, on fut averti que les troupes d'Henri IV commandées par M. de Tavannes dirigeaient leur marche vers la ville de Montbard. Aussitôt on prit de nouvelles délibérations et de nouvelles mesures, les villages voisins furent avertis et invités de se retirer avec leurs denrées dans le château de la ville que l'on approvisionna de vingt émines de blé, de vingt queues de vin et d'une suffisante

---

[63] Maire de Montbard en 1790, le comte de Buffon avait pu apprécier de près les mérites et les aptitudes de l'archiviste J. Trécourt.

quantité de poudre et autres munitions de guerre. On détruisit en même temps une planche qui était placée au-dessus du moulin de Poupenot pour rendre apparemment la communication des assiégeants plus difficile et moins aisée.

Cependant ce ne fut que dans les premiers jours de février 1590 que la ville fut attaquée dans les formes, mais on ne dit pas un mot dans les délibérations ni dans aucun titre qui existe à présent sur ce qui se passa pendant le siège !

Tout ce que l'on peut dire, c'est qu'il parait que la ville fut délivrée vers le 20 du même mois, on fut encore menacé d'un siège au mois de mai, mais il n'eut pas lieu.

Pendant ce temps de désolation et de troubles, les affaires furent négligées, les assemblées des magistrats interrompues et l'hôtel de ville devint un désert.

Temps malheureux où des peuples aveuglés et conduits par le sombre fanatisme font la guerre au modèle des rois.

Après ce temps de calamité la ville fut très obérée. (Accablé de dettes)

Elle eut recours à ses bois dont elle voulait vendre la superficie pour se procurer des ressources, mais personne ne voulut ou n'osa les acheter, parce qu'il y avait un grand nombre de troupes du côté de Savoisy, qui venait ravager la campagne jusqu'aux portes de Montbard,

M. de Noigent veut y mettre une garnison pour en faire la garde en 1593, d'après les ordres du duc de Nemours, à cause que l'armée qui était commandée par M. de Nevers était aux environs de Tonnerre, et que l'on faisait le siège du château de Savoisy, mais les habitants voulurent eux-mêmes garder leur ville.

On fit la visite des magasins et l'état des munitions qui s'y trouvait encore en 1594 -et on expulsa de nouveau les étrangers et les bouches inutiles, parce que l'on craignait un nouveau siège.

Les clefs des portes furent soigneusement serrées chez M. Daubenton échevin et on doubla la garde de la ville et du château à la nouvelle de la surprise d'Amiens par les Espagnols en 1597. Mais ces derniers soins de la ville furent inutiles.

Les troubles commençaient à s'apaiser. La province de Bourgogne était soumise presqu'en entier à son Roi légitime en 1599 et le grand Henri écrivit alors aux différentes villes une lettre pleine de bonté pour la convocation des États dans la ville de Dijon.

Cependant la ville de Montbard fit encore faire de nouvelles fortifications en 1600. Le boulevard de Ravalin fut élevé dans cette même année, et dans l'année suivante, c'est-à-dire en 1601, les habitants de la Rue aux Juifs et d'Entre les barres construisirent un guichet.

On continua même assez longtemps la garde de la ville et du château de Montbard, — mais ce n'était plus contre le père de la nation que l'on cherchait à se défendre il avait gagné les cœurs, c'était pour se mettre à couvert des entreprises qu'auraient pu former nos véritables ennemis. — (Cotte 1° fol° 30, 36, 38, 43, 44, 48, 72, 73, 74, 85, 87, 104, 131, 136, 139, 155, 161, 162, 185, 188, 189, 193, 205, 207, 221, 230, 232, 238, 244, 253, 263, 316, et 323, et cotte 2. fol° 14, 15, 17, 41, 73, 102, 126 et 154.)

Jacques Trécourt.
Bulletin de la société Archéologique et Biographique de Montbard. N° 28.-1933

Une procession en 1668 de la ville de Montbard

À la chapelle Saint-Roch

M. Paul Beau, secrétaire honoraire de la Société archéologique de Montbard, présentement retiré à Tonnerre, nous communique la note suivante, qui intéresse l'histoire locale de Montbard.

109 - Ravières : la chapelle St-Roch

En 1638, de nouveaux maux se joignirent à la recrudescence de la maladie contagieuse, la peste.

Tonnerre et les villages voisins étaient dans les alarmes continuelles. Les gens de guerre rodaient partout et pillaient les campagnes.

Le bourg de Cry-sur-Armançon fut ainsi pillé et saccagé deux fois par des régiments qui allaient au siège de Dole et par d'autres qui en revenaient.

Et cependant la guerre n'était qu'extérieure et en pays étranger : la contagion, qui avait continué ses ravages, ne disparut que vers 1670. Les paroisses n'y opposaient que des prières et des cérémonies religieuses ; et, après l'extinction du fléau, elles faisaient des processions de reconnaissance aux sanctuaires de Saint-Roch.

Le registre des naissances et décès de Cry en mentionne une, dont nous transcrivons le récit, qui donne le tableau d'une de ces cérémonies pittoresques dans lesquelles se complaisaient nos ancêtres, et dont on ne voit plus guère chez nous le souvenir que dans la fête symbolique qui se célèbre encore chaque année à Alise-Sainte-Reine.

L'an 1668, le 11 juin, la procession de la ville de Montbard est venue en fort belle ordonnance en la chapelle de Saint-Roch, proche la ville de Ravières, où était la commémoration de la Passion de notre Sauveur, portée par de pieuses et dévotes dames. Il y avait une fille qui représentait Sainte-Reine, une autre qui représentait Sainte Ursule, une autre qui représentait Sainte_Brigitte, une autre qui représentait Sainte-Madeleine. On y voyait aussi la représentation des douze apôtres, et aussi des pèlerins de Saint-Jacques, le tout en fort bel ordre, avec deux cent cinquante mousquetaires bien mis et deux belles enseignes.

Extrait de l'Histoire du Comté de Tonnerre
Par A. CHALLE, Président de la Société des Sciences historiques et naturelles de l'Yonne.
(1876).
Bulletin de la société Archéologique et biographique de Montbard. N° 45 - 1939.

Montbard dans les deux premiers tiers du XVIIème siècle.

Depuis la charte d'avril 1231, la commune de Montbard jouissait de grandes franchises administratives. Ses habitants nommaient leur conseil de commune, maire et échevins. Ceux-ci géraient les affaires ordinaires de la communauté, rendaient la justice dans les limites de leur juridiction, recevaient et communiquaient à leurs administrés les ordres ou instructions du Seigneur duc de Bourgogne ou du roi, et, quand une affaire extraordinaire se présentait, ils convoquaient une assemblée générale des habitants, qui donnait son avis ou prenait une décision.

Au commencement du XVIIe siècle, au temps d'Henri IV, l'usage est que le conseil communal, la chambre de ville, se compose d'un maire, six échevins et un procureur syndic. Le maire et les échevins sont l'équivalent du conseil municipal d'aujourd'hui. Quant au procureur, il a disparu à la fin du XVIIIe siècle.

C'est un personnage dont le rôle est capital. Il est, pour ainsi dire, l'œil de la commune.

Il est chargé de tout voir et tout signaler qui intéresse le bien commun. Il assiste à toutes les séances de la chambre de ville, et, sur toutes les questions mises en délibération, il donne obligatoirement son avis, avis qui, en principe, est celui de la population. Il fait connaître tous les incidents et événements qui affectent la situation matérielle et morale de la cité, mauvais état des chemins, du pont, des bâtiments publics, des remparts, désordres, rixes, vols, maraudages, passage d'étrangers suspects ; il surveille les marchés, il a le dépôt des mesures et marques officielles, contrôle les poids et mesures en usage :

- il pousse les collecteurs à recouvrer les tailles et impositions et à rendre leurs comptes,
- il stimule le zèle du maire et des échevins, provoque la réunion de la chambre, demande qu'elle s'assemble régulièrement,
- il rappelle, le moment venu, la date des élections annuelles, et fait convoquer les assemblées générales des habitants,
- il requiert la nomination ou la révocation des agents communaux, sergents, marguillers, chapelain de Saint-Jean, maîtres d'école, même du médecin.

Le conseil est élu pour un an seulement. L'élection a lieu chaque année le jour de la Saint-Jean, le 24 juin. Quelques jours auparavant, la nouvelle en a été annoncée au prône de l'église paroissiale ; la veille, le tambour l'a rappelé, et le matin du 24, la cloche de l'église Saint-Thomas, au pied du grand Faubourg, annonce que l'heure de l'élection est venue. C'est en effet dans cette église que se tiennent toutes les assemblées délibérantes des habitants.

En principe votent seulement les hommes chefs de foyer. Un arrêt du parlement de Dijon, enregistré à Montbard le 4 mars 1615, spécifie que « les mendiants ne seront pas admis à donner leurs suffrages pour l'élection des magistrats. » (On craint que des suffrages ne puissent s'acheter pour un morceau de pain ou un verre de vin). Une assemblée même très réduite se dit toujours composée de la partie la meilleure et la plus saine des habitants.

Comment vote-t-on ? En un temps où le nombre des illettrés est grand, ce n'est pas le scrutin écrit et secret qui est pratiqué.

À l'appel de leur nom, les électeurs font connaître à haute voix les noms des candidats qui ont leur préférence. Certaines élections étant proclamées à « l'unanimité » des voix il est à supposer qu'il s'agit de désignations par acclamation, comme cela se fait actuellement dans mainte assemblée de société.

Un peu avant l'élection municipale, généralement le 17 juin, le conseil en exercice désigne, par vote nominal, celui de ses membres qui exercera, pendant l'octave de la Saint-Jean, la charge de garde des évangiles : c'est celui qui recevra sur les évangiles les suffrages des électeurs, et ensuite le serment des nouveaux édiles « de faire toutes délibérations et propositions pour le bien et utilité de la communauté. » Pendant la semaine de sa magistrature, le garde des évangiles dispose de tous les pouvoirs du maire.

Un arrêt du parlement de 1615 porte que nul ne pourra exercer plus de deux ans de suite les fonctions de maire, et plus de trois années celles d'échevin ou de procureur. Cette limitation, on le verra plus loin, était à peu près superflue : la charge de maire ou d'échevin n'avait rien de bien enviable[64].

Il n'y a pas d'hôtel de ville. Le conseil loue chez un particulier une chambre où il tient ses séances et où sont déposées les archives communales. C'est la chambre de ville, et ce nom désigne en même temps le corps des magistrats.

Le 13 juillet 1650, la municipalité élue le 24 juin, prise d'un beau zèle, décide de se réunir le mardi et le samedi de chaque semaine, et d'infliger aux magistrats qui, sans motif légitime, n'assisteraient pas aux séances, une amende des trente sols, au profit de leurs collègues. Comme les délibérations ne sont pas toutes signées au registre, il n'est guère possible de vérifier si cette mesure a été de quelque efficacité sur l'assiduité des échevins[65].

Toujours est-il que le 5 novembre 1661 une résolution du même genre est prise : la chambre se réunira les mardis et vendredi et " celui qui défaillira payera vingt sols la première fois, trois livres la seconde » et, pour la troisième, y sera pourvu par la chambre, à tel autre peine qu'elle avisera et « se feront les entrées des jours à sept heures du matin. »

En 1664, en plein travail de révision des comptes et dettes de la ville, c'est tous les jours que la chambre doit se réunir, le matin à 6 heures, et l'après-midi à deux heures. Ce n'est donc pas une sinécure alors que le mandat d'échevin au conseil de commune de Montbard. On l'appelle « charge ». Le mot est juste.

Le rôle de la municipalité est alors, comme aujourd'hui, double : d'une part, maintenir la commune dans l'obédience royale et dans l'unité nationale en veillant à l'ordre et à l'exécution des lois générales du royaume et des ordres du roi ; de l'autre, s'occuper des intérêts matériels et moraux de la communauté.

Dans le premier cas, elle publie les ordonnances et communications du roi, elle recherche et punit les délits, elle a le souci du logement des gens de guerre, elle assure la répartition et la perception des deniers royaux. Sous ce rapport, elle est placée sous les ordres du souverain ou de son représentant, le gouverneur ou l'intendant de la province (sorte de préfet), ou le lieutenant au bailliage (sorte de sous-préfet).

Dans le deuxième cas, la ville est maîtresse absolue de ses initiatives. Elle organise ses marchés, arrête le ban de moisson ou de vendange, taxe les denrées de première nécessité, prend les mesures de sécurité qu'elle croit nécessaires, exécute les travaux d'utilité éditaire, nomme et révoque ses employés, sergents, appariteur, recteur d'école, secrétaire de ville, sacristain, marguiller, sonneurs, receveur municipal. Bien plus libre qu'aujourd'hui, elle n'a, dans ce domaine qui lui est propre, de comptes à rendre à personne : elle vote ses dépenses, et, pour y faire face, crée ses ressources, soit en établissant des taxes sur les denrées qui sont apportées du dehors, soit en instituant une imposition spéciale, qui est en général répartie à la manière des tailles royales. Même quand le roi demande une contribution exceptionnelle pour la guerre, pour un voyage, pour une réjouissance nationale ou royale, bien qu'il soit très difficile de refuser et qu'en pratique la ville vote toujours les sommes qu'on lui a demandées, la délibération mentionne régulièrement que c'est du consentement unanime des habitants.

La soumission à l'autorité royale n'est nullement en effet de la servilité. Très fiers et jaloux de leurs franchises, les Montbardois possèdent un esprit frondeur qui se manifeste parfois d'une façon fort vive vis-à-vis de l'autorité, quelle qu'elle soit.

En voici quelques traits.

En 1631, alors que le procureur était au faubourg, des individus avaient cherché à s'emparer des clefs de la ville, et voulu fermer les portes pour l'empêcher d'y rentrer.

Le 20 mars 1658, le sieur Fabry, échevin, exclu pour trois mois du conseil en raison des injures

---

[64] On voit, par exemple, en 1667, M. Jean Nadault, élu maire, refuser d'accepter le mandat et il faut une ordonnance de l'intendant pour l'obliger à exercer la charge majeure.
[65] Le 3 août 1660, le procureur syndic avait convoqué une réunion de la chambre de ville « pour délibérer sur plusieurs propositions à faire aux habitants pour le bien public ». Malgré plusieurs rappels, quatre échevins ont refusé de se rendre à cette réunion « pour lequel refus ils ont été condamnés à trois livres cinq sols chacun d'amende ».

qu'il avait adressées à ses collègues et des blasphèmes qu'il avait proférés, se présente néanmoins à la chambre, et le maire doit faire appel aux sergents pour l'expulser.

Ce même Fabry, une de ces têtes dites fortes, qui se donnent à eux-mêmes et croient donner aux autres l'illusion d'être des intelligences et des caractères, chevalier de l'Arquebuse, était avec toute la compagnie le 6 janvier 1663, chez le Roi du jeu, Guillaume Fanon. Celui-ci fêtait sa royauté en offrant un gâteau aux chevaliers et à la municipalité. Fabry se mit à quereller « avec insolence plusieurs des chevaliers et des plus considérables ». Le maire, Edme Siret, lui ayant enjoint de se « contenir », ce Fabry lui aurait dit le chapeau sur la tête : « Mordieu ! Je ne vous reconnais point ici pour maire, je me fous de vous ; vous êtes un bougre de fripon, et tous ces gens-là ne sont que des grues. »

Le maire donna l'ordre de l'appréhender et de le conduire en prison. Le forcené repoussa les sergents et se rua sur le maire en "jurant le saint nom de Dieu et en disant : « Mordieu ! Foutre de vous et de votre mairie vous n'estes pas icy en vostre siège et je vous tuerai. »

Il fallut l'intervention de plusieurs chevaliers pour calmer ses fureurs. Sans aucun doute ce chevalier était ivre, et son cas fut jugé avec indulgence. Autrement il aurait pu lui en cuire : en 1675, pour insulte envers un ancien maire et d'anciens magistrats, un individu fut condamné par le maire à faire amende honorable et à six ans de galère.

Quand l'esprit d'indépendance à l'égard de l'autorité prenait la forme de manifestations collectives, cela donnait à la ville de Montbard physionomie d'émeute ou de révolution, ainsi qu'il advint en 1658.

Montbard avait théoriquement liberté totale de choisir ses administrateurs. En fait, en raison des fonctions politiques du maire, le roi, qui tient à ce que la mairie soit entre les mains d'un sujet loyal autant que capable, fait connaître à la population son désir concernant au moins le choix du maire[66].

En son nom, le gouverneur de la Bourgogne propose généralement un grand bourgeois, conseiller ou avocat au parlement de Dijon, procureur au grenier à sel, notaire royal. Et les habitants donnent satisfaction au désir royal.

Or il arriva qu'en 1657, la ville ait contracté 8 emprunts successifs, pour le montant énorme de 37 815 livres. Le gouverneur estima-t-il que l'administration de la ville était entre les mains d'incapables, qui risquaient d'acculer la commune à la banqueroute ? Le 17 mai 1658, un mois avant la date normale des élections, il nomma de son propre chef, maire M. Fanon, avocat, et procureur, M. Bigame, notaire. Cet acte d'arbitraire produisit à Montbard une réaction inattendue. Il est facile de s'en rendre compte par la lettre que le duc d'Epernon écrivit à la municipalité le 29 mai.

« Vous vous portez, dit-il, à des émeutes et à des séditions préjudiciables au service du roi et à la tranquillité de la province, ce qui ne peut attirer sur vous que des marques de l'indignation de Sa Majesté ; on dit, que vous prenez les armes de votre autorité, que vous vous saisissez du château de Montbard, vous y faites garde, que vous y jetez des provisions de guerre et de bouche, et que vous commencez à piller les maisons de vos magistrats et des personnes que vous savez être des plus aisées.

L'on y ajoute que vous prétendez vous dispenser des deniers royaux, que vous méprisez les arrêts du parlement qui vous y condamnent, que vous ne voulez point reconnaître les commissaires que la compagnie (le parlement) desputte pour vous rendre justice, et que, vous mêlant de deviner mes intentions, vous menacez de maltraiter et de ne recevoir pour magistrats que ceux que vous présumez qui se peuvent juger capables de bien servir le Roy et le public, et, pour comble de rébellion, que ne reconnaissant point d'autre autorité que celle du sieur Duplessy, vous desputez icy par devant luy un des chefs de vos tumultes et de votre sédition, à qui j'apprendrais son devoir s'il me tombait entre les mains. »

En bref, c'était une véritable insurrection à main armée.

Le duc annonce qu'il va ouvrir une enquête sur ces faits pour en vérifier l'exactitude. En attendant, dit-il, « je vous ordonne... de poser les armes, de réparer les désordres qui peuvent avoir été faits

---

[66] Exemple : « Ayant jugé à propos que le sieur Daubenton soit esleu maire de la ville de Montbard en l'eslection quy s'en doibt faire à la Saint-Jean prochaine comme ayant toutes les qualités nécessaires, pour exercer ladicte magistrature les officiers de ladicte ville et les habitants d'icelle quy ont droict d'y donner leurs suffrages me feront le plaisir de le nommer en ladite charge... faite à Dijon ce XXIII avril 1660. Louys de Bourbon. »

chez des particuliers, de reconnaitre vos magistrats et de surseoir l'élection de ceux qui leur doivent succéder. Jusqu'à ce que, continue-t-il, « je vous aie fait cognaitre mes intentions, je soitte que dans le rétablissement des choses et dans la suite de votre conduite vous me donnerez lieu de m'apercevoir que vous n'estes tombés dans cette faute qu'en suivant le torrent causé par les choses de la sédition, afin d'avoir plus de facilité d'en obtenir le pardon de Sa Majesté, mais ce ne pourra être qu'à la condition de remettre les auteurs de ce bruit entre les mains de justice pour y être seulement seuls punis. »

Il faut croire que la soumission de la ville a été assez prompte, car dès le 7 juin le duc écrivait la lettre suivante :

« Messieurs les Maires, Échevins et habitants de Montbard.

J'ai été bien aise de voir par la réponse que vous avez faite à ma précédente lettre que les factieux et séditieux de votre communauté soient entrés dans la reconnaissance et dans le repentir de leur ingratitude et de leur mutinerie.

Je laisse à messieurs du parlement à faire justice comme ils aviseront de ceux qui ont contrevenu aux arrêts de la Cour de maltraiter messieurs les commissaires, et me réserve de prendre une connaissance plus particulière quand je serai dans la province des auteurs de la rébellion, faisant bien état de n'envelopper pas le public dans le châtiment de la faute des particuliers et d'oublier la facilité que quelques-uns peuvent avoir eue à se laisser emporter au torrent puisqu'ils sont dans la soumission.

En ce qui concerne la nomination des magistrats, le Duc se réfère à la lettre qu'il avait adressée antérieurement au maire en exercice, comptant que la population se conformerait au désir qu'il y exprimait. Un arrêt du parlement du 6 juin venait de permettre de faire l'élection des Maire, échevins et procureur « en la manière accoutumée ». C'était un succès pour les revendications de la ville. Mais, pour prévenir tout incident fâcheux, il avait désigné, pour assister aux opérations électorales, deux de ses membres comme commissaires, accompagnés du substitut du procureur général et d'un greffier de la cour. C'était un appareil formidable qui devait impressionner le corps électoral.

Ces parlementaires arrivent à Montbard le 23 juin, à 6 heures du soir. Ils descendent au « logis de la poste. » Et ils font connaître leur mission à la municipalité, assurant qu'il ne sera en rien dérogé aux droits et privilèges de la commune. Sur cette assurance « que les habitants avaient la liberté de leurs suffrages et pouvaient nommer à volonté ceux qu'ils jugeaient capables de gouverner la ville », le garde des évangiles convoque le soir même, au son du tambour, les électeurs pour le lendemain, à l'heure ordinaire, dans la chapelle Saint-Thomas.

Le 24 juin, le garde des évangiles, accompagné du maire, se rend au « logis » des commissaires, et, après avoir fait sonner la cloche, il les conduit à la chapelle.

En présence de toute la Chambre, les commissaires font lire l'arrêt du parlement, et ils laissent, ceux, présents et témoins, les habitants voter « sans contrainte. » Le maire sortant, le sieur Vaussin, donne le premier son suffrage, et 186 habitants font de même, « après avoir mis la main sur les évangiles qui étaient entre les mains du garde. »

Hugues Blaizot, grenetier au grenier à sel, recueillit 183 voix pour la charge de maire. Puis on vota pour les six échevins et pour le procureur. Les nouveaux élus, toujours sur les évangiles, prêtèrent le serment « de bien et fidèlement exercer leur charge et contribuer au bien et soulagement des habitants. »

Après quoi, à 8 heures du soir, les commissaires ont été reconduits à leur hôtel par la nouvelle municipalité[67].

---

[67] En 1668 la ville montra plus de docilité.

Pour l'élection du maire, cette année-là, le prince de condé recommande M. Louis Fillote, amodiateur de Senailly. Le 24 juin, les habitants font remarquer que ce candidat « n'est point habitant de Montbard et n'y a fait aucune résidence ni tenu feu ni lieu il y a plus de trente ans, et que d'ailleurs il a procès avec ladite communauté contre laquelle il dit avoir de grandes prétentions... ».

Le 28 juin, le garde des évangiles se rend à Dijon pour soumettre ces observations à M. Bouchu, intendant. Celui-ci conseille d'en référer à Son Altesse.

Le 7 juillet, les magistrats reçoivent une lettre impérieuse de l'intendant du prince, le conseiller Thésut, Seigneur de Lens. Le ton n'admet ni observations ni réplique.

Si les électeurs de Montbard étaient à peu près d'accord pour choisir leur maire, il n'en était pas de même à l'égard du reste du conseil, A l'époque où nous sommes arrivés, vers 1660, il paraît y avoir à Montbard deux partis, non des partis politiques que différenciât une divergence doctrinale, mais deux groupes de personnes, qui, en raison du gâchis financier dans lequel se débattait la ville ainsi qu'il sera expliqué plus loin, rejetaient l'un sur l'autre les responsabilités de la misère générale. Aussi la vie municipale est-elle, pendant quelques années, troublée par des querelles qui ont leur retentissement non seulement dans la chambre du conseil, mais à Dijon, chez le gouverneur, et au parlement de Bourgogne, qui seul y met fin par des arrêts ayant force de loi.

Rien de plus caractéristique à cet égard que ce qui se passe en 1663.

Le 24 juin, après les formalités d'usage, Me Edme Siret est réélu maire pour une seconde année, « tant par lettre de recommandation de Son Altesse Sérénissime (le prince de Condé, gouverneur de la Bourgogne) que par la voix de tous les habitants. » Mais, pour les autres membres de la chambre, des compétitions hostiles ont suscité des conflits, et l'élection a été « différée ». Me Pierre Bouillot, notamment, faisait opposition à la nomination de Me Jacques Daubenton et Hugues Sellier, et Me Marteau, syndic sortant, dont Bouillot postulait l'emploi, sommait cedit Bouillot de rendre les comptes du receveur en exercice.

Le 29 juin, une lettre de l'intendant du prince, Me Thézut de Lens adressée à la chambre, déplore la zizanie qui règne à Montbard. Il déclare que « Son Altesse Sérénissime trouve mauvais ces sortes de conflits qui ne tendent qu'à diviser les esprits et à ruiner les communautés ». Il avait laissé libres les habitants de choisir leurs échevins et syndic, persuadé que « cela se passerait bien », en ayant soin de n'admettre « les suffrages sans brigues que des habitants qui payent au moins vingt sols par mil livres et ne mettant pareillement en charge, que des personnes qui payent la même somme pour leurs tailles ».

Pour délivrer la ville des désordres où elle va entrer, voici ce que propose M. de Thézut :

1° Les appelants se désisteront de leur opposition.

2° A la prochaine assemblée générale, les électeurs feront bien de nommer des échevins qui sont de « différents intérêts, ainsi ils seront surveillant l'un de l'autre ».

3° Il conseille de conserver quelques membres sortants, « afin qu'il en demeure qui ayant connaissance des affaires de la ville ».

4° Quel que soit le choix auquel s'arrêtent les électeurs, Son Altesse, qui a « bien de l'affection pour la communauté et souhaite d'en rétablir les désordres passés », demande surtout qu'on élise « des magistrats sages, pondérés et tranquilles et qui puissent éclaircir les affaires de la ville. »

Le 1er juillet, ont lieu les élections. Sont élus, hors le maire Edme Siret, dont l'élection est acquise depuis le 24 juin.

Échevins :

« Monsieur,

Son Altesse Sérénissime ayant su que messieurs de la ville de Montbard avaient différé de procéder à l'élection du sieur Fillotte pour Maire, sur l'opposition de quelques pairs. Il m'a commandé de vous faire savoir que ce procédé lui a été très désagréable et qu'il ne peut provenir que de gens qui craignent peut-être que l'on ne repasse sur leurs maniements de deniers et affaires de votre communauté, et qu'elle ne s'en est mêlée que pour leur bien et éviter les brigues et que ce qu'elle en a fait a été avec grande connaissance. Ainsi le meilleur conseil que vous pourrez prendre là-dessus, est de faire élire ledit Sr. Fillotte et empêcher que l'on ne vienne importuner S.A.S. de toutes ces difficultés fâcheuses qui ne produiront rien d'avantageux pour le général n'y pour le particulier. C'est ce que j'ai à vous dire là-dessus et que vous me fassiez la grâce de me croire,

Monsieur

Votre très humble et très affectionné serviteur.

DE THESUS DE LENS
Pour Monsieur Nadault, maire de la ville de Montbard. »

Le 8 juillet, convoqués de nouveau en la chapelle Saint-Thomas, les habitants ont élu :
- Maire, Louis Fillotte, ancien procureur du roy au grenier à sel de Montbard.
- Échevins : MM. Jean Turreau, « continué, » et Pierre Richard.
- Syndic : M. Jean Taphinon, notaire royal.

Me. Jean Crespillon, continué.
Me. Jacques Monchinet, continué.
Me. Nicolas Bigarne, notaire royal, nommé nouvellement.
Me. Jean Lefou, notaire royal, nommé nouvellement.
Me. Jean Guilleminot, « apothicaire » nommé nouvellement.
Me. Guillaume Godin, nommé nouvellement.
Syndic : M. Pierre Bouillot, notaire royal.

Aussitôt, Me. Pierre Marteau, syndic, sortant, déclare en appeler de l'élection de N. Bigarne et de P. Bouillot.

Les autres magistrats chargent J. Lefou d'exercer, en attendant décision sur l'appel de Marteau, les fonctions de syndic.

Le 3 juillet, le maire se rend à Dijon, pour « rendre les devoirs » de la commune au seigneur de Lens et lui rendre compte de l'élection du 1er juillet. L'intendant du prince de Condé, après avoir entendu M. Siret et pris connaissance du procès-verbal de l'élection, ainsi que de « l'appellation » faite par le sieur Marteau, donne ses ordres, Marteau devait retirer sa protestation ; Bouillot exercerait la charge de syndic et Marteau celle d'échevin à la place de Bigame, celui-ci se « départissant de sa nomination, mais étant chargé de syndiquer » la gestion de Marteau.

Le 9 juillet, le maire convoque les échevins, et, en présence de « quantité d'habitants » assemblés à la chambre de ville, il expose les vues du seigneur de Lens.

Bigarne se déclare prêt à obéir aux ordres donnés et à vérifier la comptabilité de Marteau.

Celui-ci demande un délai de huit jours pour présenter ses comptes.

Bigarne prend prétexte de cette demande pour accuser ledit Marteau de vouloir « rentrer dans la magistrature comme un loup dans la bergerie pour parachever la ruine de cette communauté désolée, » il dit que « les déportements » de ce Marteau sont connus et que cet individu cherche à surprendre « les faveurs supérieures ». Bigarne consent à se démettre de sa charge d'échevin à laquelle « l'amitié des habitants » l'a nommé, mais en faveur de « celuy qui sera le plus haut en suffrages après lui, et non en faveur d'un homme qui est d'autant plus suspect que ses comptes sont à examiner en raison de l'usage « qu'il a abusivement fait du bien commun ». Il ne veut même pas examiner les comptes dudit Marteau, « ce luy serait un fardeau trop pesant »

Marteau explique que le délai de huit jours qu'il sollicite « n'est qu'à dessin de faire procéder à la vérification et révision de ses comptes tant de l'année dernière que des autres, ensuite de quoi il fera voir qu'il a bien exercé les charges qu'il a porté tant en qualité d'échevin que syndic », et le peuple verra que les calomnies proférées par Bigarne sont fausses.

Bouillot accepte les décisions du seigneur de Lens.

Ensuite, « tous les habitants ont dit qu'ils supplient avec toute l'humilité possible les. Seigneur de Lens de les délivrer des suspicions et oppressions dudit Marteau », de consentir que Bigarne soit maintenu dans sa charge d'échevin, dans laquelle il est « nommé pour le bien public et pour la connaissance qu'ils ont de tout temps du rôle, intégrité, probité et capacité dudit Bigarne », et qu'enfin Bouillot soit admis à prêter serment comme syndic.

Le 12 juillet, le maire va à Dijon faire connaître ce qui s'est passé le 9 à Montbard. Le seigneur de Lens s'en tient à sa première décision.

Notification de la volonté du prince est faite aux intéressés le 26 juillet : ils en restent aux déclarations qu'ils ont faites le 9. Nouvel appel à l'intervention du prince pour résoudre cette difficulté. Le prince ne veut pas revenir sur son premier dessein. Nouvelle convocation des habitants. Le 30 juillet, ceux-ci répètent ce qu'ils ont déjà dit le 9 juillet, accentuant encore leur opposition à l'institution de Marteau comme échevin, « puisque sa conduite est entièrement suspecte... que c'est un homme la main duquel est dangereuse aussi bien que l'esprit, puisqu'étant ci-devant syndic, sur ce qu'il fut réprimé par le sieur Daubenton, pour lors maire, de quelque mauvaise action, il lui donna trois coups de couteau. »

Enfin, le 13 août, après une nouvelle assemblée générale, et sur les indications du prince, les habitants ayant derechef reproché à Marteau ses concussions et malversations, oppressions et suspicions ainsi que sa grossièreté (il s'était assis, tête couverte, près du bureau des magistrats et, « le visage rougissant et enflammé de colère avait dit aux habitants qu'ils estoient des bastards et autres injures »), ont déclaré le repousser, car avec ses « pernicieux artifices pour entrer dans la magistrature, ils le considèrent comme un loup affamé dans la bergerie. Par ses fautes il a été la cause des plus grands malheurs qui règnent à présent sur leur communauté ».

En présence de ces inextricables difficultés, et vu la dernière lettre du seigneur de Thézut, la chambre décide qu'elle demeurera jusqu'à nouvel ordre composée de cinq échevins, et que l'un deux exercera la charge de syndic.

Ainsi, le prince avait satisfaction en ce que Bigarne était écarté de l'échevinage, et la population était débarrassée de sa bête noire, le syndic Marteau.

On vit l'année suivante les sieurs Siret, Daubenton et Taphinon protester contre l'élection de Nicolas Bigarne, Pierre Bouillot et Bertrand Lebague comme échevins à l'assemblée les 5, 6 et 7 juillet 1664.

Les plaignants ont exposé que « ladicte nomination aurait esté faite par brigues et monopoles, pratiquées par ledicts Bigarne, Bouillot et Lebague et par leurs parents et amys, ayant distribués quantité d'argent, de vin et faict boire ceux qui leurs auraient donné leurs suffrages, et, dalieurs qu'yceux Bouillot, Bigame et Lebague estoient incapables d'exercer lesdites charges. »

Par un arrêt du 30 juillet, le parlement ordonne aux anciens échevins de reprendre leurs places au lieu de Bigarne, Bouillot et Lebague. Les sieurs Crespillon, Godin et Lefou sont donc priés de se rendre à la chambre du conseil, ainsi que Monchinet. Les trois premiers, prétextant qu'ils sont occupés à leur travail ou qu'ils sont « incommodés », ne répondent pas à la convocation. Monchinet dit que l'arrêt ne lui ayant pas été signifié, il demande à réfléchir. Le maire et les quatre échevins restants voient là une « opposition [qui] ne sert qu'à empêcher le travail de l'instructive des comptes de la communauté et la priver du soulagement qu'elle espère. » Ils décident alors d'en appeler à l'assemblée générale des habitants qui est convoquée pour le lendemain.

Le 10 août 1664 a lieu en effet cette assemblée générale ; mais il n'en est pas donné de compte rendu : il est dit seulement que l'assemblée a délibéré sur l'affaire Bigarne, Bouillot et Lebague, mais pas d'indication des solutions auxquelles s'est arrêtée l'assemblée.

Ce qui ressort de ces incidents c'est que la tâche de gérer les affaires de Montbard n'a rien du tout d'alléchant. Ce qui aigrissait l'humeur de tous, c'est la situation vraiment tragique où était la ville au point de vue financier. On le comprendra mieux quand on connaîtra la manière dont s'établissaient et se levaient les impôts. Pour les impôts d'Etat, les « deniers royaux, taille et taillon », le montant en est fixé pour l'ensemble de la commune par des fonctionnaires royaux appelés Elus. Ils sont répartis entre les contribuables par les soins de la chambre de ville.

Chaque année, la chambre nomme quelques « asseurs », qui, avec un échevin, dressent la liste des contribuables et répartissent entre ceux-ci les tailles : c'est le rôle. Le rôle établi, l'échevin, sous le nom de receveur ou collecteur, le met en recouvrement. Pour sa peine, il perçoit un sol par livre pour la confection et un sol pour le recouvrement du rôle.

En principe, lors de la confection du rôle, le receveur doit taxer chacun suivant ses facultés, compte tenu que certaines personnes privilégiées sont exemptes de tailles (ecclésiastiques, nobles, officiers royaux, maréchaussée, anciens miliciens et invalides, roi et empereur de l'Arquebuse, membres du parlement... indigents). En fait, quand le receveur est un Fabry, par exemple, il n'y a pas lieu de s'étonner si, pour la taxation, et surtout pour le recouvrement, il use de plus de rigueur vis-à-vis de ses ennemis que de ses partisans. Et cela explique l'âpreté de certaines compétitions électorales et des conflits dont il a été donné ci-dessus un échantillon.

D'ailleurs sa fonction charge le collecteur d'une lourde responsabilité. Vaille que vaille, il faut que la somme fixée par les Élus soit au bout de l'année versée entièrement entre les mains du receveur des deniers royaux du bailliage. La commune entière est solidaire du payement ou du non-payement des tailles. S'il y a du retard dans l'acquittement des impôts, le receveur lui-même, ou le maire, ou quelque notable sont emprisonnés, jusqu'à ce que la ville ait satisfait à ses obligations fiscales. À maintes reprises on voit des bourgeois de Montbard retenus en prison à Dijon pour dettes de la ville. En général, membres de la municipalité dont le mandat est expiré, ils requièrent véhémentement de la nouvelle chambre leur élargissement : autres tribulations pour celle-ci.

Il se peut que le collecteur, pour prévenir ces extrémités, fasse de ses propres deniers l'avance des tailles à percevoir. Il est alors créancier de la cité, pour tout ce qu'il n'a pu recouvrer sur les contribuables[68]. Il demande naturellement le remboursement, et c'est l'origine de bien des procès.

Aux tailles royales s'ajoutent les impositions communales. Il n'y a pas de budget. La chambre vote, quand c'est nécessaire, une imposition spéciale. Le rôle est confectionné et levé dans les mêmes conditions et par le même collecteur que le rôle des tailles royales. C'est le maire qui ordonnance les dépenses. Il lui arrive de faire payer une dépense alors qu'il n'y a rien dans la caisse municipale. Le collecteur puise dans les deniers royaux dont il peut être détenteur. La caisse de l'État est en déficit. Et, quand il faut rendre des comptes, c'est toute une histoire[69]. En 1665, certains comptes de 1642 n'étaient pas encore apurés, et les quatre derniers receveurs n'avaient pas encore pu préciser exactement l'état de leurs recettes et de leurs dépenses.

Comment s'étonner, dans de telles conditions que sans budget, sans règles d'administration, les finances de la ville se fussent, un beau jour, révélées dans le plus fâcheux état ?

Ainsi, le 29 juillet, est mandé en la chambre Jean Fabry, collecteur des rôles, à qui l'on demande compte de l'emploi des 12 000 livres qu'il devait avoir encaissées, et qui devaient servir « moytié pour le payement des derniers royaux, et l'autre moitié pour les arrérages envers les créanciers ». Fabry répond que « sa recepte est absorbée par les dernières sommes par lui acquittées sur l'ordre des précédents magistrats. » Le 4 août, le même Fabry comme on lui demande de l'argent destiné à l'avocat de la ville dans un procès en cours, répète qu'il n'a aucune somme disponible, « toute sa recepte ayant été disposée par les cy-devant magistrats. » On appelle le receveur de l'année précédente : il déclare également « ne pouvoir donner un sol seulement ».

Pour retard dans la rentrée des impôts royaux, deux notables bourgeois de Montbard étaient en prison, et, dès le 30 juillet, sommaient la municipalité de les faire élargir en acquittant l'arriéré.

Or, cet arriéré fut évalué par l'Elu Richard qui avait examiné les rôles des tailles pendant deux jours à 24 000 livres le 6 septembre. Le maire convoque une assemblée générale qui se tient le 7 septembre en la chapelle Saint-Thomas.

Deux cents personnes environ sont « survenues », « faisant la plus saine et meilleure partie de la ville. »

Le maire a exposé que l'Elu Richard, descendu « au logis où pend pour enseigne un petit renard », s'est fait présenter les rôles des tailles par les receveurs Condeloup et Fabry. Il se trouve que, quoique les « get et impost soient de sommes assez considérables, les rôles ne produisent que des sommes très modiques, ce qui cause un grand retard au payement des deniers royaux, tant pour la diversion faite des tailles par les cy-devant magistrats de ladite ville de Montbard que pour ce que la cueillette de celle ne revient qu'au quart des sommes imposées, pour raison de la pauvreté et mendicité desdits habitants de ladicte ville, qui, pour ce subject, se trouve encore en reste et débitrice d'une grande somme envers lesdits sieurs receveurs du baillage d'Auxois ».

Ce retard se rapporte aux années 1656 à 1664 inclus, où malgré des impositions très fortes, les frais de contrainte, de logement des gens de guerre et autres urgentes affaires, ont mis la ville dans l'impuissance de s'acquitter d'une partie des tailles royales.

Mais l'élu Richard, n'ayant aucun « égard » aux remontrances du maire touchant les règles « ni à la pauvreté des habitants de cette ville », enjoint de faire un impôt pour 1664 de 4 000 livres.

---

[68] En 1624, sur 648 contribuables, 200 environ ne sont inscrits que pour une somme de 30 à 40 sols, et, au 31 décembre, « six-à sept-vingt (120 à 140) pauvres drapiers, tissiers, serruriers, vignerons et manouvriers n'ont pu acquitter leur cotte, quoiqu'imposés seulement de quatre à cinq sols. »

[69] On l'a vu plus haut (affaire Marteau).

Les habitants ont dit qu'il s'était fait de grands abus dans la levée des rôles, « puisque ceux qui avoient été perçus par Jacques Condeloup devaient avoir été employés à l'acquittement des deniers royaux seulement et non divertis pour quelque prétexte que ce fut. Donc ils voulaient et entendaient que s'il y avait été contrevenu par les ci-devant magistrats en divertissant ailleurs la recette dudit Condeloup, ils (les ci-devant magistrats) fussent assignés par devant les commissaires pour rétablir et payer ladite somme à l'acquit de la communauté entre les mains des receveurs du bailliage, puisqu'ils (eux, les habitants) n'avaient jamais payé audit Condeloup que dans ce dessein. » Ils faisaient mêmes observations au sujet des recettes de Fabry.

Le Maire remontra que, pour l'instant, il fallait décider sur l'imposition ordonnée par l'élu Richard sinon les magistrats en étaient rendus personnellement responsables « en leurs propres et privés noms. » À quoi tous lesdits habitants ont unanimement dit, que, quoiqu'ils fussent dans une extrême pauvreté, ils consentaient que ledit « gest et impost » de quatre mil livres fut fait et régalé sur eux le plus également qui se pourrait, le fort portant le faible, chacun suivant ses commodités, et pour ce faire ont convenu et nommé pour « asseurs » dudit rôle Jacques Mouliot, vannier, Hugues Sellier, gantier, Nicolas Mouliot, boulanger, Hugues Robelin, sergent royal, Jean Boguereau, tissier, et André Cheminée, maréchal, lesquels ils ont tous agréés pour vaquer à la confection dudit rôle La collecte en sera faite par quart, de trois en trois mois.

Les « asseurs » nommés le 7 septembre se présentent le 10 à la chambre du conseil et exposent qu'ils sont embarrassés pour établir le rôle de l'imposition exceptionnelle de 4 000 livres. En effet, certaines personnes qui ont déjà acquitté tous leurs impôts pour l'année 1664 prétendent qu'elles ne doivent pas figurer sur ce rôle ; d'autres invoquent leur condition privilégiée pour réclamer l'exemption du nouvel impôt.

La chambre, appliquant les instructions de M. Richard, ordonne aux « asseurs » de n'avoir égard à aucun, et de « procéder à la confection dudit rôle sans exception de personne, et de côter et imposer un chacun suivant ses facultés, pour à quoi parvenir nous avons pris serment desdits asseurs, qui ont juré et affirmé par devant nous ledit mayeur, de fidèlement et en conscience y procéder et le plus diligemment que faire se pour ». Et quant aux personnes qui prétendent exception, dont Régnault Blaisot, Maire, garde du corps du Roy, Guillaume Anginot, aide de échansonnerie de S A S. monseigneur le Prince, damoiselle Gillette d'Epoisse, veuve de feu M. François Vaussin, vivant 24e solliciteur des affaires de monseigneur le Prince, Pierre Rémond dit Sandey, capitaine au régiment de Bourgogne, Me Anthoine Lejeune, médecin audit lieu, ils seront imposés en « blans » : ils seront assignés devant les commissaires « pour se voir condamnés au payement desdites tailles, ou renvoyés s'il y eschet. »

Ce qui ressort de tout ce qui précède, c'est l'imbroglio inextricable dans lequel se trouve en 1664 la situation financière de la ville de Montbard. L'autonomie administrative de la commune avait pour rançon une sorte de gâchis financier, que facilitaient les compétitions électorales et les mutations fréquentes dans le personnel du conseil de ville. Cet état de choses allait cesser en 1665.

H. DARGENTOLLE.
Bulletin archéologique et Biographie de Montbard n° 18 1935.

Un Chapitre de l'Histoire de Montbard au XVIIe Siècle

I : L'Endettement de la Ville

En 1665, la situation financière de la ville de Montbard était extrêmement critique. On a vu que l'organisation municipale y était pour quelque chose. Il y avait d'autres causes.

La première et la plus importante, c'est la guerre.

Depuis près d'un siècle, notre pays était presque constamment en état de guerre, guerre étrangère ou guerre intestine.

A peine la France était-elle sortie des guerres d'Italie, en 1559, que commençaient entre Français les querelles religieuses nées de la réformation de Luther et de Calvin. Pendant quarante ans environ, les factions huguenote et catholique se livrent des luttes sans merci. Montbard est catholique. Mais il y a des réformés dans la région : à Dijon, à Semur, à Flavigny. Et la Bourgogne, située entre l'Empire d'Allemagne, d'où viennent reîtres et lansquenets au service des capitaines protestants et les provinces catholiques, fidèles au Roi Très-Chrétien, voisine d'autre part, de la Franche-Comté, possession du Roi très Catholique d'Espagne, qui est heureux d'avoir un prétexte d'intervenir dans les affaires de France, la Bourgogne est exposée aux incursions des armées de l'un et de l'autre camp. De temps en temps Montbard est alerté ; de temps en temps la ville apprend que des troupes approchent, et, quelles que soient d'ailleurs les livrées des soldats, on sait qu'avec eux tout est à redouter : réquisitions et pillage, ils vivent aux dépens des pays où ils passent, exigeant vivres, argent...

Fréquemment donc, il faut monter la garde aux portes de la ville, attendu, dit une délibération de 1581, « la gendarmerie (les gens d'armes) qui est en ce pays et l'éminent péril auquel le peuple est constitué. »

Le 16 mai 1587, Mayenne, lieutenant général du royaume, ordonne de redoubler de surveillance, « à cause du rassemblement des réformés » dans la région. En 1590 même, 4 000 reîtres et lansquenets, accompagnés de gens de Dijon, Semur et Flavigny, et commandés par Tavannes et Tinteville, essayent de s'emparer de Montbard. La ville est assiégée du 8 février au 1er mars. Pendant trois semaines, les faubourgs sont occupés, des maisons démolies ou brûlées ; plusieurs assauts sont donnés aux portes de la ville. Les Montbardois repoussent vaillamment les assaillants. Peut-être eussent-ils dû céder à la fin, si le « Biamois » (Henri IV) n'avait donné l'ordre à Tavannes et Tinteville de le rejoindre en Normandie. En 1597 encore, on est à la veille de la bataille de Fontaine-Française, l'ordre est reçu de garder particulièrement le château.

Le siège de 1590 avait fait bien du mal à Montbard. Il fallut réparer les remparts mis à mal par l'artillerie des assiégeants, relever les maisons en ruine, secourir les habitants qui avaient été pillés ou blessés. On pensa même à se prémunir en vue d'une attaque semblable, et on décida de se procurer trois canons. Comment réaliser tout cela ? On emprunta.

Si les 10 dernières années de paix du règne de Henri IV semblent avoir pansé un peu les plaies de l'ère précédente, avec les troubles de la régence du règne de Louis XIII, puis la guerre de Trente Ans, reparaissent en France le désordre politique, la paralysie des affaires, la misère générale. La fronde ensuite et la guerre avec l'Espagne, pendant toute la première partie du règne de Louis XIV, achèvent de ruiner les provinces en même temps que l'État.

Montbard n'est pas précisément dans l'aire des hostilités, ni de la guerre civile, ni de la guerre étrangère. Mais la frontière espagnole n'est pas loin, seule la rivière de la Saône sépare la Bourgogne de la Franche-Comté. Les Espagnols sont tentés de marcher sur Dijon ; ils assiègent Saint-Jean-de-Losne en 1636. Et les Français visent à prendre Dole et Besançon. Montbard est, entre Paris et la Franche-Comté, un lieu « d'étapes ». Aux troupes qui passent par la ville, il faut fournir l'étape, c'est-à-dire, outre le gîte, la nourriture pour les hommes et les chevaux.

De plus, dans les périodes de trêve, surtout pendant l'hiver où les opérations militaires étaient généralement suspendues, Montbard devient ville de garnison. Elle loge les gens de guerre et doit assurer aux soldats la nourriture et l'entretien. En 1642, Montbard garde du 8 janvier au 4 mars, 14 compagnies ; en novembre 1643, cinq compagnies du régiment de Mazarin y prennent leurs quartiers d'hiver, qu'ils ne quittent qu'en février 1644.

Or, le cantonnement des gens de guerre est pour la ville une lourde charge. Il est vrai que la ville relève la note de tout ce qu'elle a fourni pour eux, et qu'elle en est remboursée par l'État. Mais, comme celui-ci n'est ordinairement pas dans une situation plus brillante que la ville, ce n'est qu'après de longs délais, que la note, examinée, vérifiée, est réglée[70].

En attendant, il a fallu payer les boulangers, bouchers, fournisseurs de paille, de foin et d'avoine : il faut emprunter. Et puis, ces soldats qu'il faut héberger, qui sont-ils ? Ce sont des hommes dont c'est le métier de faire la guerre, pas même nécessairement des Français, habitués à se battre et à vivre aux dépens du pays qu'ils occupent ; pour eux les biens et la vie d'autrui ne comptent que dans la mesure où cela peut leur servir. Aujourd'hui, on voit des villes rechercher la faveur de loger une garnison. En ce temps-là, c'était un fléau qu'on s'efforçait d'éloigner. Ainsi, en 1630, la dame de Montbard, Mme de Termes, ayant réussi à faire exempter Montbard du logement de gens de guerre, la ville, en témoignage de reconnaissance, lui vota, à titre « d'estrennes » une somme de 300 livres ; la ville y gagnait encore. Ainsi encore, en 1649, le maire va remercier M. Bouchu, premier président du parlement de Dijon, parce qu'il a procuré à la ville le « délogement » de deux compagnies[71].

La guerre est faite par des mercenaires. Il peut arriver que le Roi n'en trouve pas à recruter à son gré. Alors il fait appel aux communes, leur demandant de fournir quelques hommes, qu'on appelle des miliciens. En 1636, pendant le siège de Saint-Jean-de-Losne, Montbard est invité à fournir 2 cavaliers et 10 soldats pour la milice que M. le Prince mettait sous les armes « afin d'empêcher les saccagements, ravages et brûlements que les ennemis font en cette province. » La ville ne trouva personne pour s'enrôler volontairement, mais elle dut payer tous les frais d'enrôlement, d'armement et d'équipement d'un nombre égal de soldats. C'est encore une dépense qui ne peut être couverte que par un emprunt.

La guerre, en ce temps-là, s'accompagne presque toujours d'épidémies que le manque général d'hygiène tend à propager aisément. Il en est une qui avait fait des ravages épouvantables deux cents ans plus tôt, pendant la guerre de Cent Ans : la peste. Elle fit sa réapparition pendant les guerres de religion. On n'ose l'appeler par son nom, on la désigne sous le nom générique de « la maladie contagieuse. » En 1583, elle répand la terreur à Montbard. Elle a été signalée à Coulmier-le-Sec et « autres lieux. » Le premier avril, la garde est montée aux portes de Montbard avec interdiction d'y laisser entrer « aucunes personnes suspectes. »

Des mesures identiques sont encore prises en 1606. En 1638, la peste est dans la ville même. Des mesures exceptionnelles ont pour objet d'en arrêter les progrès : défense aux habitants de prendre leurs repas et de boire dans les cabarets et les tavernes, défense à ceux qui seront soupçonnés de la maladie

---

[70] C'est en avril 1667 que la ville est remboursée d'une somme de 593 livres, 12 sols, 3 deniers, montant des étapes et logement des gens de guerre " souffert " par les habitants en 1665 et 1666.

[71] Voici un fait significatif qui justifie l'appréhension naturelle que pouvaient avoir les habitants relativement au logement des gens de guerre.

Le lundi 3 janvier 1678 arrive à Montbard le capitaine de Ligners, du régiment royal des dragons, avec un maréchal des logis et 9 dragons, pour prendre « logement par estappes » à Montbard. Au lieu de distribuer ses billets de logement « aux gens de sa revue » il « a fait subsister entièrement sa revue au logis de Maître Hubert Monchinet, son hôte, et par ce moyen a tiré de l'argent des autres billets à la seconde, hôte qui n'en a tiré aucun remboursement. Non content de ce a fait prendre de force et violence chez aucuns bourgeois de cette ville plusieurs chevaux et pour cet effet rompu les des écuries et fait arrêter les chevaux de charrettes qui passaient audit. Montbard en maltraitant les charretiers qui s'y sont voulu opposer. »

Le mardi, le Procureur syndic Louis Leclerc, ayant reçu plusieurs plaintes de faire cesser ces « désordres », l'a « invité » le plus honnêtement possible de vouloir rendre l'argent par lui reçu, des billets à lui donnés, et de remettre les chevaux (10) et charrettes (2) et « amois » par lui saisis, « offrant d'ailleurs de lui fournir chevaux et charrettes pour la conduite de son équipage au sortir de la ville, bien que ladite ville n'y soit tenue n'y obligée. »

Le capitaine prend fort mal la chose. Il s'emporte, et s'attachant au dit. Syndic, lui dit que « c'était un bougre de coquin et que s'il ne sortait au plus tôt de la chambre il luy ferait donner les étrivières ». Et en effet, il prend au collet le syndic qui réussit à lui échapper et qui s'enfuit dans larue. Le capitaine se lance à sa poursuite en criant :

« Mes dragons, mes dragons à moi ! Donnez des coups de bâton à ce coquin ». Ayant rejoint Leclerc, le capitaine lui donne un soufflet et plusieurs coups de son épée. Le pauvre syndic aurait été laissé mort sur place s'il n'avait été tiré des mains de son agresseur par quelques habitants accourus au bruit et qui désarmèrent l'irascible capitaine.

contagieuse, ou qui auraient fréquenté des lieux contagieux, de sortir de leurs demeures ; fermeture du four des grands faubourgs ou four Saint-Thomas « à cause du danger des grandes communications et fréquentations qui avaient lieu » audit four pour les habitants desdits Faubourgs, notamment par les femmes « et les servantes » ; nomination de commissaires, chargés de constater dans chaque quartier l'état de la santé des habitants et de signaler les cas suspects[72].

Que la détresse soit grande dans la ville de vignerons, drapiers, tisserands, tanneurs, serruriers, petits marchands et manouvriers qu'était alors Montbard (1 000 à 1 500 habitants) rien de moins inexplicable. La guerre n'enlève pas au travail les jeunes producteurs comme de nos jours mais qui oserait affirmer que l'insécurité du présent, l'incertitude pour l'avenir sont des conditions favorables au labeur des champs, au travail de la boutique ?

Les indigents sont nombreux. Pour vivre ils mendient. Le 18 juin 1582, une quête est faite à domicile, destinée à délivrer momentanément la population non nécessiteuse des importunités des mendiants. En 1583, la grêle ravage les vignes : le nombre des pauvres s'en accroît encore. La municipalité décide de dresser la liste des vrais nécessiteux, et ces sortes de pauvres officiels, qui pourront mendier, se reconnaîtront à une marque d'étoffe de couleur qu'ils porteront à l'épaule. Cette même année, la ville est encore mise à contribution pour la solde d'une armée de 50 000 hommes dont le roi a ordonné la levée. Fait aggravant : la vie devient plus chère quand la misère augmente. Le pain taxé 9 deniers en 1575, est payé 14 deniers en 1583.

Une nouvelle source de dépenses exceptionnelles pour la ville, ce sont les frais qu'elle doit s'imposer pour marquer sa fidélité à son seigneur ou au roi.

Chaque année, le Maire doit aller à Dijon, à Semur, « rendre les devoirs » de la ville au gouverneur de la province ou au bailli. Et chaque fois qu'un nouveau seigneur de Montbard vient prendre possession de son château, c'est une réception. Et, parfois, passe à Montbard un grand de la cour, un ministre, le Premier ministre, le roi lui-même. Alors il faut bien faire les choses.

Le 11 janvier 1633, la Chambre de la ville apprend que le prince gouverneur de la province à l'intention de venir faire son entrée à Montbard. Elle délègue à Dijon deux échevins avec mission de s'aboucher avec quelques familiers du prince, et, « remontrant la grande pauvreté de la ville, de chercher à persuader le prince de renoncer à son projet. » Hélas ! La démarche n'a point de succès. Et le 7 février, la Chambre vote, la mort dans l'âme sans doute, mais vote tout de même un emprunt de 1600 livres pour le paiement de 12 cuillères et 12 fourchettes d'or qu'elle se propose d'offrir à M le Prince « ainsi que du dais que l'on debvoit porter à son entrée. »

En 1643, à l'avènement de Louis XIV, la municipalité se rend à Dijon, prêter serment de fidélité au nouveau roi.

Le 14 mars 1650, le jeune roi (12 ans), passe à Montbard avec sa mère Anne d'Autriche, son frère le duc d'Anjou, le Premier ministre cardinal de Mazarin, et toute leur suite. Ce sont de grands frais, qui se renouvellent en 1658.

Cette année-là, Louis XIV traverse une deuxième fois Montbard. Il se rendit à Lyon, pour resserrer l'alliance avec le Piémont, et peut-être en vue d'un mariage éventuel de ce prince de 20 ans avec une princesse piémontaise. Mazarin voulait surtout, par cette démarche, faire pression sur l'Espagne pour la décider à la conclusion de la paix.

La Cour devait arriver à Montbard le 3 novembre. Le premier novembre, la chambre « travaille aux billets de logement des soldats, particulièrement des Suisses affectés à la garde du roi. » Ce même jour les fourriers du roi viennent préparer le logement de la Cour. Le lendemain, un échevin est député, pour aller à Noyers s'informer auprès du grand maître des cérémonies de France des formalités à observer à l'occasion de la réception du souverain. Un autre est chargé d'aller dans les villages voisins « chercher des dindons, des poules et pigeons pour donner à ceux de la Cour ».

---

[72] En 1651, la ville cède à M. Vaussin, curé, un journal de terrain près de la porte de l'horloge, en reconnaissance des services qu'il a rendus et du dévouement dont il a fait preuve lors « de la maladie contagieuse. » En 1668, de nouveaux bruits de maladies contagieuses se répandent. « Sur les clameurs du peuple », une procession générale est décidée pour le 11 juin à Saint-Roch, près Ravières, pour les « frais » de laquelle la chambre vote la somme de 56 livres 15 sols.

Le 3 novembre sont exécutées les instructions données à Noyers. La Cour arrive « sur les quatre heures du soir. » Le corps de la magistrature s'est porté au-devant de Sa Majesté à cent pas de la dernière porte de la ville ; et hommes et garçons « capables de porter un fusil », tout armés, mais sans aucune décharge, se tiennent à portée de fusil de la ville. Le maire harangue Sa Majesté « fort brièvement », puis il lui présente les clefs de la ville « dans un sac d'étoffe honnête ». Le canon est tiré et la Cour, précédée des hommes en armes, pénètre dans la ville.

Aussitôt qu'elle est logée, les magistrats vont lui rendre leurs « civilités de la manière la plus honnête », et font présent, « suivant leur libéralité et discrétion, » avait-on recommandé, de fruits, confitures et gibier. La Cour, relate le procès-verbal de cette visite, « a été contente et les magistrats satisfaits ».

Le roi a été logé chez messire Vaussin, Maire ; la Reine-Mère, chez M. Guilleminot, le Duc d'Anjou chez le sieur Blaizot, des Bordes, le Cardinal au château, Son Altesse Royale mademoiselle d'Orléans, au Petit Faubourg, « où ils ont tous été bien reçus. » Les autres grands de la Cour et les officiers à la suite du Roi ont été également l'objet d'un accueil très hospitalier, si l'on juge par ce fait qu'il leur a été offert par des particuliers 612 bouteilles du vin de la ville.

Le 4 novembre, derrière la Cour, passe M. Letaillier, (le père de Louvois) secrétaire d'État de la guerre, à qui sont offertes en présent des truffes.

En 1659, c'est M. Duplessis, seigneur et baron de Montbard, qui fait son entrée à Montbard. Il lui est fait présent d'un grand plat de truffes, six perdreaux, huit dindons, six boîtes de confitures, six cimaises de vin, de poirés et « autres choses assorties ».

Cette même année, Louis XIV se rend à la frontière d'Espagne pour signer la paix des Pyrénées.

En contribution aux frais de déplacement royal, la ville, « nonobstant la grande misère générale », vote une somme de deux mille livres.

Obligée d'emprunter pour ces dépenses d'un caractère plutôt somptuaire, la ville doit aussi emprunter pour ses pauvres nécessiteux, quand la misère est trop générale et trop grande. En 1638, l'année de la peste, elle contracte un emprunt de 3 000 livres à cet effet. En 1638 une crue a emporté le pont sur la Brenne. Pour le relever, il a fallu vendre un des bois patrimoniaux pour 2 000 livres et emprunter 6 000 livres.

II : Détail estimatif des Dettes.

En 1660, la ville de Montbard avait, depuis 30 ans seulement, signé plus de 60 contrats d'emprunt, pour une somme dépassant au total 200 000 livres. Non seulement elle était dans l'incapacité de rembourser le capital, mais encore elle était dans l'impossibilité d'assurer le paiement des intérêts, dont, en 1665, elle devait cinq années à presque tous ses créanciers : elle pratiquait déjà l'art des moratoires.

Il y avait là une situation alarmante qui ne pouvait sans risque se prolonger longtemps. Disons que le cas n'était pas particulier à Montbard. Un grand nombre de villes, et les provinces pour les mêmes causes étaient dans une détresse financière comparable. L'État lui-même souffrait des mêmes maux.

Heureusement en 1660, à la mort de Mazarin, Louis XIV, ayant décidé de gouverner par lui-même, prend comme premier commis un homme que lui avait recommandé le cardinal, Colbert. Celui-ci au service du Premier ministre s'était rendu compte de la mauvaise organisation financière du pays et des abus qui contribuaient à obérer le trésor des collectivités tout en imposant à celles-ci de lourds sacrifices.

Il se mit sans délai à la besogne, et il entreprit de remettre partout de l'ordre dans les finances. Devenu lui-même Premier ministre en fait, sinon en titre, un de ses premiers actes fut de faire réviser partout les rôles des contribuables, afin de s'assurer que tous les taillables y étaient bien inscrits ; il donna même l'ordre d'inscrire sur les nouveaux rôles tous les habitants de la commune, privilégiés ou non, payant habituellement les impôts ou exemptés, laissant ces derniers « en blanc » ; il se réservait d'examiner les titres des ceux-ci et de les taxer s'il y avait lieu[73].

En même temps en ce qui concerne les villes, il voulut d'abord tirer au clair leur situation. Il fit nommer par le roi des commissaires - on dirait aujourd'hui des experts - qui eurent pour mission de réviser la comptabilité des receveurs des rôles, et de vérifier les dettes contractées par les villes.

Pour Montbard, les commissaires commencèrent leurs travaux en 1662. Ils étaient installés à Dijon, car ils devaient s'occuper aussi d'autres villes de Bourgogne. Pendant trois ans, le maire ou les échevins de Montbard durent faire un nombre considérable de voyages à Dijon, ou à Semur, et même à la fin, jusqu'à Paris où ils restaient quelques fois plusieurs jours, pour donner aux commissaires les renseignements capables de les éclairer. Ou bien, les commissaires envoyaient à Montbard un « subdélégué » qui étudiait sur place les documents et pièces justificatives ou faisait des enquêtes verbales. Et c'étaient de nouveaux frais... et l'on vit en 1664 le maire Blaizot remontrer que la ville était, vu « la pénurie des finances », dans l'impossibilité de « subvenir à la subsistance » du délégué.

Enfin, les commissaires remirent au roi leurs conclusions le 2 avril 1665. Elles sont entérinées dans un arrêt du Conseil d'État du roi en date du 8 juillet 1665, qui fut transcrit sur le registre municipal le 28 juillet, et, « afin que personne ne prétende l'ignorer », lu au prône de l'église paroissiale.

Ce document, capital dans l'histoire de Montbard, considérable par l'étendue de son texte (40 pages du registre 34 sur 24), établit le règlement définitif des dettes de la ville, et crée, pour la première fois un projet de budget municipal.

En voici le préambule.

« Vu au Conseil d'État du Roi, Sa Majesté y étant.

Le procès-verbal des Commissaires par elle députés par lettres patentes du 26 octobre 1662, concernant la vérification par eux, faite avec les Élus des États de la province de Bourgogne des dettes et charges de la ville de Montbard, clos le deuxième avril 1665.

L'ordonnance desdits sieurs commissaires du sept mars 1665, par laquelle entre autres choses il est enjoint aux maires et éch4evins de ladite ville de faire publier par trois dimanches au prône de l'église paroissiale et par les carrefours de ladite ville que tous ceux qui se prétendent créanciers de celle-ci et qui n'ont pas représenté leurs titres eussent à les représenter par devant lesdits sieurs, commissaires avec leurs pièces justificatives de ceux que lesdites publications vaudraient significations, et à faute par lesdits créanciers d'y satisfaire et justifier au premier du mois d'avril en suivant de leurs prétendus titres ils demeureraient déchus et ladite ville déchargée des dettes tant en principal qu'intérêts ; certification du sr. Vaussin, prêtre, curé de Montbard du 29e du mois de mars 1664 que ladite ordonnance aurait été par

---

[73] Le 23 janvier 1665, la ville reçoit « un billet » de messieurs les Élus, qui établit sur Montbard un « taillon » de 800 livres, fixé par Sa Majesté « pour l'entretien des prévôts, des maréchaux, leurs archers et gardes des officiers créés par le pays. »

Le billet indique comment l'impôt sera réparti, levé et versé. La somme sera « repartie par un seul rôle, où vous comprendrez les quatre termes qui se lèveront par un seul collecteur solvable huit jours après la réception du présent billet, le fort portant le faible. Comprenant ès rôles les seigneurs des lieux non nobles ni privilégiés, les fermiers et amodiateurs des ecclésiastiques, gentilshommes et privilégiés, les juges et procureurs d'offices, greffiers et autres officiers résidants sur les lieux et toutes autres personnes contribuables suivant les desdits et arrêts de Sa Majesté, à peine qu'en cas d'omission d'aucuns, les prudhommies asseurs de tailles en demeureront responsables en leur propre et privé nom, et élire un échevin ou procureur solvable qui en fera le payement en la ville de Semur-en-Auxois ès mains de Me Joseph Lebœuf receveur à ce commis, à quatre termes et égales portions les premiers jours d'avril, juin, août et novembre prochains ; et à faute de faire ledit département et élection d'échevins ou procureur solvable pour ledit paiement, il est permis au dit receveur de faire contraindre insolidement solidairement les plus aisés d'entre vous par leur exécution et non par simple commandement que lesdits sieurs élus défendent expressément sans exiger que douze deniers par quittance de chacun terme, encore que vous les faciès à plus grand nombre des payements qu'il n'est porté par le billet de vos impositions, laquelle vous ferez mettre sur le présent billet et non autrement. »

À ce taillon est ajouté un impôt de 640 livres pour la quotepart de la ville dans l'entretien des garnisons des villes, places et forts de la province. La répartition, la levée et le versement de cet impôt se feront exactement comme ceux du taillon précédent.

Copie des rôles doit être envoyée au receveur du bailliage dans les quinze jours.

Et les « billets » des Élus ont été au prône de l'église paroissiale par le curé Vaussin le dimanche 25 janvier 1665
Huit jours après, en la chapelle Saint-Thomas, les habitants ont élu pour confectionner les rôles Georges Michegault, Nicolas Rémond, Louis Goustat, Jacques Bréon, Nicolas Regnier et Jean Frèrejean.

lui publiée au prône de l'église paroissiale de Montbard par trois dimanches.

Ouï le rapport du sieur Colbert, Conseiller ordinaire ou Conseiller Royal et Intendant des finances, Le Roy étant en son conseil, après avoir fait examiner en celui ledit procès-verbal dudit jour deux avril mil six cent soixante-cinq, a ordonné et ordonne que lesdites dettes seront validées et acquittées comme suit : »

Le tableau suivant qui n'existe pas dans le texte de l'arrêt, mais qui en reproduit les données essentielles et résume l'énumération des dettes de la ville.

CREANCIERS DATES DES CONTRATS PRINCIPAL & INTERETS DUS :
AU 31-7-1655

Créanciers	Dates des Contrats	Principal	Intérêts dus au 31-07-1655
Cyprien Guilleminot	23 Juillet 1629	320 livres	48 livres
Jean Resmond	27 Mai 1632	812 livres	12 livres 12 s
Cyprien Guilleminot	10 Septembre 1632	900 livres	135 livres
Jean Resmond	15 Septembre 1632	300 livres	75 livres
Nicolas Boursault	16 Septembre 1632	300 livres	45 livres
François de Laplume	25 Janvier 1633	1 600 livres	160 livres
Cyprien Guilleminot	24 Janvier 1634	180 livres	27 livres
"	8 Septembre 1635	1.000 livres	150 livres
"	5 Février 1636	300 livres	45 livres
Bernard de Jaille	18 Février 1636	800 livres	80 livres
Edme Lemulier	16 Mars 1637	4 000 livres	400 livres
Bernard de Jaille	6 Mai 1638	3 000 livres	450 livres
Marquis d'Époisses	30 Mai 1638	4 650 livres	930 livres
Mespart de Montbard	2 Juin 1639	220 livres	55 livres
Cyprien Guilleminot	8 Septembre 1639	1 000 livres	150 livres
Vve Jacques Cocquard	25 Septembre 1639	3 600 livres	900 livres
Mespart de Montbard	20 Octobre 1639	300 livres	75 livres
"	27 Février 1640	500 livres	125 livres
"	1 Avril 1641	320 livres	80 livres
Bouchu (1er Président au parlement)	12 Octobre 1641	1 100 livres	220 livres
Pierre Delaloge	14 Février 1642	1 600 livres	240 livres
Jacques Ravier	19 Janvier 1642	2 000 livres	400 livres
Ursulines de Semur	14 Décembre 1642	2 000 livres	400 livres
Jacques Copin	14 Février 1642	3 000 livres	750 livres
Georges d'Époisses	14 Février 1642	850 livres	127 livres 12 s.
Lazare Dureuil	3 Décembre 1642	975 livres	146 livres 05 s
Jacques Bauvinet	14 Décembre 1642	2 400 livres	360 livres
Jean Coeurderoy	12 Mai 1643	5 000 livres	1 250 livres
Bernard Renard	12 Juillet 1643	1 000 livres	150 livres
Noël Vigneron	1 Juin 1644	405 livres	101 livres 5 s
Edme Lemulier	2 Décembre 1644	2 000 livres	200 livres
Mespart de Montbard	28 Mars 1645	296 livres 17 s	74 livres
Nicolas Pasquier	21 Avril 1650	2 000 livres	300 livres
Marquis d'Époisses	26 Avril 1650	4 900 livres	800 livres
Hugues Pouillot	13 Juin 1650	800 livres	200 livres
Ursulines de Semur	29 Août 1651	1 900 livres	300 livres

Jacques Guillot	29 Août 1651	300 livres		75 livres
Jacques Leguneault	21 Mars 1652	1 300 livres		195 livres
François Jacob	21 Mars 1652	1 200 livres		300 livres
Michel Potot	4 Avril 1652	2 500 livres		375 livres
Mépart de Montbard	13 Février 1652	300 livres		75 livre
Pierre Bonnot	28 Novembre 1653	800 livres		200 livres
Pierre Laloge	12 Octobre 1653	4 000 livres		600 livres
Dames Ste Marie de Semur	26 Octobre 1653	5 000 livres		1 000 livres
Guill. Guillot	20 Décembre 1653	5 400 livres		1 350 livres
Michel Potot	12 Mars 1653	2 500 livres		375 livres
Bretaigne Derain	7 Mars 1655	1 000 livres		100 livres
Bernard de Jaille	22 Mars 1655	594 livres		80 livres
Guill. Guilleminot	5 Juillet 1655	200 livres		39 livres
Ursulines de Montbard	26 Août 1655	1 600 livres		160 livres
Claude Couvreux	27 Septembre 1655	1 600 livres		160 livres
Messire Potot	24 Avril 1657	6 080 livres		912 livres
Jacques Copin	28 Mai 1657	2 000 livres		300 livres
Veuve Robert	7 Septembre 1657	2 450 livres		400 livres
RR PP Minimes de Dijon	26 Septembre 1657	6 615 livres		810 livres
Guyot & Veuve Priard Joly	7 Septembre 1657	7 350 livres		909 livres
Guid. Guillot	8 Novembre 1657	9 800 livres		2 000 livres
Michel Potot	7 Novembre 1657	1 600 livres		240 livres
Dames Ste Marie Semur	5 Juillet 1657	2 000 livres		400 livres
Pierre Bonnot	12 Mars 1658	1 000 livres		250 livres
Louis Siaud	24 Avril 1660	8 000 livres		
N-D du Refuge Dijon	1 Juillet 1660	857 livres	10 s	105 livres
Ursulines de Semur	9 Août 1660	400 livres		40 livres
Sieur Vaussin	26 Août 1660	448 livres	10 s	54 livres 18 s
Jacques Couvreux	20 Janvier 1663	1 000 livres		125 livres
Veuve Claude Brogier	10 Mai 1664	62 livres		
Sieur de Provenchères	2 Juin 1661	2 450 livres		400 livres
Louis Fiaud	26 Août 1662	1 756 livres		439 livres
François Jacob	13 Août 1636	1 600 livres		
"	25 Janvier 1643	5 000 livres		
"	4 Février 1644	4 460 livres		
"	26 Avril 1653	4 000 livres		
"	25 Mars 1654	19 000 livres		
"	21 Mars 1655	1 600 livres		
"	29 Avril 1656	3 750 livres		
	Intérêts échus			13 000 livres

En dehors de ces dettes, consignées dans des titres particuliers d'emprunt, la ville était encore redevable de dépenses avancées pour elle par les maires ou échevins pour frais de voyage, frais de procédure, travaux, salaires des employés de la commune ou des receveurs des tailles, honoraires des avocats et procureurs auprès du parlement ou des commissaires.

Ainsi, il était dû à :

Pierre Bonnot, recteur d'école :	200 livres
Pierre Briandet, avocat :	250 livres
François Daubenton, procureur au parlement :	760 livres
Pierre Varenne, procureur à Semur :	400 livres
Evrard, avocat à Dijon :	50 livres
Nicolas Bigame, échevin :	108 livres
Pierre Bouillot, d° :	108 livres
Bertrand Labague, d° :	178 livres
Régnault Blaizot, Maire :	30 livres
Edme Siret, échevin :	36 livres
Jean Crespillon d° :	36 livres
Jean Guilleminot, d° :	24 livres
Jean Nadault, d° :	36 livres
Régnault Blaizot :	200 livres
Pierre Durand, procureur au parlement :	500 livres
Guillaume Dangly, d° :	146 livres
Pierre Bouillot :	89 livres
Jean Fabry, ancien receveur :	570 livres
Frais, façon, reddition et épices des comptes des octrois de la ville	1 748 livres 17s 6d
En outre, tailles en retard, frais de contrainte et commissions :	13 000 livres[74].

Enfin 117 créanciers divers présentaient des réclamations dont les chiffres ne sont pas donnés.

Avant de clore la liquidation définitive des dettes de la ville de Montbard, les commissaires firent état d'un acte signé par le maire et par 22 habitants de Montbard « les meilleurs et plus considérables de la ville, assemblés au logis du Roi en la salle où lesdits sieurs commissaires tiennent leur séance », acte par lequel ces habitants, en leur nom et au nom de ceux qui n'avaient pu venir à Paris, « auraient déclaré que volontairement ils quittaient et remettaient leurs prétentions pour remboursement d'arrérages et rentes payées par aucuns desdits habitants aux créanciers d'icelle (ville), remboursement de garnisons et logement des gens de guerre, dépenses, dommages, et intérêts et toutes autres prétentions quelconques, estimant ledit département plus avantageux que d'établir des charges qui les accableraient… que même la plupart de ceux qui prétendent des sommes importantes se sont exemptés en tout ou en partie des tailles qu'ils devaient payer, et que quand bien même il leur serait du quelque chose pour raison de ce, toujours faudrait-il qu'ils fussent payés par des impositions sur eux-mêmes auxquelles seraient aussi raisonnablement sujets ceux desdits habitants qui ont quitté avant ou depuis la ville, qui d'ailleurs est misérable et dans le dernier accablement. »

En définitive, dit l'arrêt du 8 juillet, toutes les sommes dues par la ville de Montbard, tant en principaux qu'en intérêts échus jusqu'au dernier juillet 1665, reviennent à 226 492 livres, 12 sols, 6 deniers, savoir : 105 763 livres 15 sols, en principaux créés au nom de ladite ville par le maire et les échevins ; et pour autres causes, 28 466 livres en principaux créés par quelques habitants de ladite ville en

---

[74] Cet arriéré était en réalité de 24 000 livres. Le maire Blaizot avait obtenu en mars 1665 remise de près de la moitié.

leurs propres et privés noms, et employés néanmoins à l'utilité d'icelle, ainsi qu'il a été justifié, et qui seront payées les huit premières années avec les intérêts échus et qui écheront : 39 482 livres en principaux dus aux héritiers de M. François Jacob, lieutenant à Semur, qui seront payés au moyen de la vente des bois de ladite ville avec les intérêts échus,

2 483 livres, qui doivent être payés en la première année,

13 000 livres dues à la recette générale des États de Bourgogne, qui doivent être payées les quatre années 1667, 1668 et 1669,

17 140 livres, d'intérêts échus du capital de 105 763 livres 15 sols, 5 469 livres du capital de 28 466 livres, 13 000 livres du capital de 39 482 livres, enfin 1 748 livres pour épices et frais divers.

En ajoutant les intérêts qui courront sur les sommes non acquittées, au fur et à mesure des remboursements, toutes « les sommes dues, principaux et intérêts échus et à échoir, reviennent à 275 560 livres, 12 sols, 6 deniers ».

110 - Pièce d'un denier

Pour nous faire une idée de l'importance de cette somme, prenons pour terme de comparaison, non pas les honoraires des médecins qui étaient alors taxés à 10 sols par visite aux non-indigents, mais le prix du pain. Le pain valait alors moins de 2 sols la livre ; aujourd'hui, il vaut au moins 16 sols, c'est-à-dire 8 fois plus cher. Il faut donc multiplier au moins par huit le chiffre de 1665 pour évaluer le montant relatif actuel de la dette de Montbard en 1665. Nous arrivons ainsi au chiffre formidable de plus de 2 millions de francs. Et Montbard était en ce temps-là une ville inférieure de plus de moitié en population, et, ainsi que l'affirme l'acte du 28 mars 1665, « misérable et dans le dernier accablement. »

III : Règlement des Dettes.

Comment sortir d'une pareille situation ?

L'arrêt du 8 juillet divise la dette totale en deux parties :

1° 39 422 livres en principal et 13 000 en intérêts, soit 52 422 livres dues aux héritiers Jacob.

Cette partie sera éteinte par la délivrance « sous le bon plaisir du Roy » faite au sieur Jacob, président au parlement de Dijon et l'un des héritiers, le premier avril 1665 des bois de la ville aux clauses portées dans le contrat, « que Sa Majesté a validées et valide pour être exécutées suivant leur forme et teneur en tous leurs points ».

2° Une somme de 223 138 livres 12 sols 6 deniers qui sera payée au moyen d'octrois, ainsi établis par Sa Majesté :

30 sols par queue de vin de crû de tous les habitants ;

20 sols par queue de vendange qui entrera, ou 30 sols par queue qui proviendra de la vendange ainsi qu'elle sera reconnue dans le cours.

50 sols d'entrée par queue de vin, outre celui du cru qui entrera pour être distribué dans la ville et

20 sols par queue de vendange qui sortira du finage,

Le huitième de tout le vin qui sera vendu en détail par les hosteliers et cabaretiers, la queue à 200 pintes de Montbard.

10 sols par queue de vin qui sortira de Montbard, crû et non crû,

12 deniers par boisseau de froment, conseau et seigle moulu par les habitants, et 2 sols par boisseau moulu par les boulangers et autres vendant pain.

6 sols, 6 deniers par cuir de bœuf, vache et cheval ;

9 sols par douzaine de peaux de veau ;

6 sols, 6 deniers par douzaine de peaux de mouton ; outre les droits établis par le roi sur les cuirs, tous ces droits perçus, tant sur les cuirs qui seront façonnés à Montbard que sur ceux qui seront amenés du dehors ;

20 sols par bœuf, 15 sols par vache, 10 sols par pourceau, 4 sols par veau et mouton qui seront tués par toute sorte de personnes ; 2 sols par chariot et 1 sol par charrette qui passeront par Montbard pour l'usage des habitants, excepté les carrosses et coches ;

Le cinquième du louage des maisons des forains ou ce qu'elles pourraient être amodiées.

Ces droits seront levés sur toutes sortes de personnes, trois jours après la publication de l'arrêt, par les soins de fermiers, pour la somme annuelle de 6 900 livres, suivant contrat du 1er avril 1665 passé chez M. Miot notaire à Dijon. Les deniers seront employés au payement des créanciers de la ville.

Au produit de ses droits s'ajoutera une somme de 4 000 livres que S.M. accorde à la ville chaque année jusqu'à l'entier acquittement de ses dettes sur les octrois de la ville de Chalon (sur une somme de 14 687 livres 10 sols que Sa Majesté par arrêt de son conseil du 26 juillet 1664 veut et ordonne être employée au payement des dettes des autres communautés de la province).

Au même paiement est encore affectée une somme de 2 000 livres prélevée dans les mêmes conditions sur les octrois de la ville de Tournus et aussi une somme de 2 000 livres sur les octrois de la ville de Chalon, quand celle-ci aura entièrement acquitté toutes ses propres dettes, c'est-à-dire, à partir du 1er juillet 1669.

L'arrêt fixe ensuite dans le détail les payements à effectuer entre les mains des divers nombreux créanciers, sommes, dates, par qui, et à qui, de 1666 à 1682, avec ordre aux créanciers d'en accepter les conditions.

IV : Redressement budgétaire.

Pour prévenir le retour du gâchis financier auquel l'arrêt vient de mettre fin, ce même arrêt dresse l'état des dépenses ordinaires annuelles de la ville et indique les ressources qui serviront à payer ces dépenses. C'est le premier budget de Montbard.

Voici les dépenses :

Pour la fondation de deux grandes messes :	24 livres
Pour mettre à couture une pauvre fille, à quoi la ville est obligée par fondation :	10 livres 15 sols
Pour l'entretien d'une lampe devant le Saint-Sacrement :	20 livres
Pour le sacristain et le valet de fabrique :	15 livres
Pour celui qui a la conduite de l'horloge :	30 livres
Pour le régent du collège et pour le maître des basses écoles :	150 livres
Pour le prédicateur :	100 livres
Pour la cens des marcs dus au seigneur de Montbard :	370 livres
Pour les gages de la sage-femme :	20 livres
Au sieur curé pour l'enterrement des pauvres :	20 livres
Pour les suaires pour la sépulture des pauvres :	30 livres
Pour le louage d'une maison pour servir de chambre de ville :	25 livres
Pour le papier, registres et autres nécessités de chambre de ville :	20 livres
Pour les manteaux des sergents de maire :	20 livres
Pour les gages desdits sergents :	10 livres
Pour ceux du tambour :	3 livres
Pour les gages du secrétaire de la chambre de ville :	30 livres

Pour les gages du receveur de la ville, à condition d'aller prendre à ses frais ce que Sa Majesté a accordé par le présent arrêté pour aider au payement des dettes de Montbard, sur les octrois des villes de Chalon et de Tournus :	150 livres
Pour les gages du marguiller et des sonneurs :	20 livres
Pour les gages d'Hospitalier :	10 livres
Pour l'entretien du pavé :	30 livres
Pour le vin d'honneur :	30 livres
Pour les frais de la procession de Saint-Marc :	10 livres
Pour l'entretien du jeu d'arquebuse :	50 livres
Pour l'entretien des ponts :	50 livres

Ces crédits devaient être couverts : 900 livres par les octrois de la ville, le surplus par une imposition sur tous les habitants. Toute autre dépense devait être, au préalable, autorisée par les commissaires et faire l'objet d'une imposition spéciale.

Les octrois créés par le présent arrêt seront perçus pendant 17 années. Le receveur en rendra compte par devant les commissaires et à la chambre des comptes et les emploiera strictement comme il est prescrit dans l'arrêt, sans qu'il puisse en être « diverti de deniers sous quelque prétexte, en quelque sorte, et manière que ce soit, à peine d'en répondre par lesdits receveurs et fermiers en leurs propres et privés noms. » Sa Majesté fait particulièrement à ceux-ci « très expresses inhibitions et défenses d'avoir aucun égard aux ordonnances et mandements desdits magistrats s'ils ne sont conformes au présent arrêt, et pareilles inhibitions et défenses auxdits magistrats de donner des ordonnances et mandements que conformes audit arrêté, à peine d'en répondre en leurs propres et privés noms, solidairement, et du quadruple des sommes par eux ordonnées contre les dispositions dudit arrêté. » Et pour qu'aucun d'eux n'en ignore, le secrétaire devra lire ce présent arrêt aux magistrats le jour de leur prestation de serment.

Les octrois seront payés par toutes personnes, « tant exempts que non exempts, privilégiés, de quelque nature que soit leur privilège que non privilégiés, seigneur du lieu, ecclésiastiques, gentilshommes, officiers des cours souveraines, secrétaires du Roi et tous autres. »

La levée des impositions spéciales (dépenses communales) sera faite par le receveur, et le droit de collecte ne pourra dépasser un sol par livre « et seront tous les contribuables contraints de payer leurs cottes, tant exempts que non exempts, privilégiés de quelque nature et qualité que soit leur privilège que non privilégiés. »

L'arrêt stipule que les créanciers ne devront exercer aucune action contre la ville ni contre les magistrats en leurs privés noms, le présent arrêt faisant loi pour eux comme pour leur débiteur. Et ils ne pourront prétendre d'autres sommes que celles qui sont définitivement fixées par le présent arrêt.

Il a été impossible aux commissaires de procéder à la révision des comptes de ceux qui ont manié les deniers de la ville de Montbard : cette opération sera faite, à l'encontre des intéressés.

Sa Majesté fait très expresses inhibitions et défenses aux magistrats à peine de LA VIE, de faire aucune imposition que conformément aux commissions qui leur seront données par les élus de la province ; et le droit de collecte, qui sera donné au rabais, ne devra pas excéder un sol par livre. Et toutes les charges de la ville devront être acquittées au mois de juillet de l'année suivante, « à peine d'en répondre par lesdits magistrats en leurs propres et privés noms. »

Pour connaître si les magistrats se sont conformés aux conditions qui leur sont imposées, ils devront, après la confection des rôles, en envoyer un double au greffe des élus. Y seront inscrits tous les privilégiés, « exempts ou non », de quelque qualité qu'ils soient.

Lors de la révision des comptes, s'il apparaît que quelques contribuables et prétendus privilégiés se soient exemptés en totalité ou en partie des impositions ces contribuables seront condamnés à payer les sommes dont ils se seraient abusivement exemptés. Les maire, échevins et syndic seront imposés en raison de leurs facultés, sans aucun égard à leur qualité. Sa Majesté casse et annule tous abonnements et arrangements qui auraient pu être passés entre des particuliers et la communauté depuis 1640, et ceux qui n'auraient pas payé les sommes auxquelles leurs facultés auraient dû les imposer, selon le calcul des commissaires, seront condamnés à rapporter ces sommes.

Après la publication du présent « arrêté », les magistrats devront dresser l'État de tous les exemptés et privilégiés ou prétendus, et l'adresser aux commissaires.

A l'avenir contribueront les ecclésiastiques et privilégiés aux dépenses communes, comme frais de poste, magasins à blé, fortifications ou entrées des roi et gouverneur de la province, lieutenant de roi... pour leur part et portion, ainsi que cela se pratique à Dijon et Mâcon[75].

Interdiction est faite aux magistrats d'emprunter aucunes sommes pour quelque cause que ce soit, qu'après une délibération de l'assemblée générale de la communauté, consentement et avis des élus de la province, et lettres du grand sceau portant permission d'emprunter et sous condition d'employer les sommes empruntées exclusivement à l'objet de la dépense que justifie l'emprunt.

Chaque année par trois dimanches au mois de septembre, se fera la publication des recettes à attendre des octrois et de l'imposition spéciale. La levée en sera accordée au rabais, le receveur adjudicataire donnant « bonne et suffisante caution », dont les magistrats seront responsables personnellement.

L'adjudication aura lieu le premier dimanche d'octobre. Le collecteur ne pourra, sous peine de 1 000 livres d'amendes, s'immiscer dans la collecte des deniers royaux, pour le recouvrement desquels sera nommé un autre receveur. Et Sa Majesté ordonne que le receveur rendra compte du maniement de ses deniers le premier dimanche du mois de novembre en l'hôtel de ville, par-devant les magistrats assistés de huit bourgeois nommés en assemblée générale le dernier dimanche d'octobre. Et seront lesdits comptes rendus toutes les portes ouvertes avec faculté à tous les habitants de quelque qualité qu'ils soient d'y être présents et auront voix de remontrances, et les huit bourgeois nommés chacun voix délibérative avec les magistrats. Après la clôture des comptes, « un bref estât en receptes et despenses » sera envoyé aux commissaires dans la quinzaine.

Recettes et dépenses seront accompagnées de pièces justificatives enregistrées dans un registre de l'hôtel commun et les originaux déposés aux archives, les magistrats en demeurant personnellement responsables et en obtenant décharge de leurs successeurs.

Sa Majesté ordonne au sieur prince de Condé, gouverneur de la province, et au sieur Bouchu, intendant de justice en elle, de tenir la main à l'exécution du présent arrêt fait au Conseil d'État du Roy,

Sa Majesté y étant, tenu à Saint-Germain-en-Laye ce huitième juillet 1665

Signé : Philippeaux

L'arrêt royal a été signifié dans les formes prescrites, publié par les sergents aux carrefours de la ville et lu à trois prônes successifs par le prêtre de Montbard.

---

[75] En 1675, contre la municipalité qui applique rigoureusement cette clause, des procès seront engagés car plusieurs personnes qui prétendaient bénéficier, de l'exemption des tailles : damoiselle Gillette d'Époisses, dont le mari avait été un des officiers du prince de Condé ; le sieur des Bordes, petit gentilhomme ; Nadault, maître de postes. Cela se termina par des compromis : la première payera la somme forfaitaire de 35 livres par an, le deuxième, 30 livres, et le troisième 40 livres, étant en outre exempte du logement des gens de guerre. On revenait ainsi aux « abonnements et arrangements » que l'arrêt de 1665 avait apparemment condamnés.

Réformes municipales.

En dehors de ses dispositions financières, on vient de voir que l'arrêt du 8 juillet 1665, en interdisant aux magistrats municipaux de prendre aucune initiative, soit pour des dépenses qui ne sont pas prévues dans le règlement de ce 8 juillet, soit pour contracter un emprunt, sans en référer aux élus, c'est-à-dire à l'autorité supérieure, mettait fin à l'autonomie administrative de Montbard. La commune perdait l'indépendance relative dont elle avait joui pendant plus de quatre siècles ; elle entrait en tutelle pour n'en plus sortir.

De plus, pour mettre un terme aux divisions et intrigues qui troublaient la ville au moment des élections, l'arrêt du 8 juillet stipule que le nombre des magistrats sera désormais réduit à un maire, deux échevins et un procureur syndic.

Et comme aux élections, qui continueront de se faire comme par le passé, en la chapelle Saint-Thomas, le gouverneur continuera de présenter pour les charges de maire et de procureur, ses candidats officiels, il est facile de voir que c'en est fait, à peu près, des franchises municipales de Montbard.

L'arrêt du 8 juillet 1665 est donc d'une importance capitale dans l'histoire de notre cité.

H. Dargentole
Bulletin de la Sté Archéologique et Biographique de Montbard N° 19-1934

Montbard à la fin du XVIIème Siècle.

L'arrêt du Conseil du roi du 8 juillet 1665, si important pour l'histoire de Montbard, avait fixé un délai de 17 années à la ville pour la liquidation de ses dettes. Cet arrêt, on le sait, assurait l'amortissement des dettes énormes de la ville au moyen du produit d'octrois établis à Montbard même, et du prélèvement effectué sur d'autres octrois dans les villes de Chalon et de Tournus.

Il obligeait en outre, pour prévenir tout nouvel endettement, la municipalité à dresser chaque année un état de ses dépenses éventuelles c'est-à-dire son budget, les dépenses étant couvertes exclusivement par des impositions directes.

Il y a désormais trois rôles de contributions :

1° Les impôts d'État ou taille royale, dont le montant est fixé chaque année par les États de Bourgogne, ainsi que les suppléments appelés taillon, don gratuit, capitation vingtième....

2° Les impôts communaux, ou taille négotialle dont les différents chapitres ont été chiffrés par l'arrêt du 8 juillet 1665, ou sont l'objet d'une autorisation spéciale des commissaires des États.

3° La taille des marcs, redevance annuelle payée au seigneur de Montbard conformément aux conditions de la charte d'affranchissement de 1231.

Voici par exemple les budgets des années 1679 et 1680 :

État des sommes qu'il convient d'imposer pour l'année 1679

Taille Royale

Premièrement la somme de 1 061 livres 4 sols portée par le billet de nosseig, les Élus du 13 juin 1678.	1 061 livres 4 sols
Plus la somme de 292 livres 8 sols pour les cottes de nulle valeur passées au compte de Me Jacques Gommeau, collecteur de l'année 1677,	292 livres 8 sols
Plus pour les droits d'asseurs qui travailleront à la confection dudit rôle la somme de 12 livres	12 livres
Plus la somme de 12 ivres, pour la grosse du rôle et papier de l'original et copie,	12 livres
Plus la somme de 9 livres pour la peine-câble, il fait néanmoins de nombreux et profonds saluts à l'assemblée et salaire d'annoncer ledit rôle	9 livres
Plus la somme de 17 livres 7 sols pour les droits de collecte, suivant la délivrance en a été faite	17 livres 7 sols
Somme totale dudit rôle :	**1 403 livres 19 sols**

Taille négocialle

Premièrement, la somme de 250 livres pour parfaire les 900 livres des charges de la ville dont l'imposition est ordonnée par nos seigneurs les commissaires l'année 1672.	250 livres
Plus la somme de cent livres qui sera échue au prochain terme à Messieurs de St-Lazare du bail fait à leur profit sous le nom Jacques Gilot dont l'imposition est ordonnée par nos Seigneurs les Commissaires du mois de mars dernier,	100 livres
Plus la somme de 45 livres pour le prix du marché pour la réparation du cimetière de Courtangy dont l'imposition est ordonnée par nos seig. Les Comm. Du mois de novembre dernier	45 livres
Plus la somme de 25 livres pour le prix du marché fait avec François Champenois pour la réparation du tour de la fontaine du four est ordonnée par notre Seig. Les	25 livres

Comm. du mois de novembre dernier	
Plus la somme de 12 livres pour les droits aux asseurs qui travailleront à la confection du rôle	12 livres
Plus la somme de 12 livres pour les droits du greffe pour original, copie et papier timbré	12 livres
Plus la somme de 9 livres pour les salaires des sergents pour annoncer le rôle	9 livres
Plus la somme de 10 livres 5 sols pour le droit de collecte suivant la délivrance qui sera faite	10 livres 5 sols
À Monsieur le lieutenant 35 livres pour le terme de l'année 1679 suivant l'ordre de nos Seig. Les Commiss. de l'année 1672	35 livres
À dame Jeanne Bralley, veuve de Me Jean Taphiron la somme de 332 livres 8 sols suivant ord. De notre Seig. du 28 nov. 1678	332 livres 8 sols
Total	830 livres 13 sols

Taille des marcs

Premièrement la somme de 370 livres dues au Seigneur Baron de Montbard pour l'année 1679	370 livres
Droits d'asseurs, la somme de 12 livres	12 livres
Pour salaire du greffier	12 livres
Pour même salaire des sergents	9 livres
Droits de collecte suivant la délivrance qui en sera faite	5 livres
Total	**408 livres**

Total général	**2 643 livres**

État des Sommes qu'il convient d'imposer pour l'année 1680

Taille Royale

Premièrement la somme de 1 184 livres pour le terme du don gratuit accordé à Sa Majesté en l'assemblée des États tenue au mois d'aout 1679, suivant le billet de messieurs des élus du deuxième septembre dudit an	1 184 livres
Plus la somme de 381 livres pour la cote part du taillon ordinaire suivant le billet desdits sieurs élus en l'an 1679	381 livres
Plus 404 livres faisant moitié de la somme de 808 livres pour la cote part de l'octroi ordinaire suivant le billet de messieurs les élus du 2 septembre 1678	404 livres
Plus 265 livres 4 sols pour les deux derniers quartiers de l'octroi accordés à Sa dite Majesté en l'assemblée des États tenue au mois de janvier 1677	265 livres 4 sols
Plus pour le droit d'asseurs qui procéderont à la confection dudit rôle vingt-quatre livres	24 livres
Plus pour minute et grosse dudit rôle ensemble pour le papier timbré au greffier suivant qu'il est accoutumé, douze livres	12 livres
Plus pour le droit des sergents d'annoncer le rôle, neuf livres	9 livres
Droit de cueillette sur le pied d'un sol par livre cent trente-huit livres douze sols,	138 livres 12 sols

Total	**2 357 l 16 sols**

Taille négocialle

Premièrement deux cent cinquante livres pour parfaire les neuf cents livres charges ordinaires le ladite ville, dont l'imposition est ordonnée par l'arrêt du Conseil du huit juillet 1665.	250 livres
Plus la somme de cent livres due à messieurs de St-Lazare pour le terme de modiation faite à leur profit sous le nom de Jacques Gilot pour les revenus de la Maladiere dont jouissent les veuve et héritiers de Jacques Monchinet que cette ville leur doit faire valoir jusques en l'année 1682 incluse dont l'imposition est ordonnée par ordonnance de nos seigneurs les commissaires de l'année 1676	100 livres
Plus deux cent quatre-vingt-seize livres pour les frais du voyage séjour et retour de monsieur le mayeur et du sieur Fanon échevin a la tenue des États du mois d'aout dernier suivant le pouvoir à eux donné par les habitants le dix-sept du mois d'aout précédent dont l'imposition est ordonnée par décret général desdits États et par délibération du « terme » du mois d'août	296 livres
Plus la somme de deux cent soixante-quinze livres due à Me Pierre Bouillot pour avances par lui faites en l'année 1675 pendant son échevinage pour la poursuite des procès que cette communauté a eu contre le sieur Nadault les demoiselles Vaussin et des Bordes dont l'imposition, ordonnée par nos dits seigneurs commires ensuite du consentement desdits habitants le 24 décembre précédent par leur ordonnance du 20 janvier 1680,	275 livres
Plus la somme de cinquante livres dues à Nicolas Pernet, horloger de cette ville pour grosses réparations par lui faite l'année dernière à l'horloge dont l'imposition est aussi ordonnée par nosseigneurs le 6 septembre dernier,	52 livres
Plus quatre-vingt-quinze livres dues à Me Blaize Regnaudaut procureur au parlement pour avances et vacaons par lui faites pour cette communauté depuis l'année 1675 jusque et compris celle de 1679 au procès qu'elle a eu « tant pardevant nosdits que au parlement de cette province » suivant l'arrêté fait avec lui dont l'imposition est aussi ordonnée par nosdits seigneurs ensuite du consentement et pouvoir donné par les habitants du jour 24 décembre dernier par ordonce du 20 janvier 1680,	95 livres
Plus celle de cent quarante-neuf livres onze sols dues à Me Jean Chevalier syndic pour avance par lui faite pour cette communauté depuis le 24 juin 1678 jusques au dernier aout de l'année dernière 1679 suivant l'arrêt fait avec lui et dont l'imposition est pareillement ordonnée par nosdits seigneurs les commissaires ensuite du pouvoir et consentement des habitants donne en ladite assemblée du 24 décembre dernier par ordonce du 20 janvier 1680	149 livres 11 sols
Plus la somme de trente-cinq livres due au sieur lieutenant particulier Lemulier pour le terme de l'année 1680 dont l'imposition est pareillement ordonnée par nosdits seigneurs	35 livres
Plus le droit d'asseurs qui procéderont à la confection du rôle vingt-quatre livres	24 livres
Plus pour la minute et grosse dudit rôle ensemble pour le papier timbré au greffier suivant qu'il est accoutumé douze livres,	12 livres
Plus neuf livres pour le droit des sergents d'annoncer lesdits rôles,	9 livres
Droit de collecte sur le pied d'un sol par livre soixante et quatre livres quinze sols,	64 livres 5 sols
Total	1 325 livres 6 sols

Taille des marcs

Premièrement la somme de trois cent soixante et dix livres qui sera due au seigneur baron de Montbard la présente année au mois de mars 1680,	370 livres
Pour le droit d'asseurs qui procéderont à la confection dudit rôle vingt-quatre livres,	24 livres
Pour la minute et grosse y compris le papier timbré au greffier suivant qu'il est accoutumé douze livres,	12 livres
Aux sergents le droit d'annoncer ledit rôle neuf livres,	9 livres
Droit de cueillette sur le pied d'un sol pour la livre cinq livres quinze sols,	5 livres 15 sols

Total général[76]	**4 118 livres 17 sols**

Les mesures édictées par l'arrêt du 8 juillet 1665 furent-elles efficaces ?

Certes, elles ne remplacèrent pas miraculeusement l'état de misère des Montbardois par une soudaine prospérité et ne supprimèrent point d'un seul coup les tribulations financières de la municipalité. La création des octrois même, qui ne pouvait que provoquer le renchérissement de toutes choses, appauvrit encore une population qui vivait difficilement.

Ainsi, le 7 août 1668 le procureur syndic « remontre » qu'il y a urgence à effectuer la levée des tailles. Les receveurs des deniers royaux au bailliage de Semur « exercent journellement des contraintes envers les habitants de cette ville. » C'est en vain que l'on est allé à Semur et à Vitteaux les supplier d'avoir patience jusqu'au retour des pauvres manœuvriers et artisans qui « estoient allés gagner moisson affin de rapporter quelque argent pour subvenir au paiement de leurs cottes, leur estant jusques alors impossible d'en faire le payement par la raison qu'ils estoient entièrement ruinés par les fréquents passages et logements des gens de guerre qui ont passé et repassé en cette ville. » Les receveurs royaux n'ont rien voulu entendre. Ils ont dit qu'ils voulaient être payés et que si, dans huit jours on ne leur apportait pas l'argent des termes échus la présente année, ils enverraient des « archers et sergents se saisir de nos personnes (les échevins) et des principaux de cette ville. »

Pour éviter tous frais, contraintes et emprisonnements, la chambre demande à l'honorable Cheminée, collecteur des tailles de l'année précédente de se charger de la « cueillette » des tailles de la présente année.

Ledit. Cheminée accepte cette mission, moyennant un sol par livre la taille se montait à 3 743 livres 6 sols et 20 livres pour frais de voyage (transport à Semur des tailles perçues). Il a présenté comme caution son beau-père Pierre Marteau.

La délibération du 27 février suivant nous apprend que le collecteur Cheminée a eu mille peines pour faire rentrer les impositions établies. Il a, dit-il, « souffert des pertes par le moyen du grand nombre des insolvables, de partie des habitants de cette ville qui ont quitté et abandonné leur demeure tant par la raison des fréquents logements des gens de guerre que par l'excès des côtes des leurs tailles auxquelles ils ont été imposés. »

L'arrêt du 8 juillet 1665 faisait une obligation au receveur des tailles de rendre compte chaque année, en novembre, des deniers par lui touchés et payés ; ses comptes devaient être soumis à huit notables bourgeois en la chambre de ville, et les maire et échevins devaient envoyer aux Commissaires départis un bref état des recettes et dépenses effectuées dans l'année.

C'était une habitude nouvelle à prendre. A différentes reprises, il faut rappeler à l'ordre à ce sujet receveurs et administrateurs. Ainsi l'intendant Bouchu transmet à Messieurs les Magistrats de Montbard une ordonnance du 7 février 1669 par laquelle le prince de Condé, gouverneur de Bourgogne, constatant

---

[76] Le total accuse sur l'année antérieure une augmentation de plus de 50%. En 1692, la seule taille royale s'élève à 4 962 livres, la taille négociable à près de 3 000 livres et la taille des marcs à 40 livres. Le total des impositions de cette année est le double de celui de 1680. Les habitants de Montbard étaient en droit de se plaindre des excès de la fiscalité.

que ces formalités n'ont pas été remplies, que d'ailleurs, des créanciers de la ville se plaignent que les paiements ne leur sont pas faits régulièrement exige la reddition immédiate au subdélégué Lemullier de tous les comptes de la ville jusqu'en 1668.

Nonobstant ces embarras, le but principal visé par l'arrêté du 8 juillet 1665 fut atteint. Au bout des 17 années, en 1682, le 24 août, quand sont supprimés les droits d'octroi il ne reste plus à régler qu'une somme de 1455 livres 6 sols de créances, somme que les commissaires ont autorisé la chambre à ajouter à la « taille négocialle. »

Délivrés des octrois, les habitants, semble-t-il, auraient dû s'estimer heureux d'être définitivement libérés de leurs dettes communales.

Tant s'en faut. Quand, en octobre, le collecteur se présenta pour recouvrer la taille supplémentaire de 1455, un grand nombre de personnes refusèrent de lui payer leur « cote » menaçant même de le maltraiter s'il insistait.

C'est qu'un ancien échevin, François Pouillot avait été « dans leurs maisons la nuit aussi bien que le jour, leur faisant entendre que les maires, échevins et syndic avaient fait ladite taille de leur mouvement particulier et dans le dessein de s'approprier indirectement les sommes que la communauté n'était aucunement sujette au paiement. »

La chambre de ville se vit dans l'obligation de déposer plainte entre les mains du lieutenant criminel au baillage de Semur contre Pouillot, désirant effacer « les mauvaises impressions » que « le peuple » pouvait avoir reçues de la part de Pouillot par « ses injures atroces » et par ses « accusations fausses et absolument contraires à la vérité. » Et comme l'information de l'officier de justice se poursuivait lentement une assemblée générale des habitants fut convoquée le 8 novembre 1682 où le maire expliqua ce dont il s'agissait et donna lecture des ordonnances des commissaires. Et « d'une voix unanime » les habitants ont approuvé le projet de rôles de la taille négociable, nommé des asseurs pour la répartition de l'imposition et approuvé les poursuites contre Pouillot[77].

En 1681[78] le gouvernement de Louis XIV procédait à une enquête sur l'état financier et administratif de certaines villes. Un copieux procès-verbal d'assemblée générale des habitants de Montbard du 26 octobre 1681 inséré le 26 juin 1682 au livre des délibérations de la chambre de ville, fournit aux questions posées par le ministre des renseignements précis sur le budget futur de la cité et sur son organisation administrative.

---

[77] Epilogue : Le 20 novembre, le s. Pouillot se présente à la chambre supplier les seigneurs. Magistrats de retirer la plainte qui est en instance au bailliage pour l'obstacle qu'il a mis à la levée de la taille négociable et les injures proférées contre les magistrats. Il déclare « que mal et sans aucune raison il a proféré les injures rapportées, quoiqu'il ne croie pas être tombé en cette faute, ayant toujours tenu, comme il tient encore, sr. Mayeur aussi bien que le syndic pour des personnes d'honneur et de probité, non atteintes ni tachées d'aucune manière, avouant même et approuvant le rôle de la taille négociable fait pour la présente année 1682, comme l'ayant trouvé après un entier examen revêtu de toutes les formalités les plus nécessaires... »
En présence de ces déclarations, la chambre « consent que l'instance demeure éteinte, terminée et assoupie, sous le bon vouloir et plaisir de la justice », sous réserve que ledit Pouillot rembourse tous les frais qui ont déjà été faits, et que sa rétractation soit publiée, comme l'injure a été publique.
[78] C'est cette année le 16 juillet que l'intendant Bouchu rendit un jugement ordonnant la réunion au domaine royal de la terre de Montbard, contre le sieur Aubery lequel l'avait trouvée dans l'héritage du sieur Duplessis, dont il était légataire universel aux tenues du testament de ce dernier en date du 1er novembre 1671.

Budget des dépenses

Le budget proprement municipal, y compris la taille des marcs, se présente ainsi pour 1682 :

Pour la fondation de deux grandes messes,	24 livres
L'entretien d'une lampe devant le Saint Sacrement,	20 livres
La conduite et l'entretien de l'horloge	45 livres
Le régent du collège et le maître des basses classes	150 livres
Le prédicateur	100 livres
La cense des marcs due au seigneur	370 livres
Les gages de la sage-femme	20 livres
L'enterrement des pauvres	20 livres
Le papier, registres et autres nécessaires à la chambre	20 livres
Les gages des sergents	10 livres
Les gages du tambour	4 livres
Les gages du secrétaire de la chambre	30 livres
Les gages du marguillier et des sonneurs	10 livres
Les gages de l'hospitalier de la ville	10 livres
L'entretien du pavé	80 livres
Le vin d'honneur	30 livres
Les frais de la procession de St-Marc[79]	10 livres
L'entretien des ponts	50 livres
L'entretien des bâtiments communaux[80]	50 livres
La fabrique	30 livres
Les gages du porteur de croix et de bannière de la ville	6 livres
Le nettoiement des rues	30 livres
Total	**1 129 livres**

Revenus de la ville :

La ville, depuis l'arrêt du conseil de février 1675, qui accorde aux chevaliers de Saint-Lazare les fonds et revenus de la Maladière, ne jouit d'autres biens patrimoniaux que du revenu d'une métairie appelée le Cailley, qui a été jusqu'à présent employée comme « elle doit être pour la subsistance des pauvres tant de la ville que passants que pour le service qu'on fait pour le repos de lame de Mons. Daumont qu'on croit être bienfaiteur du fond pour être inhumé dans le lieu, ce qu'on teint dans la ville par relation, par les anciens baux qui marquent que les fermiers ont rendu compte de l'entretien des pauvres, pour lequel bien des pauvres les habitants supplient Sa Majesté de vouloir bien leur permettre d'employer les revenus et entretien tant de l'hospital que pour la fondation la métairie de Cailley consistant en un petit bâtiment et quelques fonds au finage de Montbard, laquelle métairie et dépendance peut valoir chacun an quatre-vingts livres à prendre sur la somme l'entretien du bâtiment »

Pour s'acquitter de leurs charges communales, tous les habitants remontent que les octrois ne se peuvent lever qu'avec une extrême difficulté et surcharge pour les particuliers qui leur est très pénible, espérant sur la bonté de Sa Majesté qui en a promis la suppression à ses bons sujets, ils la supplient très humblement de permettre que les charges se paient par la voie de l'imposition ordinaire de tout temps juste par les soins que l'on prend de la régaler à proportion des facultés et dont la levée se trouve, par ces raisons, beaucoup plus aisée et de moindre inconvénient

---

[79] Procession se faisant chaque année dans l'abbaye de Fontenay éloignée de plus d'un quart de lieue de cette ville.
[80] Qui sont l'église paroissiale Saint-Jean, l'Horloge, L'Hôtel-de-Ville, le collège et les tours des murs.

Exempts de taille.

Les magistrats et habitants certifient qu'il n'y a dans la ville de Montbard aucuns gentilshommes, officiers des cours supérieures ni souveraines du Roy, mais seulement six ecclésiastiques, Mres François Lorin, curé, François Guilleminot, Jean Godin, Anthoine Boigeot, Pierre Maistre et Jean Bouillot, prêtre, un privilégié, qui est Me Jean Gallée, comme receveur de la gabelle au grenier à sel, et trois autres particuliers qui jouissent de l'exemption des charges de la communauté, savoir, M. Jean Nadault, lequel au moyen de la qualité de maître de poste de la ville est exempt de toutes tailles royales et négociales même du logement des gens de guerre[81] en payant chaque année quarante-cinq livres par accommodement fait entre lui et la communauté le 1er décembre 1676.

La veuve Me Régnault Blaizot, laquelle au moyen de la qualité de garde du corps du Roy qu'a portée son mari est exempte des tailles royales et de logement des gens de guerre et de toutes autres charges tant actuelles que contributions en payant seulement trente-cinq livres chaque année sur les tailles négociales suivant accommodement fait entre elle et les magistrats du 7 novembre 1676. Et la veuve Me François Vaussin, laquelle en faveur de la qualité d'un des vingt-quatrièmes solliciteurs des affaires de Monseigneur le Prince de Bourgogne qu'il a portée durant plusieurs années, est pareillement exempte aussi bien qu'était son mari de toutes tailles royales, négociales, logement des gens de guerre et de toutes autres charges tant actuelles que contributions en payant seulement chaque année à l'avenir sur le rôle de la taille négocialle 35 livres aussi par accommodement fait entre elle et les magistrats le 19 novembre 1676.

Organisation municipale.

La magistrature de Montbard est composée d'un maire, de deux échevins et d'un syndic par devant lesquels toutes affaires civiles et criminelles, même de police, sont traitées, et lesquels entrent dans les charges par élection des habitants qui se fait tous les ans au jour de la Saint-Jean-Baptiste en assemblée générale.

Tous les ans se fait une assemblée générale où l'on fait choix et nomination de deux ou trois habitants qui procèdent à la confection des rôles et la collecte desquelles est délivrée à un habitant solvable qui en fait la condition meilleure[82].

---

[81] D'après le règlement du 4 novembre 1651, art. 2, sont exemptés du logement de guerre :
- Les ecclésiastiques,
- Les gentilshommes faisant profession des armes,
- Les chefs de compagnies d'officiers royaux, comme présidents et lieutenant généraux et particuliers civils et criminels,
- Les gens du Roy des sièges présidiaux et royaux,
- Les maires et échevins, receveurs des tailles et taillons, commis des fermiers des gabelles et traites foraines ou autres fermiers, ou receveurs généraux ou particuliers étant en exercice et ayant le maniement des deniers des S. M.

Une ordonnance royale du 4 décembre 1683, en rappelant le règlement précédent, en impose l'observance stricte, et stipule expressément que doivent cesser les abus qui se commettent dans la généralité de Dijon, où les maires et échevins exemptent du logement des gens de guerre, leurs parents et leurs amis.

[82] Voici comment cela se passa :
Le 18 décembre 1678, sous la présidence du Maire, Louis Leclerc, conseiller du roi, son procureur au grenier à sel de Montbard, juge, châtelain et prévôt de la Baronnie, Maire de la ville et communauté de Montbard.
Issue des vêpres, sur le pont de Montbard, lieu ordinaire à « faire les délivrances publiques », a eu lieu l'adjudication collecte des tailles royales et négociales et marcs de 1679, la délivrance devant être tranchée en faveur de celui qui « fera la condition meilleure, à prix ravallant »
Un sergent demande une mise à prix.
M. Jacques Couvreux, bourgeois de cette ville, « a aspodtié la collecte des trois rôles royal négotialle et marcs à douze deniers par livre, à condition encore de ne rapporter la collecte des non-valeurs après dues réquisitions, comme encore qu'il ne sera tenu à aucuns frais de contraintes qui pourront être faits de la part du sieur receveur particulier au bailliage d'Auxois, pendant le temps de trois mois prochains. »
Après cette enchère, Pierre Marteau, Me chirurgien, « aspodtié » la collecte à six deniers aux conditions susdites.

Il n'y a dans la ville de Montbard aucun officier de guerre de service actuel ou d'armement, préposé pour commander les habitants lorsqu'ils sont sous les armes, sinon Me Jacques Daubenton, qui depuis vingt ans fait la fonction de commandant lorsqu'il se présente occasion de porter les armes, pour l'arrivée d'un prince ou autrement, pour le choix qui fut fait de sa personne par les magistrats, sans néanmoins qu'il en reçoive aucune exemption ni rétribution, comme aussi déclarent les habitants qu'il n'y a autres officiers pour le règlement de la police, que les magistrats de la ville auxquels la connaissance en est attribuée et non à d'autres.

Il y a un Hôtel-de-Ville composé de deux salles, dans l'une desquelles se tiennent les audiences, et dans l'autre le conseil, dans lequel il n'y entre que le maire, les échevins, le syndic et le secrétaire de la chambre, qui examinent les affaires de la communauté dont le résultat est écrit sur un livre de la chambre, enfermé dans les archives, après quoi ils font convoquer à la diligence du syndic une assemblée générale des habitants dans une chapelle où les affaires qui requièrent un consentement des habitants sont mises en délibération et résolues.

111 - Louis XIV par Hyacinthe Rigaud en 1701

Misère des habitants.

La population de Montbard, faute de données précises comme en fournissent aujourd'hui les recensements quinquennaux, ne peut s'évaluer qu'approximativement. Une liste des « estappes » de 1677, payées le 15 janvier 1679 par Jean Nadault, « élu de la province », venu spécialement pour cela à Montbard, comporte un peu plus de trois cents parties prenantes. Un procès-verbal de « la visite générale des feux de la ville de Montbard ». faite les 2, 3 et 4 décembre 1692, par l'abbé de Fontenet, élu du clergé, et Claude Billard, président au présidial d'Auxerre, élu du Tiers Etat, atteste qu'il y a en 1691 et 1692, à Montbard, « quatre cent soixante-quatorze » habitants, — entendons 474 contribuables — inscrits au rôle de la taille, mais que la visite « de pot en pot » n'a révélé que 433 habitants effectifs, dont 84 « qui sont dans la dernière misère, mendiants pour la plus part leur vie, qui ne peuvent être imposés qu'à très peu de chose, et couchants sur la paille ! »

Couvreux fait alors un rabais et s'offre à prendre la collecte pour 6 deniers et Marteau descend à 4 deniers, aux conditions exposées par Couvreux.
Sur appel du sergent, Hugues Pouillot s'offre à affermer la collecte moyennant deux deniers par livre, mais il demande un délai de huit jours pour fournir et donner sa caution.
Sur quoi, Couvreux offre également deux deniers et présente pour sa caution Jean Collnel, apothicaire.
Cette dernière enchère est proclamée, et aucune offre ne s'étant produite, l'espace d'une heure, adjudication de la collecte est faite au profit de. Couvreux qui s'oblige et promet de ponctuellement payer de quartier en quartier au Sr. Receveur part, ladite taille royale comme aussi au seigneur baron de. Montbard a un seul payement au terme qui échoira au mois de mars prochain la taille des marcs a lui due pour ladite année, et encore les sommes destinées par les rôles aux créanciers dénommés sans pouvoir rapporter aucuns frais qui pourront êtres faits par le receveur, seigneur de Montbard et autres, comme encore de prétendre aucuns deniers pour le (?) de la taille royale et finalement de ne rapporter en son compte aucunes « cottes » de nulle valeur sous quelque prétexte que ce soit

Le nombre des personnes imposables est donc de 350 environ, chiffre sensiblement égal au nombre des assujettis au logement des gens de guerre en 1677. Ces 350 personnes sont selon toute vraisemblance des chefs de famille. En attribuant à chacun la charge de trois ou quatre personnes en moyenne, on trouverait pour la population de Montbard une population de 1 400 à 1 750 âmes. Le premier chiffre serait peut-être le plus proche de la vérité. Le rapport du 4 décembre 1699 signale en effet qu'il y a 102 maisons inhabitées, que les autres sont pour la plupart mal bâties et incommodes, que les trois quarts des habitants sont mal meublés, qu'il n'y a que trois hôtelleries considérables, dont une pour la poste, que la ville est environnée de vignes à la culture desquelles la plus grande partie des habitants s'occupent, assez sujettes à la gelée et d'un médiocre vin, qu'il ne s'y fait aucun trafic considérable, y ayant seulement quatre foires par an et deux marchés par semaine, que ce qui a causé la misère et la ruine presque universelle de la ville, c'est de n'avoir recueilli presque aucun vin depuis cinq années et d'avoir nourri les gens de guerre qui les épuisent entièrement non seulement par la grande nourriture, mais encore par l'argent qu'ils exigent continuellement[83].

Les mots « misère, ruine, indigence, grande ou extrême pauvreté » reviennent chaque fois qu'il s'agit, au XVIIème siècle, de définir la situation matérielle des Montbardois. Et le passage ou le séjour des gens de guerre est l'une des causes principales de ce dénuement général[84].

---

[83] Un jour, arrivent en étape, 4 compagnies du régiment de « Gringnan. » Le maire est obligé de faire les avances des frais de logement. Il doit même payer les frais d'étape à un colonel - 36 livres - qui menace de prolonger le séjour de ses troupes, s'il n'obtient pas satisfaction immédiate. Le maire s'exécute, pour éviter des désordres dans la ville et faire partir au plus vite les soldats.
D'après l'ordonnance royale du 1er novembre 1675, la fourniture des étapes est ainsi fixée :
- Pour un cheval de la Maison du roi (gendarme, mousquetaire, « chevau-léger » ou dragon), par jour 20 livres de foin et un boisseau d'avoine (mesure de Paris) ;
- Pour chaque homme de la maison du roi : deux pains de 24 onces, entre bis et blanc, cuit et rassis, deux pintes de vin ou deux pots de cidre ou bière, et deux livres et demie de bœuf, veau ou mouton, le capitaine prenant pour six gendarmes, le lieutenant pour quatre, l'enseigne pour trois, le guidon pour trois, le maréchal des logis pour deux, le fourrier et chacun des petits officiers pour la moitié d'un gendarme (une ration et demie).
- Dans la cavalerie légère, pour un cheval, une ration et demie : pour un homme, une pinte et demie de vin ou pot et demi de cidre ou de bière, deux livres de viande. Le maitre de camp ou le colonel prendra pour douze « chevau-légers », le major pour dix, le capitaine pour six, le lieutenant pour quatre, la cornette pour trois et le maréchal des logis pour deux... Dans l'état-major de la cavalerie légère, les rations des officiers et des petits officiers sont à peu près le double des précédentes.
- Un dragon aura, ainsi qu'un fantassin, 24 onces de pain, une pinte de vin et une livre de viande.

L'ordonnance interdit expressément aux soldats de « rien prendre chez leurs hôtes, ni de convertir aucunes des choses susdites en argent sous peine de la vie pour les cavaliers et soldats et de la perte de leur charge pour les officiers. »
Pour éviter des abus dans la fourniture des étapes, une autre ordonnance du même jour précise que les autorités municipales s'assureront par une revue du nombre exact des effectifs présents, dont l'état sera par leurs soins transmis au département de la guerre
Les abus auxquels fait allusion cette ordonnance étaient réels, ainsi que le constate une délibération de la chambre du 3 mai 1675, dans laquelle la municipalité se plaint de ce que des gens de guerre se font délivrer par force majeure des billets plus qu'il n'est nécessaire.

[84] Une autre cause, ce sont les frais des procès où est engagée si fréquemment la communauté. C'est ce que révèle une lettre de Bouchu, intendant de Bourgogne, à Colbert, du 6 décembre 1665. Dans cette lettre, l'Intendant signale la situation pénible des habitants de Montbard en face de l'avant-dernier seigneur, messire Christophe du Plessis, lequel avait eu par décret du 16 mai 1638 la terre de Montbard du Curateur à la succession du baron de Thermes. Il faut croire que ce Du Plessis n'était pas tendre pour les habitants de Montbard ; la lettre de l'Intendant Bouchu en fait foi. Elle a été publiée dans le premier volume de la Correspondance administrative sous Louis XIV, (par G. B. Deping, imprimerie Nationale, MDCCCL).
Elle est ainsi conçue :
« Le 6 décembre 1665, je vous renvoye la requête que M. Duplessis, seigneur de Montbard, a présentée au conseil pour obtenir la permission de poursuivre en la seconde chambre des enquêtes du Parlement de Paris, et aux requêtes de l'hôtel, non pas un procès, comme il dit, mais plus de quinze, qu'il a intenté aux pauvres habitants de cette communauté. Vous trouverez ci-joint un état de ces procès que j'ai tiré d'eux, afin que vous connaissiez leur misère, et la difficulté qu'il y a eu d'établir le bon ordre dans lequel, non seulement cette ville, mais toutes les autres de cette province sont aujourd'hui, par le moyen des arrêts que vous avez fait rendre au conseil contre les poursuites de ceux qui les accablaient, et vous jugerez s'il serait possible qu'une communauté déjà accablée et réduite à la misère, comme ledit sieur Duplessis ne le désavouera pas, puisse aller soutenir quinze procès au parlement de Paris, sans y trouver sa ruine entière, et si ce n'a pas été l'intention du Roi que ces commissaires que Sa Majesté a nommé essayent de terminer tous ces différends, ne pouvant autrement liquider les dettes des communautés dont les procès sont les suites les plus dangereuses et qui entrainent leur désolation... » (p.678). (Communiqué par M.R. Gueneau, avocat à la cour d'appel de Paris)

Et cependant, de temps en temps, la population est encore obligée de s'imposer quelque sacrifice extraordinaire. En 1683, notamment, elle eut à supporter des frais exceptionnels à l'occasion du passage du Roi.

Nouveau passage du roi à Montbard.

Louis XIV avait déjà traversé quatre fois Montbard : la première, en 1650, alors qu'il n'était encore qu'un enfant, la deuxième en 1658, alors qu'il était un pimpant jeune homme, mais qu'il n'avait, sous la tutelle de son ministre Mazarin, pas encore fait acte de roi, la troisième fois, le 26 avril 1674, alors qu'il se rendait en Franche-Comté, et puis le 21 juin suivant, à son retour.

En 1683, Louis XIV a 45 ans. Il gouverne effectivement depuis plus de vingt ans. Jusqu'à présent, la fortune n'a eu pour lui que des sourires. Son ministre Colbert lui a procuré des ressources grâce auxquelles un autre ministre, Louvois, a pu conduire à bonne fin deux guerres. Il a ajouté au royaume de ses pères, successivement, l'Alsace, l'Artois, le Roussillon, la Flandre, la Franche-Comté. Depuis 1680, il est Louis-le-Grand. En 1681, il a occupé Strasbourg. Il voit s'incliner devant Sa Majesté la flatterie de tout un monde de courtisans. L'Europe le considère comme le plus grand prince du continent. Il est très fort et il se croit tout-puissant. Oubliant, selon les paroles d'un souverain désabusé, que la fortune, comme les jeunes dames, fait plutôt grise mine aux barbes grisonnantes, son orgueil va se laisser entraîner à des entreprises téméraires ou malencontreuses. En attendant, il jouit de son prestige incontesté.

Sans doute, en 1683, veut-il prendre contact avec les nouveaux sujets que le traité de Nimègue lui a donnés en Franche-Comté.

Le 4 mai, les magistrats sont avertis par le duc-gouverneur de la province, que le Roi passera bientôt à Montbard. Ils sont invités à se procurer « la plus grosse quantité de belles et grosses truffes qu'ils pourront. »

112 - Des truffes

La chambre, « connaissant la nécessité qu'il y a de satisfaire à cette lettre, afin de donner à ses soins quelque rapport à son devoir », donne l'ordre de rechercher dans les bois et forêts des villages voisins toutes les truffes qu'il se pourra.

Mais les personnes chargées de cette chasse ne trouvent rien, car toutes les truffes ont déjà été ramassées au profit des villes d'Auxerre, Noyers, Semur, Châtillon, qui les ont payées un prix « considérable. » Il faut donc s'imposer extraordinairement pour pouvoir acheter de truffes.

Le 3 juin, le roi devait arriver à Montbard. Dès Auxerre, le syndic avait remis à Son Altesse Sérénissime les 37 livres de truffes destinées à Sa Majesté, « lesquelles elle avait reçue avec beaucoup de marques de reconnaissance. » À l'arrivée du roi à Montbard, « les profondes soumissions » de la communauté lui ont été présentées avec les clefs de la ville, par la chambre et aussi à Son Altesse Sérénissime Monseigneur le Duc, à qui ont été offertes 34 livres de truffes, « toutes lesquelles truffes avaient été choisies par la chambre dans la quantité achetée par le syndic, à cause du grand nombre de petites et de nulle valeur qui en font partie.

Le 4 juin, les officiers de la suite du Roi, avant de quitter Montbard, se sont présentés à la chambre pour recevoir les « libéralités dont cette communauté ainsi que toutes les autres que S. M. honore de son passage ont accoutumé de les gratifier. Ignorant la coutume, et craignant d'introduire une nouveauté au préjudice de la communauté, les magistrats s'informèrent auprès d'un ancien syndic, qui rapporta qu'une fois on avait distribué trois douzaines de bouteilles de vin. Et la chambre décide de « bailler » aux officiers 18 livres et aux gardiens de la marche 12 livres, à titre de gratification.

Le 5 juin, nouveau présent de truffes à « Monseigneur. »

Au total, la ville avait acheté pour 196 livres de truffes sans compter les journées employées par le syndic pour faire ses emplettes et pour effectuer le voyage d'Auxerre ni les 30 livres de gratifications aux officiers.

Ce sacrifice n'est pas le seul qui fut imposé aux Montbardois à l'occasion du voyage royal.

Le 13 mai 1683, en raison du prochain passage du roi, la chambre, ayant reçu ordre de faire préparer les chemins de ce territoire où le roi doit passer, « connaissant que le pavé de la plus grande partie des rues est en très mauvais état et qu'il est d'une nécessité indispensable d'y remédier, comme aussi que les murailles qui sont le long des vignes de la Chauve sont en partie renversées, en sorte que le chemin se trouve fort difficile, » ordonne aux habitants de quelque qualité et condition qu'ils soient, de faire remplir de pierres et de sable chacun devant chez soi les creux qui y sont par les manquements de pavés, ensemble les ornières... comme aussi aux propriétaires des vignes de la Chauve de faire incessamment relever les murailles qui sont le long d'elles, chacun de la largeur de leurs héritages, » sinon « elles seront relevées aux frais des propriétaires », au « surplus les défaillants seront condamnés en l'amende de dix livres chacun. »

Le 14 mai, les Élus venus se rendre compte des mesures prises par les magistrats, « ont trouvé qu'il était d'une nécessité indispensable d'abattre le toit des maisons le long des rues depuis la porte de la croix de Villiers jusqu'à celle de la rue aux juifs, en ce qu'une partie des bois sont pourris et en état de tomber au moindre mouvement et que les autres sont attachés si bas, et avancent tellement dans le rues qu'il est impossible à un cavalier de passer dessous sans s'exposer à être blessé. » Les magistrats décident en conséquence que les toits seront, à la diligence du syndic J. Daubenton, incessamment abattus et sans discontinuation. »

Les magistrats ont donc fait réparer le chemin qui va de la croix de Villers à l'entrée des petits faubourgs, et pour cela, « afin de l'aplanir, fait renverser toutes les hauteurs qui régnaient le long des murailles qui servent de clôtures aux vergers de M. Aubery ci-devant seigneur de Montbard, et des vignes de la Lombardotte, si bien que par le moyen de cet aplanissement, l'endroit où est placée la grande porte qui sert d'entrée dans la ville se trouve élevé de beaucoup plus qu'il n'était, par ce moyen ladite porte de beaucoup baissée, en sorte qu'il serait impossible à un carrosse d'y pouvoir passer s'il n'y était remédié en lui donnant plus de hauteur. La chambre décide de passer un marché avec des maçons pour élever la porte. »

Marché est en effet passé avec les quatre frères Poinselet pour élever la porte de quatre pieds et demi, pour la somme de vingt livres et quarante sols de vin, à condition qu'il leur soit permis de prendre leurs pierres de taille dans les ruines de la prison qui est proche du grenier à sel. Le maire payera la dépense et sera ensuite remboursé par la communauté.

Quant à la démolition des avant-toits, elle ne se fit pas sans provoquer de récriminations. Francis Pouillot, notamment, refusa d'exécuter l'ordonnance des magistrats et il fallut l'y contraindre par voie de justice.

1683, année dramatique.

L'année 1683 est d'ailleurs une année dramatique dans l'histoire de Montbard.

C'est une année de misère. Les habitants ont été accablés par le logement des gens de guerre en 1682. Le 6 mai 1683, la chambre de ville constate que la somme allouée pour le remboursement de leurs frais est insuffisante pour « payer et acquitter les billets de logement. » Il y a des réclamations véhémentes. Pour éviter le désordre qui pourrait arriver dans le remboursement des étapes par le manquement de fonds, la municipalité fait supporter aux ayants droit une réduction proportionnelle au montant de leurs billets.

C'est une année de sécheresse. Le premier acte de la municipalité élus le 24 juin (Guillaume Lorrain, Maire, Charles Himbert et Jean Guilleminot, échevins, Jacques Daubenton syndic), c'est, le 25 juin, de prier le curé de faire une procession à Notre-Dame de Cailley, pour demander son intercession pour faire pleuvoir, « partie des biens de la terre périssant faulte de pluye. »

C'est une année de crimes. Le 24 août 1683, une assemblée générale des habitants autorise le syndic à poursuivre le procès de Jeanne Tumbereau, veuve de Noël Langonnier, accusée de « sortilèges et maléfices », et à la conduire à la conciergerie du Palais, « sous bonne et sûre garde et de lui fournir les aliments nécessaires comme étant à la charge de la communauté. »

Le crime de Jeanne Tumbereau était sans doute simplement imaginaire. Un autre crime, réel, celui-là, est commis peu après. Le 15 septembre, en effet, une nouvelle assemblée des habitants est saisie d'une demande de poursuites contre Edme, fils de Nicolas Bigron, boucher, pour « l'assassin qu'on prétend avoir été par lui commis à la personne de Pierre Poinselet, maçon de ce lieu, attendu que la veuve de celui-ci est indigente et n'a pouvoir de le faire, ce qui doit être à la charge de la communauté ». Mais les habitants se sont opposés à cette procédure, laissant à la veuve le soin de se pourvoir seule « à messieurs les gens du Roi. »

Toutes les têtes sont échauffées. Un indice de l'état d'agitation ou de trouble des esprits, c'est la fréquence des assemblées générales des habitants dans le deuxième semestre de 1683. Outre les réunions mentionnées plus haut, des 24 août et 15 septembre, la population dut en effet être convoquée les 22 août, 19 septembre, 28 septembre, 28 novembre, 11 et 12 décembre et 26 décembre. La principale difficulté résidait dans la répartition des tailles. Il y avait notamment une opposition véhémente contre les privilèges fiscaux des officiers municipaux. Et l'on vit, le 21 décembre, le sieur François Bigame, « hoste[85], en cette ville », se présenter dans différentes maisons de la ville et faire signer aux habitants une requête de Me Pierre Bouillot, notaire royal, résidant à Dijon, tendant à « une émotion populaire » (une émeute) en « mettant menaces et impostures dans l'esprit du peuple » contre les magistrats, malgré « les soings » qu'ils prennent « pour le soulagement desd. Hans » (habitants)

Pour « esvitter ladict émotion et faire resprimer ce procédé », la chambre décida de porter ses plaintes à monsieur l'Intendant. Elle n'en dut pas moins réunir l'assemblée du 26 décembre. Et cette assemblée vota « que les sieurs maires seront imposés à l'advenir sur le pied de leurs facultés, de mesme que l'on se pourvoira pour faire dire que ceux du passé n'ayant esté imposés aux roolles depuis l'année 1665 payeront suivant l'imposition d'office qui en sera faite par les juges auxquels la cognoissance en doit appartenir. » Le maire déclara qu'il ne reconnaissait point la validité de cette délibération, disant qu'il se réservait de déduire en temps et lieu les raisons « justes et pertinentes » de son attitude, attendu qu'il devait « se conformer aux Maires des principales villes de cette province, étant laditc chargc dc Maire à l'instar de celle de Dijon, ville capitale de la province, » soutenant « qu'il ne doibt estre imposable que pour cinq sols seulement pour marque de sad. cotte. » Et à côté de sa signature sur le procès-verbal, il écrivit cette note qu'il encadra d'un trait : « protestations qu'il a fait au procès-verbal en qualité de Maire ».

H. DARGENTOLLE.
Bulletin de la Sté Archéologique et Biographique de Montbard n° 35-1936.

---

[85] Hôtelier

Faux-Sauniers montbardois

Sur la rive gauche de la cure, au pied de la colline de Vézelay, à proximité du village de Saint-Père, au lieu-dit les Fontaines Salées, la société des fouilles archéologiques et des monuments historiques de l'Yonne procède, depuis quelques années à des fouilles, qui ont mis à jour des thermes gallo-romains.

Le site a été occupé dès la préhistoire. Il offrait cette particularité remarquable que l'eau qu'on en tirait était salée : il était connu sous le nom de Puits de Sel ou Trou salé ; il prit le nom de Fontaine Salée à la confection du cadastre. De tout temps les habitants de la région exploitaient cette saline pour leurs besoins personnels.

Mais le fisc veillait...

113 - Maquette représentant les fontaines salées

On sait que sous l'ancien régime, la gabelle était un impôt sur divers produits et particulièrement sur le sel. Il avait été institué pour payer la rançon du roi Jean fait prisonnier à la désastreuse bataille de Poitiers en 1356. Ce fut l'un des impôts les plus impopulaires de la monarchie, mais y en eut-il jamais de populaire sous quelque régime que ce fut ?

La gabelle était exigée de chaque famille, qui devait se procurer du sel et exclusivement dans les greniers de l'état. Ces greniers étaient établis dans les villes et bourgs de quelque importance, sous le nom de « grenier à sel ». Montbard en possédait un dans une rue qui portait ce nom et qui est aujourd'hui la rue du parc Buffon. La gabelle était un impôt très productif dont les Etats-Généraux avaient toujours réclamé l'abolition. Il ne fut supprimé qu'en 1790.

C'est dire que sous l'ancien régime, le champ de sel de la vallée de la cure était étroitement surveillé par les préposés de l'autorité royale - on dirait aujourd'hui les « gabelous. » Et il fut d'autant plus surveillé lors de la création de la « Ferme générale », qui n'était autre chose que le droit concédé par le roi à des traitants appelés « fermiers généraux » de percevoir les impôts moyennant une redevance forfaitaire. De là des exactions sans nombre qui incitaient à la fraude et mettaient constamment aux prises les agents du Roi et ceux qui faisaient la contrebande du sel, et qui étaient connus sous le nom de « faux-sauniers. » Un chemin de terre qui aboutit à Saint-Père porte encore le nom de chemin des faux-sauniers.

Au XVIIe siècle, les sources étaient encore très abondantes. Monsieur René Louis, directeur des fouilles, dans son compte-rendu de la campagne de 1637, écrit :

« Un arrêt du Conseil d'État du roi en date du 11 juin 1678, qui assimile à des faux-sauniers ceux qui utilisent, transportent ou vendent ces eaux, et qui ordonnait de combler les sources, nous apprend que les sergents du grenier à sel de Vézelay montaient la garde nuit et jour aux Fontaines Salées, mais en vain : les paysans venaient la nuit en troupes armées avec des pioches et des récipients placés à dos d'âne ou de mulet pour recueillir et emporter l'eau salée. »

De véritables batailles rangées mettaient aux prises les ravisseurs du sel et les gardes. L'arrêt de 1678 ne modifia pas sensiblement cet état de choses. En 1680, le grenier à sel de Vézelay fit placarder et lire au prône une affiche menaçant les usagers coupables de neuf ans de galère plus cinq cents livres d'amende et de la peine de mort en cas de récidive. Les bagarres continuèrent de plus belle.

Un arrêt du Conseil d'État du 20 janvier 1706 nous apprend que des troupes armées venaient se ravitailler depuis Auxerre, Avallon, Montbard, Château-Chinon, Nevers, Clamecy. Cette active contrebande subsista jusqu'à la révolution, qui supprima la gabelle et les greniers à sel.

On ne s'attendait guère à voir en cette affaire les Montbardois en qualité de faux-sauniers, et il fallait qu'ils y vissent un attrait particulier ou un profitable rapport pour risquer ainsi, sinon la mort, du moins la galère. Il est vrai que de tout temps le français a aimé rosser le guet et faire la fraude. Sur ce dernier point, les mesures énergiques prises de nos jours pour la répression des fraudes fiscales prouvent que le français d'aujourd'hui n'a pas changé.

114 - Plaque apposée sur l'ancien grenier à sel

Paul Beau
Bulletin de la société archéologique et biographique de Montbard, n° 45 - 1939

Passage de l'ambassadeur de la Porte

Un événement qui compte dans les fastes de Montbard, c'est le passage par cette ville de l'ambassadeur de Turquie se rendant à Paris en 1741.

On était au début de la guerre dite de succession d'Autriche, qui devait durer sept ans et mettre aux prises à peu près tous les États de l'Europe. On sortait à peine d'ailleurs d'une autre guerre de presque égale durée, et presque aussi générale. Dans ces deux guerres, le gouvernement de Louis XV, poursuivant la politique traditionnelle de ses prédécesseurs depuis François Ier, c'est-à-dire depuis deux siècles, s'évertuait à affaiblir la « Maison d'Autriche », puissance germanique considérée comme un danger pour la sécurité de l'Europe, et particulièrement de la France. Pour aboutir à ce résultat, la France avait recherché le concours ou la neutralité bienveillante de tous les États qui pouvaient menacer le souverain de l'Autriche et de la Hongrie, empereur d'Allemagne.

Parmi ces états, il faut compter la Turquie, qui touchait à la Hongrie, et qui eût des visées, non seulement sur Buda, mais même sur Vienne. Dès 1535, le Roi Très-Chrétien François Ier avait reçu du sultan de Constantinople, commandeur des croyants, c'est-à-dire pape des musulmans, en garantie d'amitié spéciale, les avantages consignés dans les « capitulations ». Liberté totale de commerce pour les Français, à l'exclusion de tout autre étranger, liberté religieuse, garde des « Lieux-Saints », et le titre de padichah pour le Roi, qui seul était traité d'égal à égal par le Sultan.

Depuis 200 ans, le pacte d'amitié franco-turque avait été respecté avec une égale loyauté de part et d'autre. Dans la dernière guerre « de succession de Pologne », l'action diplomatique de l'ambassadeur français à Constantinople, Villeneuve, et les avis militaires du « pacha » Bonneval, avaient sauvé la Turquie d'une situation que les succès des Autrichiens et des Russes avaient rendue très délicate (1738).

C'est sans doute pour marquer expressément sa reconnaissance à la France que la Porte envoya un ambassadeur extraordinaire à Versailles en 1741, et pour resserrer l'alliance franco-turque que cet ambassadeur fut accueilli avec des égards particuliers.

Quoi qu'il en soit, le voyage de ce personnage fut entouré de toutes sortes de précautions et de prévenances, dont le passage à Montbard nous donne une idée.

C'est le 18 novembre 1741 que parvient à Montbard le premier avis du prochain passage de « Monsieur l'ambassadeur de la Porte » se rendant à Paris. La chambre est invitée à rechercher la maison la plus convenable pour lui-même, et, pour sa suite, des maisons voisines. Le 20 novembre, des instructions détaillées sont adressées par le comte de Tavasne, commandant en chef en Bourgogne. La municipalité aura à rendre les honneurs à son Excellence, à pourvoir de fourniture de bouche les troupes qui accompagnent l'ambassadeur, à se procurer ce qui peut manquer à Montbard, comme citrons, confitures sèches et liquides... et effets pour mettre en tenue la milice et les valets de ville. Le comte insiste pour que « tous soient bien logés, et que le roi ait lieu d'être satisfait de l'attention qu'on aura donnée pour qu'il y ait aucune plainte à ce sujet ». Il faudra fournir l'étape et le logement à la compagnie de grenadiers du 2ème bataillon de régiment d'infanterie de Noailles qui doit monter la garde à la porte de l'ambassadeur, à 30 mètres du Régiment de cavalerie de Puisieux qui accompagne l'ambassadeur, et aux deux brigades de maréchaussée qui l'escortent.

Le cortège de l'ambassadeur comporte deux colonnes qui se suivent à un ou deux jours d'intervalle.

1ère colonne : le trésorier de l'ambassadeur, un officier de cavalerie, celui qui présente la serviette, le pourvoyeur, le contrôleur de la dépense, trois huissiers de l'intérieur, deux amis du gendre de l'ambassadeur, un drogman, un entrepreneur français, un interprète français, et plusieurs autres Turcs comme valets, faisant en tout 70 Turcs, 20 palefreniers et 80 chevaux.

2ème colonne : l'ambassadeur, M. son fils, M. son gendre, son secrétaire, son trésorier, son aumônier, le dépositaire du Bul, le gouverneur du fils de l'ambassadeur, le secrétaire du trésor, trois maîtres de cérémonie, le porte-épée, un officier de l'intérieur, les Français suivants : le médecin, deux drogmans, Messieurs de Souville, le chevalier de Castelane, de Laria, le baron de Nocteni, un entrepreneur, enfin des domestiques valets et palefreniers, en tout 80 Turcs, 18 maîtres et valets français, 30 palefreniers français et 100 chevaux.

Les denrées et provisions nécessaires aux deux colonnes seront payées sur les fonds de Sa Majesté.

Du 20 novembre au 4 décembre, l'activité de la municipalité est orientée exclusivement vers ce but : recevoir l'envoyé du sultan avec le maximum de magnificence. On sent, dans ses préoccupations, le secret désir de la ville de Montbard de montrer à un illustre étranger que, même dans une humble bourgade de France, il peut recevoir une hospitalité digne de lui et du pays qu'il représente, pleine d'honneur et de générosité. Le zèle du maire et des échevins est d'ailleurs stimulé presque chaque jour par des instructions émanant de Dijon.

À Dijon, on attache une grande importance à la question du logement de l'ambassadeur. On a appris en effet que celui-ci a paru peu satisfait d'avoir été logé à Lyon dans « des cabarets. » Aussi, à Montbard, après avoir d'abord envisagé de la « Maison de l'Ecu » pour héberger cet hôte éminent, la municipalité cherche une maison privée qui pût mieux lui agréer. Elle ne trouve que celle « de Monsieur de Buffon, intendant du jardin du Roy. » Le savant, pressenti, répond le 28 novembre, « voulant en toute rencontre s'empresser pour le service du roi et contribuer à faire les honneurs de la ville, il donnerait volontiers sa maison et la ferait disposer de la façon la plus convenable pour y recevoir M. l'Ambassadeur, M. son fils, M. son gendre et quelques-uns de leurs principaux officiers, sauf qu'il ne pouvait fournir une cuisine pour les Turcs, mais une chambre pour faire le café. »

Dijon avait demandé pour l'ambassadeur, son fils et son gendre, trois chambres séparées : trois autres chambres avec trois lits de maison pour l'homme de loi, le secrétaire et le maître des cérémonies, une chambre à cheminée pour faire le café, une pour mettre 20 matelas à terre pour les pages ; une autre avec autant de lits pour les valets de chambre ; une égale pour les valets de pied ; une pour douze cuisiniers ; une pour le maître d'hôtel et quatre personnes ; une grande cuisine pour les Turcs, le tout au plus dans deux maisons voisines. Les 12 membres français de la suite et leurs 14 laquais ou valets devaient recevoir des billets de logement chez les bourgeois. Les auberges devaient fournir aux palefreniers matelas et couvertures.

La maison de Buffon, qui n'était pas encore l'hôtel que nous avons sous les yeux aujourd'hui, puisque sa construction ne fut achevée qu'en 1750, n'abritait qu'une petite partie de l'ambassade. On s'adressa à d'autres particuliers.

L'écu de France - Monsieur Miguet - fournit 3 lits, 80 matelas, une cuisine et des chambres pour 12 cuisiniers turcs, et des écuries pour 36 chevaux.

Monsieur Jean Sordot, dans son logis des Trois Rois : 10 lits et des écuries pour 36 chevaux.

Monsieur Babelin, 5 lits, des écuries pour 32 chevaux et 6 lits pour palefrenier.

Monsieur Mastret, 6 lits et des écuries pour 20 chevaux.

Monsieur Fanon, 6 lits et des écuries pour 36 chevaux.

Monsieur Louis Silvestre, 2 lits et une écurie pour 6 chevaux.

Monsieur François Sordot, 3 lits et une écurie pour 10 chevaux.

Monsieur Jean Leroux, -3 lits et une écurie pour 10 chevaux.

Monsieur Bréon, avocat, offre le logement pour 5 personnes et une table garnie de 18 couverts.

Enfin différents personnages français et leurs domestiques seront logés chez le maire, Messieurs Guenyot, Berthuot, Conibert, Bienaymé, Guyot ; Mesdames Amyot et Mandonnet.

Pour la nourriture, les pourvoyeurs qui accompagnaient les colonnes s'en chargeaient. Les Turcs ne faisaient d'ailleurs que deux repas par jour, « mangeant le matin avant de partir et allant ensuite tout d'une traite au lieu de la couchée. » À l'égard de la deuxième colonne, il fallut faire trouver à la dînée les provisions nécessaires à la Villeneuve, ce qui obligea l'échevin Rigoley à se rendre à la Villeneuve le 2 décembre.

Il s'agit aussi, en ce qui concerne les honneurs à rendre à ses hôtes, de montrer que Montbard est à la hauteur de sa mission.

D'abord, « dans la conjoncture présente, on ne peut choisir une personne plus en état de remplir le poste de capitaine [de la Milice bourgeoise] que M. Nadault, officier chez le roi, qui est actuellement en cette ville. »

Ensuite, on forme la milice. Celle-ci est composée de 4 compagnies, commandées par 4 officiers : Nadault, capitaine ; Babelin père, lieutenant ; Gibiers fils, enseigne ; Pauleve, major, assisté de 4 dizeniers et 11 sergents. Il y aura 34 pertuisaniers. À titre documentaire, les 34 pertuisaniers comprenaient : 7 boulangers, 7 épiciers, 4 taillandiers, 2 tanneurs, 2 merciers, 2 perruquiers, 2 aubergistes, 1 horloger, 1 traiteur, 1 vitrier, 1 marbrier, 1 chirurgien, 1 sellier, 1 marchand. En tête de chaque compagnie, il y aura un dizenier et 4 pertuisaniers ; 4 pertuisaniers marcheront à la queue, 10 sergents et 1 sergent-major prépareront la milice par des exercices et des revues.

On fera venir de Dijon « le taffetas nécessaire pour faire un drapeau, et des villes voisines des pertuisanes et des hallebardes propres à armer le plus grand nombre de bourgeois possible.

115 - La rue Auguste Carré

La revue de la milice est passée le 30 novembre. Plusieurs habitants manquent à l'appel, « non par défaut d'inclination à marquer leur empressement à se rendre aux ordres de la chambre, mais faute d'armes. »

Des armes, on les réquisitionnera chez les habitants qui ne servent pas à la milice. Quant aux hommes, comme ils ne sont pas en nombre suffisant pour « border et faire la haie depuis la porte de la ville jusqu'au logement de Monsieur l'Ambassadeur », on demandera, par les soins de la maréchaussée, aux habitants d'Arrans, qui sont de la paroisse de cette ville, de se trouver en armes devant l'Hôtel de Ville à 8 heures du matin le jour de l'arrivée de l'Ambassadeur.

Il y a 4 sergents de ville au service ordinaire de la municipalité. « Dans une occasion aussi importante », ce nombre n'est pas suffisant pour « fournir tout ce qui sera nécessaire. » Aussi engage-t-on 4 valets en surplus. Les manteaux n'ayant pas été renouvelés depuis 9 ans, trop usés ou percés, « il ne serait pas décent de s'en servir dans une circonstance aussi marquée ». La chambre décide donc le 27 novembre d'acheter du drap rouge pour faire quatre manteaux destinés aux sergents. Quant aux valets en surnombre, on leur donnera des casaques rouges faites avec les vieux manteaux on y coudra des boutons d'estain et un galon de soie blanche sur les manches. On achètera en outre pour les sergents « des drapeaux bordés en argent » ; un chapeau également à bord d'argent faux pour le tambour ; une petite casaque rouge au fils du tambour, pour l'encourager à bien faire ; deux douzaines de brandebourgs de laine blanche pour relever deux vieilles casaques de tambour ; des cocardes de ruban blanc pour les 4 sergents, les 4 valets d'extraordinaire, les 6 tambours, les 4 hautbois et les 11 sergents de la milice.

Comme il peut se faire que l'ambassadeur, en cette saison, arrive un peu de nuit, il est ordonné que tous les habitants, qui auront leur maison sur les rues du passage, mettront le soir des chandelles sur leurs fenêtres, « à peine de dix livres d'amende ». On achètera à Dijon une douzaine de flambeaux, que rapportera « l'exprès qui ira : cherches les robes violettes pour décorer les cérémonies de cette ville ».

Enfin, la rue de l'hostellerie de l'écu étant en mauvais état, avec « des creux et des tas de pierres et de boue, un aqueduc rompu au milieu de ladite rue et une fondrière impraticable », les réparations nécessaires seront faites d'urgence par tous les « massons » de la ville, réquisitionnés. Les habitants sont d'autre part, invités à procéder au nettoiement de toutes les rues.

L'arrivée de l'ambassadeur est annoncée pour le 4 décembre. Le comte de Tavannes, qui a reçu un rapport sur les mesures prises par la ville, approuve le 3 décembre tous les arrangements prévus. Ce même jour, la Chambre invite les sieurs avocats et praticiens de la ville à se trouver en robe noire le lendemain après-midi à l'hôtel de ville pour accompagner les magistrats dans les cérémonies. Elle ordonne au syndic de se rendre sur-le-champ à la Villeneuve s'assurer que les habitants de ce village et d'Etormay sont sous les armes[86] et à Nicolas Robin, canonnier, de disposer les couleuvrines sur des tours du château, pour les tirer à l'arrivée et au départ de l'Ambassadeur.

Le lundi 4 décembre 1741, la milice bourgeoise, composée des officiers principaux ordinaires, de quatre dizeniers, quarante pertuisaniers, douze sergents et d'environ 300 hommes distribués en quatre compagnies, a bordé en deux haies toutes les rues depuis la porte d'entrée du côté de Dijon jusqu'à la maison de M. de Buffon au-devant de laquelle était postée une compagnie de grenadiers du régiment de Noailles.

À trois heures après midi, le cortège de Monsieur l'Ambassadeur ayant été aperçu à la descente de la Griache, il a été fait plusieurs décharges de canons, jusqu'à son entrée qui s'est faite à 4 heures.

Deux brigades de maréchaussée précédaient, ayant l'épée nue, avec le prévôt général à leur tête. Le détachement du régiment de Puisieux composé de trente maîtres ayant aussi l'épée nue venait ensuite. Trente-six chevaux de la grande et de la petite écurie du Roi menés en main marchaient après.

Le carrosse de Monsieur l'Ambassadeur, celui de son fils, celui de son gendre arrivèrent avec les carrosses, chaises et équipages de tout le reste du cortège, et la marche était terminée par plusieurs carrosses de seigneurs des environs de cette ville qui étaient allés au-devant de Monsieur l'Ambassadeur.

Après qu'il y a été arrivé et que tout le logement a été fait, le corps de la magistrature s'est mis en marche pour aller faire le compliment et offrir les présents. Il était précédé de quatre valets de ville, en casaque rouge portant deux corbeilles, dans l'une desquelles il y avait vingt-cinq livres de belles truffes, et dans l'autre des confitures fines tant sèches que liquides et des citrons ; quatre sergents de ville en manteau rouge avec leurs hallebardes suivaient.

Ensuite marchait le corps de ville composé de six magistrats en robe violette, et après, Monsieur le subdélégué avec plusieurs avocats, notaires et praticiens en robe noire au nombre de six. Monsieur de Jonville a présenté le corps de ville à Monsieur l'Ambassadeur, auquel Monsieur le maire a fait son compliment. Son Excellence y a répondu gracieusement, et ensuite les présents de la ville ayant été apportés, il a fort accueilli les truffes en disant qu'il n'y en avait pas dans son pays. Après les honneurs faits, le Corps de ville s'est retiré dans le même ordre. Ensuite, la Chambre est allée visiter M. de Jonville et lui présenter vingt-quatre bouteilles de vin, six bouteilles de ratafia et un plat de truffes. Elle a envoyé par députation présenter douze bouteilles de vin à Monsieur Coeurderoy, président au parlement et à M. Henry, lieutenant général, logés ensemble chez Monsieur le Syndic, et pareillement douze bouteilles de vin à Monsieur Nadault, capitaine de la milice bourgeoise. Après quoi, la chambre s'est distribuée : Monsieur le maire est allé chez M. l'Ambassadeur, M. le Premier échevin à l'auberge de l'Ecu où a logé le plus grand nombre de Turcs ; M. le second échevin est resté à l'hôtel de ville avec le secrétaire et le

---

[86] Le procureur syndic, de retour de la Villeneuve, le 4 décembre, à 7 heures du matin, rapporte qu'il a trouvé là toutes dispositions prises conformément aux ordres du lieutenant-gouverneur. Il a passé en revue la milice (100 hommes) en assez bon ordre. À Chanceaux, il a vu l'officier français chef de l'escorte, à qui il a rendu compte des dispositions prises à Montbard, dont il a été loué. Monsieur l'Ambassadeur, à qui il a été présenté ensuite, lui a dit qu'il était « bien obligé à Messieurs de la ville de Montbard. »

procureur du roi dans le reste de la ville, pour veiller chacun au bon ordre et à la commodité. Il a été ordonné à la moitié des valets de ville de se tenir à la porte du logement de M. l'Ambassadeur avec des torches pour éclairer et conduire les officiers turcs qui allaient fréquemment à l'écu. Sur le soir, la ville a été éclairée par des chandelles sur les fenêtres dans les rues nécessaires. La maison ou était logé Monsieur l'Ambassadeur était extrêmement ornée ; on avait fait disposer dans un salon une estrade à la façon des turcs ; toutes les chambres étaient garnies de tapis de Turquie ; l'appartement était éclairé par des lustres, des girandoles, des bras au nombre de cent bougies. La façade de la maison était illuminée de même que plusieurs terrasses et les jardins au derrière où, M. l'ambassadeur alla se promener. Sur les sept heures, les officiers de la milice bourgeoise allèrent prendre auprès de M. de Jonville l'ordre pour le départ du lendemain, qui leur fut donné pour sept heures précises. M. l'Ambassadeur ne cessa de recevoir dans son appartement avant et après son souper jusqu'à son coucher. M. le Maréchal son gendre en fit autant dans le sien qui était en bas, il y donna un bal jusqu'à minuit. Le lendemain 5 décembre, la milice bourgeoise fut exactement mise sous les armes à la lueur des flambeaux dès les cinq heures du matin ; on lui fit border par une double haie toutes les rues depuis le logement de Monsieur l'Ambassadeur où était postée la compagnie de grenadiers jusqu'à la sortie de la ville. On observe que le jour de l'entrée, Monsieur le capitaine de la milice bourgeoise était placé après ladite compagnie près le logement, et que le jour du départ, il se porta à la porte de la ville. Les tambours battirent toujours aux champs suivant l'ordre donné par M. de Jonville. Tous les équipages ayant été disposés pour le départ, M. l'Ambassadeur est monté en carrosse à sept heures, tout son cortège l'a suivi et il a été salué par plusieurs décharges de canons.

Le 8 décembre, la chambre reçut du comte de Tavannes, la lettre suivante : « on ne peut que vous louer, Messieurs, des soins et de l'attention que vous avez apportés à l'exécution des ordres que je vous ai adressés pour le passage de l'Ambassadeur de la Porte. J'informe M. le Comte de Saint Florentin de tout le zèle avec lequel vous avez rempli les ordres du roi, afin qu'il en rende compte à Sa Majesté. Je suis, Messieurs, très porté à vous obliger dans les occasions qui s'en présenteront. »

Signé : Saulx-Tavannes.

Epilogue : la fête finie, il fallut en payer les frais. Le 12 décembre, le syndic présente la note des dépenses qu'il avait payées à l'occasion du passage à l'Ambassadeur de la Porte. Cette note se monte à 738 livres 9 sols.

De ce supplément de charges, la ville se serait bien passée, financièrement parlant. En effet, dès le 18 décembre, la chambre décide de faire aux élus de la province de très humbles remontrances sur sa pénible situation. C'est que l'année 1741 avait été marquée par une mortalité exceptionnelle due à la maladie (?) dont la population était affligée : depuis le 1er janvier, M. le curé a inhumé 140 personnes. Et le poids des tailles des morts est retombé sur les survivants. La ville souffre donc d'une « surcharge considérable » des impositions. D'autre part, depuis que Baigneux a été exempté du passage des soldats invalides, Montbard est forcément pour ceux-ci le seul lieu de passage de la région, et cela impose à la communauté de nouveaux sacrifices.

H. DARGENTOLLE
Bulletin municipal n° 21 et 22 - 1961

Au temps de « Louis le Bienaymé »

Jours de Liesse.

En 1793, le roi Louis XVI est condamné à mort par la première Assemblée nationale révolutionnaire élue au suffrage universel. Et il est effectivement guillotiné. Et la royauté française disparaît au milieu de l'indifférence, sinon de la haine de la nation.

116 - La Guillotine

Si quelqu'un, cinquante ans plus tôt, s'était avisé de formuler l'hypothèse d'une pareille fin, aussi prochaine et aussi ignominieuse, de cette monarchie qui, pendant treize siècles, avaient été en fait et en droit la seule forme du gouvernement français, celui-là n'aurait rencontré l'audience d'aucune oreille, et aurait passé pour un déséquilibré dangereux.

Jamais, en effet, la royauté n'avait été plus populaire vers le milieu du XVIIIème siècle ; jamais elle n'avait été plus assurée de durer, car la famille royale s'enrichissait presque chaque année de la naissance de quelques prince ou princesse de sang.

À quoi tenait la popularité du roi ?

Il est difficile d'en trouver le fondement réel dans le caractère du monarque d'alors, Louis XV. Mal élevé par une gouvernante qui cultiva surtout son orgueil et par le duc de Villeroy qui ne développait que son égoïsme, gâté par son entourage, insouciant de son métier de roi, sans programme et sans dessein, il n'avait guère qu'un mérite dont au reste il n'était pas responsable : enfant, il était beau comme l'amour ; ensuite, il fut « le plus bel adolescent du royaume », et il resta un homme séduisant par ses charmes extérieurs. Cette séduction agit naturellement sur les femmes. Il fut pour elles le bien-aimé.

Et, par l'effet d'une mystique qui se propage aisément parmi les foules, les entraînant à acclamer un homme ou une doctrine qu'elle ne connaissait pas toujours très bien, mais qui incarne ou représente à leurs yeux une espérance, la nation, en appelant également Louis XV « le Bien-aimé », disait simplement sa foi et son espoir que le Roi ferait la patrie grande et prospère.

En deux circonstances, à Montbard, la population manifesta expressément la ferveur de son loyalisme vis-à-vis de la royauté : la première, en 1744, lors du rétablissement de la santé de Louis XV, qui était tombé malade à Metz, où il était allé arrêter une invasion autrichienne ; la deuxième, en 1752, lors de la naissance du duc de Bourgogne, fils du Dauphin, par conséquent petit-fils de Louis XV et héritier éventuel de la couronne.

Les relations de ces manifestations, rédigées par les soins de la chambre de ville, ont été insérées dans le registre de ses délibérations. Elle donne des fêtes de ce temps une image si exacte et si vivante qu'il suffit de les reproduire.

I. DETAIL DES REJOUISSANCES PUBLIQUES DE LA VILLE DE MONTBARD FAIT A L'OCCASION DE L'HEUREUX RETABLISSEMENT DE LA SANTE DU ROI LE 11 OCTOBRE 1744[87]

La Chambre ayant reçu les ordres de Monseigneur le Comte de Tavannes pour assister au Te Deum qui serait chanté pour la convalescence du roi et pour faire à ce sujet des réjouissances publiques, il fut délibéré que pour donner de vifs témoignages du zèle et de l'amour des habitants de cette ville pour Sa Majesté et répondre à tout l'empressement qu'ils avaient de se signaler en cette occasion, il serait fait, suivant l'agrément qu'on en avait obtenu de Mgr l'Intendant, une dépense convenable et digne de l'objet des réjouissances. On prit donc tous les arrangements nécessaires pour donner une fête publique la plus éclatante qui eût été faite dans ce pays, et qui ne le cédât point aux magnificences qui venaient d'être faites en cette ville au même sujet par M. de Buffon, Intendant du Jardin du Roi. Le jour de la fête fut fixé au 11 octobre 1744 et pour que rien ne manquât à l'exécution de ce qui avait été projeté, la chambre ne voulut pas s'en reposer sur un membre seul : chacun s'empressa de s'y employer et se chargea de sa partie.

On peut réduire à trois principales l'ordonnance de cette fête, à savoir : la cérémonie du Te Deum, le feu d'artifice, et le grand bal, dont les suites feront encore un article intéressant. On donna tous les soins possibles pour que ces choses fiassent bien amenées et complètes. Les préparatifs font juger d'une fête et l'annoncent sans qu'il soit besoin de la publier. En effet, le bruit de celle-ci se répandit bientôt au loin : toute la noblesse des environs vint l'honorer et l'augmenter, et ce ne fut pas seulement la fête de la ville, ce fut la fête de tout le canton.

Dès la veille de ce jour célèbre, tous les instruments divers que l'on avait rassemblés des villes voisines se firent entendre. On fit des dispositions pour une marche de la milice bourgeoise et on fit l'essai du canon, qui consistait en plusieurs pièces de campagne du château de Thote appartenant à Monsieur le Marquis de Mont... (?)

Le lendemain onze octobre, à la pointe du jour, la fête fut annoncée par plusieurs décharges de canons, par le son des cloches et par le bruit des tambours. La meilleure partie de la matinée se passa à donner des fanfares par toute la ville et à faire les mouvements nécessaires pour assembler la milice bourgeoise.

À midi, on fit plusieurs décharges de canons. Aussitôt la milice se mit en marche. Elle était commandée par Monsieur Nadault, officier chez le roi : M. Gibier fils faisait la fonction de lieutenant ; M. Mandonnet celle d'enseigne et Monsieur Guenyot celle de Major. Le corps était composé de quatre compagnies ayant à leur tête un dizenier, quatre apprentis formaient le premier rang de chaque compagnie et quatre autres le fermaient ; pareil nombre d'apprentis accompagnaient le drapeau avec quatre jeunes hommes des plus lestes ayant l'épée en main. Il y avait deux sergents par chaque compagnie qui était composée d'environ quarante hommes choisis. Le corps était précédé par des hautbois doux, il y avait au drapeau deux autres hautbois et deux tambours, et outre cela deux tambours dans chacune des autres compagnies. Cette milice bien en pied et en bon ordre alla d'abord aux jeux d'arquebuse pour s'y former et s'exercer. De là elle vint prendre la Magistrature à l'Hôtel de Ville pour aller au Te Deum. Dans cette marche la milice devançait le corps de ville qui était accompagné des principaux habitants.

---

[87] Des réjouissances avaient déjà été ordonnées 23 ans plus tôt, à l'occasion de « l'heureux rétablissement de la précieuse santé du Roi, alors âgé de onze ans. Déjà, le 24 août 1721, un Te Deum en action de grâce fut chanté, auquel assista la Chambre en corps, un Feu de joie fut dressé au château et allumé par les magistrats, et on tira le canon. La jeunesse fut mise sous les armes pour la procession du très Saint-Sacrement, et les habitants allumèrent des chandelles sur leurs fenêtres.
En 1727, à l'occasion de l'accouchement de la reine, le Te Deum fut chanté : le soir, « les garçons en armes » ont été prendre à l'hôtel de ville le maire, Monsieur Nadault, en habit de cérémonie, ont formé autour du bûcher le cercle avec les chevaliers (de l'arquebuse), et le maire a allumé le feu, les couleuvrines ont fait deux «saluts^ Puis le maire a été reconduit à l'hôtel de ville.
En 1736 Madame la duchesse de Bourbon étant accouchée d'un prince, la chambre de ville décida, le 1 septembre, que le lendemain un feu de joie serait allumé à 9 heures du soir, le canon tiré, une feuillette de vin offerte au public dans la rue des « Bards », deux hautbois et les tambours chargés de réjouir la population, tous les habitants invités à faire des fêtes devant leur maison et à mettre des chandelles sur leurs fenêtres, de 8 à 10 heures du soir, à peine de 3 livres 5 sols d'amende.

On arriva à la paroisse au bruit du canon, de toutes les cloches et des instruments. La plus grande partie de la milice se plaça en armes dans l'église. Elle (celle-ci) était ornée et décorée de tout ce qu'on avait pu rassembler de mieux. Toute la nef était tapissée ; mais l'illumination surtout était très considérable et très bien entendue. On lisait au-dessus du Maître autel le « Domine salvum fac Regem » figuré en lampions et le long de la tribune cette inscription : « Vive Louis le Bienaymé. »

Il y avait dans toute l'église plus de deux mille lumières. Outre la dépense de la fabrique à ce sujet, Monsieur Despoisses curé y a beaucoup contribué. On commença par les vêpres, et après on chanta le Te Deum, au son des cloches, au bruit de l'artillerie du dehors et de plusieurs décharges de canons et de tous les instruments. Ensuite, la milice ayant commencé la marche, la magistrature fut reconduite à l'Hôtel de Ville et saluée d'une décharge du canon. La milice borda toute la grande rue et se reposa sur ses armes en attendant l'heure du feu.

Cependant on fit couler des fontaines de vin dans les places publiques et on distribua au peuple une grande quantité de pain. Tout cela excita bientôt des cris de joie et d'allégresse et des acclamations de « Vive le Roy. » Les instruments d'un autre côté rassemblèrent dans plusieurs endroits la jeunesse qui s'exerça à des danses.

À l'entrée de la nuit, un autre objet excitait la curiosité du peuple et le mit en mouvement : la ville fut illuminée d'un bout à l'autre et le fut sûrement comme jamais on ne l'a vue. On peut dire qu'à cet égard l'attention des magistrats fut remplie au-delà de ce qu'ils avaient espéré et c'est peut-être la seule fois que pour faire exécuter un ordre général la police n'a pas eu besoin d'employer les mesures ordinaires. La maison de Monsieur de Buffon était illuminée dans toute la façade ; mais encore en dedans les cours, jardins, terrasses étaient figurés par des lignes de lumière. Monsieur Doublot, maire, avait décoré le devant de la sienne par une grande quantité de lampions qui en traçaient l'architecture et formaient en plusieurs endroits les chiffres du Roi. C'était une répétition de ce qu'il avait déjà fait pour marquer en particulier son zèle dans la fête qu'il avait donnée le 22 septembre dernier. Monsieur Daubenton subdélégué, avait orné le devant de la sienne par la devise : « Vive Louis et le Bienaymé », tracée avec des lampions. Les Dames Ursulines sur un côté de leur enclos avaient aussi fait une illumination d'un autre goût et tout aussi bien entendue.

117 - Louis XV par Louis Michel Van Loo

On distinguait la façade de l'Hôtel de Ville que quantité de lampions annonçaient mais surtout « Vive le Roi » en grandes lettres doubles très bien exécuté.

À huit heures, le bruit du canon annonça la marche pour le feu qui avait été disposé dans le Jeu d'arquebuse comme la place la plus convenable et la moins dangereuse. On avait élevé dans le milieu un théâtre de dix-huit pieds de haut sur quinze de large ; le dessus était garni de cinq pyramides pour l'arrangement de l'artifice ; ce théâtre était orné de portiques de verdure et de devises et inscriptions.

La magistrature, devancée par la milice et accompagnée des principaux habitants se transporta au Jeu d'arquebuse, où Monsieur le Maire mis le feu à un dragon qui fit partir l'artifice et qui excita bientôt les transports de la populace. Chaque partie de l'artifice fut marquée par les plus vives acclamations de « Vive le Roy ». Le feu réussit assez bien malgré un temps contraire.

La cérémonie du retour de la magistrature et de la milice étant finie, chacun, en attendant le bal, alla prendre place à différentes tables où on s'efforçait de bien recevoir la noblesse des environs.

À dix heures, on commença à éclairer et à recevoir pour le bal. On fit couler une fontaine de vin à la porte de l'hôtel de ville et quelques instruments firent danser le peuple sur la place. Les invitations pour le bal avaient été faites par billet et on avait fait état que, selon les mesures prises, il pourrait y avoir dans la salle cent cinquante personnes assises commodément. Elles étaient éclairées par soixante bougies dispersées dans les lustres, des bras et des girandoles. À l'endroit le plus marqué de la salle et dans un point de vue avantageux et bien éclairé, on avait placé un portrait du roi de grandeur naturelle avec cette inscription au bas :

HOSTE DEBELLATO
LIBLTINA SUPERATA
LUDOVICUS VIVIT :
VIVAT.

Dans le fond de la salle, on avait disposé des gradins où la collation était étalée avec tout le brillant qu'on avait pu imaginer. Elles consistaient en quatre-vingt-dix plats qui contenaient abondamment une grande diversité de viandes froides, de pâtisseries, de confitures et de fruits. Il y avait dans un cabinet voisin 200 bouteilles de rafraîchissements en orgeat, limonades, vins de Bourgogne et de Champagne et ratafia. La symphonie placée sur une estrade répondait à tout le reste et on lisait sur la porte d'entrée de la salle l'inscription suivante :

Que toute crainte soit bannie,
Chantés, dansés, Peuples heureux,
LOUIS, l'objet de tous nos vœux,
A bravé la Parque ennemie.

À minuit l'assemblée se trouva assez complète pour commencer le bal. On en fit les honneurs à Madame la Comtesse de la Rivière, qui voulut bien en faire l'ouverture avec M. le Maire. Bientôt l'assemblée devenant plus nombreuse n'en fut que plus animée ; on distribua des rafraîchissements et on attaqua par parties la collation qui fit face à tous venants et qui se soutint jusqu'au jour. M.M. de ville donnèrent des soins continuels pour que chacun fût content et eût part à la fête. Tout le monde en parut très satisfait et la meilleure compagnie ayant tenu bon on s'aperçut du jour par quelques rayons de soleil qui pénétrèrent malgré les fermetures. Il était huit heures du matin ; la gaieté régnait plus que jamais et on n'était nullement disposé à se retirer.

On avisa sur les moyens de continuer les plaisirs. Il fut résolu qu'on ne se quitterait pas de tout le jour. Le premier mouvement fut de faire publier par toute la ville que les réjouissances allaient encore continuer ce jour-là, avec défense d'ouvrir les boutiques, ce qui fut fort ponctuellement exécuté, car on ne pensait guère à les ouvrir. Le bruit du canon se fit entendre ; on rassembla tous les instruments les plus bruyants, et après avoir parcouru toute la ville et fait relever quelques délinquants que la fatigue avait obligés de se retirer, on fit une danse publique dans la place d'entre les barres. Dans ces circonstances, Monsieur Bréon, avocat, profitant de cette occasion pour donner aussi des marques particulières de son zèle, fit disposer dans la rue voisine des tables pour placer cent personnes ; peu de temps après, ces tables se trouvèrent couvertes d'un ambigu pour un dîner dont Monsieur Bréon fit les frais. Toute l'assemblée s'y plaça autant qu'il fut possible. On dîna aux acclamations de tout le peuple, qui eut bonne part au repas et à qui on distribua tout ce qui resta. Le dîner fini, M. de Buffon se chargea d'amuser la compagnie le reste du jour. On se transporta chez lui où on trouva des vins de liqueur, du chocolat, du café, etc. Il donna le soir un grand souper et ensuite un bal au château. Mais après avoir passé la plus grande partie de la nuit, la fatigue et le sommeil le forcèrent de quitter enfin la partie.

Telles ont été les marques de joie et d'allégresse qui ont éclaté en cette ville, faibles témoignages ont été inspirés et caractérisés par l'amour, et ce sont les seuls qui puissent flatter le Monarque Bienaymé.

La dépense de la ville à l'occasion de cette fête s'est élevée à 809 livres 19 sols (15 - 7 - 1745).

De nouvelles réjouissances eurent lieu le 8 octobre 1752 pour célébrer la « convalescence » de Monseigneur le Dauphin. Pour « donner des marques du zèle des habitants pour le roi et pour tout ce qui intéresse son auguste famille » le corps de ville, se rendant au Te Deum fut accompagné de miliciens marchant au son des tambours et des hautbois, ainsi que de la maréchaussée en corps et des principaux notables.

118 - Le pavillon de l'Arquebuse

Le soir, les rues de la ville furent illuminées ; les magistrats se rendirent à l'Arquebuse, et mirent le feu à un bûcher qui était dressé ; la façade du bâtiment et le jardin étaient garnis et éclairés d'une quantité de lampions. Et, afin que « le peuple aye part à cette fête, il fut établi au-devant du pavillon de l'Arquebuse une fontaine de vin. »

II. MARIAGE D'UNE PAUVRE FILLE DOTEE PAR CETTE VILLE POUR MARQUE DE REJOUISSANCE DE LA NAISSANCE DE MONSEIGNEUR LE DUC DE BOURGOGNE

Le 27 septembre 1751, la municipalité reçoit une lettre du roi informant la population que le Dauphin vient d'avoir un fils, « le duc de Bourgogne. » La lettre invite la ville à célébrer cet heureux événement par le chant du Te Deum à l'église et par des réjouissances civiles.

Pour témoigner d'une manière originale combien Montbard prend part à l'allégresse de la famille royale en cette circonstance, la chambre décide de doter une pauvre fille qui se mariera aussitôt.

La fille, c'est Etiennette Pichenot. Elle n'a « aucune ressource. » La chambre lui alloue une dot de cent cinquante livres. Elle paiera en outre l'habillement de la mariée et les frais de l'annonce[88].

119 - Naissance du Duc de Bourgogne

Il ne manquait plus que le mari. Ce fut toute une histoire pour en trouver un. Non point que la rosière fut laide ou que sa conduite ne fut pas irréprochable. Mais, « dans une imagination ridicule et chimérique que la populace s'est faite sur la destination des filles dotées, le bruit s'était répandu que c'était une espèce d'engagement à la faveur duquel « l'État pouvait disposer des jeunes mariés et les faire passer aux colonies. » Et ces rumeurs avaient déjà rendu difficile l'acquiescement d'Etienette

---

[88] La municipalité du Montbard des années 1930 a créé des primes à la nuptialité et a renoué avec une très vieille tradition

Pichenot à la proposition généreuse de la municipalité. Enfin, on obtint de Nicolas Bornet qu'il consentît à épouser la lauréate.

Le 5 février 1752, le syndic, estimant qu'il est très important « de détruire des bruits publics aussi mal fondés et aussi contraires à la candeur et à la pureté des sages intentions du roi, en marquant la cérémonie dudit mariage par une fête solennelle et convenable qui puisse caractériser la vivacité du zèle des habitants de cette ville pour leur Souverain et détromper en même temps la populace des idées chimériques qu'elle s'est faite à ce sujet », le syndic fait décider que « la chambre assistera en corps à la célébration du mariage de ladite Etiennette Pichenot (le lundi 7 février) ; tous les corps de justice de cette ville seront aussi invités d'y assister, de même que tous les habitants des deux sexes ».

Le 7 février, a lieu la cérémonie du mariage qui prend les proportions d'une sorte de fête nationale.

En voici le compte-rendu rédigé le lendemain de la noce.

Le 7 février 1752, jour indiqué pour le mariage d'Etiennette Pichenot avec Nicolas Bornet, MM. les magistrats s'étant assemblés à neuf heures du matin à l'hôtel de ville, la chambre députa M. Rigoley, premier échevin et M. Daubenton, procureur du roi Syndic, lesquels étant précédés de deux hautbois, deux tambours et deux valets de ville, se transportèrent au grand faubourg pour aller prendre les épousés, qui furent amenés avec leurs parents à l'hôtel de ville, d'où commença la marche pour les conduire à la paroisse.

Le clergé, composé de l'officialité, du mépart, du principal collège et de plusieurs prêtres de la ville et des environs, formait la tête du cortège. Il était précédé de la brigade de maréchaussée en armes avec deux tambours, deux hautbois et un sergent-major tout en avant. Les parents des *épousés* suivaient le clergé. Les hommes d'une part précédaient *l'épousé*, les femmes marchaient ensuite. Ici paraissait *l'épousée* qui était menée par deux jeunes gentilshommes, et elle était précédée de deux hautbois organisés et de six jeunes filles des plus lestes de la ville, vêtues en bergères.

Les miliciens de la ville en armes avec six sergents de ville précédaient le corps de la magistrature qui était accompagné des officiers du grenier à sel, de ceux de la maréchaussée et de plusieurs des principaux habitants. Enfin, ce cortège était galamment terminé par toutes les dames de la ville et par les demoiselles les plus apparentes. Plusieurs violons les précédaient et elles étaient conduites par les jeunes gens les plus distingués qui avaient eu l'intention de les marquer de bouquets et de riches livrées de noces. On arriva dans cet ordre, au son de toutes les cloches et du beffroi de la ville, au bruit du canon et des instruments, à la paroisse, où les futurs époux furent mariés et placés sur une ferme et des prie-Dieu au-devant des balustrades du maître autel. Monsieur Dépoisse, curé de cette ville, voulant entrer dans les vues de messieurs les magistrats, et concourir également à détromper le peuple de ses fausses idées sur la destination des mariés, fit un discours où il établit les avantages que procurait à l'état l'heureux événement de la naissance de Monseigneur de Bourgogne et la grande utilité des sages intentions du Roy, sur la forme d'en marquer la joie de son peuple. On célébra ensuite une grande messe, avec diacre, sous-diacre, assistant et chapiers. Il y eut quelques musiques et on finit par des prières pour le Roy avec plusieurs décharges de canons et quelques mousqueteries. L'affluence du peuple, tant de la ville que des environs, était si grande et l'église en était si remplie, qu'on eût besoin de gens qui étaient en armes pour écarter la foule et faciliter les cérémonies. On fit une offerte presque générale, qui se trouva monter à quarante et quelques livres ; mais Monsieur le Curé, voulant donner en cette occasion des marques de son zèle et de son bon cœur, ne voulut pas en profiter, il en fit présent aux épousés. La cérémonie étant finie, tout le cortège se remit en marche et alla se rendre, au bruit du canon et de la mousqueterie, des instruments, au son des cloches, dans la grande salle du pavillon de l'Arquebuse, où l'on trouva une table en fer à cheval garnie de cent vingt-cinq couverts et servie d'un ambigu.

Toute l'assemblée s'y plaça. Le clergé, la magistrature et les mariés occupèrent un bout-de-table. Les parents de la mariée, au nombre de vingt, furent placés à l'épaulement de droite du fer à cheval, ceux du marié en même nombre, furent mis au côté opposé. Les dames et les cavaliers les plus distingués occupèrent le reste de la table du côté de la cheminée et le surplus de l'autre table fut rempli par la brillante jeunesse des deux sexes. Le repas se fit au son de plusieurs instruments et avec des marques de la joie la plus vive et la plus animée parmi lesquels on prit la liberté de boire, debout et découvert, à la santé du Roy et de son auguste petit-fils. Le dîner fini, on laissa danser la noce, on reconduisit les magistratures à l'hôtel de ville, et on ne se sépara que pour se retrouver à neuf heures du soir au bal, qui fut donné au même pavillon de l'arquebuse. L'assemblée y fut très nombreuse ; il y eut collation, de très jolies parties de masques, et cette fête ne finit qu'avec la nuit.

Le 18 février 1752,

120 - L'Hôtel de Ville surmonté du Jacquemard

Le procureur du Roy syndic ayant donné un avis à Monseigneur l'intendant de ce qui s'était passé pour le mariage de la fille et qui a été dotée par cette ville en réjouissances de la naissance de Monseigneur le Duc de Bourgogne, il a communiqué à la chambre la réponse qu'il a eu l'honneur de recevoir :

« Vous m'avez fait grand plaisir, Monsieur, de me rendre un compte exact de la fête qui fut donnée dans votre ville à l'occasion du mariage fait en réjouissance de la naissance de Monsieur le Duc de Bourgogne. Je suis infiniment touché du zèle et de l'affection que tous les citoyens de Montbard ont témoignés dans cette circonstance, et je dois à votre ville cette justice qu'elle est presque la seule qui ait donné des preuves aussi publiques et aussi convenables de sa joie. Je ne doute pas que l'amour des lettres ne contribue beaucoup à la paix et à l'union qui règne parmi vous et à l'affection pour le Maître et son auguste famille. Conservez longtemps des sentiments si précieux à l'état. Je n'oublierai jamais un événement qui fait tant d'honneur à votre ville. Je vous prie d'en témoigner ma satisfaction à Monsieur le Maire, dont l'exemple n'a pas peu contribué à la solennité de la fête. Je crois qu'il ne doute pas du cas particulier que je fais de lui et des sentiments qu'il m'a inspirés. Vous devez rendre la même justice à la sincérité de l'attachement avec lequel je suis, monsieur, votre très humble et très obéissant serviteur. »

Signé : Joly de Fleury.

« La dépense particulière pour la ville qui a été faite tant pour la cérémonie du mariage que pour l'habillement de l'épousée » s'éleva à la somme de 55 livres 15 sols 6 deniers.

Les jours se suivent et ne se ressemblent pas. Après les heures d'allégresse viennent des jours d'angoisse et d'effroi ; après les jours de joyeuses ripailles, ce sont des jours de disette et de colère.

Jours d'effroi

On connaît la « grande peur », cette alarme panique qui étreignit toute la France à la fin du mois de juillet 1789. Partout en même temps, on s'attendait à l'arrivée imminente de brigands farouches et implacables. Ce sentiment qui n'eut alors aucun fondement réel, mais fut le produit d'une contagion d'imaginations surexcitées, s'explique d'autant mieux pour Montbard que, quelque 35 ans auparavant, la ville avait été alertée par un danger effectif, celui-là, l'irruption éventuelle de la bande à Mandrin.

Mandrin, né en 1724, dans le Dauphiné, était le fils d'un maquignon. Celui-ci fournit des chevaux, pendant la guerre de la succession d'Autriche, à l'armée française qui opérait en Italie (1741 - 1748). Le jeune Mandrin accompagnait son père dans ses voyages au-delà des Alpes. Au retour, il se mit à passer en contrebande des marchandises qu'il ramenait d'Italie, et qu'il écoulait dans le Dauphiné et dans les provinces voisines.

Les droits de douane, auxquels il échappait - comme d'ailleurs

121 - Portrait de Mandrin tiré d'après nature dans les prisons de Valence

tous les autres impôts indirects, sur le sel, les boissons, le tabac, les cartes, les matières d'or et d'argent, l'enregistrement, étaient alors perçu, non par des agents du Roi, mais par les soins de groupements de financiers (de 40 à 60), qui en affermaient la levée, moyennant un forfait[89]. Selon la nature des droits à percevoir et selon les régions territoriales, il y avait en France plusieurs organismes, fermes et sous-fermes, habilités à se substituer à l'État pour faire rentrer les impôts indirects. L'ensemble de ces organismes était appelé la ferme, et leurs chefs étaient les fermiers généraux.

La ferme était assujettie non seulement à verser à l'état le montant de son adjudication, mais encore à faire face aux multiples dépenses d'une organisation compliquée, qu'il s'agisse de l'installation des services, des encaissements, des dépenses, de la comptabilité, de la surveillance, de l'inspection... Rien que pour combattre la contrebande sur le sel, elle disposa un moment de 23 000 hommes.

Naturellement, elle entendait rentrer dans ses débours. En réalité, d'une part, en gagnant les faveurs de l'entourage du roi et des ministres par des pots-de-vin, les fermiers obtenaient l'adjudication des droits indirects au prix le plus bas ; d'autre part, ils poursuivaient rigoureusement la rentrée des impôts et châtiaient impitoyablement la fraude ou la contrebande. C'est pourquoi ces financiers étaient très riches et fort peu populaires[90], et les contrebandiers rencontraient parfois de bénévoles complicités auprès des petites gens. C'est à partir de 1750 que Mandrin, âgé de 26 ans, se lance dans la grande contrebande. Pour échapper à la formidable organisation de répression instituée par la ferme, il crée une

---

[89] Comme à la même époque, étaient affermés à Montbard les droits d'octroi ; comme sont encore affermés aujourd'hui, dans certaines villes, les droits de place, les pompes funèbres.

[90] À la révolution ils payèrent de leur tête cette impopularité. C'est pour cette raison que mourut sur l'échafaud le grand savant Lavoisier, qui avait été fermier général.

bande armée de 50 à 60 hommes. Et ce précurseur des gangsters modernes opère dans le Dauphiné, le Vivarais, le Rouergue, le Lyonnais et jusqu'en Bourgogne. Il s'impose aux populations plus ou moins terrorisées ; il échappe aux recherches ou poursuites des agents de la ferme, qu'il massacre au besoin. Bientôt, il est considéré comme une sorte d'ennemi public numéro 1 et le gouvernement met à la disposition de la ferme ses forces de police pour faire cesser les exploits de sa bande.

Le 22 novembre 1754, la municipalité de Montbard reçoit du comte de Tavannes, commandant en chef de la province de Bourgogne, l'ordre d'interdire de laisser passer et donner asile aux contrebandiers.

122 - La Cloche de St-Urse

Immédiatement, elle décide d'établir à la porte du Pont, « qui est la sortie (ou l'entrée) de la ville », un corps de garde : un sergent et six fusiliers, qui seront relevés toutes les deux heures. Ils devront arrêter tous les suspects, demander qui ils sont, d'où ils viennent, où ils vont. Les cabaretiers, aubergistes et logeurs devront déclarer à la police les personnes qu'ils recevront à loger. La chambre de ville, rendant compte de ces mesures au comte de Tavannes, décline toute responsabilité au cas où elles seraient inopérantes, « la ville n'ayant pas de murailles, il est très difficile de la garder exactement ».

Elles furent d'ailleurs prises en vain : il n'y eut pas de contrebandiers à signaler.

Mais un mois après, le 21 décembre, une nouvelle alerte est donnée à Montbard, et cette fois, cela paraît sérieux. En effet, la bande à Mandrin, écrit-on de Dijon, est entrée à Seurre le 17 décembre ; elle a pris la route de Beaune, or, de Beaune, il y a lieu de supposer qu'elle se dirigera ensuite sur l'Auxois ou l'Auxerrois.

La municipalité avise aussitôt les habitants, qui reçoivent la consigne de se munir, si possible, d'un fusil, de le tenir en état, chargé de balles, et de se tenir prêts à peine de dix livres d'amende, à se rassembler sur la place de la rue des Barres[91] au premier signal d'alarme, rappel battu par le tambour, ou tocsin sonné par la cloche. Et l'on s'empressera de prévenir les villes voisines.

Il est aisé d'imaginer l'émoi qui s'empara de toute la population et permit de supposer que l'on ne dormit guère à Montbard en ces jours de veille de Noël 1754. Heureusement, on s'était trompé sur l'itinéraire qu'avait dû prendre Mandrin ; il ne parut pas à Montbard.

Seulement, le bandit tenait toujours la campagne et la perspective de le voir un jour faire irruption dans la ville hantait la pensée de maint Montbardois. Et justement, le 23 avril 1775, le maire reçoit de Dijon cette information : une bande de 15 ou 16 contrebandiers a été vue au nord de Dijon, près de Til-Châtel, ils ont « pris sur la gauche, et ils peuvent avancer par les bois jusqu'à Montbard ». Le chef porte « un habit gris de fer à boutons-d'or, une veste de soie rouge à brandebourg d'or, un chapeau bordé par un point d'Espagne d'or, des bottes à la hussarde ». Il a une taille de cinq pieds et trois ou quatre pouces et le nez long. Quant aux hommes, ils sont habillés de différentes couleurs ; les uns ont des fusils à deux coups, d'autres ont des sabres.

---

[91] Rue A. Hugot, au-delà du pont.

À cette nouvelle, qui raviva les terreurs que le temps avait pu calmer, les mesures édictées en novembre et décembre furent remises en vigueur.

Cette fois encore, on en fut quitte pour la seule peur.
Enfin, ils furent délivrés de toute appréhension à ce sujet quelques mois plus tard. Sa tête mise à prix, Mandrin est traqué de toutes parts. Une véritable mobilisation générale est décrétée contre lui. Il est finalement arrêté, jugé, condamné à mort, et brûlé vif à Valence, dans sa province natale.

Jours de colère

Dix ans après les fêtes du mariage d'Etiennette Pichenot, où la population montbardoise avait manifesté son attachement à la royauté, à l'occasion de la naissance d'un petit-fils de Louis XV, le Bien-Aymé, l'état des esprits s'était sensiblement modifié. C'en paraissait fini des élans d'effusion royaliste.

Une véritable émeute éclata à Montbard en décembre 1766. On s'en prit à l'autorité. L'autorité, c'est le maire. Or, le maire agissait sur les ordres du gouverneur de la province, c'est-à-dire du mandataire immédiat du Roi. Si le Roi ne fut pas nommément pris à partie - du moins n'en avons-nous pas trouvé de preuves - en tout cas c'est bien l'autorité royale qui, en ces jours de sédition, fut l'objet de manifestations d'hostilité.

À quoi attribuer un tel revirement ?

Bien qu'à peu près privés de journaux, les bourgeois de Montbard, en relation assez fréquente avec Dijon, et quelquefois avec Paris, étaient au courant de ce qui se passait à la cour et à la ville ; et, par eux, les nouvelles de la politique intérieure comme de la politique extérieure devaient se répandre, plus ou moins déformées peut-être, dans le reste de la population.

Le Roi, le Bien-Aymé, en qui la population avait mis tant d'espoirs, ne justifiait ni la confiance ni l'affection qu'elle lui avait témoignée. En 1766, ce n'est pas lui qui dirige les destinées de la France, mais ses courtisans et surtout ses maîtresses, principalement la marquise de Pompadour ; que n'ayant pas su, après le succès remporté dans la guerre de succession d'Autriche, imposer en 1748 une paix fructueuse, il semble n'avoir travaillé que pour le roi de Prusse[92] ; qu'il s'est depuis laissé entraîner dans une nouvelle guerre de Sept Ans où, pour soutenir ses alliés allemands et autrichiens contre l'Angleterre et la Prusse, il sacrifie nos forces de terre, de mer et nos colonies, et qu'il a dû signer une paix humiliante et désastreuse, en 1763 ; que son autorité et bafouée par ses cours de justice, les Parlements, qui vont jusqu'à refuser d'enregistrer ses édits et qui commencent à opposer les droits de la nation aux prérogatives du Roi ; des controverses religieuses divisent le pays en partisans et adversaires, de la Bulle Unigénitus, en partisans et adversaires, de l'ordre des Jésuites [supprimé en 1764] que ces oppositions entraînent une lutte sourde entre les parlementaires et le clergé ; que le roi, à peu près indifférent aux questions de doctrine, se rapproche, par intérêt, du clergé ; que l'ordre politique, social et économique est l'objet d'études critiques dénuées de bienveillance de la part des écrivains nouveaux, et dont on entrave l'activité. Bref, il y a, dans le système politique et dans l'état des esprits en France, un malaise et des grincements. On vit dans une atmosphère troublée de tempêtes prochaines.

Certes, les intrigues de cour, les querelles des parlementaires et des évêques, l'intolérance religieuse et les caprices de la censure, la faiblesse de la politique extérieure, ne font pas grande impression sur le populaire. Néanmoins dans son cœur entre un peu de désaffection pour le régime. Qu'une mesure mette en péril la sécurité de son pain quotidien et il est prêt à ruer.

En 1763 et 1764, le contrôleur général Laverdy, sous l'influence des idées libérales des philosophes et des économistes de l'époque, décrète que les grains, blé, orge, avoine, méteil, seigle chènevis... pourront circuler librement en France et même être exportés à l'étranger, si leur prix intérieur ne dépasse

---

[92] L'injure courante d'alors est : « Bête comme la paix ! »

pas certain minimum.

Or, jusqu'à présent, le commerce et des grains étaient soumis à la réglementation suivante. Ils circulaient librement dans l'intérieur d'une province, mais leur transport d'une province à l'autre était, suivant les circonstances, autorisé quand la récolte était bonne, ou prohibé quand la récolte était déficitaire. C'était une croyance des consommateurs et des administrateurs que la libre revente hors des frontières de la province des produits de la terre serait pour cette province une cause de disette et de famine. En 1764, la récolte fut bonne en 1765 également. Mais en 1766, année très pluvieuse, ce fut le contraire.

On vécut à Montbard sur les blés du pays les quatre premiers mois après la récolte. Mais au premier marché de décembre, les grains font tout à coup défaut. Le lundi 8 des voitures chargées de blé arrivent à Montbard, se dirigeant vers une destination inconnue. Des habitants, déjà surexcités par le sentiment d'appréhension d'être obligés de se passer de pain, accourent au-devant des charretiers, les arrêtent et les obligent à remiser leurs voitures dans la ville. Devant les cris, les menaces et les attitudes hostiles de la population, les voituriers sont contraints de céder.

Cette violence exercée par les Montbardois sur des cultivateurs qui transportaient leur blé où bon leur semblait était un coup asséné sur l'édit Laverdy ; c'était une insurrection contre la loi, contre l'autorité royale. C'est ainsi que l'interpréta le lieutenant général du roi en Bourgogne, à qui en parvint la nouvelle. Cet officier de la Couronne, La Tour-du-Pin, personnage autoritaire et plein de morgue dédaigneuse à l'égard des classes populaires, écrit le 10 décembre au maire de Montbard qu'il est « on ne peut plus mécontent des habitants de cette ville » à cause de l'émeute qui s'est produite au passage de charrettes chargées de grain. Pour les punir, il a ordonné à une brigade de maréchaussée de Dijon de se rendre à Montbard et de se joindre à celle de la ville. En présence des deux brigades, la communauté sera assemblée le 11 décembre sur la place du marché pour s'entendre dire tout le mécontentement du seigneur commandant. Puis la maréchaussée fera rendre sur le champ le blé à qui il appartient, et elle se saisira de ceux « qui oseraient lâcher le moindre mot ». Vous percevez le ton impérieux du « seigneur commandant ».

Le 11 décembre, à 11 heures, le maire Daubenton réunit la chambre de ville et lui communique la lettre de la Tour-du-Pin. Sur sa proposition, il est décidé que les habitants seront assemblés à 3 heures.

Il informe ses collègues de ce qui va se passer. Son avis est qu'avec les deux brigades de maréchaussée, il convient que tous les officiers municipaux, échevins, procureur, greffier, receveur, soient au côté du maire pour, dit-il, « imposer au peuple et lui faire connaître tout le zèle de ses magistrats dans l'exécution des ordres du roi et de son commandant en cette province ».

Le maire, sinon nommé, du moins recommandé, puis agréé par le roi, jouait son rôle en tenant ces propos. Les échevins, élus par les habitants de Montbard, étaient moins disposés à paraître appuyer une mercuriale adressée à leurs électeurs, dont au fond ils se sentaient solidaires. C'est pourquoi, après l'invitation du maire, le premier échevin, M. Guiod, avocat, et le second M. Guérard, ont observé, se servant d'un argument de forme, que la lettre de monseigneur la Tour-du-Pin était adressée au seul maire et non à tout le corps de ville, la Chambre n'est nullement tenue d'assister en corps à l'Assemblée de l'après-midi. Au surplus, Monsieur La Tour-du-Pin ayant recours à deux brigades de la maréchaussée, il leur « semble hors de propos et même inutile que la chambre se trouve en corps à la publication de ses ordres, qu'il suffit de député un des officiers municipaux, et que, suivant l'usage, la publication doit être laissée aux soins du secrétaire, que la Chambre doit rester à l'hôtel de ville, pour attendre le résultat et recevoir les plaintes de ceux qui auront à en former ».

M. Babelin, procureur du roi syndic, opine, ès qualités naturellement dans le même sens que le maire : « il ne voit aucun inconvénient, il croit même qu'il est de bon ordre que la Chambre accompagne le maire dans sa mission. »

Quant au sieur Beudot, receveur, pressentant sans doute des incidents tumultueux, il prie la Chambre « de le dispenser d'accompagner la magistrature pour aller à ladite Assemblée ».

Le Maire, alors, avertit la chambre « qu'étant chef des magistrats, en cette qualité la police du corps lui appartient, qu'en conséquence, jugeant que pour la décence et le bon ordre, la plus haute représentation, et pour faire honneur aux ordres dont il s'agit, que tout le corps de la magistrature soit présent à ladite Assemblée, par lequel ledit seigneur Maire peut avoir besoin de secours ou conseils, il enjoint et ordonne en tant que besoin aux sieurs échevins et receveurs de l'accompagner sous peine de désobéissance ».

L'allure brisée et comme chaotique de cette phrase, rédigée visiblement par le Maire, ainsi que sa signature tourmentée - ordinairement fort régulière - témoignent de la nervosité qui agita les magistrats en cette séance critique.

En dépit de ces injonctions comminatoires, le Maire ne fut pas obéi. Il dut se rendre sur la place du marché au blé, à deux heures et demie, accompagné seulement du procureur syndic et du greffier secrétaire. Les deux brigades de maréchaussée le précédaient, ainsi que les sergents de ville.

À trois heures, il fait battre un ban par deux tambours. Ensuite, après avoir fait entendre aux habitants assemblés en grand nombre le sujet de l'Assemblée et déclaré le mécontentement de Monseigneur. Le commandant de cette province par rapport à l'émeute qui s'est faite le lundi précédent, le sieur Maire a donné lecture à haute voix des ordres et intentions contenus dans la lettre du Seigneur Commandant. Puis il invite les habitants à se calmer et promet de faire fournir les marchés en sorte que la ville y trouva le blé nécessaire pour la subsistance des habitants.

Alors, sur-le-champ, le nommé Nicolas Bréon, serrurier, s'est présenté devant le Maire et lui a porté la parole en lui disant qu'il fallait du blé. Et comme il insistait, le Maire, exécutant les ordres du Commandant, a ordonné que ledit Bréon fût arrêté et mis en prison...

Monsieur Lhuillier, commandant la brigade de Dijon, fait agir les gendarmes pour appréhender Bréon. Mais alors, tout le peuple s'est ameuté, s'est jeté à travers les cavaliers et a tant fait qu'il a arraché Bréon de leurs mains. En présence de cette foule ameutée, le maire et la maréchaussée, ne voulant ou n'osant recourir à des mesures de coercition plus rigoureuses, préférèrent céder. Ils se mirent en chemin pour rentrer à l'Hôtel de Ville. Tout le peuple suivit les magistrats au milieu d'un grand tumulte et attendit sur la place.

À l'hôtel de ville siégeaient les échevins. Le maire leur rend compte de ce qui s'est passé. Ils veulent délibérer. Mais la « populace mutinée » est là dehors qui crie et « clabaude ». On prend le parti de la faire entrer « par peloton » pour expliquer de quoi il s'agit. Finalement, la chambre est obligée de promettre que le lendemain, vendredi, il y aura du blé en vente et que chacun en sera fourni.

Quant aux voitures de blé remisées, la chambre, après avoir entendu un certain nombre d'habitants et voyant à n'en pas douter, qu'ils étaient absolument déterminés à ne pas les laisser sortir, et que cette « populace » était bien décidée à faire garder jour et nuit à la porte du dépôt où le blé est renfermé, la. Chambre, « pour éviter aux grands inconvénients qui étaient à craindre si l'on prenait le parti d'employer la force pour faire passer le blé, a jugé qu'il était plus sage de prendre un parti mitoyen ».

Elle cherche à engager les propriétaires du blé à en faire la vente amiablement. MM. Guiod et Babelin sont chargés d'intervenir auprès de ces propriétaires. Ceux-ci, qui avaient pris le parti de rester en ville pour voir « ce que cette affaire deviendrait mettant en considération les suites que cette affaire pouvait avoir, et voulant se prêter de tout le possible au rétablissement de la tranquillité dans cette ville », ont répondu qu'ils consentiraient bien volontiers à faire la vente de leur blé, à raison de 45 sols le boisseau, mesure de Montbard, qui était le prix du marché de ce jour. Au moyen de ce prix, il « se départaient de toutes répétitions[93] ». L'accord conclu, rédigé en bonne et due forme, est rapporté par les délégués à la chambre. Celle-ci l'approuve. En conséquence, le blé sera mis en vente à neuf heures du matin. Ainsi est ramené le calme à Montbard[94].

---

[93] Renonçaient à tous dommages et intérêts

[94] Du procès-verbal d'une assemblée générale des habitants du 20 décembre 1766, il résulte que le Marquis de la Tour-du-Pin infligea une verte réprimande aux échevins inquiets qui avaient refusé d'accompagner le maire le 11 décembre, et fit incarcérer un certain nombre de mutins dans les prisons de Semur.

À l'occasion de la Noël, à la sollicitation du Maire, le commandant de la Province émit le vœu - c'est-à-dire l'ordre - que les échevins se joindront désormais au maire dans des circonstances comme celle-là ; et usant de clémence envers les mutins, il leur fit grâce de leur peine de détention ; mais au cas où la communauté exciterait encore son mécontentement, il traiterait avec vigueur les coupables.

Jean Andoche Guiod, avocat, premier échevin, fit alors la déclaration suivante :

Cette question de l'approvisionnement des habitants de Montbard en blé ou en pain devait provoquer de nouveaux troubles cinq ans plus tard.

C'est qu'en haut lieu, à cause des fluctuations dans le rendement des récoltes, on oscillait entre l'ancienne doctrine de la restriction et celle de la liberté totale du droit de la circulation des grains. En 1770, le nouveau contrôleur général, l'abbé Terray, imagina un mode de commerce des grains qui évitait à la fois les inconvénients du régime de la stricte réglementation colbertiste et de la liberté sans contrôle et totale du droit de circulation des grains. Les cultivateurs, après avoir conservé le blé nécessaire pour leurs besoins personnels de consommation et de semailles, vendraient le surplus de leurs récoltes à une organisation qui, centralisant ainsi tous les excédents disponibles, revendrait en détail ses stocks aux consommateurs, particuliers, meuniers ou boulangers. Ce système apparaît aujourd'hui comme une sorte d'office national du blé.

123 - La moisson aux Bordes en 2009

Qu'était l'organisme qui avait ainsi le monopole de l'achat et de la vente des blés ? Il n'était pas exactement défini par Terray. Le public ne connaît pas la composition précise. En fait, c'était une compagnie privilégiée et secrète. Dans le mystère qui l'enveloppait, on soupçonna le ministre et le roi lui-même d'en faire partie et de participer aux bénéfices qu'elle ne pouvait manquer de réaliser. C'est même le roi qu'on regarda comme le chef suprême de l'organisation et le blé qu'elle livrait à la consommation était communément appelé « les grains du roi ».

« Le motif de cette assemblée, Messieurs, est toujours la suite de vos téméraires et injustes procédés. Je suis spécialement chargé par Monseigneur de la Tour-du-Pin et par la chambre de vous faire des reproches à ce sujet. Je ne puis vous exprimer, Messieurs, le mécontentement de ce seigneur, eu égard à la conduite que vous avez tenue ; mais en même temps, il ne m'est pas possible de vous dépeindre combien il a été sensible aux circonstances fâcheuses qui ont mis dans le cas d'en punir plusieurs d'entre vous, plus connus, mais peut-être moins coupables que bien d'autres. Si le seigneur a pris ce parti, ça a été pour éviter un plus grand mal ; ses bons traitements et sa clémence dont il y a usé envers les prisonniers détenus par ses ordres vous sont de sûrs garants de la noblesse de ses sentiments. Nous sommes par nous-mêmes convaincus de toutes ses bontés.

Je vous invite, Messieurs à rendre grâce à Monsieur le Maire de l'intérêt qu'il a bien voulu prendre à la délivrance de vos prisonniers. Ce magistrat justement couronné n'a pas laissé de solliciter pour vous. Revenez, Messieurs, de vos égarements ; apprenez que vous devez respecter vos officiers.

Sans vouloir faire le tableau des dangers que vous pourriez courir si dans la suite vous persistiez à vous mutiner, je me bornerai à vous exhorter et même à vous ordonner au nom du roi de laisser passer librement les grains, et de n'apporter dorénavant aucun empêchement à leur exportation. Ce sera le meilleur moyen de trouver vos officiers sensibles et disposés à tout sacrifier et à employer l'autorité supérieure pour vous procurer les secours convenables, de même que vous les trouverez inexorables et insensibles à vos supplications si dans à la suite vous vous écartez de vos devoir ».

Ainsi préludait le seigneur Guiod à son rôle d'orateur populaire.

Seulement, comme aucune limitation n'était assignée aux prix d'acquisition et de revente des grains, que par conséquent la compagnie pouvait acheter à taux inférieur et revendre à un prix élevé, arbitrairement, qu'en cas de marchandage elle pouvait s'abstenir de livrer, elle avait la possibilité de réduire à la faim ou de ruiner les consommateurs. D'où l'expression flétrissante sur laquelle l'appelaient ses ennemis : le pacte de famine[95].

124 - Boulangerie rue Anatole Hugot (1967)

Alors que commencent à circuler les rumeurs que le peuple est exploité par une bande d'accapareurs, les boulangers de Montbard viennent à manquer de farine et de blé. Ils s'en plaignent à la chambre de ville. À la séance du 18 avril 1771, le procureur syndic traduit la pensée de tous. Les dernières mesures prises par le Conseil du roi, dit-il, et enregistrées par le Parlement, « ont détruit la confiance, et le marché n'est plus approvisionné. Le peuple crie et menace de se porter aux derniers excès... Dans une si dure extrémité il se commet les monopoles les plus ruineux. Car les malheureux qui ne peuvent avoir ni blé ni pain par les voies ordinaires vont pendant la nuit parcourir les villages, et lorsqu'ils peuvent trouver un boisseau de bled à acheter, on en exige un tiers de plus que le prix courant ».

Pour Montbard, il y a une autre cause de restriction à l'approvisionnement du marché : c'est le droit d'éminage, perçu par le seigneur de Buffon, « qui revient à trois sols par boisseau, au lieu que dans les marchés des environs on ne paye aucun droit d'éminage. Et comme l'urgente nécessité et le pressant besoin où l'on se trouve d'avoir la subsistance la plus indispensable mérite toute l'attention de la chambre pour prendre les mesures les plus promptes », le procureur estime « qu'il faut se pourvoir à nos seigneurs du Parlement à l'effet d'obtenir la permission de tirer des blés pour la subsistance et pour qu'il soit permis aux boulangers d'en acheter chez les fermiers et gros laboureurs des environs ».

Et le Maire déclare qu'il se rendra dès le lendemain à ses frais à Dijon pour exposer la situation au parlement.

En attendant le résultat de son voyage, on manque de pain à Montbard. Le lendemain 19 avril, une vingtaine de particuliers se présentent à la chambre, et déclare « qu'ils ne trouvent ni pain chez les boulangers ni blé au marché » ; ils n'ont d'ailleurs pas le droit de s'en procurer auprès des particuliers qui en ont. Le second échevin, Joseph Gelez, répond qu'il a appris qu'une voiture de blé est arrivée hier soir chez un habitant de Montbard. En raison du cas d'urgente nécessité, la chambre autorise exceptionnellement à vendre ce blé, boisseau par boisseau, aux plus besogneux, à qui elle délivrera des billets à cet effet.

Huit jours après, le 26 avril, le maire expose à la chambre le récit de ses démarches à Dijon.

---

[95] Le premier qui semble avoir obtenu la soumission de cette entreprise en 1770 était un ancien boulanger appelé Malisset, qui percevait 2 % sur le produit des ventes. Le secrétaire du Clergé de France, le prévôt de Beaumont, qui avait eu sous les yeux un acte de partage entre les associés de Malisset créa l'expression « pacte de famine. »

Il s'est d'abord adressé au procureur général près le Parlement. Celui-ci répond qu'il ne lui est pas possible d'aller contre l'arrêt du Parlement du 25 mars et il demande à consulter d'abord le contrôleur général. Mais le maire ayant insisté et représenté l'urgence des mesures à prendre, le procureur général permet, en attendant la réponse du contrôleur, de faire venir au marché de Montbard le blé qu'on trouverait à acheter dans les environs, à concurrence de 102 boisseaux par marché.

Le maire est allé ensuite à l'intendance. Le secrétaire général se charge de prier son chef absent d'autoriser la ville de Montbard d'acheter du blé dans les environs et même d'emprunter de l'argent pour cet objet. Et, pour parer au plus pressé, le secrétaire commande des voitures à l'effet de transporter les blés et farines qu'on trouverait à acheter.

125 - Boulangerie rue Eugène Guillaume

Entre-temps, la chambre a appris par des routiers de passage qu'il y avait à Tonnerre 200 sacs de farine à destination de Montbard[96]. Elle expédie dans cette ville un sergent avec mission de vérifier l'exactitude de l'information, et de s'enquérir de la qualité, et du prix de la marchandise et du mode de règlement de l'acquisition. L'agent de la ville s'acquitte de sa mission le 27 avril. Il rapporte des échantillons de la farine. La chambre fait procéder à des essais, constate que le pain obtenu est de bonne qualité et revient à un prix plutôt inférieur au cours en vigueur à Montbard et elle envoie chercher la farine disponible à Tonnerre. Il y en a moins qu'on ne l'avait dit : il en est ramené 45 sacs seulement.

Alors, le maire s'adresse à l'office du blé, « je veux dire à Monsieur Douméré, directeur des billets du roi, qui est chargé d'approvisionner les provinces. » Monsieur Douméré répond qu'il expédie un « envoi considérable de grains » qui doit arriver à Auxerre le 3 ou 4 juin. Ce convoi sera suivi d'autres, de semaine en semaine. C'est donc à Auxerre que Montbard pourra se procurer le blé qui lui sera nécessaire. La ville n'a qu'à faire connaître la quantité qu'elle désire pour qu'elle soit portée sur l'état de distribution La chambre, le 24 mai, fixe à 60 quintaux de première qualité et 120 quintaux de deuxième qualité la quantité hebdomadaire de blé à réserver à Montbard.

Le récit des journées d'inquiétude et d'irritation de 1766 et 1771 à Montbard, dues à la disette locale de blé - récits dont les éléments nous sont fournis par les registres des municipalités de ce temps-là, nous permet de saisir sur le vif l'une des causes profondes de la désaffection du peuple à l'égard de l'ancien régime.

Ce peuple aspire peut-être à plus de liberté ; il supporte impatiemment certaines inégalités. Les asseurs (répartiteurs) de 1771 n'ont pas craint de prendre sur les rôles des impositions communales le comte de Buffon, les dames Ursulines et de gros bourgeois, un marchand de bois, Charles Humbert, et le propriétaire du moulin du pont, Moucelot, qui protestèrent aussitôt véhémentement. Le peuple supporte impatiemment certains droits désuets comme le droit d'éminage ; mais ce qu'il réclame avant tout et par-dessus tout, c'est tout simplement de vivre, c'est-à-dire de pouvoir manger du pain tranquillement chaque jour, le *panem* des anciens romains, sans même les *circenses*[97].

---

[96] Sans doute est-ce l'effet de la démarche du procureur général et de l'intendant.
[97] Panem et circenses : expression latine de la Rome Antique, souvent traduite par : du pain et des jeux.

Or, le gouvernement paraît incapable de lui donner cette assurance. Après une réglementation tracassière, il a essayé un système libéral, mais n'a pas réussi à prévenir certaines disettes. Il en est revenu à un monopole d'état. L'étatisme ne semble pas produire de meilleurs résultats. Bientôt, avec Turgot, il reviendra à la liberté totale. Et il y aura de nouveaux grincements[98]. Bref, la vieille machine tourne mal. On est prêt à en essayer une nouvelle, dans l'espoir qu'alors on pourra porter chaque jour sa miche au four.

Bulletin de la société archéologique et biographique de Montbard, n° 38 et 39 - 1937

126 - Le moulin du pont

---

[98] Le quinze avril 1775, prenant en considération que depuis cinq à six semaines il n'est point venu de blé au marché, qu'il n'y en a presque point à vendre dans la ville, que les boulangers sont insuffisamment approvisionnés, « que le peuple, ne pouvant trouver des subsistances, est venu se plaindre et gémir à la porte des officiers municipaux », la Chambre a pris le parti de faire un emprunt de 2 400 livres pour être employé à l'achat de grains et farines, et s'est adressée, sachant que l'hôpital disposait de quelques deniers, d'abord aux administrateurs de cet établissement.

La Révolution à Montbard (1789-1790)

Les registres de la commune de Montbard ne signalent rien de saillant dans les années qui précèdent 1789. La vie dans notre ville s'écoulait paisible, depuis les réjouissances qui avaient eu lieu le 11 janvier 1784, à l'occasion du traité de Versailles, signé le 3 septembre 1783 entre l'Angleterre d'une part, la France et l'Espagne d'autre part. Ce traité glorieux mettait fin à la guerre dite d'indépendance des États-Unis[99].

On comprendra quelle dut être l'allégresse populaire si l'on se rappelle que la paix de Versailles mettait fin à une guerre qui, pour la France, durait depuis cinq ans, et que depuis moins de 30 ans, notre pays avait subi en outre deux autres guerres de sept ans chacune.

Pour victorieuse qu'eût été la guerre de l'Indépendance, elle n'en laissait pas moins la France fortement appauvrie. Ce que tout le monde sait, c'est que les ministres des Finances de Louis XVI étaient dans le même embarras que ceux d'aujourd'hui, et que les systèmes d'impôts et d'emprunts imaginés par eux furent impuissants à rétablir l'équilibre budgétaire et le crédit de l'état. Sous la poussée du mécontentement public et autant pour sauver le royaume d'une banqueroute imminente que pour dégager sa responsabilité, le monarque se décida à convoquer les Etats-Généraux. L'arrêt du 8 août 1788 fixe au 1er mai 1789 la réunion des députés des trois ordres qui composaient socialement la nation française : Clergé, Noblesse, Tiers-Etat. L'ordonnance du 27 décembre 1788 détermine les conditions d'élection des députés, chaque ordre constituant comme un collège électoral à part.

Dès la première manifestation que mentionnent les archives de Montbard, nous allons voir que les Montbardois suivent très attentivement les événements de Versailles, et sont au courant des questions à l'ordre du jour.

Voici en effet la délibération prise par le corps municipal dès le 5 janvier 1789.

« Après avoir entendu Me. Royer représenter que la majeure partie des municipalités du royaume, et singulièrement de cette province, ont assemblé les communes des villes pour discuter les intérêts des peuples et le nombre que chaque ordre doit avoir de représentants tant aux états généraux du royaume que le souverain se propose de convoquer incessamment qu'aux états provinciaux,

La chambre, ayant égard aux désirs qu'ont manifestés la majeure partie des notables habitants de s'assembler, pour prendre une délibération relative aux circonstances, a ordonné que tous les principaux habitants et particulièrement M.M. les curés et aux autres ecclésiastiques, même ceux qui jouissent des privilèges de la noblesse, seront invités et tous les autres habitants appelés au son de la caisse, à se trouver mercredi sept du courant, heure de neuf du matin, à l'Hôtel de Ville pour délibérer sur les objets dont il s'agit. »

Le 5 janvier 1789 a donc lieu l'assemblée générale des habitants de Montbard.

Le Maire, M. Petit, procureur au présidial de Semur, nommé du 9 décembre 1788 et installé du 30 décembre, n'étant pas encore citoyen de Montbard, c'est M. Guiod, premier échevin, qui ouvre cette séance mémorable. Il dit :

« La convocation de cette assemblée, Messieurs, n'a pas pour objet l'examen de vos privilèges particuliers. Un intérêt plus pressant vous appelle : c'est celui de la nation entière. Le redressement des abus, les moyens de régénérer un équilibre entre tous les ordres, tel doit être le plan de votre délibération.

Jusqu'ici, Messieurs, cet équilibre a été méconnu par les deux premiers ordres de l'État, le clergé et la noblesse. Ils ont sans doute droit à nos hommages ; mais l'extension démesurée qu'ils ont donnée

---

[99] Voici la délibération prise le 10 janvier 1784 par la chambre municipale de Montbard.
« La chambre, pour se conformer aux intentions de Sa Majesté, a délibéré que demain dimanche 11 du présent mois, heure de un et demi après midi, elle se transporterait en corps, accompagnée de la milice bourgeoise, dans toutes les places publiques de la ville pour y faire la publication de la paix, et qu'ensuite se rendrait à l'église paroissiale pour assister au Te Deum qui sera chanté à l'issue des vêpres ; que le corps de l'arquebuse et du grenier à sel ainsi que les habitants notables seront invités d'y assister ; qu'il sera fait des feux de joie et des illuminations publiques et enfin que pendant toutes les cérémonies il sera fait plusieurs décharges de feux de joie de l'artillerie de cette ville ; et, pour que les pauvres puissent participer à ces réjouissances, il leur sera distribué 100 livres de pain. »

à leurs privilèges est contraire aux principes élémentaires.

Il n'y a qu'un défaut d'énergie dans les autres classes de citoyens qui ait pu voiler ces entreprises. Ce voile est rompu ; notre silence serait condamnable. Les droits que nous réclamons sont ceux de la raison et de l'équité. Les nations ont les yeux sur nous. Peut-être une plus longue léthargie pourrait-elle devenir funeste à la nôtre.

Le temps approche, Messieurs, où tous les ordres confondus vont être appelés au conseil immédiat de leur Souverain, et quel est le but de cette assemblée nationale, sinon de balancer les droits de tous les ordres ?

Celui du tiers état est sans doute le plus nombreux : les deux autres réunis formeraient à peine la trentième partie de la nation. Cependant, par un abus inconcevable il a toujours été accablé par ceux-ci.

Mais d'où vient cette espèce de joug que nous avons porté si patiemment, sinon de ce défaut d'énergie que nous condamnons dans nos pères et que les générations futures seraient bien mieux fondées à nous reprocher si nous négligions de saisir le moment favorable qui nous est offert ?

C'est de ce défaut d'énergie dans le tiers état, c'est de l'abus de l'autorité des grands qu'est née l'insouciance pour l'intérêt commun, cet égoïsme destructeur des lois primitives de la nature.

Par lui, les devoirs paternels sont tombés en désuétude, et par une fatalité conséquente, la piété filiale s'est éclipsée. C'est à cet enfant de la dissolution que doit le jour, ce luxe effréné, principe de division dans la société et de corruption dans les mœurs.

127 - Image représentant la revanche du tiers état sur la noblesse et le clergé.

Souvenez-vous, messieurs, que vous êtes français, que le premier apanage du citoyen de cet empire est la liberté. Un roi juste et aimant vous tend les bras ; la seule idée de l'anarchie féodale révolte sa bonté paternelle ; il veut commander à des hommes libres, non pas à des esclaves. Nous naissons tous, avec des faiblesses attachées à l'Humanité, d'où l'on pourrait conclure que parmi nous la vertu devrait être le seul caractère distinctif. Cependant la société a admis la nécessité des distinctions ; le préjugé les a rendus héréditaires, c'est une chose sacrée.

Mais que les deux premiers ordres de l'État hâtent donc un retour sur eux-mêmes ; ils ne peuvent se dissimuler que s'ils croient pouvoir prétendre à nos hommages, ils doivent les payer pas des égards ; que s'ils se regardent comme citoyens, ils doivent contribuer en proportion de leurs propriétés aux besoins de l'état.

Le clergé voudrait-il feindre d'ignorer que c'est à la piété de nos pères qu'il doit sa prééminence, que c'est à leurs libéralités qu'il doit ses immenses possessions. Ne serait-ce pas de sa part une ingratitude marquée de se prêter à l'avilissement des enfants de ses bienfaiteurs.

Faudra-t-il rapporter à la noblesse que sans le Tiers-Etat il n'est plus de nation ; que c'est dans cette classe de citoyens que se sont propagés les lumières et les talents ; que c'est dans son sein que réside la force, l'activité et le nerf de l'industrie ? Faudra-t-il lui rappeler que si elle a été souvent le prix de la vertu, elle n'en doit pas moins sa première origine au Tiers-Etat. Qu'enfin l'or, ce métal si abject par lui-même, et la vénalité se sont le plus souvent frayé dans notre siècle et dans le précédent des routes aux distinctions qui n'étaient dues qu'à la vertu.

Mais il est encore, et j'aime à le croire, de ces âmes vraiment nobles et sensibles, de ce sang épuré que des siècles entiers n'ont pu altérer ; il coule ce sang précieux, dans des canaux creusés par la bienfaisance, et dans sa course majestueuse, il laisse partout des traces de générosité et d'humanité.

Ce n'est pas, Messieurs, cette généreuse et ancienne noblesse dont nous avons à redouter la morgue. Bien assurée de la sincérité de nos hommages, elle verra sans jalousie les talents et les vertus siéger à son côté ; elle verra sans aigreur disparaître les nuances d'inégalité, dès qu'il sera question du bien public et du salut de la nation.

Peut-être mon zèle m'a-t-il emporté trop loin. Approchons-nous, Messieurs, de l'objet qui nous rassemble aujourd'hui. »

Et M. Guiod rappelle « l'état désastreux des finances du royaume et la masse monstrueuse de la dette nationale ».

« Qui doit réparer le désastre ? C'est la nation. Qu'est-ce que la nation, sinon le concours de tous les ordres qui la composent ?

Par suite, tous les ordres doivent se cotiser en proportion de leurs propriétés pour l'extinction de la dette nationale ; et en conservant cette égalité, des deux premiers ordres auront encore à se reprocher de n'avoir pas payé les subsides en proportion du Tiers État, puisque c'est ce défaut de proportion qui opère l'accroissement de cette dette »...

« Or, s'il en est d'accord que ce soit la nation qui doive faire l'assiette de l'impôt - le roi lui-même l'a reconnu puisqu'il a convoqué les Etats-Généraux - une autre conséquence naturelle serait que le Tiers État, étant au moins trente fois plus nombreux que les deux autres ordres réunis, devrait avoir dans cette assemblée nationale un nombre de représentants bien supérieur à celui des députés, du clergé et de la Noblesse.

Mais, pour éviter l'énorme abus dont a souffert le Tiers État antérieurement, il a judicieusement restreint sa représentation à l'égalité du nombre des votants des deux autres ordres réunis.

Des provinces entières ont adopté ce plan, et l'on ne peut que s'étonner du délire de ceux qui voudraient le proscrire.

128 - Image satirique de l'époque de la révolution.

Malgré l'avis opposé de la noblesse de cette province (Bourgogne), tenons-nous-en donc, messieurs, à ces formes judicieuses adoptées par le Dauphiné et le pays messin ; elles ont été mûrement réfléchies, et ont entraîné l'approbation universelle. »

La noblesse de Bourgogne demandant le maintien du vote par ordre plaide une mauvaise cause : dans un combat, le grenadier à côté de son officier est-il moins exposé que lui ? Quel est cependant le point d'émulation qui fait mouvoir ce brave homme ? Aucun, sans doute. Fait-il une action d'éclat ? L'officier s'en applique la gloire et la récompense. Que reste-t-il au malheureux subalterne !

Souvent le dédain de celui qui lui doit sa fortune... L'homme sera-t-il toujours le fléau de l'homme ? »...

Et l'orateur, en conclusion, demande que l'assemblée délibère :

1° Que le Tiers État aura aux Etats-Généraux des représentants en nombre égal aux députés réunis du clergé et de la noblesse ;

2° Que les députés du Tiers-État seront élus par leurs pairs seulement ;

3° Que les nobles ennoblis, ceux qui sont revêtus de charges qui confèrent la noblesse, les commis et receveurs des fermes du roi, les agents et fermiers des seigneurs ecclésiastiques et laïcs ne pourront être électeurs ni éligibles ;

4° Que les voix des députés de tous les ordres seront prises individuellement et comptées par tête ;

5° Qu'il en sera usé pour les états provinciaux conformément à ce qui vient d'être dit pour l'assemblée générale de la nation ;

6° Enfin, que la délibération qui sera prise sera imprimée et adressée à Mgr le prince Condé, à Mgr le garde des Sceaux, à Mgr le ministre et secrétaire d'État, au département de la Province, à Mgr le directeur général des finances et à Mgr l'Intendant, en les priant de nous accorder leur protection auprès de Leurs Majestés. »

Après le discours de M. Guiod, M. Rigoley, ancien maître de forges, juge grainetier, au grenier à sel de Montbard, en a prononcé un autre qui aboutit aux mêmes conclusions. En voici quelques passages.

129 - Le délire patriotique - Nuit du 4 au 5 août 1789.

« Les fastes de la nation, débute-t-il, ne présentent aucun objet aussi important que celui qui fait le sujet de cette assemblée, puisqu'il est question de la régénération de la constitution française que veut opérer le meilleur des rois, par des moyens connus de sa seule sagesse...

C'est ici l'instant où il est permis à tout français vraiment citoyen d'élever sa voix et de mettre au grand jour son pur patriotisme, puisqu'il s'agit de la cause commune. »

Et, remontant à huit siècles en arrière, Monsieur Rigoley montre l'évolution de l'état politique de la France au cours des âges.

Il constate l'influence grandissante des deux ordres privilégiés dans l'état, et surtout l'inégalité croissante des charges fiscales entre les trois ordres. Il souligne que les Etats-Généraux de 1614 n'ont eu aucune efficacité à cause du mode de votation par ordre. Aussi, pour éviter le retour de pareils déboires, Monsieur Rigoley dit qu'il faut exiger la représentation double du Tiers État et le vote par tête aux Etats-Généraux.

Il peut être permis aujourd'hui de sourire de l'allure légèrement emphatique, de la phraséologie parfois nébuleuse des discours de Guiod et de Rigoley. Mais n'oublions pas que le premier échevin et le juge grainetier sont pénétrés de la gravité de l'heure et de la grandeur du rôle auquel le Roi convie devant la nation. Le royaume est au bord de l'abîme, il faut le tirer de là et le « régénérer ». De leur mission, les orateurs conçoivent une fierté qui les grisent un peu et leur pensée s'élèvent volontiers à des hauteurs ou flottent des vocables plus gonflés que pleine.

Quant aux auditeurs qui remplissaient la salle de l'Hôtel de Ville en cette matinée du 7 janvier 1759, ces commerçants, drapiers, fonctionnaires tanneurs artisans, cultivateurs, maître de poste, curés et vicaires, tous ces hommes du tiers ordre jusque-là tenus à l'écart des questions de politique générale, considérés comme des mineurs ou incapables en fait de gouvernement, soudain appelés à délibérer sur les destinées nouvelles de la patrie, tous ces citoyens, saisis eux-mêmes d'un juste orgueil, durent, j'imagine, applaudir frénétiquement les périodes philosophiques de l'avocat Guiod et les tableaux historiques de M. Rigoley. Au fond, que leur avait-on dit ? « Vous n'étiez rien ; vous êtes tout, soyez quelque chose ». C'est le mot de Sieyès.

Ils avaient si bien compris que, « d'une voix unanime, [ils] ont été d'avis de supplier très humblement Sa Majesté d'ordonner ce qu'avait proposé de M. Guiod dans ses conclusions. »

Sur la demande François de Griselle, prêtre, licencié en droit et curé de cette ville et François André, prêtre doyen de Moutiers-Saint-Jean, curé de Saint-Rémy et Buffon qui a bien voulu se réunir à la commune de cette ville, qui ont observé que par état ils sont plus à la portée que personne, de connaitre la situation des peuples confiés à leur ministère.

L'Assemblée a délibéré en outre qu'il sera appelé tant aux Etats-Généraux que provinciaux un certain nombre de curés de chaque bailliage, comme devant être les mieux instruits de l'état de détresse des dernières classes des citoyens.

En conformité des lettres royales du 24 janvier 1789, le 8 mars 1789 s'est tenue l'Assemblée des habitants de Montbard à l'effet de désigner les quatre délégués qui devaient se rendre au bailliage de Semur pour nommer le député du bailliage chargé de représenter le tiers ordre aux Etats-Généraux.

Avaient le droit de participer à l'élection des délégués les citoyens « nés français ou naturalisés, âgés de 25 ans, compris dans les rôles des impositions et habitants de la ville de Montbard, composée de 378 feux, non compris les privilégiés et les mendiants. »

Avant de voter, ils rédigèrent un cahier de « doléances, plaintes et remontrances » de la ville de Montbard.

Ce cahier, qui est aux archives départementales, est assez volumineux. Il comprend 16 pages de format 40/25 environ, d'une écriture serrée et menue.

La reproduction intégrale de ce cahier prenant trop de place, nous en donnons seulement une analyse, aussi complète que possible, citant textuellement des passages caractéristiques.

Le cahier fait connaitre d'abord les personnes qui sont censées avoir participé à sa rédaction. Nous reproduisons cette mention, où se rencontrent des noms bien connus à Montbard. Il se peut que quelques-uns de ces noms ne soient pas cités exactement : nous n'avons pas toujours pu les lire en toute assurance, 4 ou 5 même nous ont échappé entièrement.

« Aujourd'hui mars 1789, l'Assemblée provoquée tant à coups de caisse que présentement au son de la cloche, à la manière accoutumée, à l'Hôtel de Ville de Montbard, par-devant nous, Ch. F. Petit, conseiller du roi, maire et lieutenant général de police audit Montbard, Jean Andoche Guiod, premier échevin et Antoine Royer, second échevin en ladite ville, sont comparus : Cyr Guérard, P. Adam, J.M. Bernard, A. Bauchelin, B. Guyot, A. Magnien, E. Beaudoin, J. Nostier, A. Cloux, J. Doiban, Bacheley, R. Colas, S. Poulain, J. Dauver, E. Ladré, N. Auvigne, J. Garnier, Maréchal, M. Sordet, J. Févret, R. Berthuaux, J. Chenu, F. Bicou, L. Sergent, R. Bacheley, P. Maréchal, E. Bressonnet, J. Gaveau, J. Prévost, L. Agosse, N. Chaumeton, M. Berthuot, P. Maillard, S. Sanson, P. Guérard, J. Vauviller, J. Bresonnet, P. Bréon, J. Bergeret, A. Nicole, J. Fèvre, N. Fèvre,

F. Fèvre, L. Sergent, E. Sergent, G. Sergent, J. Gonon, P. Magnien, N. Fèvre, N. Guilleminot, F. Thomas, F. Chevreux, I. Miguet, P. Carré, J. Miguet, C. Fleurot, J.B. Sergent, L. Boquin, P. Bréon, N. Bardet, Cl. Bogureau, J. Daucher, J. Mathier, J. Berthuot, U. Berthuot, J. Sergent, J. Sergent, J. Berthuot, P. Sergent, P. Poipier fils, E. Denisot, J. Sauton, M. Maréchal, N. Bressonnet, G. Guérard, C. Lévêque, N. Boulaud, E. Boidot, A. Champenois, J. Jobert, U. Maréchal fils, A. Goutey, N. Parisot, L. Thevenin, F. Delautel, E. Vigneron, E. Bréon, P. Albin, A. Malachin, A. Petit, E. Goulier père, E. Fauvre, J. Malachin, J. Riotot, E. Delautel, J. Trécourt, A. Bréon, F. Bogureau, J. Bernard. Cl. Bonnardot, L. Albin, P. Misset, E, Babelin, N. Mandonnet, A. Sardin, J. Pichenot, J.B. Guiard, E. Bréon, E. Rigoley, lesquels, pour obéir aux ordres de Sa Majesté portés par les lettres données à Versailles le 24 janvier 1789, pour la convocation et tenu des Etats-Généraux de ce royaume. »

Dûment informés tant par affiche que par « lecture et publication faite au prône de cette paroisse par M. de Griselle, curé, aujourd'hui, par la lecture et publication pareillement faite à l'issue de la messe de paroisse au-devant de la porte de l'église, nous ont déclaré qu'ils allaient d'abord s'occuper de la rédaction de leurs cahiers de doléances, plaintes et remontrances ; et, en effet, y ayant vaqué, ils nous ont représenté ledit cahier. »

Cahier d'observations, plaintes et doléances fournies par la ville et commune de Montbard en Bourgogne.

« Le cri du peuple s'est enfin fait entendre, sa voix ne sera plus étouffée par le crédit des grands. Le roi, dans son cœur paternel, veut appliquer un remède efficace aux maux du peuple, c'est avec cette confiance due au meilleur des princes que nous allons tracer le tableau sincère de nos communes réflexions. »

Un grand point est acquis : le nombre des députés du tiers état doit être au moins égal à celui des deux premiers ordres réunis.

Mais « il est encore un préliminaire à toute autre opération, c'est la manière de voter. La voix unanime est que les suffrages soient comptés par tête... » autrement, « 126 membres de l'ordre du clergé et pareil nombre de celui de la noblesse, en tout 252 individus, emporteraient et donneraient la loi à 748, dans la proportion adoptée, pour la formation des Etats-Généraux. »

Ce préambule est suivi des résolutions adoptées par l'Assemblée, et rédigé en 56 articles :

« 1° L'Assemblée des Etats-Généraux ne doit être composée que de députés élus librement, ceux du tiers en nombre est égal à ceux des deux autres ordres réunis : les délibérations doivent être prises constamment les trois ordres réunis, et les suffrages comptés par tête.

2° Le Tiers État étant la partie la plus de nombreuse, et par conséquent celle qui représente essentiellement la nation, si les représentants des deux autres ordres se refusent aux conditions contenues dans l'article et qu'ils se retirent, les députés du Tiers concourront avec ceux des deux autres ordres qui voudront délibérer en commun, à régler avec le souverain les bases de la constitution et les subsides nécessaires[100].

3° Les députés du Tiers respecteront la préséance du Clergé et de la Noblesse, mais ils ne se soumettront à aucune distinction humiliante pour eux personnellement et pour leurs commettants.

4° Ils ne pourront s'occuper d'aucun subside avant que les bases et les principes de la constitution ne soient établis par une loi sanctionnée et promulguée dans les États, à moins que les circonstances n'exigeassent impérieusement des secours prompts et momentanés.

5° Ils ne consentiront pareillement aucun subside avant que le roi ait tenu la promesse de réformer les états provinciaux sur le modèle des Etats-Généraux.

6° La convocation des états généraux aura lieu périodiquement. Et si, par hasard, les générations futures avaient un prince moins bien disposé que Sa Majesté, il doit être réglé que le paiement de toute espèce de subside cessera au moment de l'époque du retour périodique de l'Assemblée nationale.

7° Il doit être usé de même pour les états provinciaux.

8° La nation ne doit être soumise à aucune loi qu'elle n'ait consenti et au paiement d'aucun

---

[100] Ne dirait-on pas prévue, les journées des 23 et 27 juin 1789 ?

impôt qu'elle n'ait accordé.

9° Les lois seront formées et promulguées dans les Assemblées générales de la nation.

10° Aucun impôt, emprunt direct ou indirect ne pourront être accordés que dans la même assemblée générale, et jamais pour plus de temps que leur retour périodique.

11° Tous impôts et charges publiques, présents et à venir, sans distinction, seront répartis également sur tous les citoyens, dans la juste proportion de leurs facultés et propriétés.

12° La liberté individuelle de tous les citoyens sera assurée d'une manière inviolable.

13° Dans l'intervalle des sessions, les Etats-Généraux pourront former une commission intermédiaire qui prendrait des décisions, lesquelles devront être ratifiées par assemblée générale ; mais cette commission ne pourrait voter ni lois, ni impôts, ni emprunts. Elle serait composée, moitié de députés du tiers, moitié de députés des deux autres ordres.

14° Cette commission se renouvellera par moitié tous les trois ans.

15° Les dépenses seront réparties entre les administrations par les Etats-Généraux, et chacune devra en rendre un compte exact, détaillé et circonstancié ;

16° Les intendants seront supprimés.

17° Tous les comptes, tant généraux que particuliers seront imprimés ; il en sera envoyé des exemplaires dans toutes les municipalités, afin que chaque citoyen puisse en prendre connaissance et faire les observations qu'il croira convenables.

18° La liberté de la presse doit être admise. Il convient cependant de prohiber tout écrit anonyme, ainsi que ceux contre la religion, les mœurs, le bon ordre et la personne sacrée du Roi.

19° Il y a eu des aliénations du domaine national à vil prix. Il paraît très important de faire rentrer tout ce qui a été dispersé ou même usurpé.

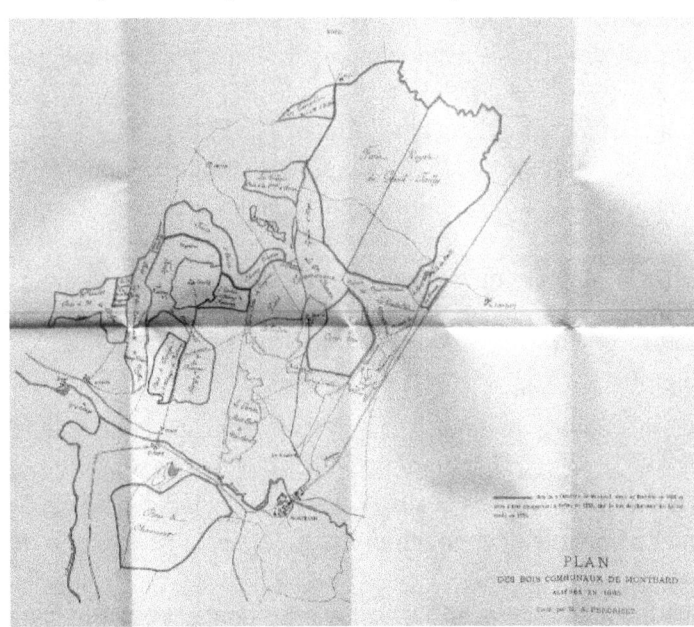

130 - Les bois communaux de Montbard

20° Le régime des forêts est absolument vicieux. Les officiers préposés à leur conservation ne s'en occupent pas. Ce n'est que vexation, concussion, et monopole et prévarication. C'est le cri public. Le remède, le seul c'est de supprimer les maîtrises et tous les autres tribunaux d'exception qui fatiguent le peuple et dont les membres sont plus souvent les protecteurs des délinquants que les vengeurs des délits.

21° Les bois communaux sont la plus grande ressource, surtout dans le moment actuel où cette denrée de première nécessité éprouve tous les jours une diminution dans l'espèce et une progression dans le prix. Il convient de prohiber tout essart et de rectifier le régime qui est vicieux. Les bois communaux de Montbard ont été vendus le 1er avril 1665 à M. le Président Jacob, sous réserve du retrait, moyennant la somme de cinquante mille cinq cents livres, la tonsure du quart de ses bois suffirait aujourd'hui pour rembourser le prix de la vente. On a négligé, faute d'énergie, de réaliser ce projet. Il conviendrait de faire autoriser les communautés à rentrer dans leurs communaux aliénés.

Avec 1 900 arpents de bois que nous possédions antérieurement, notre petite ville se trouverait riche, et la ressource des octrois ruineux lui deviendrait inutile.

22° Les bois sont dirigés sur Paris ou consommés par la forge de Buffon. Les marchands de bois et le maître des forges devraient être tenus de fournir la quantité de bois nécessaire à la consommation de la ville. Il faut à la seule forge de Buffon vingt mille cordes de bois ; il y a là de quoi mettre la disette dans le pays. La forge de Buffon, construite par M. de Buffon est donc nuisible. Malgré le respect que nous conservons pour la mémoire du grand homme qui l'a fait construire, et l'attachement que nous avons voué à Monsieur son fils, nous croyons ne pouvoir nous dispenser de demander la suppression de cette usine. Et il faudrait forcer les marchands de bois à respecter les ordonnances sur le flottage.

23° et 24°. La perception du droit de contrôle et information est faite de façon trop variable et arbitraire : qu'un nouveau tarif soit établi et strictement réglementé.

25° Tous les actes annulés ne devraient être assujettis à aucun droit envers le fisc.

26° Il serait de la plus grande importance de supprimer tous les fermiers, régisseurs, commis, préposés, receveurs généraux et particuliers, tout au moins d'en réduire le nombre, en leur accordant des appointements et rétributions proportionnés à leur travail.

27 Tout impôt en argent devenant presque toujours insensiblement arbitraire, il semble que l'impôt territorial en nature serait le plus juste et le moins fatigant pour le peuple : cet impôt une fois perçu, le malheureux saurait ce qui lui reste. Il pourrait alors par un calcul simple faire cadrer ses dépenses avec son revenu et n'aurait plus la crainte d'être continuellement assailli par des huissiers. Pour les maisons et jardins, on estimerait modérément le produit annuel du fonds, déduction faite des frais d'entretien et de culture. Cet impôt s'affermerait à la chaleur de l'enchère, et les adjudicataires feraient passer directement et sans frais au trésor royal le prix de leurs adjudications.

Pour que la terre ne soit pas seule frappée, il faudrait trouver des moyens de taxer industriels et commerçants : ce sera à la nation assemblée à adopter les moyens les plus convenables et les moins onéreux, par exemple des impôts sur le luxe, des domestiques de livrée, sur les équipages, sur les chevaux, excepté les chevaux de culture, et les chiens autres que ceux des bergers et laboureurs.

Pour l'impôt territorial, il serait nécessaire de déterminer les possessions de chacun par un arpentage général des fonds de campagne et faire le cadastre de toute la propriété.

28° Il faudrait faire parvenir au trésor royal les fonds avec le moins de frais, par exemple, par l'intermédiaire des voitures publiques.

29° La suppression des droits de « franc fief » doit faire un objet principal de l'attention des États nationaux. Les recherches à cet égard ont dégénéré en frénésie : les commis, de leur autorité, voudraient en briser les fiefs pour se procurer des droits qui mettent des entraves continuelles aux commerce et mutation des fonds.

30° Ils doivent loyalement s'occuper de la suppression des gabelles, en entier, ou tout au moins chercher le moyen d'alléger le fardeau de cet impôt en diminuant le poids de cette denrée et en simplifiant la manutention.

31° Si on ne peut abolir le don gratuit, il faudra autoriser les villes à l'affermer à leur profit.

32° Il convient aussi d'abolir tous les sols pour livre ajoutés aux droits principaux, et de réduire le tout à des sommes fixées et déterminées.

33° L'abolition totale des banalités, mainmortes, péages et autres charges, servitudes et droits de cette nature, n'est pas moins à désirer, sauf l'indemnité due aux propriétaires et après vérification de leurs titres.

34° Il est de la dernière absurdité que la vie et l'honneur d'un citoyen se trouvent exposés sans qu'il soit instruit des crimes qu'on lui impute, des témoins qui déposent contre lui, et sans qu'il lui soit possible d'avoir un conseil pour le diriger. Donc il faut une réforme absolue de l'ordonnance criminelle. De même l'ordonnance civile doit être revue pour simplifier les formalités, abréger la procédure et diminuer les frais.

35° Il faudrait abolir l'usage des lettres de cachet, ou tout au moins n'en user qu'avec la plus grande circonspection, avec des garanties pour l'inculpé.

36° Le crime doit être puni suivant la rigueur des lois. Mais lorsqu'il n'y a pas eu d'intention, il ne faudrait pas de lettre de grâce, mais l'entière absolution des peines particulières tenant compte des circonstances. La peine devrait être la même pour l'homme puissant que pour le faible, un noble qui a la tête tranchée et un citoyen du troisième ordre qui est pendu, tous deux pour le même crime, doivent être également flétris. Il est absurde que la honte du premier soit lavée dans son sang et que, non seulement la mémoire de l'autre soit flétrie, mais encore que sa famille ait à rougir du nom d'un parent qui a eu le malheur d'être coupable. Le crime fait la honte et non pas l'échafaud.

Autant que faire se peut, il faudrait ménager le sang humain, substituer à la peine de mort une correction aussi exemplaire.

37° Il paraît essentiel d'augmenter les pouvoirs des présidiaux, de les autoriser à juger souverainement jusqu'à quatre mille livres.

38° Les officiers des présidiaux et bailliages ne pourront être pourvus d'office avant l'âge de vingt-cinq ans accomplis, les lieutenants généraux avant trente ans.

39° Les officiers des Parlements et aux autres cours supérieures devront avoir exercé dix ans dans des présidiaux ou bailliages.

40° Il serait à désirer que les États nationaux s'occupassent sérieusement de la suppression de la vénalité de la noblesse et des charges, offices et emplois civils et militaires, le mérite seul y devant donner accès.

41° Les abus qui résultent de l'amovibilité des juges de seigneurs, en raison de l'influence que ces derniers peuvent avoir sur leur jugement et les difficultés qu'ont les peuples de se faire rendre justice dans les campagnes exigent l'attention de l'Assemblée nationale. On pourrait créer dans les petites villes des bailliages ruraux, où la justice se rendrait, pour un arrondissement limité, au nom du roi, sans appel aux présidiaux ; tous tribunaux d'exception seraient supprimés et aucun citoyen ne pourrait en aucun cas être traduit devant son juge naturel.

131 - La devise de la république.

42° Ces tribunaux pourraient juger souverainement jusqu'à 60 livres.

43° Les fruits de justice seraient laissés aux propriétaires de fief. La police serait exercée sur les lieux par un commissaire nommé par le propriétaire du fief.

44° Il serait loisible aux propriétaires de fief de renoncer au droit de faire la police et aux fruits de justice. Alors, les commissaires, nommés par les juges, seraient des agents du Roi et exerceraient leur charge en son nom.

45° La suppression de tous les notaires authentiques est de la dernière importance, puisqu'aucun de ces notaires n'ont les premiers éléments de leur état. Leurs actes sont des pépinières de proie, et cela ne sera pas difficile à concevoir lorsqu'on saura que les seigneurs afferment ces notariats à des particuliers qui savent à peine lire ; d'ailleurs les minutes de leurs actes sont sujettes à être diverties. Les notaires royaux sont même trop multipliés ; il serait à désirer que le nombre en fût réduit.

46° Les préposés à la garde des fruits de la campagne, ordinairement pris dans la dernière classe des citoyens, sont privés, par décision des cours supérieures, de toute rémunération. Il y a de la dureté à les forcer à faire un service gratuit et à les rendre responsables des délits. Il conviendrait de leur assurer une rétribution sur les fruits confiés à leurs soins.

47° Il conviendrait de supprimer les droits dont sont frappés les mineurs pour tutelle, curatelle, oppositions et mainlevée des scellés.

48° Messieurs les curés ayant des revenus fixes, il conviendrait de supprimer tous les droits attribués pour l'administration des sacrements de baptême, de mariage et pour les sépultures... L'esprit de générosité qui les domine les engagera sûrement à demander eux-mêmes ces suppressions. Si l'un d'entre eux n'avait pas de revenus suffisants, il serait dans l'ordre de leur assurer une honnête subsistance, de même qu'à Messieurs les vicaires.

49° Les droits d'annates[101] et autres qui se payent à la Cour de Rome paraissent être le fruit d'un ancien abus et n'ont d'autre objet que de faire passer à l'étranger notre monnaie. Il semble qu'on pourrait supprimer cet abus.

50° La liberté de stipuler des intérêts pour prêt sur obligation a lieu en Bresse et dans bien d'autres provinces. Il serait avantageux de rendre cette liberté commune à tout le royaume. Le commerce et les particuliers y trouveraient des ressources et cela ferait diminuer la pratique de l'usure.

51° Il serait bien essentiel de prendre des précautions dans cette province pour éviter l'abus qui résulte de la nécessité imposée à un créancier de faire vendre par décret les biens de son débiteur. Les frais du décret absorbent le produit de la vente, ou même la valeur des biens n'atteignant pas cette somme de frais, les créanciers sont privés de toute garantie.

52° Messieurs les élus se sont emparés du droit de nommer les maires des villes. Il est très important de rétablir les villes dans le droit de nommer leur maires, échevins, syndic, secrétaires, receveurs et tous autres officiers de police.

53° La milice est non seulement un sujet d'inquiétude pour les parents ; souvent le père se trouve privé du secours d'un fils sur lequel il pouvait le plus compter... Mais elle devient encore plus onéreuse par les dépenses qu'elle occasionne. Il semble que pour la tranquillité publique il vaudrait mieux imposer à un arrondissement quelconque l'obligation de fournir, quand il serait besoin, un certain nombre d'hommes propres à porter les armes... Il n'y aurait que les gens inutiles qui se voueraient à cet état.

On pourrait même y adjoindre les jeunes gens d'une mauvaise conduite, sur la plainte le leurs parents.

54° Les pigeons font des dégâts considérables lors des semailles et récoltes. Il serait prudent d'obliger les propriétaires de colombiers et volières de les retenir à ces époques et de permettre de tuer les pigeons que l'on trouverait dans la campagne pendant ces époques prohibées. Dans les pays de montagne où l'eau est rare, ces oiseaux infectent l'eau des mares en se baignant. Il conviendrait d'interdire les colombiers dans ces pays. »

55° Le luxe a fait des progrès dans tous les États, même dans ceux qui en paraissent le moins susceptible. Aujourd'hui la plupart des rouliers se font un point d'honneur de conduire d'énormes voitures. Le chargement va jusqu'à huit milliers[102] pesant sur leurs voitures à deux-roues et à la proportion sur celle à quatre roues ; il semble qu'ils prennent plaisir à détruire les routes. Il y a là un abus à corriger. Il faudrait par exemple les obliger à ne pas dépasser un certain poids ou à ne se servir que de voitures légères à un seul cheval comme en Franche-Comté, ou ayant des roues dont les jantes aient au moins un demi-pied d'épaisseur. Il serait à propos de paver les parties de route en mauvais état, en obligeant chaque voiturier qui passerait à y déposer quelques pavés.

56° Enfin il serait à propos d'obliger les communautés à un exact entretien de leur chemin et d'assujettir tous les ordres à y contribuer dans le lieu de leur résidence.

Telles sont les observations des citoyens de la ville de Montbard, qu'ils vont remettre à leurs députés pour en faire l'usage convenable, avec le pouvoir cependant d'aviser, remontrer, modifier et

---

[101] En latin annatae : impôt perçu par le Pape sur les bénéfices ecclésiastiques.
[102] Tonnes.

consentir tout ce qui pourra contribuer à la prospérité publique.

Fait et arrêté à Montbard ce huit mars mil sept cent quatre-vingt-neuf ; et ce sont les citoyens ayant l'usage de l'écriture, soussigné, les autres ont déclaré ne pas savoir signer. » (Suivent 95 signatures).

À peine peut-on observer combien la rédaction en est précise et la matière copieuse : principes de droit politique et de droit civil, organisation administrative et revendications locales, les Montbardois de 1789 ont fait le tour de ce qui concernait l'intérêt général et l'intérêt de la région. Si l'on admire à juste titre l'œuvre de l'Assemblée nationale constituante de 1789 à 1791, il n'est que légitime de reporter une partie de cette admiration sur les humbles citoyens, comme ceux de Montbard, qui avaient apporté aux Etats-Généraux des matériaux à pied d'œuvre.

Revenons à l'assemblée du 7 janvier. Le cahier rédigé, des délégués du bailliage furent élus :
Edme Babelin, avocat, vétéran de la maréchaussée d'Auxois ;
Guiod, avocat au parlement et premier échevin ;
Guérard Cadet, procureur notaire ;
Rigoley, conseiller grainetier au grenier à sel et ancien maître de forges.

«Ladite nomination des députés ainsi faite, lesdits habitants ont remis aux sieurs Babelin, Guiod, Rigolet et Guérard le Cadet leurs députés, le cahier, afin de le porter à l'assemblée qui se tiendra le 16 de ce mois, par devant Monsieur le lieutenant particulier du bailliage de Semur-en-Auxois et leur ont donné tous pouvoirs requis et nécessaires à l'effet de les représenter et en ladite Assemblée, comme aussi de donner pouvoirs généraux et suffisants de proposer, remontrer, aviser et commenter tout ce qui peut concerner les besoins de l'État, la réforme des abus, l'établissement d'un ordre fixe et durable dans toutes les parties de l'administration, la prospérité générale du royaume et le bien de tous et de chacun des sujets de Sa Majesté. Et de leur part, les députés se sont présentement chargés du cahier des doléances de ladite ville de Montbard, et ont promis de le porter à ladite Assemblée ».

Aux événements qui se passent à Versailles ou à Paris du 1 mai au 14 juillet 1789, il n'est pas fait allusion dans le registre de Montbard. Mais il est certain que Montbard suivait avec intérêt l'évolution des faits, qu'on approuva l'attitude énergique du Tiers État relative au vote par tête, et qu'on apprit avec plaisir que les députés ne voulurent pas transiger sur ce principe. Néanmoins on devait appréhender un conflit entre l'Assemblée nationale et le « meilleur des rois ».

Aussi, après la prise de la bastille, quand l'on sut que Louis XVI était venu à l'Assemblée natio-

132 - La révolution vue par les Britaniques : "L'excellence de la république"

nale, le 15 juillet, annoncer le renvoi de ses troupes étrangères, puis à Paris le 17 en témoignage d'affection pour le peuple, on fut tout à la joie. Et le 22 juillet, «la chambre assemblée a délibéré que M. le curé de cette ville sera invité à chanter le Te Deum samedi prochain à la fête patronale, à la suite des vêpres, en reconnaissance de l'amour que le roi a témoigné à son peuple à la séance royale du 15 de ce mois, et des témoignages de confiance que lui a donné dans son voyage à Paris du 17, auquel Te Deum la chambre assistera en corps. »

Le samedi 25 juillet eut donc lieu cette cérémonie, pendant laquelle furent tirées deux salves des canons de la ville. Puis le soir, il y eut illumination générale, feu de joie et nouvelle salve d'artillerie.

Le tumulte de ces réjouissances était à peine apaisé, les cendres du feu de joie à peine refroidies qu'un vent de panique jeta soudain un effroi mystérieux sur Montbard.

Le 26 juillet en effet, - le lendemain de la fête - la Chambre assemblée, se sont présentés les principaux habitants de la ville de Montbard, lesquels ont représenté que les affaires d'État ont autorisé quantité de brigands, sous le prétexte de soutenir les droits du Tiers État, de se répandre dans les différentes provinces du Royaume pour y exercer toutes sortes de brigandages ; que, pour prévenir les ravages qu'ils pourraient occasionner, toutes les villes des environs de Montbard ont établi des milices bourgeoises ; qu'ils se présentent devant nous pour nous prier d'en former aussi une pour veiller à la conservation de la ville.

Le souffle de la « grande peur » passa sur Montbard, comme il passa sur toute la France du 25 juillet au 2 août, produit d'une fausse nouvelle comme il en circule aux époques de guerre ou de troubles.

Le résultat de cette angoisse sans fondement, ce fut la décision prise par la chambre municipale de créer immédiatement la milice chargée de veiller à la conservation de la ville, monter la garde et faire les patrouilles nécessaires, tant de jour que de nuit, laquelle sera disciplinée en la forme des ordonnances militaires.

Ainsi fut constitué le 1er régiment de garde nationale à Montbard.

Ce régiment comptait quatre compagnies, la première avec le capitaine Daubenton, la deuxième avec le Capitaine Rigoley, la troisième avec le capitaine Petit, la quatrième avec le capitaine Bréon.

Chaque compagnie comprenait, outre son commandant, un capitaine en second, un lieutenant, un sous-lieutenant, deux sergents, trois caporaux et quarante fusiliers.

Le régiment avait à sa tête un colonel. Buffon fils a reçu ce titre quelque temps après la création de la milice.

Quinze jours après cette journée mémorable paraissait le décret du 10 août 1789 :

« L'Assemblée nationale... pour arrêter les efforts des ennemis de la nation, qui, ayant perdu l'espoir d'empêcher par la violence du despotisme la régénération publique et l'établissement de la liberté, paraissent avoir conçu le projet criminel de ramener au même but par la voie du désordre et de l'anarchie, qu'entre autres moyens ils ont, à la même époque et presque au même jour, fait semer des feintes alarmes dans les différentes provinces du royaume, et qu'en énonçant des incursions et des brigandages qui n'existaient pas, ils ont donné lieu à des excès qui attaquent également les biens et les personnes, et qui troublent l'ordre universel de la société, qu'ils ont été jusqu'à répandre de faux ordres et même de faux édits du Roi.

Décrète que les municipalités veilleront au maintien de la tranquillité générale avec les milices, la maréchaussée et des troupes et que les attroupements séditieux seront dissipés par les mêmes moyens. »

Ce décret, voté après la nuit célèbre du 4 août, ne calme pas toutes les inquiétudes. Des difficultés d'approvisionnement ajoutent au malaise moral. Si les journées des 5 et 6 octobre 1789 et le séjour définitif du Roi à Paris n'ont aucun écho dans les fastes de Montbard, du moins ne sait-on que plusieurs personnes quittent alors la ville, qui ne paraît leur offrir qu'une sécurité précaire ?

Cependant l'Assemblée nationale poursuit le cours de ses travaux.

Les 11 et 12 novembre 1789 elle décrète la division de la France en départements, districts, cantons et communes. Ce sont les nouveaux cadres de l'organisation administrative nouvelle. Alors vient à Montbard le désir ambitieux de briguer pour elle l'honneur d'être le siège d'un bailliage et d'un district, s'il est possible.

Le 1er décembre 1789, les habitants de Montbard sont convoqués à l'effet d'envoyer une députation à l'Assemblée nationale pour appuyer ce projet. Ils reconnaissent qu'il est essentiel de faire une députation à l'Assemblée nationale, et ils prient unanimement Monsieur le Comte de Buffon de vouloir se transporter à Paris pour suivre cette affaire, persuadés que personne ne peut, mieux que lui, la faire réussir.

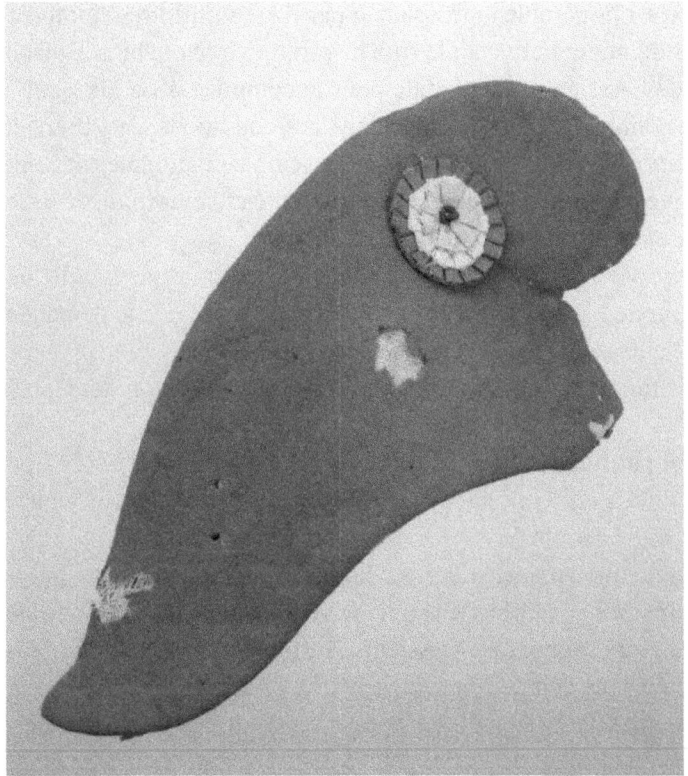

133 - Bonnet Phrygien.

Monsieur Petit, Maire de la ville, accompagnera « ledit seigneur de Buffon ».

Buffon accepte cette mission avec reconnaissance, puis il revient précipitamment de Paris, après avoir, par un billet, demandé la convocation de l'Assemblée des habitants.

Le premier janvier 1790, la commune de Montbard, appelée « à coups de caisse », se réunit donc à l'Hôtel de Ville. À l'ouverture de l'Assemblée, Monsieur Royer, premier échevin, dit en portant la parole :

« Messieurs, dans les circonstances présentes, craignant que Montbard ne soit point de juridiction et ne vint à déchoir, nous avons unanimement déclaré qu'il était de l'intérêt de tout citoyen d'envoyer deux députés à l'Assemblée nationale pour solliciter l'établissement d'un bailliage et d'un district en ce pays. Vous avez tous, Messieurs, désiré que Monsieur le Comte de Buffon voulût se charger de la députation, comme le plus capable d'entre nous à faire le nécessaire. Ce seigneur, ne consultant que son zèle pour son pays, et satisfait de la confiance qu'on lui donnait, a accepté avec joie cette députation. Or il vient de revenir et il veut rendre compte de ce qui s'est passé. »

Du long discours que Buffon tient aux habitants, il ressort qu'après son départ pour Paris, emportant un mémoire justifiant la pétition de Montbard, le sieur Guiod, ancien échevin, remplacé le 3 septembre par Hivert, le même qui avait pris la parole à l'Assemblée du 7 janvier, a envoyé à l'Assemblée nationale un autre mémoire commençant ainsi :

« Nos seigneurs, enflammé par cette étincelle patriotique, qui depuis a embrasé tous les cœurs français, j'ai prêté ma plume il y a quelques mois à ma patrie pour faire une adresse d'adhésion à vos décrets et vous assurer de notre commune gratitude. »

Ensuite, Guiod expose à l'Assemblée - qui aurait eu à en sourire - que par les services qu'il avait rendus à ses concitoyens, il s'attendait à quelque reconnaissance. Or, il éprouve le contraire. « Monsieur le comte de Buffon, dit-il, a bien voulu accepter la place de premier député, j'avais, ce me semble, quelques droits de prétendre à la seconde. Mais ma délicatesse sur les moyens employés pour faire réussir une intrigue m'a écarté de cette honorable ambassade. Un autre a pris la place que j'imaginais être due aux services que depuis un an je me suis empressé de rendre à mes concitoyens. »

Et il soumet à l'Assemblée un mémoire de sa composition. Il ne veut pas qu'on lui enlève la paternité et qu'on croie que ce mémoire est l'œuvre de la ville de Montbard, par exemple ; il ne veut pas « être dans le cas de répéter le *sic vos non vobis* du chantre du fils d'Anchise et de Vénus[103]. »

Ce mémoire, ajoute Buffon, après avoir développé les raisons qui nécessitent un bailliage à Montbard, « finit par des vers à la mémoire de mon père, un compliment pour moi et un autre compliment à M. le président de l'Assemblée nationale ».

Or, Buffon et Monsieur Petit avaient déjà fait plusieurs démarches, obtenu des promesses de plusieurs députés et pris un rendez-vous auprès du président de l'Assemblée nationale pour lui remettre le mémoire dont ils étaient porteurs, quand la nouvelle leur parvient de cette intervention insolite de Guiod.

Dans son dépit d'avoir été écarté et de « l'honorable ambassade » par l'Assemblée de Montbard du 21 décembre, Guiod insinuait que le choix du maire Petit était le fruit d'intrigues inavouables. Buffon craignit-il de passer aux yeux du président de l'Assemblée nationale pour le complice d'un intrigant ? C'est ce qu'il laisse entendre en disant que continuer les démarches dans ces conditions « ne pouvait convenir à son caractère ». Et puisque le mémoire qui doit être remis à l'Assemblée nationale est celui de Guiod et non celui de la ville, les deux envoyés auraient manqué à leur dignité et compromis la ville de Montbard en remettant un mémoire qui n'était pas celui de leurs commettants.

À partir de ce moment donc, Buffon ne s'est plus considéré comme le mandataire de la ville de Montbard. Personnellement il a vu le président de l'Assemblée nationale ; il a recommandé la demande de la ville et a obtenu du président et de plusieurs députés la promesse de s'y intéresser.

Monsieur Petit a suivi Buffon dans sa manière de voir et a donné aussi sa démission de député pour cette affaire.

Buffon termine en regrettant de n'avoir pas mieux réussi. Il était heureux néanmoins d'avoir « pu témoigner de son amour pour sa patrie ». Il rejette sur Guiod toute la responsabilité de l'échec à cause de la démarche intempestive de ce dernier.

Après cette longue explication, les habitants, appelés à donner leur avis, désapprouvent l'intervention de Guiod : déclarent que le premier mémoire est bien leur ouvrage (sans doute a-t-il été rédigé par Guiod, et sanctionné par eux) ; proclament que le choix de Messieurs Buffon et Petit s'est fait librement ; désignent de nouveau le sieur Petit pour leur député, pour présenter à l'Assemblée nationale le mémoire de la commune ; remercient M. le comte de Buffon de ses bons offices, sur lesquels ils comptent toujours, le cas échéant.

Epilogue. Les décrets de l'Assemblée nationale qui, du 15 au 26 janvier 1790, créèrent les départements et les districts ont omis Montbard[104].

Cependant le Mémoire présenté par M. Petit renfermait des arguments de valeur :

1° Montbard est dans le centre de deux présidiaux[105] : Châtillon et Semur. Il a toujours eu des seigneurs qui ont exercé la justice. Un grand nombre de citoyens ont « embrassé cet état » (vivent de l'exercice de la justice).

2° Le grand nombre de médailles romaines trouvées dans son territoire, dans son enceinte et dans celle de son château prouve d'une manière invincible qu'elle existait lors de la conquête des Gaules par le peuple vainqueur. Dès le neuvième siècle elle était une ville considérable.

3° Son maire est de la grande roue[106] et Montbard est la septième sur quatorze qui, par tour,

---

[103] Il est certainement fait référence ici à cet épisode de la mythologie grecque : la relation entre Anchise qui gardait un troupeau sur le mont Ida et la déesse Aphrodite. Cette dernière lui fit croire qu'elle était mortelle et lui révéla sa véritable identité après s'être unie à lui et lui fit promettre de ne jamais révéler cette union contre nature.
[104] À noter que ce que les Montbardois de 1789 n'ont pu obtenir malgré leurs démarches et leurs plaidoyers, leurs descendants de 1926 l'ont obtenu sans aucune sollicitation.
[105] Le présidial est un tribunal de justice. Les présidiaux ont été créés au XVIe siècle.
[106] Roue à trois cercles ; un cercle pour chaque ordre. Sur le cercle du Tiers-État étaient inscrits les noms des neuf villes de Bourgogne appelées à tour de rôle à nommer un député aux États de la province. Montbard y occupe le 7e rang.

présentaient l'élu du tiers ordre pour les États de la province.

4° La ville est située sur la Brenne, « rivière assez considérable. » Elle est traversée par quatre grandes routes qui conduisent vers Paris, Dijon, Semur, Châtillon. Elle est au centre de 32 à 35 mille arpents de bois ; de Montbard la surveillance en serait facile, «et en peu d'années les forêts seraient dans la plus grande valeur. »

Un grand canal passe à Montbard.

Elle est un centre d'entrepôts relativement à l'Auxois, au Chatillonnais, au Bassigny, pour les blés et les fers. D'ici peu d'années la population doublera.

5° Un bailliage à Montbard serait très utile pour les communes trop éloignées de Châtillon et de Semur, et déchargerait d'autant ces deux présidiaux.

Il y a actuellement une justice municipale, concédée par la charte de 1231, plusieurs juridictions royales, Châtellenies, grenier à sel, subdélégation du prévôt des marchands, beaucoup de gradués, cinq notaires et des praticiens en assez grand nombre.

En somme, la situation de Montbard, son ancienneté, son importance politique, économique et judiciaire suffisent à « lui mériter la préférence » sur les autres petites villes pour être siège de bailliage et de district.

Ces arguments ne prévalurent pas, puisque les districts créés dans le département de la Côte d'Or furent : Dijon, Beaune, Châtillon, Semur, Arnay-le-Duc, Is-sur-Tille et Saint-Jean-de-Losne.

Il a été fait allusion plus haut à des difficultés d'approvisionnement. Les produits de consommation courante, surtout le blé, se raréfiaient. Dans une autre étude nous suivons de plus près cet aspect de la vie montbardoise. Aujourd'hui nous voulons simplement signaler un de ses effets politiques.

Le 1er novembre 1789, les notables, considérant que les circonstances imposaient aux maires une charge trop lourde, nommèrent deux adjoints au maire, pour s'occuper spécialement de l'approvisionnement en grains. Ce furent Messieurs Rigoley et Bréon.

Cette nomination apparaît comme usurpation de pouvoir au procureur du roi ; il fait biffer comme illégale la délibération du 1er novembre. Mais Messieurs Rigoley et Bréon n'en conservent pas moins le titre et leurs attributions, conformément au vote d'une assemblée générale des habitants du 8 novembre.

Bientôt d'ailleurs paraît le décret du 14 décembre qui organise la nouvelle administration municipale. Chaque commune a un corps municipal élu par les citoyens actifs[107], comprenant 3 membres pour les communes dont la population ne dépasse pas 500 habitants.

6 pour les communes de 500 à 3000 habitants.

9 jusqu'à 10.000 habitants.

12 - 25.000

15 - 50.000

18 - 100.000

21 au-dessus de 100.000 habitants.

Le corps municipal de plus de trois membres se divise en Bureau et Conseil. Le bureau municipal compte le tiers, le conseil les deux tiers du corps municipal. En dehors du corps municipal, la commune élit le même jour des notables en nombre double. Officiers municipaux et notables ensemble constituent le conseil général de la commune.

À la suite des lettres patentes du roi en janvier 1790, eut lieu à Montbard, le 28 janvier, l'élection du maire, de cinq officiers municipaux et de douze notables. La population de Montbard était, en effet, comprise entre 500 et 3000 habitants.

Pour l'élection du maire, 268 citoyens ont déposé « leur billet dans le vase. » Monsieur Charles François Petit, ancien maire, a réuni les voix de 262 pour la place de maire.

---

[107] Pour être citoyen actif, il faut être français ou naturalisés, avoir au moins vingt-cinq ans, être domicilié depuis au moins un an dans la commune, payer des contributions directes de la valeur locale d'au moins trois jours de travail, ne pas être dans l'état de domesticité.

Pour les officiers municipaux, deux tours de scrutin ont été nécessaires.

Au premier tour a été élu : Pierre Adam, notaire, par 142 voix sur 263 votants.

Au deuxième tour ont été élus :

Pierre Hivert, négociant, de 228 voix sur 252.

Guérard le Cadet, procureur, 190.

J. B. François Carré, arpenteur royal, 156.

Bernard Guyot, chirurgien, 140.

Pour les notables le scrutin unique a donné les résultats suivants :

Edme Noirot, charron, 185 voix.

Edme Beaudouin père, bourgeois, 152.

Guillaume Febvre, vigneron, 97.

Jean Malachin, chirurgien, 92.

Jean Mignot, aubergiste, 86.

Jacques Trécourt, archiviste, 67.

Nicolas Fleuret, pâtissier, 63.

Claude Laverne, chaudronnier, 61.

Claude Neugnot, vigneron, 60.

Jacques Garnier, 59.

Pierre Guérard, marchand, 58.

Edme Rigoley, grainetier au grenier à sel, 56.

Le 29 janvier, le conseil général de la commune nomme à l'unanimité Monsieur Pion J.B., secrétaire, et à la majorité Edme Rigoley, trésorier.

L'Assemblée nationale, en cette fin du mois de janvier 1790, n'avait pas seulement organisé l'administration départementale et municipale de la France. Une grande partie des réformes réclamées par les cahiers de doléances du pays étaient réalisées. Les décrets de l'Assemblée étaient transmis aux communes, et sur le registre de Montbard ils étaient fidèlement transcrits. À les lire, on se rend compte que la révolution avait fait un grand pas. L'ancien régime est aboli et la royauté constitutionnelle instituée. Le 4 février 1790, le roi, à l'Assemblée nationale, donne solennellement son adhésion à la nouvelle constitution.

Dès le 7 février 1790 a lieu à Montbard la prestation solennelle du premier serment civique.

«La milice bourgeoise de cette ville étant assemblée devant l'Hôtel-de-Ville, Monsieur le Comte de Buffon commandant de ce corps, nous, membres composant le corps municipal, nous y étant transportés, ledit seigneur comte de Buffon ainsi que tous les officiers ont prêté serment à la tête de ladite milice en présence de nous lesdits officiers municipaux, par lequel ils ont juré de rester fidèles à la nation, au roi et à la loi, et de ne jamais employer ceux qui sont à leurs ordres contre les citoyens, s'ils n'en sont

134 - Dessin satirique de la Révolution.

requis par les officiers civils ou les officiers municipaux : et ensuite les bas officiers et soldats ont fait le serment entre les mains du dit seigneur comte de Buffon, par lequel ils ont juré de bien et fidèlement servir pour le maintien de la paix, pour la défense des citoyens et contre des perturbateurs du repos public. »

Un mois après, le 7 mars 1790, «le corps municipal ayant fait avertir les habitants de se rassembler à l'église paroissiale de cette ville pour assister à un Te Deum en Action de grâce de la venue du roi à l'Assemblée nationale et de son adhésion à la constitution et qu'ensuite il serait prêté par tous les citoyens le serment civique dans la forme que tous les membres de l'Assemblée nationale l'ont prêté, et les citoyens s'étant rendus à ladite invitation, Monsieur de Griselle, curé, a fait lecture du discours prononcé par le roi le 4 février dernier à l'Assemblée nationale ; le Te Deum a ensuite été chanté dans la plus grande solennité et tous les citoyens présents et la milice nationale de cette ville ont prêté les uns après les autres le serment civique d'être fidèles à la nation, à la loi, au roi, et de maintenir de tous leurs pouvoirs la constitution décrétée par l'Assemblée nationale et acceptée par le roi. »

On peut dire qu'à partir de ce jour, à Montbard, la révolution semble achevée. Elle est entrée dans les faits ; elle est entrée dans les cœurs. On dirait, à la naissance du printemps 1790, une aube radieuse d'un avenir gros de bien-être matériel et de bonheur moral pour tous...

H. DARGENTOLLE.
Bulletin de la société archéologique et biographique de Montbard n° 14 - 1926

La Révolution à Montbard en 1790

On ne peut pas dire que l'allégresse de Montbard, le 7 mars 1790 fut sans lendemain. L'année 1790 eut encore au moins une journée marquée d'une pierre blanche : le 14 juillet, mais elle eut aussi ses jours d'inquiétude. Et le progrès de l'idée révolutionnaire accentua l'opposition entre les éléments bourgeois aristocratiques et les éléments populaires de la ville.

Le ferment de la révolution avait été, au début, essentiellement un ferment d'égalité et de liberté, qui ne s'attaquait nullement aux sentiments de dévotion à l'égard de la monarchie bourbonienne : qu'on relise le cahier de doléances de Montbard. Aussi, les droits de l'homme proclamés, l'égalité sociale promise, la liberté civile garantie, la souveraineté nationale posée comme un dogme, on avait, partout, comme à Montbard le 7 mars, juré fidélité à la constitution qui consacre de si belles réformes.

Néanmoins, la quiétude n'était pas complète dans tous les esprits. Les réformes étaient décrétées ; se réaliseraient-elles à la lettre ? Un retour offensif de l'ancien régime n'était-il pas à craindre ? La situation économique et financière du pays restait toujours un sujet gros de préoccupations. La division de la France en départements, sous prétexte de détruire l'esprit régionaliste des anciennes provinces, et de fortifier le sentiment de l'unité nationale, n'avait-elle pas, au contraire, relâché les liens de solidarité qui unissaient entre eux les Bourguignons et les Auvergnats, sans resserrer vraiment ceux qui devaient unir les citoyens du département de la Côte-d'Or à ceux du Cantal, ou même simplement à ceux de l'Yonne ?

On avait, au milieu de la transformation formidable à laquelle on assistait, la sensation, par moments, d'être désemparés sur une grande mer inconnue et, comme les marins d'un navire en détresse, l'on éprouva le besoin de se rapprocher, de se sentir les coudes un pour se prêter mutuellement assistance, et pour se défendre en commun, en cas de nécessité contre des périls éventuels.

135 - Abattage de l'arbre de la liberté - Dessin d'Henry Tachy

C'est le sentiment de cette union nécessaire, de cette fraternité nationale indispensable au triomphe de la révolution, qui a inspiré les fédérations de 1790. Montbard s'engage naturellement dans le mouvement qui entraîne toutes les villes.

Voilà pourquoi, dès le 18 avril 1790, le conseil général de la commune accorde une subvention de 120 livres sur les deniers patrimoniaux à l'officier commandant le détachement de quinze hommes au plus de la garde nationale, qui doit se rendre à Dijon, pour signer le pacte de fédération concerté de toutes les milices des quatre départements de la province de Bourgogne, somme destinée aux frais de transport du détachement.

Voilà pourquoi une lettre de Messieurs les officiers municipaux de Semur, du 22 juin 1790, invite la municipalité de Montbard à assembler sur le champ la garde nationale, à l'effet de choisir six hommes sur cent, qui se rendront à Semur le 29, pour, à huit heures du matin, prendre part « à l'élection d'un député par 200 hommes, chargés de se rendre à Paris pour la confédération générale de toutes les gardes nationales du royaume qui aura lieu le 14 juillet prochain. »

La fête de la fédération à Paris on en connaît l'organisation et l'éclat. Montbard imita - de loin - la capitale. Le 7 juillet 1790.

Le conseil général de la commune, assemblé.

Lecture faite du procès-verbal de l'administration du département de la Côte d'Or du 24 juin dernier, concernant le serment fédératif qu'on prête à Paris par députés de toute la France le 14 juillet, et où les gardes nationales du ressort du département sont invitées à se réunir le jour 14 juillet, à l'heure de midi, pour prêter le serment fédératif.

Lecture également faite de la requête présentée par la municipalité et par un grand nombre de citoyens de cette ville pour le même objet.

« À délibéré qu'il sera construit au milieu de la grande allée de l'arquebuse un petit dôme en planche, verdure et fleurs, au milieu duquel sera élevé un autel ; priant Messieurs Carré, Nadault et Aubin de se charger de l'exécution et d'y mettre incessamment des ouvriers.

À délibéré de plus qu'il acceptait la somme de 48 livres offerte par Monsieur de Buffon, Maire de cette ville, pour commencer les frais ; et qu'il invitait tous les citoyens, et notamment ceux qui ont signé la requête, à fournir les bois, planches et argent nécessaires à la confection et à l'agrément de cet édifice ; qu'il sera envoyé incessamment un expert pour demander à Monsieur l'évêque permission de dire la messe en plein air.

Que le commandant de la garde nationale sera prié de rassembler ladite garde à dix heures et demie du matin, au petit étang du Pâtis, de se mettre en marche en traversant la ville, et, arrivé sur la place, d'envoyer chercher la municipalité qui prendra place au milieu du régiment, pour ensuite continuer la marche et se rendre à l'arquebuse où, la messe étant célébrée, on prêtera le serment ; ensuite la municipalité sera reconduite à l'hôtel de ville, après quoi le commandant de la garde nationale pourra séparer le régiment. »

Invitant au surplus tous les citoyens à illuminer depuis neuf heures du soir jusqu'à 11 heures et davantage, permettant de plus tant la veille que le jour toutes les décharges de canons, pétards, etc.

Observant que les enfants qui auraient voulu être en corps séparés seront tenus de ne faire aucune assemblée ce jour du 14 juillet[108], mais au contraire se mêleront aux compagnies de la garde nationale, le conseil général désirant en cette occasion voir les pères et les enfants réunis et pêle-mêle, défendant au surplus tous discours et toutes harangues qui pourraient être prononcés par d'autres que par la Municipalité, enjoignant aux sonneurs de cette paroisse de mettre toutes les cloches en volée depuis onze heures trois quarts jusqu'à midi.

Le même jour 7 juillet 1790,

« Le Conseil général de la Commune voulant se réunir aux citoyens qui ont présenté la requête dont il est ci-dessus parlé, a prié Monsieur de Buffon, maire, d'accorder le buste de Monsieur son père pour être placé dans le dôme et ensuite transféré à l'Hôtel de Ville, accompagné du régiment, pour prouver dans ce jour mémorable l'attachement qu'ont les citoyens de cette ville à la mémoire de Monsieur son père, si justement célèbre ; que pour placer ce buste, il sera fait un piédestal dans l'endroit le plus apparent dans l'Hôtel-de-Ville, pour servir de monument honorable pour lui et glorieux pour sa patrie. »

Signé : Buffon, Hivert, Guyot, Carré, Malachin, Baudouin, Noirot. G. Febvre, Mignot, Lancet, Laverne, Neugnot, P. Guérard. Guérard Duvivier, Pion.

Nous avons déjà vu, à propos de la requête de Montbard demandant à être chef-lieu de district et des démarches tentées dans ce but, que l'harmonie ne régnait pas entièrement dans la population de Montbard. Des questions de principes sans doute, des questions de personnes certainement, semaient,

---

[108] La jeunesse montbardoise de 1790 est si vibrante que la municipalité s'en émeut.

entre les citoyens des germes de désordre. Les délibérations du 7 juillet, si simples et si anodines qu'elles paraissent, suscitèrent des protestations nombreuses et la municipalité s'en émut.

La première vient de ce qu'on appellerait aujourd'hui la droite. On en saisira le caractère d'après la délibération suivante du 11 juillet :

« Le Conseil général de la commune n'a jamais entendu interdire le discours que M. le curé pourrait prononcer, mais de tous autres harangueurs et discoureurs, en vue du bon ordre et de la tranquillité publique. »

La décision prise par la municipalité de placer le buste de Buffon sur l'autel de la patrie déplut aux « avancés », porteurs d'un courant s'apparentant à l'extrême gauche actuelle. Cette apothéose était un excès d'honneur pour un noble.

136 - Buste de Buffon.

C'est pourquoi le 11 juillet 1790, Buffon fit transcrire sur le registre des délibérations de la commune la déclaration qu'il est « infiniment flatté et reconnaissant de l'honneur que le conseil municipal de la commune veut faire à la mémoire de son père, mais ayant appris que les avis et les intentions de quelques citoyens de cette ville étaient en opposition au désir témoigné dans la requête d'un grand nombre de citoyens, il se trouve dans la nécessité de ne pas offrir à la ville le buste de Monsieur son père. Il renouvelle sur ce sujet tous ses remerciements au Conseil Général et à ceux des citoyens qui en ont fait la demande, en les priant d'être persuadés de ses regrets à refuser une chose qui ne pouvait que lui être agréable. »

Et à signé : Buffon M.

Sur quoi, le conseil général, vivement affecté des propos qui ont pu se tenir relativement à la délibération du 7 de ce mois, persiste à la prière faîte à Monsieur de Buffon, d'accorder le buste de Monsieur son père, et comme les propos semblent venir de ce que le Conseil avait décidé de placer ce buste dans le dôme de l'autel de la patrie, à l'Arquebuse, « ledit Conseil général a délibéré que, dans le cas au Monsieur de Buffon voudra bien donner le buste de Monsieur son père, il sera pris en revenant de la cérémonie en l'hôtel de Monsieur de Buffon, et, de là, porté à l'hôtel de ville. »

Avec un souci digne d'éloges de fixer pour la postérité le souvenir de la fête de la fédération, le bureau municipal dressa, à l'issue de la cérémonie du 14 juillet 1790, le procès-verbal de ce qui s'était passé. La relation est trop précise pour qu'il soit besoin d'y rien changer.

Du 14 juillet 1790.
Détail de la cérémonie.

Le Corps municipal étant à l'Hôtel de ville, le régiment de la garde nationale ayant commencé sa marche s'est arrêté vis-à-vis de l'hôtel de ville et le commandant a envoyé un détachement pour chercher Messieurs les officiers municipaux, qui se sont rendus au milieu du régiment et y ont pris place au bruit d'une décharge d'artillerie ; ensuite le régiment se mit en marche et, arrivé à l'arquebuse, la municipalité a pris place à droite du dôme qui avait été élevé ; Il y avait une estrade préparée et des sièges que la municipalité a occupés.

Après la célébration de la messe, Monsieur le curé a prononcé un discours, après lequel, la municipalité étant montée devant, Monsieur le maire a prêté le serment, ensuite les officiers municipaux, après eux le commandant de la garde nationale ; après quoi le régiment à défilé en passant à droite et à gauche de l'autel, chacun devant le maire en prononçant : je le jure !

Le régiment ayant fini de défiler, les enfants ont aussi défilé et prêté le même serment ; ensuite plusieurs dames s'étant présentées ont aussi prêté leur serment. Cela fait, le régiment s'étant remis en marche et les officiers municipaux ayant repris la place qu'ils occupaient en allant, le commandant de la garde nationale a fait faire halte lorsque les officiers municipaux sont arrivés à la hauteur de la porte de Monsieur de Buffon. Alors, le Corps municipal est entré et a été chercher le buste de Monsieur de Buffon père, qui a été porté au bruit du canon et des instruments, au milieu du régiment, après avoir été couronné par Monsieur Hivert, premier officier municipal.

Ensuite ils ont recommencé la marche, et, arrivés devant la porte de l'hôtel de ville, Messieurs les officiers municipaux y sont rentrés, précédés du buste et des instruments. Il s'est encore fait en ce moment une décharge d'artillerie ; ensuite le buste a été placé sur le piédestal qui lui avait été préparé à l'hôtel de ville.

Ce récit est immédiatement suivi d'une addition :

« Le reste de la journée s'est passé dans la plus grande joie et s'est terminé par un bal donné au peuple par M. de Buffon, qui lui a fait faire une abondante distribution de pain et de vin, et il a fait de plus faire un feu de trois mille fagots au-dessus de la grande tour, et illuminer son hôtel et ses jardins. La ville a été aussi illuminée. »

Signé : Buffon, maire, Carré, Guyot, Noirot, Guerard, Devivier, Pion.

Le Corps municipal a délibéré qu'il se transportera à l'hôtel de M. de Buffon pour lui témoigner sa reconnaissance et lui faire des remerciements. (Même signatures moins celle de Buffon)

Notons en passant que l'une des attractions les plus goûtées de la fête du 14 juillet fut l'abondante distribution de pain et de vin faite par le comte de Buffon. Montbard souffrait en effet à cette époque de l'année, où la provision de blé de l'an précédent s'épuise, et où la moisson n'est pas encore commencée, de disette de farine. Le surlendemain même de la fête, le Corps municipal rationne la distribution du blé aux familles, et Monsieur Hivert est obligé d'aller à Châtillon pour essayer de pourvoir Montbard du grain nécessaire en attendant la moisson.

Il y avait disette également dans la caisse du trésor public. Pour subvenir aux besoins les plus urgents, l'Assemblée nationale, après un discours pathétique de Mirabeau, avait voté la contribution patriotique. Tous les citoyens fortunés devaient produire la déclaration de leurs revenus ; ils en délivreraient le quart à l'état, en trois ans, et ils seraient remboursés quand les circonstances le permettraient.

Le 22 juillet 1790, Monsieur Adam, notaire royal à Montbard et collecteur des impositions de 1789, reçoit le rôle de la contribution patriotique. Ce rôle comporte dix-sept noms.

Les chiffres de chaque déclaration sont sans doute divulgués. Certaines déclarations sont accusées par des tiers qui sont ou se croient informés, de manquer de sincérité. Le 22 septembre 1790, le conseil général de la commune invite les citoyens à venir le lendemain l'Hôtel de Ville confirmer et affirmer véritable leur contribution patriotique. Tous maintiennent leurs premières déclarations, à l'exception de deux veuves, qui majorent leurs offres, l'une de 52 livres, l'autre de 100 livres.

Le 28 septembre, le conseil général admet la sincérité des déclarations souscrites, s'étonnant toutefois qu'une demoiselle Amyot se soit abstenue de déclarer ses revenus.

Invitée à se présenter, elle délègue, le 2 octobre, le sieur Bréon, avocat, pour offrir en son nom, quoiqu'âgée et infirme, la somme de 30 livres dont le Conseil se contente.

Une telle pression, exercée sur la classe possédante par la population moins fortunée, est le témoignage vivant de l'évolution rapide de l'esprit révolutionnaire. Les riches n'imposent plus ; on les dénonce. Le respect fait place à l'irrévérence. Un levain d'anarchie, semble-t-il, va même provoquer à Montbard une petite « journée ».

Le 6 octobre 1790, Monsieur Babelin, commandant de la garde nationale, après avoir donné lecture d'un décret de l'Assemblée nationale sur la libre circulation des grains, ordonne à son régiment de se mettre en marche. Soixante fusiliers quittent les rangs, exhortent leurs camarades à les suivre. La troupe continuant en ordre son chemin, plusieurs de ceux qui ont quitté leur rang arrêtent le régiment à l'entrée de la rue des juifs, adressant à M. Babelin, commandant, et à M. Rigoley, premier capitaine, les propos les plus injurieux, vont même jusqu'à « porter la main sur le bras de M. Rigoley, saisir l'épée de M. Bréon, 2e capitaine, enfin ont arrêté et troublé la troupe de la manière la plus violente, menaçant de déchirer et enlever le drapeau. » Le même jour à 8 heures et à 10 heures du soir, de nouvelles injures et menaces sont encore adressées à M. Babelin et à M. Poinselin, lieutenant de la 2ème compagnie.

Voilà, non une émeute, certes, mais une bonne mutinerie militaire. Monsieur Daubenton, au nom du comité militaire de la garde nationale, en fait le rapport au corps municipal.

Celui-ci, plein d'une indulgence inexplicable au premier abord, se borne à constater qu'il n'y a eu jusqu'alors « aucune insurrection ni attentat relativement à la circulation des grains », mais admet cependant que les propos et les gestes des mutins méritent d'être réprimés.

En conséquence, il charge le procureur de la commune de citer à la police les nommés Jacques Sergent fils Jean, tonnelier, René Berthuot, maçon et couvreur, Barthélemy Bressonnet, manouvrier, Edme Sergent, dit Maliga, François Rémond, fils Pierre, dit Gourdin, Jean Amidieu, dit Malin, Jean Fèbvre, fils cadet de Guillaume Fèbvre, Jean Bouvier, dit Bonjean, François Cheneton et Jean-Baptiste Gris, pour être statué ce qu'il appartiendra.

Pour se montrer si clémente dans son appréciation, la municipalité de Montbard dut attribuer l'effervescence de la veille à l'effet du vin doux qui fermentait alors dans les cuves des vignerons de la ville.

Un autre témoignage de la transformation de l'état d'esprit du peuple vis-à-vis des anciens privilégiés, c'est le revirement qui se produit à l'égard du comte de Buffon.

Élu maire le 21 juin 1790, le fils du grand Buffon avait déjà ressenti les premiers souffles de l'impopularité lors de l'organisation de la fête du 14 juillet. Depuis, au sein même du conseil général de la commune, avaient été contestés des droits que Buffon prétendait avoir sur des bois et des terrains revendiqués par la ville. Le 8 septembre, on l'avait contraint de rouvrir la ruelle Chirotte, que son père avait fermée comme sienne. Les rapports s'aigrissent entre le maire et les officiers municipaux. On lui reproche son attitude autoritaire. Ne s'est-il pas permis de recevoir chez lui et d'ouvrir seul des plis administratifs adressés au maire, au lieu de les faire déposer à l'Hôtel de Ville et d'en prendre connaissance avec quelques membres du bureau municipal.

Le 26 janvier 1791, il écrit au registre municipal : « Je déclare que les circonstances m'obligent à me démettre de la place de maire de la ville de Montbard que mes concitoyens avaient jugé à propos de me confier, et que je ne puis plus en faire les fonctions. À Montbard, ce 26 janvier 1791. Buffon »

Ces lignes sont suivies de la mention suivante : « Monsieur de Buffon m'a remis, en faisant sa démission de maire, la clef des archives de l'hôtel de ville et aussi la clef de l'hôpital, ce 26 janvier 1791. Hivert »

H. Dargetolle
Bulletin de la société archéologique et biographique de Montbard n° 15-1927

L'assemblée communale du 18 octobre ne fut pas d'avis de nommer un comité de subsistance, soit que l'urgence n'en parut immédiate, soit que personne n'a voulu se charger d'une mission laborieuse, soit qu'on jugeait la municipalité capable de remplir le rôle qu'elle prétendait ne pouvoir assumer.

L'absence du procès-verbal de cette assemblée ne nous permet que d'émettre des hypothèses.

Quoi qu'il en soit, la chambre municipale se rabattit sur les notables, convoqués par elle à l'Hôtel de Ville le 1er novembre. À ces bourgeois le maire a exposé « que les marchés ne se trouvent pas suffisamment approvisionnés, les propriétaires des grains des environs de cette ville se refusant d'en amener, les uns sous le prétexte qu'ils n'ont pas fait une récolte abondante, les autres, parce qu'ils n'ont point de battus, il serait à propos de se pourvoir dans les environs de Semur et de Moutier-Saint-Jean, qu'il est impossible que la Municipalité puisse seule faire les approvisionnements nécessaires, n'étant pas naturel que tous les membres s'absentent de la ville, surtout depuis la promulgation de la loi martiale, que d'ailleurs toutes les villes de la province avaient formé des comités qui agissaient de concert avec les municipalités que dans ces conjonctures la manutention des affaires devenant très délicate, il estime qu'il conviendrait de nommer un certain nombre d'adjoints à la municipalité.

Les notables habitants délibérant, ont nommé Messieurs Rygoley, Breon, Lejeune et Laubin pour adjoint à la municipalité, afin de pourvoir avec elle à l'approvisionnement des grains pour la subsistance des habitants, et pour régir les affaires économiques de ladite ville, notamment faire les achats de froment, orge et conceau, en leur recommandant de ne pont livrer de froment sans un tiers d'orge ou seigle et l'autre tiers conceau.

Cette recommandation de mélanger à la farine du blé des succédanés, on aura l'occasion de la rencontrer bien des fois jusqu'à nos jours.

Aussi bien, puisqu'il s'agit de mélanger la consommation du blé, pourquoi continuerait-on à fabriquer du pain avec la seule fleur de farine ?

« On y a pensé en ville. Le sieur Guenod signale aux notables assemblés que plusieurs habitants ont émis l'avis que, pour alimenter convenablement la population et tout à la fois économiser les grains,

137 - Un boisseau.

« le meilleur moyen serait au boulanger une obligation de ne cuire qu'une seule espèce de pain, en faisant seulement distraction du gros son et même, si on le croyait nécessaire, d'y ajouter un quart de farine d'orge. »

Fidèle à la méthode expérimentale et décider en connaissance de cause, les habitants délibérants ont autorisé Messieurs les officiers municipaux et adjoints de faire un essai de ce pain, afin de pouvoir fixer le prix et ensuite faire défense aux boulanges de cuire aucune autre sorte de pain, à l'exception de ce qui sera nécessaire pour les malades et les enfants.

Ce dernier conseil mis à part, les notables ont accordé à la Municipalité de Montbard ce qu'elle désirait. À défaut d'un comité de subsistance elle aura, pour la seconder dans sa tâche économique trois adjoints ; c'est évidemment la même chose. Toutefois elle n'est pas au bout de ses tribulations.

La création de ses adjoints est dans l'organisation communale, une innovation quasi révolutionnaire. Ni les règlements de l'ancien régime ni les décrets de l'Assemblée nationale n'autorisaient pareille réforme. Les adjoints Rigoley et Bréon, eux-mêmes en viennent à douter de la légitimité de leur nouvelle fonction.

La Municipalité convoque alors pour le 8 novembre l'assemblée générale des habitants au prieuré Saint-Thomas.

Cette assemblée confirme les nominations faites le premier novembre. En vain, le procureur du roi, syndic de la ville, Guérard-Duvivier insère le 14 novembre dans le registre de la municipalité, une protestation contre cette assemblée communale, pour laquelle n'ont pas été observées « les formalités requises par le règlement du mois d'août 1774. » Le 15, Monsieur Petit, Maire, et Monsieur Royer, officier municipal, barrent de trois grands traits de plume cette protestation. Et le 21 novembre, Messieurs Rigoley et Bréon prêtent serment en qualité d'adjoints. L'office de procureur syndic est confié à Monsieur Guiod, avocat.

Sans perdre de temps, ce même jour, 21 novembre, le corps municipal décide que le blé acheté par les soins des adjoints sera déposé sur le grenier de l'Hôtel de Ville. Une serrure spéciale sera placée à la porte du grenier, avec deux clefs, l'une, remise à Monsieur Petit, maire, l'autre, à Monsieur Rigoley pour, de semaine en semaine passer alternativement aux mains des officiers municipaux jusqu'à ce qu'il n'y ait plus de blé. L'argent sera remis à Monsieur Royer, qui en donnera décharge.

Il est utile de signaler que Monsieur le Comte de. Buffon avait offert généreusement, dès le 3 novembre, une somme de quatre cents livres pour être employée, sans intérêts, par Messieurs les officiers municipaux à l'achat des grains qu'ils croiront nécessaires pour l'approvisionnement des habitants.

Sur quoi, la Chambre, acceptant l'offre du, seigneur comte de Buffon, a délibéré que « des remerciements lui en seraient faits par l'un d'eux. »

Avec cette première mise de fonds, les adjoints se mettent à l'œuvre. Nous ne possédons pas le détail de leurs acquisitions ni des reventes auxquelles ils procédèrent ; mais voici comment Monsieur Royer, trésorier, rend compte le 6 février 1790 du résultat des opérations effectuées jusqu'alors.

Recettes 4 229 livres 7 sols.

Dépenses 4.067 livres 18 sols

Reliquat 161 livres 9 sols

qu'il remet entre les mains de Monsieur Rigoley.

138 - Moisson en 2009

À 4 livres environ le boisseau, c'est à peu près 1 000 boisseaux de blé, orge et conseau[109] que l'office municipal d'approvisionnement, en deux mois et demi, a amenés sur les greniers de la maison commune de Montbard et délivrés aux habitants. La population a pu ainsi traverser les rudes mois de l'hiver sans trop souffrir de la faim.

Est-ce à dire que cette population avait en abondance d'autres biens que le blé ? Pour se convaincre du contraire, on n'a qu'à lire le projet, d'une adresse à l'Assemblée nationale en date du 3 mars 1790 : « Une grande partie des habitants de cette ville ont reçu des avertissements de la part du sieur Duparc, contrôleur des domaines et bois, de payer à Sa Majesté, à cause de Sa Seigneurie de Montbard, le droit d'ensaisinement sur leurs maisons et appentis situés en cette ville de la mouvance de Sa Majesté, ladite adresse ayant pour objet, de demander à l'auguste assemblée la suppression des droits de faitage et d'ensaisinement ; à défaut d'abolition desdits droits, de supplier l'assemblée d'ordonner, qu'attendu l'impuissance où se trouvent les habitants de Montbard de payer ces droits dans ce moment, il soit sursis au recouvrement de ces droits. »

Le Conseil général de la commune prie, en attendant, le contrôleur général des Domaines de

---

[109] Quelque 150 hectolitres.

surseoir à toutes contraintes contre les habitants de Montbard jusqu'à la décision de l'Assemblée nationale.

Le recours direct de la commune à l'Assemblée nationale paraît être la ressource suprême en cas d'embarras. Nous en trouvons une nouvelle manifestation dans une circonstance singulière, à propos encore de la rareté du blé.

Une délibération du corps municipal du 14 avril 1790 nous apprend en effet que deux voitures de blé ayant été achetées à un fermier de Juilly par le sieur Charles Baudoin, boulanger à Montbard, ces deux voitures, contenant 120 boisseaux de blé, escortées par plusieurs habitants de Juilly jusqu'à Semur, le 6 avril, furent arrêtées a Semur, et le blé déposé, par l'escorte, à laquelle s'étaient jointes beaucoup de personnes du peuple, en la halle de Semur, la clé remise à M. Simon, officier municipal.

Le sieur Baudouin s'est rendu le lendemain à Semur où le maire, Monsieur Guyot et Monsieur Simon, officier municipal, ne s'opposèrent pas à l'enlèvement du blé, mais déclarèrent ne pas répondre des événements qu'ils ne pouvaient prendre sur eux de donner des ordres à la garde nationale de Semur pour prêter main-forte, dans la crainte d'une insurrection.

Messieurs. Petit et Hivert, officiers municipaux de Montbard se sont également transportés à Semur, sans obtenir un résultat plus satisfaisant. Alors le Conseil municipal décide d'intervenir auprès de l'Assemblée nationale pour qu'elle donne les ordres nécessaires pour faire relâcher et amener au dit sieur Baudoin les blés dont il s'agit et assurer la circulation des grains nécessaires à la consommation de cette ville.

Y a-t-il rien de plus significatif que l'incident qui vient d'être relaté sur l'appréhension générale de la population des campagnes et des villes de manquer un jour de pain. Ces gens de Juilly qui escortent deux voitures de blé sorties de leur village, qui les déchargent à Semur, « ces personnes du peuple » de Semur qui s'opposent à la sortie de leur ville, du grain acheté dans leur région par un boulanger de Montbard, cette municipalité de Semur qui, partageant vraisemblablement les sentiments de ses commettants, redoutant une « insurrection », ne peut pas ou ne veut pas assurer la libre circulation des blés.

Les adjoints continuent entre-temps de garnir les greniers de la ville et de fournir du blé aux habitants et même aux boulangers. L'on arrive de nouveau à la période difficile de la soudure. Le blé se fait de plus en plus rare. Aussi la municipalité recourt-elle à des mesures de restriction et de rationnement.

Le 16 juillet 1790 « vu le retard de la moisson et la diminution considérable de la quantité de blé dont s'était pourvu, le Corps municipal a décidé qu'il ne serait plus livré d'ici à ce qu'il n'en soit arrivé une plus grande quantité et que le Corps municipal ne l'aie formellement ordonné qu'un boisseau à la fois à chaque famille seulement habitant de cette ville et point du tout aux étranger ». La délibération note que Monsieur Noirot, officier municipal, n'a pas trouvé de blé à acheter chez le sieur Chaudron, à Saint-Georges et le sieur Renier, « valet de ville », point davantage chez le sieur Jacquinet à Buffon, que Monsieur Hivert est « maintenant à Châtillon pour se procurer du blé et nous attendons son retour. »

Monsieur Hivert a été plus heureux que Messieurs Noirot et Renier, car le 19 juillet, grâce au blé venu de Châtillon, il peut être délivré un boisseau et demi à chaque famille habitant Montbard. Les boulangers ayant représenté qu'ils n'en avaient point, on leur en livrera à 5 sols par boisseau de plus qu'aux habitants.

La moisson commence. Alors, le 30 juillet, considérant que tous les habitants peuvent maintenant se pourvoir de grain, soit au marché, soit aux environs, le Corps municipal a délibéré que le blé restant sur les greniers serait livré aux boulangers de la ville et aux étrangers, à raison de 4 livres le boisseau comme ci-devant.

Le 4 août, le prix du blé ayant diminué, celui qui était acquit par la ville ne se débitant plus, « pour en éviter une plus grande perte », abaissement du boisseau à 3 livres 15 sous.

Et le 15 août, « le blé restant sera vendu 3 livres 5 sous. »

La liquidation s'achève. Le 5 septembre est soumis au corps municipal le compte des grains de la campagne qui vient de se terminer, dont le mandat sera délivré au sieur Rigoley.

Achat	13 039 livres 14 sols
Revente	11 884 livres 7 sols 7 deniers
PERTE	155 livres 6 sols 7 deniers

Ce n'est que pour un temps très court que la municipalité est exonérée de ses soucis économiques. Après la moisson vient la saison des semailles. Dès le 3 octobre, le blé fait défaut sur le marché.

Et le Conseil général charge Monsieur Noirot, officier municipal, et les deux notables, Guillaume Fèbvre et Jacques Trécourt, d'aller chez les fermiers des environs pour les engager à amener du blé aux trois prochains marchés, jusqu'à concurrence de cent boisseaux pour chaque jeudi, aux prix les plus avantageux qu'il leur sera possible. Si, par la revente, il se trouvait du déficit, il sera supporté par les deniers patrimoniaux.

H. DARGENTOLLE
Bulletin de la Sté Archéologique et Biographique de MONTBARD (N°15 -1927)

Le serment fédératif de Montbard en 1790

La France de l'ancien régime était le résultat d'une réunion de provinces diverses autour de son roi. L'Assemblée constituante décida d'organiser une fédération nationale, cérémonie au cours de laquelle serait prêté le serment suivant : « Je jure d'être fidèle à la nation, à la loi et au roi... de demeurer uni à tous les Français par les liens indissolubles de la fraternité. » C'était établir l'unité de la nation française. Montbard participa ce grand élan vers l'unité.

Par une délibération du.7 juillet 1790, « le conseil municipal ayant fait au conseil général de la commune lecture du procès-verbal de l'assemblée administrative de la Côte d'Or, concernant le serment fédératif qu'on prête à Paris par députés de toute la France le quatorze de ce mois et qui porte que les gardes nationales du ressort du département de la Côte d'Or sont invitées à se réunir le 14 juillet à l'heure de midi pour prêter le serment fédératif, lecture pareillement faite de la requête présentée à la municipalité par un grand nombre de citoyens de cette ville pour le même sujet, le conseil général a délibéré, faisant droit à cette requête qu'il sera construit au milieu de la Grande Allée de l'Arquebuse un petit dôme de planches, verdures et fleurs au milieu duquel sera élevé un autel, priant Messieurs Carré, Nadault et Saubin de se charger de l'exécution et d'y mettre incessamment des ouvriers », accepte la somme de 48 livres de Monsieur de Buffon maire pour commencer les frais, invite tous les citoyens à fournir les matériaux, demande la permission à l'évêque de dire la messe en plein air, demande aux citoyens d'illuminer de 9 heures du soir à 12 heures, permet dès la veille décharge de caissons et pétards, recommande de mêler parents et enfants, défend toute harangue et tout discours autres que par la municipalité, décide de sonner les cloches à la volée de 11 h 45 à 12 heures.

La garde nationale prendra la garde à 10 h 30 au petit étang du Pâtis, traversera la ville pour se rendre sur la place de la municipalité, se placera au milieu du régiment pour se rendre à l'Arquebuse la messe sera célébrée puis le serment prêté.

Ce même jour le conseil décide de transporter le buste de Buffon à l'Hôtel de Ville accompagné du régiment, mais le onze le jeune de Buffon refuse en raison de l'opposition de quelques habitants, cependant le Conseil persiste dans sa décision.

Et voici le compte-rendu de la cérémonie ainsi qu'il apparaît dans les registres de la Mairie :
« Le régiment de la garde nationale ayant commencé sa marche a envoyé un détachement pour chercher Messieurs les officiers municipaux, qui ont pris place au milieu du régiment au bruit d'une décharge d'artillerie, puis a continué sa marche jusqu'à l'arquebuse.

La municipalité prend place alors à droite du dôme sous une estrade où il y avait des sièges. Après la messe, le curé a prononcé un discours. La municipalité est montée devant l'Hôtel a prêté serment.

Le maire, puis les officiers municipaux, puis le Commandant de la Garde, le régiment a défilé en passant à droite et à gauche de l'autel chacun levant la main et prononçant : je jure. Puis les enfants ont aussi défilé et prêté le même serment.

Le corps municipal et le régiment reviennent alors à l'hôtel de Buffon pour prendre le buste de M de Buffon qui est porté au bruit du canon et des instruments à l'hôtel de ville où il est installé sur le piédestal préparé ; le reste de la journée se passe en réjouissances, un bal est donné par M de Buffon qui fait distribuer du pain et du vin. Un feu de 3 000 fagots brûle au-dessus de la grande tour.

L'hôtel de Buffon et les jardins de la ville sont illuminés. »

Ainsi fut célébré le 1er Quatorze Juillet à Montbard en 1790.

Les amis de la cité n° 22

La Révolution à Montbard
Difficultés économiques (1789-1791)

On sait que les révolutions politiques sont issues pour la plupart du malaise matériel des peuples. Or, il est remarquable qu'au lieu d'amener le bien-être, elles ont souvent pour premier effet d'empirer le mal qui les a engendrées. Elles troublent pour un temps le rythme normal de la production et de la consommation, et s'accompagnent d'une crise économique, à laquelle les autorités supérieures ou locales sont plus ou moins contraintes de faire face. Rareté des vivres, augmentation des prix, accaparements, tentatives de fraudes, renversement des fortunes, sont des phénomènes vieux comme le monde, qui se reproduisent à toutes les époques de grands troubles politiques ou sociaux.

Voici dans cet ordre d'idées, ce qui se passa à Montbard au début de la Révolution française (1789-91)

La première trace officielle à Montbard des préoccupations des pouvoirs publics relatives à la vie matérielle de la nation est la transcription, le 9 avril 1789, sur les registres de la municipalité, d'une lettre de l'Intendant de Bourgogne. Celui-ci, en raison des inquiétudes qui se sont manifestées en quelques endroits, invite la municipalité à prendre les mesures les plus efficaces en faisant directement quelques approvisionnements.

Le pain étant alors, comme il est encore aujourd'hui l'aliment primordial, il s'agit avant tout de s'assurer un approvisionnement suffisant en céréales panifiables. C'est pourquoi, le 23 avril, il est décidé que Monsieur Petit, maire, et Monsieur Guiod, premier échevin, se transporteront chez tous les habitants de cette ville qui peuvent avoir du blé pour en constater la quantité, pour, en suite de cette visite, être pris le parti qu'il conviendra pour l'approvisionnement des marchés.

C'est le lendemain même que cette visite a lieu. Elle révèle l'existence, chez 7 cultivateurs, de 530 boisseaux, de blé et 396 boisseaux de conseau.

Pour les besoins d'une population de 2 000 âmes environ (2072 le 14 mars 1791), cette quantité est jugée insuffisante. Et la municipalité décide que l'on s'adressera aux fermiers des environs. Où et chez qui des démarches furent-elles entreprises ?

Quel en fut le résultat ? Le registre de la municipalité est muet à ce sujet. Sans doute fut-on à l'abri de la disette, et, jusqu'à ce qu'on appelle aujourd'hui la soudure, aucune mesure spéciale ne fut envisagée.

Mais le blé et le conseau se font certainement rares en juillet, et, naturellement, doivent enchérir.

Une délibération du 23 juillet 1789 nous apprend à la fois que les boulangers saisissent cette circonstance pour augmenter le prix du pain, et comment la municipalité s'y oppose.

Du 23 juillet 1789

Les Boulangers, de cette ville ayant demandé une augmentation sur le taux du pain la Chambre[110]. N'ayant pas jugé à propos de la leur accorder, a pris le parti de prendre un boisseau de blé à l'Hôtel de Ville, l'a fait moudre ; ayant ensuite fait peser la fleur, il s'en est trouvé seize livres et demie, onze livres moins deux onces de recoupe, et un quart de boisseau, de son ; ce qui a produit vingt livres de pain blanc et deux livres de pain bis, déduction faite des recoupes et du son : de laquelle expérience il résulte que le pain ne doit pas être augmenté.

Cette manière originale de résoudre une difficulté fait évidemment honneur à l'esprit probe et pratique de la municipalité montbardoise de 1789. L'autorité avec laquelle on parle a d'autant plus de poids qu'on a soi-même mis les mains à la pâte.

La moisson a lieu. La crainte de la famine est moins lancinante. Mais l'inquiétude née de la

---

[110] La chambre municipale, maire et échevins.

grande alarme du 26 juillet, l'incertitude politique du lendemain créent cette mentalité qui fait que chacun veut se mettre à l'abri du besoin dans des jours qu'il pressent sombres et difficiles : les détenteurs de provisions les gardent : ceux qui le peuvent garnissent leurs greniers et leurs armoires de vivres et d'objets de consommation ; ceux qui vivent au jour le jour ne trouvent tout à coup plus rien à se procurer de ce qui leur est nécessaire, ou ne le peuvent acquérir qu'à des prix surfaits.

Tout le monde sait que cette thésaurisation des denrées et cette augmentation des prix causèrent à Paris et à Versailles les journées des 5 et 6 octobre. En faisant revenir à Paris le roi Louis XVI, sa femme et son fils, « le boulanger, la boulangère et le petit mitron », le peuple parisien crut être assuré d'avoir désormais son pain quotidien.

A Montbard, la pénurie des céréales se fait sentir à la même époque, qui est d'ailleurs celle des semailles. La municipalité ne vient pas à bout de satisfaire la demande sur les marchés de la ville. Elle a recours à une mesure exceptionnelle.

Du 14 octobre 1789

La Chambre, reconnaissant l'impossibilité de pourvoir seule à l'approvisionnement des marchés au blé de cette ville, a délibéré qu'à la diligence du procureur du roi syndic, l'assemblée générale des habitants sera convoquée en la chapelle du prieuré Saint-Thomas dimanche prochain à une heure après-midi, pour former un comité des subsistances, pour, conjointement avec la municipalité, aviser aux meilleurs moyens de sustenter les habitants de ladite ville.

Pouvait-on mieux faire, les habitants, c'est-à-dire les intéressés, étant invités à se tirer d'affaire eux-mêmes ? Or, si la municipalité s'était figuré sortir d'embarras en faisant appel au concours de la population, elle dut être déçue.

Trois jours après éclatait la mutinerie dont le Bulletin a parlé. L'Assemblée nationale avait décrété la libre circulation des grains. Partageant évidemment le préjugé général, qui avait fait arrêter à Semur, quelques mois plus tôt, le blé acheté par un boulanger de Montbard, les gardes nationaux montbardois devaient craindre que le départ des grains de la région, devenu licite, ne causât la disette à Montbard, sans penser que cette exportation pouvait être compensée par une importation égale ou même supérieure. C'est pourquoi les fusiliers, à la lecture du décret, refusèrent de monter la garde pour assurer la libre circulation des grains, et se laissèrent même aller à des propos et à des gestes quasiment séditieux.

139 - Une boulangerie.

Le Corps municipal, à qui le cas fut soumis, se montra, on l'a vu, plein d'indulgence pour les mutins. Pour la forme, il les renvoya devant le tribunal de police, mais au fond, il partageait leurs sentiments. La preuve en est dans l'étonnement qu'il éprouva d'apprendre qu'il ait été fait lecture d'un décret qui, « tant au prône que par les sergents de ville et affiches », avait été porté à la connaissance de tous. En somme il blâmait un excès de zèle de l'officier commandant la garde nationale, puisqu'il n'y avait eu jusqu'alors aucune insurrection ni attentat relativement à la circulation des grains, qui, au contraire, ont toujours pu passer librement.

Il n'en reste pas moins que la farine se raréfie. Est-ce pour épuiser moins vite leur stock que certains boulangers pratiquent clandestinement le rationnement en délivrant des pains qui ne sont pas de poids ? Une délibération du 13 octobre 1790 nous apprend en effet que des réclamations sont élevées à ce sujet contre certains boulangers qui refusent d'y donner droit, prétextant que le pain qu'on leur présente ne sort pas de leur boutique. Alors, sur réquisition du procureur de la commune, le Corps municipal décide qu'il sera enjoint aux boulangers de se procurer chacun, dans un délai de huitaine, une marque distinctive pour marquer tous les pains qu'ils cuisent dans leurs fours : et, faute par lesdits boulangers de se conformer à l'ordonnance à intervenir, ils seront condamnés à dix livres d'amende au profit de cette ville. Les marques seront auparavant apportées à l'hôtel de ville pour qu'il en soit dressé procès-verbal.

Dans toutes les périodes de crise économique, on attribue à toutes sortes de causes le mal dont on souffre, et on imagine toutes sortes de remèdes pour le guérir. Le 17 octobre, une requête de cent citoyens demanda, croyant sauver la situation, le changement des lieux des marchés. Il y avait alors quatre emplacements réservés : pour le blé, devant l'Hôtel de Buffon ; pour le beurre, devant l'Hôtel de Ville ; pour les foires, au Patis et dans le Bas (champ de Foire). Satisfaction partielle fut donnée aux pétitionnaires. Le Corps municipal décida que le marché au blé serait transféré dans la rue d'Entre-les-Barres (du pont au pied du faubourg). Mais les autres marchés continueraient de se tenir sur les emplacements habituels.

Il vient d'être montré que la fraude tendait à s'installer dans la boulangerie, ou, tout au moins que la méfiance vis-à-vis des fournisseurs s'installait dans l'esprit des consommateurs. Cette méfiance est le sentiment qui inspire la municipalité quand, le 24 octobre, voulant garantir la probité du commerce du blé, elle charge Messieurs Georges Riotot, tisserand, et Claude Regnier, charpentier, de détenir les mesures du blé, et de mesurer les grains « toutes et quantes fois ils en seront requis, moyennant une rétribution de six deniers par boisseau, à la charge des vendeurs. »

Le malaise économique né de troubles politiques et sociaux ne se manifeste pas seulement par la raréfaction des denrées et ses conséquences inévitables, la hausse des prix et les manœuvres plus ou moins frauduleuses des spéculateurs ; il se traduit encore par un relâchement de l'activité productrice. Pourquoi semer si l'on n'est pas sûr de récolter ? Pourquoi fabriquer si l'on n'est pas sûr de vendre ? Pourquoi faire bâtir, si l'on n'est pas sûr de jouir de sa maison ?

Or, bien qu'accueillie au début avec enthousiasme, bien qu'ayant l'air de s'installer pacifiquement dans le pays depuis deux ans, la Révolution n'en fait pas moins naître plus d'une inquiétude. On souffre d'une insécurité un peu mystérieuse, mais réelle. Quel danger est à l'horizon ? On ne saurait dire ; mais la perspective est quelque peu angoissante. La « grande peur » de juillet 1789 n'est pas complètement dissipée. Des « brigands » sont encore à redouter. Nous n'en voulons pour preuves que la lettre reçue du District de Semur, le 31 octobre invitant la municipalité, de Montbard à faire monter la garde à l'effet d'exiger des passeports des passagers étrangers, visiter les voitures suspectes et gens portant uniforme, puis l'injonction faîte le 6 novembre aux aubergistes et cabaretiers d'avertir les officiers de la garde nationale des étrangers de passage.

Et l'on comprend que le chômage se fasse sentir à Montbard en cette fin d'année 1789.

Le mal n'était, à vrai dire, pas nouveau. Antérieurement à la Révolution, plus d'une fois les ouvriers de Montbard s'étaient trouvés sans travail. Mais au temps de Buffon, il y avait toujours, on le sait, quelque aménagement nouveau, création, transformation, ou réparation dans le parc, pour occuper les gens sans ressources. Maintenant le grand Buffon est mort, son fils n'a pas les mêmes revenus.

D'ailleurs, ils se sont entourés d'une certaine suspicion. Bientôt il va se voir contraint de démissionner comme maire de Montbard. Il ne peut donc, ou ne veut pas faire des sacrifices pour une population qui lui témoigne une sympathie mitigée.

Comment donc traverser cette passe critique ? Le 29 décembre 1790, le Corps municipal, « vu la quantité de pauvres manquant d'ouvrage à Montbard, a délibéré qu'il serait écrit au Directoire du district de Semur le priant d'accorder à la Municipalité une somme de douze cents livres pour employer lesdits ouvriers à niveler et réparer la route des grands faubourgs conduisant à Châtillon, et réparer les chemins de Fays et du Gué Saint-Jean. »

En 1791, le registre de la municipalité ne contient que deux délibérations relatives à des difficultés de la vie économique.

L'une, du 20 avril, en raison de la suppression des octrois et, d'une baisse sur le bétail, fixe le taux de la viande, tant bœuf que veau et mouton à cinq sols trois deniers la livre, fait défense aux bouchers d'excéder le taux à peine d'amende, leur enjoignant de tenir leurs étaux suffisamment garnis pour approvisionner la ville.

L'autre, du 19 octobre, fixe le taux du pain blanc à deux sols six deniers et le pain bis à vingt deniers, fait défense aux boulangers d'excéder ce taux, à peine d'amende, leur enjoint de tenir leurs étaux suffisamment garnis pour l'approvisionnement de la ville.

Ainsi, pendant les deux premières années de la Révolution, la municipalité de Montbard s'est trouvée aux prises avec des difficultés particulièrement angoissantes, puisqu'il s'agissait d'assurer la subsistance des habitants de la ville. Elle s'est efforcée, dans la mesure de ses moyens, de pallier les premiers effets d'une crise naissante. Les archives fournissent abondamment la preuve de ses tribulations et de son action positive.

Elle s'est réunie fort souvent pour statuer sur ce qu'on pourrait appeler sa politique du pain. Elle a voulu assurer avant tout à tous l'approvisionnement en pain, et au meilleur prix. Elle a créé un véritable office du pain, et n'a pas reculé devant un conflit avec l'autorité royale. Elle a multiplié les démarches, à Montbard, dans les environs, et jusqu'à Châtillon, et jusqu'à Semur, pour alimenter Montbard en blé. Elle a procédé elle-même à des expériences de mouture et de panification. Elle a décrété le blutage de la farine à un taux élevé, l'usage du pain unique. Elle a taxé le pain et la viande, elle a eu recours aux réquisitions. Elle a pratiqué le rationnement. Elle s'est chargée du commerce du blé, effectuant elle-même l'achat, la manutention, l'emmagasinage, la livraison des grains ; et on l'a vu, moyennant une perte, de 155 livres 5 sols 9 deniers, pour un chiffre d'affaires de 12 039 livres 14 sols, soit une prime de 1,3 pour cent, ou de moins de deux sols par habitant pour un an, elle a assuré Montbard contre la famine. Ajoutons qu'elle a tenté de prévenir la fraude et de procurer du travail aux chômeurs.

De cette constatation deux leçons sont à tirer :

La première est, vérité fort ancienne, qu'il n'y a rien de nouveau sous le soleil, ou que les mêmes causes engendrent les mêmes effets.

La deuxième est que l'équité commande de rendre hommage au dévouement des bons citoyens qui, au début de la Révolution, à Montbard consacrèrent au bien de leur cité leur temps et leur activité diligente, industrieuse et désintéressée[111].

Bulletin de la Sté archéologique et biographique de Montbard n° 16-1927

---

[111] En tête de ces bons citoyens il faut placer Charles-François Petit. Son mérite n'a d'égale que sa modestie. On ne voit jamais son nom en vedette dans le registre des délibérations, il n'y insère pas le texte de ses discours, comme l'échevin Gruiod. Et nous ne connaissons pas la qualité de son éloquence. Mais il jouit d'un singulier prestige, dû évidemment à de qualités intellectuelles et morales. Il est en effet élu Maire le 28 janvier 1790 la presque unanimité " « 262 voix sur 268 votants ». Il avait déjà, comme Maire nommé par les États de Bourgogne, été chargé de plaider avec le Comte de Buffon auprès de l'Assemblée nationale la cause de la ville de Montbard sollicitant un siège de baillage et de District ; et quand la manœuvre intempestive de Guiod interrompt les démarches des deux mandataires de la commune, c'est encore Monsieur Petit qui est désigné par l'assemblée communale pour les entreprendre à nouveau.
On lui sait tant de gré pour la manière dont il administre la ville qu'une manifestation aussi touchante que curieuse a lieu en son honneur, le 25 avril 1790, le Conseil général de la commune, pour témoigner « à M. Petit, maire, sa reconnaissance du zèle qu'il a montré pour les intérêts de la ville » lui offre de donner à l'enfant qu'il attend incessamment le nom de cette ville. M. le maire, dit le procès-verbal de la séance, accepte avec reconnaissance cette offre, et fait « ses très humbles remerciements pour cette nouvelle marque d'amitié. » En fait, le 3 juin 1790, Mme Petit mettait au monde un enfant. Ce n'était pas un garçon, mais une fille : elle fut prénommée Jeanne-Marguerite. Si c'eût été un garçon, peut-être « Montbard » fut-il devenu un prénom usuel.

Achats de Biens Nationaux par la Commune de Montbard

Les biens d'Église, séculiers et réguliers, ayant été déclarés par l'Assemblée nationale biens de la nation, ainsi que certains biens seigneuriaux et royaux, la ville de Montbard soumissionne, le 16 août 1790, l'acquisition des biens suivants :

140 - La ferme du pressoir.

1° Tous les fonds dont jouissaient les abbés, prieurs et religieux, de l'Abbaye de Fontenay, situés tant sur le finage de Montbard que sur ceux des villages voisins, et notamment les domaines de Flacey, de la Métairie, du Pressoir, de Marmagne, Saint Rémy, Villaines-les-Prévotes, Champ-d'Oiseau, avec l'abbaye et les fonds, étangs, moulins et bois qui environnent ladite abbaye ainsi que les bois indépendants et servant à l'exploitation de la ferme de Saint Rémy.

2° Les fonds dont jouissaient les prieurs et religieux de Moutiers-Saint-Jean, situés tant sur le finage de Montbard que sur celui de Crépand.

3° Les prés situés sur le finage de Montbard dont jouissaient les abbesses et les religieuses de Châtillon sur Seine.

4° Tous les fonds et rentes dont jouissent les prêtres mépartistes de l'église paroissiale de Montbard, lesdits fonds situés tant à Montbard qu'à Arrans, Marmagne, le Fain, Fresnes, Eringes, Seigny et Villiers-Monfort.

5° Tous les fonds dont jouissaient les Dames Ursulines de Montbard, situés tant sur le territoire de ladite ville qu'à Crépand, Montfort, Nogent et Marmagne.

6°. Les fonds possédés par les dames abbesses et religieuses de Saint Andoche d'Autun, situés sur les finages des villages de Saint-Germain et de Senailly.

7°. Généralement tous les fonds dépendant des deux chapelles sous les vocables de Saint-Jean, Saint Nicolas et Saint Louis.

8°. Tous les fonds dépendant du domaine du roi, situés sur les finages de Montbard, de Fain, Nogent et Crépand, sans y comprendre les bois, si le domaine de Montbard est compris dans la vente des domaines de la couronne qui seront vendus.

Pour parvenir à faire toutes ces acquisitions, Messieurs les officiers municipaux se procureront tous les baux et éclaircissements nécessaires pour en fixer les prix, et nommerons les experts qu'ils aviseront.

Le sieur Adam, officier municipal, est délégué par le corps municipal pour assister à Semur à la vente des biens nationaux compris dans la soumission de la ville de Montbard,

141 - Inscription permettant de localiser le pressoir.

successivement les 9 avril, 27 avril et 23 mai 1791. Le 2 novembre 1791, deux décrets de l'Assemblée nationale sont enregistrés, portant attribution à la municipalité de Montbard des biens compris dans sa soumission du 16 août 1790, moyennant la somme de 431 155 livres.

Bulletin de la société archéologique et biographique de Montbard - n° 19 - 1929.

La Révolution à Montbard (1791 - 1792)

Un décret de l'Assemblée nationale qui eut une influence considérable sur la marche de la révolution fut celui qui instituait la constitution civile du clergé. Élu par les mêmes électeurs qui désignaient les administrateurs de la commune, du district, et du département, curés et évêques devenaient des fonctionnaires publics, et, comme tels, devaient prêter à la constitution du royaume le même serment de fidélité que tous les autres agents de l'État.

Si dans quelques régions de la France se manifesta dans le clergé une opposition sérieuse à la constitution civile, à Montbard, on l'a vu, les curés et prêtres avaient participé à la discussion du cahier de doléances, il n'y eut pas d'abord d'insermentés ou réfractaires.

Le 6 février 1791, après en avoir manifesté officiellement le désir, Messieurs François Griselle, prêtre curé, Henri Mariglier et Jean Patriat, le vicaire, Jacques Guyot, prêtre desservant les Ursulines, André Mignot, Lemoule, Dunod, Fanon et Roussel, ci-devant religieux de l'Abbaye de Fontenay, jurèrent tous « d'être fidèles à la nation, à la loi et au roi, et de maintenir de tous leurs pouvoirs la constitution décrétée par l'assemblée de Nationale et acceptée par le roi. »

À cette formule courante, M. Griselle ajouta le serment « de veiller avec soin sur les fidèles de la paroisse qui lui était confiée ». Ces serments furent prononcés à l'issue de la messe paroissiale, à laquelle assistait le conseil général de la commune.

Le 19 février prêtait le même serment Monsieur Antoine Bougot[112], ci-devant gardien des Capucins de Semur, en sa qualité de prédicateur et de confesseur, par conséquent, fonctionnaire public.

Ainsi, il n'y a, au commencement de 1791, nul antagonisme entre les principes de conservation religieuse et principes de rénovation politique et sociale.

142 - Canon dans la tour Saint-Louis. Aquarelle de J. Bonsans.

À la même époque également, la royauté est toujours populaire. Aussi, Louis XVI étant tombé malade au printemps de 1791, est-ce avec une grande joie que l'on apprend sa guérison. Le 15 avril, le conseil général manifeste son loyalisme en décidant que « pour témoigner sa satisfaction de l'heureuse convalescence de Louis XVI, roi des Français », le dimanche 17, à l'issue des vêpres, un Te Deum en Action de grâce sera chanté à l'église paroissiale, qu'il sera tiré du canon et que les habitants seront invités à placer des lampions sur les croisées. Et, pour qu'il n'en coûte rien à la commune, les officiers municipaux Rigoley, Baudouin père et fils, Taverne, Bogureau et Pierre Guérard donnent séance tenante, 15 livres 5 sols pour être employés aux frais du canon.

Cette fidélité à la monarchie se conciliait parfaitement avec l'attachement à la révolution. Car, à la même séance, le conseil général de la Commune décide qu'un service sera célébré en l'église, à la mémoire de Riquetti de Mirabeau, le grand orateur de l'Assemblée nationale, mort le 2 avril précédent.

Deux mois plus tard, la ferveur royaliste de Montbard est soumise à une rude épreuve.

Le 22 juin, en effet, un courrier extraordinaire, le sieur Lhuillier, apporte « d'Ancil-Franc » à la municipalité de Montbard une lettre contenant « que le Roi a été enlevé mardi 20 juin par les ennemis de la révolution ». Aussitôt assemblé, le Corps municipal envoie faire part de ce « fâcheux événement »

---

[112] Ce religieux n'est autre que le père Ignace, ami de Buffon et son homme d'affaires à Buffon.

à Messieurs les officiers municipaux de Coulmiers, Châtillon, Semur et la Villeneuve, « pour prendre toutes les précautions nécessaires et faire toutes les recherches convenables dans cette circonstance. »

À Montbard, le commandant de la garde nationale est rappelé à la maison commune et requis de faire monter la garde, afin d'arrêter tous les étrangers et de les faire visiter avec la dernière exactitude et avec la décence convenable en cette circonstance. Puis MM. Hivert et Noirot se transportent chez M. de Buffon « pour le prier de bien vouloir confier tous ses canons à la garde nationale, pour en faire l'usage qu'elle croira nécessaire et néanmoins sur les réquisitions du corps municipal, sauf à celui-ci de répondre à Monsieur de Buffon de ses canons et de les lui rendre lorsque les circonstances l'exigeront. »

Et Monsieur Buffon dit à Messieurs Hivert et Noirot, députés vers lui, qu'il est prêt à « abandonner ses canons »

Ce n'est que le surlendemain, 24 juin, que parvient, par le directoire de Semur la nouvelle officielle sous forme de deux décrets de l'Assemblée nationale, de « l'enlèvement du Roi ». Et la publication est faite solennellement en ville, le Corps municipal présent, « dans toutes les places et carrefours ».

L'émoi provoqué par l'annonce d'un événement aussi insolite est considérable à Montbard, comme dans toute la France du reste. On ne sait pas qu'il ne s'agit pas d'un rapt de la personne royale par les ennemis de la révolution. Louis XVI est toujours, aux yeux de la population de Montbard, le bon roi qui, dans son amour pour le peuple, a convoqué les Etats-Généraux en 1789, qui a contresigné tous les décrets de l'Assemblée nationale supprimant les privilèges, proclamant l'égalité et instituant le régime de la liberté. Du reste, la royauté est une institution plus que millénaire en France. On ne conçoit pas que le pays puisse vivre sans roi. C'est pourquoi la disparition soudaine de Louis XVI trouble si profondément les esprits. À la lecture des documents de l'époque, on sent les âmes désemparées. Sans son roi, la France est un navire sans capitaine, les Français sont un troupeau sans pasteur. Que va-t-on devenir ?

Heureusement, l'anxiété générale se calme aussitôt qu'elle est à son paroxysme. Le 25 juin, à sept heures du matin, arrive de Coulmiers-le-Sec un courrier porteur d'une lettre. Le corps municipal s'assemble immédiatement, et prend connaissance de la teneur du pli.

« À Coulmiers-le-Sec, le 25 juin, heure de quatre un quart du matin.
Messieurs,
Nous venons de recevoir en ce moment une lettre de Messieurs les Officiers de Châtillon-sur-Seine, qui nous ont fait part et témoigné qu'ils venaient de recevoir un paquet de Messieurs les Officiers de Mussy-l'Evêque contenant un arrêté du directoire du département de la Marne, et un autre du directoire du district de Bar-Sur-Seine, qui nous assure de l'arrestation du roi et de la famille royale dans le département de la Marne ; ils sont maintenant à Châlons-sur-Marne.

Nous nous empressons de vous faire part de cette agréable nouvelle, en attendant qu'elle vous parvienne de la part du directoire du département de la Côte-d'Or, afin que vous puissiez la répandre dans votre municipalité et dans votre voisinage, pour faire succéder l'allégresse à la douleur qu'a dû répandre dans les cœurs des véritables amis de la patrie la nouvelle de son enlèvement.

Nous sommes très fraternellement, Messieurs, les officiers municipaux de Coulmier-le-Sec »
Signé : L. Pinget, Jean Mousset, Jean-Louis Profillet, C. Guilleminot et Rolland, maire.

Le corps municipal décide d'écrire sur-le-champ à toutes les municipalités et « circonvoisines de cette ville », notamment à celle de Semur, et de faire publier la lettre de Coulmiers dans la ville en sa présence, pour instruire tous les citoyens. Dès le lendemain 26, ce même corps municipal assiste à un Te Deum en action de grâce de l'arrestation du roi, et ordonne que « toutes les croisées des habitants de cette ville seront illuminées le soir, heure de neuf, en réjouissance de cet heureux événement. »

C'est la dernière fois que Montbard traduit publiquement et officiellement son attachement à la royauté.

Il est hors de doute, bien qu'aucun texte du registre municipal n'y fasse allusion, que la vérité fut bientôt connue à Montbard sur « l'enlèvement du roi ». La connivence de Louis XVI avec les « aristocrates » de l'émigration fut dévoilée, et Louis XVI ne tarda pas à être compté parmi les ennemis de la révolution. À qui se fier désormais ?

Eh bien ! La population doit compter avant tout sur elle-même. En prévision de périls inconnus mais possibles, il faut être prêt à se défendre. La municipalité, à la requête de Messieurs Daubenton, Major de la garde nationale et L. François Roger, caporal, va inspecter l'artillerie de Montbard, ordonne de faire aux 7 pièces de canon toutes les réparations nécessaires[113], arrête que certains fusiliers et jeunes gens seront instruits et formés aux manœuvres du canon, autorise la jeunesse à se livrer aux exercices militaires et invite les citoyens en état de les exercer, à se prêter à les instruire. On se dirait encore aux jours sombres de la grande peur, de juillet 1789.

En ville se fonde une société, à l'image de celle qui se réunit au club des Jacobins à Paris. Le 5 juillet Monsieur Noirot, officier municipal, soumet à ses collègues l'adresse suivante :

« À Messieurs les Officiers municipaux de la ville de Montbard.

Une société de concitoyens paisibles, sous le nom de société des amis de la constitution, se forme dans le sein de la ville à la tête de laquelle le choix de vos concitoyens vous a mis. Elle a l'intention de s'assembler sous votre surveillance, conformément à la loi.

Répandre l'esprit de patriotisme dont tous ses membres doivent continuellement faire preuve,

Eclairer ceux des citoyens, que leurs facultés n'ont pas mis à même de devenir lettrés sur le véritable sens des décrets de notre auguste Assemblée nationale,

Surveiller, conjointement avec les autres sociétés patriotiques répandues dans l'empire français, les ennemis secrets de la chose publique, sans cependant souffrir qu'il ne leur soit fait aucun dommage, soit dans leurs biens soit dans leur personne, en vertu de la loi,

Engager la jeunesse, dans le moment critique où se trouve la patrie commune, à voler à son secours en se portant sur les frontières pour repousser les ennemis du dehors ;

Tels sont, Messieurs, les principaux devoirs que la société des amis de la constitution de Montbard s'impose. Elle vous respectera comme magistrats et vous désire dans son sein comme citoyens éclairés dont les lumières peuvent devenir utiles à la patrie, ainsi qu'à la cité et dont vous êtes les chefs.

Fait et délibéré à Montbard, par les amis de la constitution, ce quatre juillet 1791 »

Signé : Rigoley, président, Baudouin, secrétaire.

Le corps municipal déclare ne pouvoir qu'applaudir aux intentions patriotiques énoncées dans ladite adresse. Il en sera fait part à Monsieur Rigoley.

Ainsi est née la société populaire de Montbard, dont il a déjà été question plusieurs fois dans les études des bulletins précédents.

Remarquons que la constitution gardée par ses dévoués amis est une constitution royaliste : le pouvoir exécutif continue d'appartenir à Louis XVI, avec un droit de sanction très large. Mais, dans l'adresse de la société de Montbard, qui précise l'objet de l'association, il n'est aucunement question du Roi. C'est vers la patrie, et l'auguste Assemblée nationale que convergent les sentiments d'attachement et de dévouement des amis de la constitution. La personne du roi qui, jusqu'alors, symbolisait l'unité nationale est effacée par l'entité plus abstraite et moins suspecte de la patrie.

La majorité de la population partage le sentiment des amis de la constitution ainsi qu'en témoigne le procès-verbal rédigé à l'occasion du 14 juillet, qui tend à devenir jour de fête nationale.

---

[113] Sur la place d'armes, il a été reconnu qu'il y avait : une très grosse pièce de canon en fonte du calibre de dix-huit, deux couleuvrines en bronze, du calibre de deux, quatre autres petites pièces à la Rostaing en bronze, il est à propos que les deux couleuvrines soient montées sur affût, et de faire quelques petites réparations aux affûts des petits canons.
    Le Conseil Municipal observe qu'il appartient à cette ville trois petites pièces appelées chevrettes, qui sont dans sa maison commune, sans affut.

Du 14 juillet 1791

Le corps municipal de retour de la messe qui a été célébrée aujourd'hui en l'église paroissiale en mémoire de la fédération générale de tous les Français faite à Paris l'année dernière le jour du Quatorze Juillet et regarde comme l'époque de la liberté, s'est transporté en la maison commune, accompagné du régiment de la garde nationale de la ville, étant placé au centre, pour faire mention sur ce registre du serment qui a été prêté par ce régiment et individuellement, entre les mains du commandant de ce corps en ces termes :

« Je jure d'employer les armes remises en mes mains à défendre la patrie et à maintenir contre tous les ennemis du dedans et du dehors la constitution décrétée par l'Assemblée nationale, de mourir plutôt que de souffrir à l'invasion du territoire français par des troupes étrangères, et de n'obéir qu'aux ordres qui seront donnés en conséquence des décrets de l'Assemblée nationale. »

Le même serment a été ensuite prêté par la brigade de gendarmerie nationale et par le corps municipal en présence des citoyens, et de suite, tous les assistants et même les dames ont aussi prêté le serment civique.

Ensuite, il a été chanté un Te Deum en Action de grâce de l'union qui règne entre tous les citoyens de l'empire français et notamment en cette ville.

Cette union des Français paraissait plus nécessaire que jamais, pour se défendre selon les termes même de l'adresse de la société populaire, contre les ennemis du dedans et contre les ennemis du dehors.

Les ennemis du dedans, on les connaît : ce sont les adversaires du nouveau régime, c'est-à-dire les partisans de l'ancien, aristocrates regrettant les privilèges supprimés par l'Assemblée nationale, et tous ceux à qui les aristocrates pouvaient assurer des faveurs ; c'est l'entourage du roi, et depuis le 20 juin, peut être le roi lui-même.

Et les ennemis du dehors ? La France n'est pourtant pas en état de guerre. Mais on sait que dehors des frontières, surtout en Autriche et en Allemagne, se sont réfugiés après le 14 juillet 1789 quantité de gentilshommes et jusqu'à des princes de la famille royale, un comte d'Artois, frère de Louis XVI, un Condé, son cousin, et que ces émigrés intriguent auprès de l'empereur à Vienne, du roi de Prusse à Berlin, des princes et principicules allemands, pour les amener à intervenir en France, à restaurer Louis XVI dans son pouvoir absolu. Ces mauvais Français préparent et annoncent brillamment l'invasion de la France.

Et voilà pourquoi la société des armées de la constitution engage la jeunesse, dans le moment critique où se trouve la patrie commune, à voler à son secours.

L'appel ne reste pas sans écho. Vingt-sept citoyens font « leur soumission pour la défense de la patrie », c'est-à-dire signent leur enrôlement volontaire. Ce sont : Guillaume Edon, Edme Parizot, Jean Claude Renard, Jacques Moncclot, François Bréon, Charles Ravonot, Jacques Malachin, Guillaume Banchelin, Claude Parise, Pierre Colas, Hugues Thomas, Jean Bouvier, Jacques Maillard, François Lhomme, Charles Riotot, Edme Colin, Nicolas Bonny, François Rémond, Edme Sergent, Pierre Mathieu, Edme Junot, Jean Meignin, Alexandre Petit, J.-B. Bornyat, François Guérard, Charles Bornyat et Claude Antoine Carré.

Le 29 août, le Corps municipal vote à chacun d'eux la somme de 3 livres 8 sols pour qu'il puisse se rendre à Dijon former les bataillons et nommer les officiers. Les cinq derniers déclarent qu'ils ne veulent aucune avance.

143 - Départ d'un citoyen

À ce moment, l'Assemblée nationale qui est en fonctions depuis le 27 juin 1789, termine ses travaux. Le 3 septembre est votée définitivement la constitution. Le 14, le roi, dont les pouvoirs avaient été suspendus après son arrestation à Varenne, les recouvre et accepte cette constitution. Le texte de celle-ci est transmis officiellement à Montbard le 1er octobre, le lendemain même de la séparation de l'Assemblée nationale. Le 9 octobre, pour perpétuer l'époque mémorable de la constitution et de l'acceptation faite par le roi, à une heure après-midi, la constitution est proclamée solennellement par le corps municipal accompagné d'un détachement de la garde nationale sur les places publiques : un Te Deum est chanté à l'issue des vêpres : plusieurs décharges d'artillerie ont lieu, et à neuf heures du soir il y a illumination générale.

La Constitution était précédée de la fameuse Déclaration des droits de l'homme et du citoyen.

C'était la charte des droits individuels et sociaux des Français de l'ère nouvelle. Les Montbardois devaient en apprécier particulièrement la teneur puisqu'elle traduisait avec sobriété et précision les desiderata de leurs cahiers de doléances de 1789. Aussi, se conformant avec empressement à l'invitation du président de l'administration du département, le Corps municipal, le 7 décembre 1791, charge le principal du collège et le recteur d'école de cette ville, de faire des répétitions de la déclaration aux jeunes élèves, ceux de Montbard le jour des Rois le 6 janvier 1792, et les jeunes gens des campagnes, le dimanche suivant 8 janvier. Il fait écrire une circulaire à toutes les municipalités du canton pour les engager à faire de même.

À partir de 1792, à Montbard, comme dans le reste de la France, comme à l'Assemblée nationale, qui est d'abord la Législative, qui sera ensuite la convention nationale, la préoccupation dominante des esprits, c'est la guerre.

Jusqu'alors il n'y avait que des bruits, des menaces. Et nous venons de voir qu'un premier élan avait réagi par des enrôlements volontaires. Bientôt ce sera une réalité, et nous allons voir les répercussions que cette réalité entraînera dans le gouvernement et dans la nation.

C'est le 20 avril, pour mettre fin aux intrigues et aux provocations des émigrés de l'armée de Condé, et pour faire désavouer par le roi ses propres amis, que l'Assemblée législative déclare la guerre au roi de Bohème et de Hongrie, qui était en même temps empereur d'Allemagne. Le décret de déclaration de guerre, reçu à Montbard le 10 mai, est publié solennellement le lendemain par la municipalité, accompagnée d'un détachement de la garde nationale.

Remarquons qu'il y avait moins de 10 ans qu'on avait fêté la dernière paix (traité de Versailles 1783), qui avait mis fin à la guerre d'indépendance des États-Unis. Seulement, entre les deux guerres antérieures et celle qui commence, il y a une différence. Les anciennes guerres étaient des guerres de gouvernement à gouvernement. Les pays en étaient affectés certes par les levées de miliciens - peu nombreux - et surtout par la raréfaction des denrées de consommation, par la hausse des prix et par les augmentations d'impôts. Moralement, les causes et les motifs politiques des guerres lui échappaient, et il se désintéressait un peu de l'issue des conflits. Il y a trente ans seulement, ne le voyait-on pas chansonner un de nos généraux battu, et applaudir au succès du roi de Prusse ? La guerre présente a un autre caractère. On sent qu'il y va du salut des libertés conquises par la révolution et, aussi, du salut de la patrie. Aussi personne ne s'en désintéresse. Au contraire, il y a unanimité dans la nation pour se dresser contre les ennemis, et pour consacrer à la lutte qui commence toutes les ressources et toutes les énergies.

Dès le 11 mai même, le Corps municipal de Montbard vote l'acquisition de 3 000 fusils à la fois pour la ville et pour le canton.

Je viens de dire qu'il y avait unanimité dans la nation pour se dresser contre les ennemis du dehors. Pas tout à fait. Il y a encore en France des gens qui haïssent la révolution, et, par contrecoup, souhaitent le triomphe des Autrichiens et des Prussiens. Ce sont ceux qui regrettent l'ancien régime, notamment les nobles et des prêtres réfractaires. On les soupçonne de vouloir favoriser les progrès de l'étranger, on les considère aisément comme des traîtres à la révolution et à la patrie. La fureur populaire se lève contre eux : les plus modérés demandent leur arrestation, les plus exaltés leur mort. Dès novembre 1791, des décrets de l'Assemblée nationale les avaient déclarés suspects. Après la déclaration de guerre, un mouvement général d'hostilité se déchaîne contre eux.

À Montbard, ce même 11 mai, à la requête de 36 citoyens, le Corps municipal, pour prévenir des troubles imminents, invite le sieur Facquet, aumônier des Ursulines qui avait rétracté son serment constitutionnel, à s'éloigner de la ville dans un délai de trois jours.

Les premières nouvelles des hostilités ne sont pas bonnes : défection de quelques officiers nobles, suspicion des soldats à l'égard de leur chef, marche en avant des Autrichiens, puis des Prussiens leurs alliés. Il faut, à l'intérieur, redoubler de surveillance. La garde est de nouveau montée à Montbard, à partir du 1er juin ; les voyageurs sont arrêtés et doivent exhiber leurs passeports.

Contre l'invasion menaçante, il faut mobiliser ses ressources. Un registre est ouvert le 9 juin à l'hôtel de ville pour recevoir les souscriptions volontaires aux frais de la guerre. Monsieur Roussel, officier municipal, se transporte avec ce registre chez les citoyens pour recevoir leurs dons, le produit total devant être remis à Monsieur Gutton, député à l'Assemblée nationale.

La situation s'aggrave aux frontières. Partout nos troupes reculent. Le 8 juillet, l'Assemblée vote un décret fixant les mesures à prendre lorsque la patrie est en danger ; le 11, elle décrète la patrie en danger.

Conformément à ces décrets, le conseil général de la commune de Montbard se déclare en permanence le 22 juillet.

Le dimanche 5 août, le Corps municipal, escorté d'un détachement de la garde nationale fait publier les décrets des 8 et 11 juillet, et annoncer qu'en application de ces décrets, des registres sont ouverts à l'hôtel de ville pour l'inscription des citoyens qui voudront se dévouer au service de la patrie.

Le 12 août, répétition de la même formalité. En même temps les citoyens sont invités à faire la déclaration des armes, fusils, arquebuses, carabines, qu'ils peuvent détenir. Et ceux qui ont fait des dons sont priés d'exprimer leurs vœux sur l'usage auquel ils préfèrent voir consacrer leurs offrandes.

Pendant ces jours émouvants, des événements graves se passaient à Paris. Le 10 août, l'Assemblée nationale, sous la pression de la commune de Paris, prononçait la suspension du pouvoir exécutif, c'est-à-dire de Louis XVI. Le 13, cette nouvelle parvenait officiellement à Montbard et était immédiatement portée à la connaissance des habitants.

Et aux frontières la situation empire toujours. Les Prussiens entrent en France le 19 août. Le 20, Longwy est investi, et Verdun le 30. L'émotion grandit. Aux 13 volontaires montbardois de 1791, qui sont dans le 2e bataillon de la Côte d'Or, on décide d'envoyer 130 livres sur le produit des souscriptions reçues, et 105 livres sont affectées aux nouveaux volontaires. Par suite des enrôlements, la garde nationale est réorganisée ; elle comprendra désormais une compagnie de vétérans et une compagnie de jeunes gens au-dessous de dix-huit ans. Les personnes soupçonnées de nuire à la chose publique sont plus étroitement surveillées. Des visites et perquisitions ont lieu à leur domicile dans le but de s'assurer qu'elles ne recèlent pas d'armes dissimulées.

Ainsi, quatre officiers municipaux, accompagnés d'une escouade de gardes nationaux et ayant le droit de requérir au besoin un serrurier, procèdent à des fouilles chez Mme de Valcour, Melle de Vichy, les Ursulines, Leclerc (Buffon), Boisseaux dit Jolybois et J. - B. Legris. Les armes saisies : trois fusils, une carabine, deux sabres, un pistolet de poche et deux petits mortiers de bronze sont apportés et déposés au cabinet des Archives. Demeurent également en dépôt les sept canons appartenant à M. Leclerc, non compris un gros canon en fer qui est devant la porte de sa maison.

Le 30 août, 8 fusils sont remis à 8 grenadiers qui doivent se rendre à Dijon : Jacques Malachin, J. - B. Amidieu, François Guyard, Pierre Mathieu, Jean Roger, Guillaume Gruer, Edme Gruer, Edme Bocquin.

Le même jour, le conseil général vote l'adresse suivante qui est transmise sur-le-champ au président de l'Assemblée nationale :

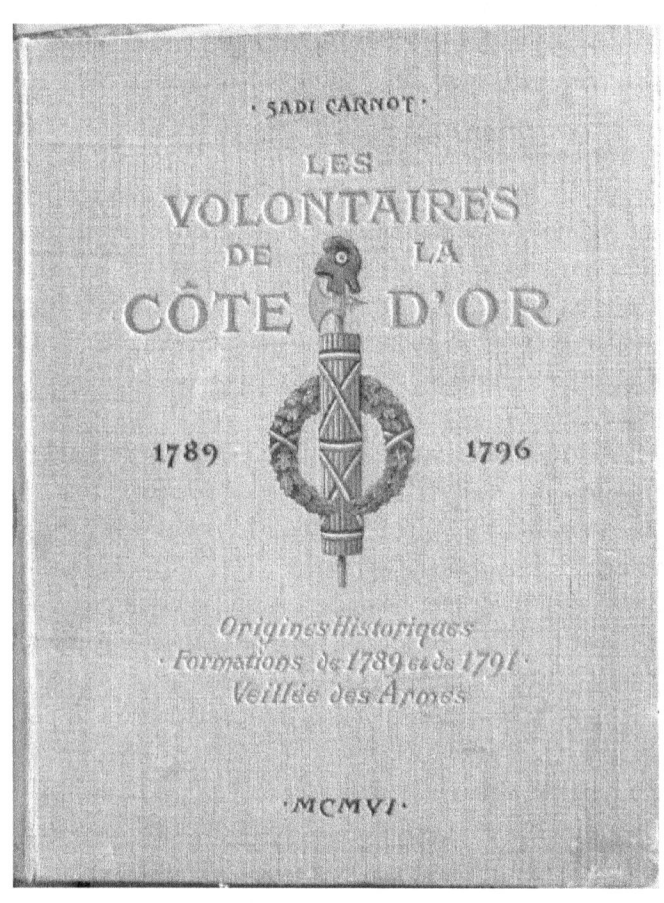

144 - Livre de Sadi Carnot

« Législateurs,

De tous les dangers qui menacent la patrie, le plus éminent était les trahisons du pouvoir exécutif, et sa suspension était devenue une mesure de salut indispensable. Le conseil général de la commune de Montbard remercie de l'avoir prononcé, applaudit à vos décrets et renouvelle entre vos mains le serment qu'il a déjà fait de maintenir la liberté et l'égalité, ou de mourir à son poste.

Signé : Guérard, maire, Adam, Bréon, Roussel, Bressonnet, Bogureau, Cyr Guérard, Gelot, Bréon, Simonnot, Bréon, Sordot.

Des sentiments exprimés vis-à-vis du Roi dans le cahier de doléances de 1789 ou même à la séance du 15 avril 1791 à ceux que manifeste l'adresse du 30 août 1792 quelle distance parcourue, quel revirement !

Le même jour 30 août, Paris apprend le siège de Verdun. Déjà le 23, Longwy avait capitulé, Verdun ne devait tenir que deux jours. Les Parisiens exécutent les massacres dits de septembre. La nouvelle se répand. N'est-ce pas l'anarchie qui commence ? De nouveaux brigands ne sont-ils pas redoutés, comme au lendemain du 14 juillet 1789 ? L'anxiété étreint les cœurs. Le 5 septembre, le conseil général de Montbard se déclare d'accord avec celui de Semur qui lui a demandé d'entrer en correspondance, afin « de s'instruire mutuellement des troubles qui pourraient s'élever chez eux, et prendre les mesures nécessaires pour maintenir l'ordre et défendre la patrie ». Et il y aura pareillement échanges de correspondances avec Châtillon-sur-Seine et avec toutes les communes du canton.

Au nombre des mesures prises le même jour par la municipalité de Montbard, il faut signaler la mise en état des six pièces de canon saisies chez Monsieur Leclerc, Buffon l'acquisition de poudre, munitions et « ustensiles accessoires nécessaires » au service desdits canons ; l'injonction faite aux habitants de se pourvoir de baïonnettes et de baguettes de fer pour leurs fusils, ainsi que de cartouches et de balles, et, à défaut de fusils, de piques. Quant aux suspects, notamment Boisseau dit Jolybois et J. B. Legris, ils seront désarmés. Cet appel aux armes fait solennellement sur place et aux carrefours de la ville, « en la manière accoutumée » produit bien sur tous les esprits l'impression du cri de « la patrie en danger ».

La patrie en danger se montre d'une manière encore plus concrète 4 jours plus tard. Le 9 septembre en effet, la population de Montbard se porte à l'Hôtel de Ville où viennent d'arriver deux personnages de Paris. Il est 5 heures du soir.

Le conseil général de la commune assemblé, sont entrés, M.M. Jean Marie Martin et François Daujon, officiers municipaux de la commune de Paris, lesquels ont présenté un diplôme conçu en ces termes :

« Au nom de la nation, le conseil exécutif provisoire, en vertu de la loi du 20 août dernier et de la décision de ce jour, commet les citoyens Jean-Marie Martin et François Donjon, officiers municipaux qui nous ont été indiqués par la commune de Paris, à l'effet de faire auprès des municipalités, districts et départements, toutes réquisitions qu'ils jugeront nécessaires pour le salut de la patrie. En foi de quoi nous avons signé ces présentes auxquelles nous avons fait apposer le sceau de l'état. A Paris, le troisième jour de septembre 1792, l'an quatrième de la liberté et le premier de l'Égalité ».

Signé : Clavière, Danton, Rolland, Servant, Monge, Le Brun. Et par le conseil, Grouvelle, secrétaire.

Ensuite les sieurs commissaire ont fait lecture à haute et intelligible voix, en présence des corps administratifs et d'un grand nombre de citoyens du réquisitoire dont la teneur suit :

« Au nom de la nation et du salut public, nous, commissaires nationaux et officiers municipaux de la commune de Paris, en vertu des pouvoirs qui nous ont été donnés par le conseil exécutif provisoire pour le salut de la patrie.

Requérons la municipalité et le conseil général de la ville de Montbard qu'ils aient à l'instant :

Article 1er. À requérir tous les citoyens armés de se former en compagnie, pour partir sur-le-champ pour Paris, et voler au secours de la patrie.

Article 2. Obliger tous les citoyens qui ne partiront pas à céder leurs habits uniformes et de déposer leurs armes entre les mains des magistrats du peuple, lesquels en feront la distribution à ceux qui marcheront à l'instant.

Article 3. Le surplus des armes, si le nombre excède celui des citoyens qui marcheront, sera conduit à Paris pour être distribué aux hommes courageux pour qui le serment de vivre libre ou mourir n'est pas un vain mot.

Article 4. Tous les chevaux d'agrément, de luxe, chevaux de main ou autre, à l'exception de ceux qui seront employés à des travaux utiles seront arrêtés sur-le-champ et mis sous la main de la nation, pour servir aux défenseurs de la patrie, conduire les bagages et convois de munitions.

Article 5. Chaque corps de troupe armée qui partira emmènera avec lui du pain biscuit pour se nourrir au moins pendant trois semaines, en faisant attention de ne point le consommer en route.

Article 6. Les habits, les armes et les chevaux qui seront fournis volontairement ainsi que les canons et fusils les munitions de chasse à un ou deux coups, seront payés aux propriétaires ; à l'effet de quoi il sera tenu des registres par chaque municipalité. Toutes les armes et chevaux qui ne seront pas fournis volontairement seront confisqués, à l'effet de quoi il sera fait des visites dans toutes les maisons.

Article 7. Tout citoyen qui aura de la poudre et du plomb sera tenu également et sous les mêmes peines d'en faire la remise.

Article 8. Chaque municipalité fera fabriquer à l'instant un nombre de piques suffisant pour en armer tous les citoyens qui resteront dans leur foyer.

Article 9. Chaque municipalité fera tout ce qu'elle jugera convenable pour découvrir les trames et conspirations qui pourraient être ourdies contre la sûreté publique.

Article 10. Enjoignons de mettre en état d'arrestation toutes personnes qui seront suspectes déclarées comme telles par les communes consultées en assemblées générales.

Article 11. Requérons et enjoignons les officiers municipaux et le conseil général de Montbard chef-lieu de canton, de se saisir des armes qui peuvent se trouver dans les différentes communes du dit canton pour en armer les citoyens qui se dévoueront au service de la patrie. Les femmes et les enfants des citoyens, pères de famille que leur zèle portera à voler au secours la patrie, seront nourris aux frais des citoyens les plus riches qui auront refusé de partir, au moyen d'une imposition qui sera mise sur ces mêmes citoyens aisés, conformément à l'arrêté du conseil exécutif, par délibération prise dans les communes assemblées.

Et enfin toutes ces mesures de salut public et celles qui paraîtront au corps administratif et municipalités commandées ou expédientes dans les circonstances, seront exécutées sur-le-champ sans aucune espèce de délai sous la responsabilité collective et individuelle de chacun des officiers auxquels cette exécution est confiée ; ce dont ils justifieront par envoi de procès-verbaux qu'ils adresseront par duplicata tant à la commune de Paris qu'au ministre de l'Intérieur. Demeure au surplus le receveur de ce district autorisé à faire toute avance et paiement nécessaire sur les bons de chaque municipalité pour l'exécution des mesures indiquées ci-dessus, et seront ces bons alloués en dépenses au dit receveur, ainsi qu'il appartiendra.

La matière mise en délibération, et ouï Monsieur Roussel, officier municipal faisant les fonctions de procureur de la commune, le conseil général, adhérant pleinement et unanimement au réquisitoire de Messieurs les Commissaires de Paris, arrête qu'il sera mis sur-le-champ à exécution par toutes les mesures de sûreté y contenues.

Et, pour se transporter dans les communes du canton, pour inviter les citoyens à voler au secours de la patrie, même saisir les armes, munitions, habits uniformes des citoyens qui refuseraient de servir ou seraient hors d'état de partir, enfin requérir les citoyens qui ont des chevaux et les voitures de les donner pour la conduite jusqu'à Auxerre des armes, bagages et munitions des citoyens enrôlés, il désigne :

Messieurs Bréon, Drouard et Sordot, à Montigny, Monfort et Villiers ; Guerard, maire, Hivert et Simonnot, à Marmagne, le Fain et Fresne ; Bréon Cadet, Baudouin et Parisot, à Nogent, Courcelles et Benoisey ; Bernard Père et Bréon l'aîné, à Crépand, Quincerot et Quincy ; Gelot, Guerard le Cadet et Bressonnet, à Saint Rémy, Buffon et Rougemont.

Le surplus des membres du conseil général (Adam, Roussel et Noirot) restera en permanence à la maison commune. »

Sans désemparer, au milieu de l'émoi général, est ouvert le registre des enrôlements volontaires.

Et 37 Montbardois prennent l'engagement de « voler au secours de la patrie ». Trois jeunes gens du voisinage, présents à la séance, joignent leur enrôlement à celui des enfants de la ville.

1. François Mouillot, Maréchal
2. Edme Maréchal.
3. Nicolas Bréon.
4. François Colas.
5. Edme Goutey, fils.
6. François Agosse,
7. Edme Bréon, fidèle.
8. Charles Antoine Royer.
9. François Mignot.
10. Louis Bouland.
11. François Bernard.
12. Pierre Godard.
13. Pierre Bonetat, fils.
14. François Méfgnirt, fils de Jean-Baptiste.
15. Jacques Sergent, fils de Louis.
16. Edme Rémond, fils d'Edme.
17. André Trécourt.
18. Charles Ternois.
19. Cristin Marot.
20. Charles Maigrot.

21 René Bacheley.
22 Pierre Ravier.
23. François Poinsot d'Etivey, postillon à la poste.
24. Pierre Guenin, vétéran, 28 ans de services.
25. Louis Berthuot, fils de Maurice.
26 Jean-François Tripier.
27. François Bernard.
28. Pierre Tripier.
29. Barthélemy ou Jean Bressonnet.
30 François Bouriot, de Villiers Monfort.
31. Mamert Carré.
32. Edme Guiard fils de François.
33. François Vigneron fils Nicolas.
34. Hugues Ravier fils d'Antoine.
35. Jean Tripier.
36. Chrétien Boijeau.
37. Louis Bisoire.
38. Pierre Lalande, fils de Pierre, âgé de vingt et un ans.
39. Jacques Moreau fils d'André, vigneron.
40 Edme Sordoillet d'Eringe.

Dans les communes du canton, les commissaires délégués par le conseil général de Montbard ont vu leur zèle récompensé.

Ils ont obtenu en effet les enrôlements ci-après.

Montigny		24 hommes
Quincy		12 hommes
Crépand		6 hommes
Saint-Rémy		11 hommes
Buffon		6 hommes
Rougemont		12 hommes
Benoisey		4 hommes
Courcelles		6 hommes
Nogent		3 hommes
Marmagne		10 hommes
Frêne		8 hommes
Fain		7 hommes
	Total	**109 hommes**

À la séance permanente du treize septembre 1792 s'est présenté M. André Banchelin, commandant le bataillon de la garde nationale de Montbard, lequel a prononcé le discours qui suit :

« Zélé pour le bien public et le maintien de l'ordre, j'ai consacré presque sans interruption tout mon temps à m'instruire sur la tactique ; j'ai été assez heureux pour que mes concitoyens ayant accueilli favorablement mes travaux.

J'ai été choisi pour commander le bataillon des gardes nationales de mon pays, et j'ai lieu de croire que vous rendrez justice à mon civisme et à la pureté de mes intentions.

Aujourd'hui, je vole, si vous ne m'arrêtez pas à une occupation plus pressante ; le danger imminent de notre commune patrie m'appelle ; daignez, Messieurs, agréer pour tous mes concitoyens mon remerciement et l'hommage de ma vive reconnaissance ; il sera sans doute facile de trouver un homme, plus exact que moi, pour remplir la place qui m'était confiée, mais j'ose dire que vous ne rencontrerez personne plus dévoué que moi au service de ma patrie.

Je ne pense pas, Messieurs, que le parti que j'adopte soit contradictoire avec mon devoir, je vous en laisse juge, votre décision fera ma loi.

En partant, je laisse ma femme et ma fille, je me flatte que pendant mon absence vous et tous mes concitoyens, vous prêterez à les aider de vos conseils, et à rendre à ma femme les services dont elle pourra avoir besoin pour la gestion de ses affaires. »

Et a signé : Banchelin, commandant.

Le conseil général, rendant hommage au civisme du sieur Banchelin et au zèle avec lequel il a servi dans la garde nationale depuis 1789, accepte « son remerciement » de la place de commandant du bataillon de Montbard, et le prie de continuer ses fonctions jusqu'à son départ. Au milieu de cet élan général il y a bien quelques restrictions. Et le même jour, 13 septembre, le conseil doit intervenir pour obliger un citoyen à remettre les 60 livres qu'il avait promises au premier enrôlé, mais qui chercha ensuite à éluder son engagement. C'est ainsi encore que l'un des volontaires du 9 septembre refusant de partir se voit, pour ce motif, confisquer son habit, bien qu'il eût dit qu'il aimerait mieux le brûler mais ces cas isolés ne font que mieux souligner le dévouement désintéressé des soldats de 1792.

La municipalité, toute à sa tâche de défense nationale, a fait telle diligence, que le 16 septembre elle met en route un détachement de 115 hommes, équipés et armés, emportant avec eux quatre mille cartouches, soixante et un quintaux et plus de blé froment, cinq quintaux et plus de farine, le tout dans des tonneaux, 323 aunes de toile pour les tentes et deux pièces de campagne en bronze de 2 livres de balles chacune, du poids de 521 livres les deux.

Le 1er octobre, elle dresse l'état des dépenses effectuées à l'occasion de l'enrôlement et du départ des volontaires.

36 fusils provenant des citoyens de Montbard...	788 livres		
Dépenses dans les auberges du 9 septembre...	162 livres	18 sols	
Farine...	45 livres		
Toile...	228 livres	5 sols	
2 canons de bronze...	1224 livres	3 sols	
32 gibernes]			
16 fourreaux de baïonnettes]	174 livres		
1 fourreau de sabre]			
18 tonneaux...	34 livres		
Poudre...	166 livres	17 sols	6 deniers
6 journées à faire des balles et cartouches...	9 livres	15 sols	
3 journées à faire du charbon...	10 livres	10 sols	
12 journées pour divers secours...	18 livres		
6 journées à faire des cartouches...	9 livres		
2 rames et demie du papier pour les cartouches...	8 livres	15 sols	
Total général :	**2875 livres**	**83 sols**	**6 deniers**

Entre-temps la situation s'était modifiée tant à l'extérieur qu'à l'intérieur. Lille résistait narquoisement aux Autrichiens. Les Prussiens étaient battus à Valmy, le 20 septembre, et les soldats de Kellermann et Dumouriez franchissaient à leur tour la frontière allemande. À Paris, la convention nationale remplaçait la législation, et son premier acte était de décréter l'abolition de la royauté en France et d'instituer la République.

À Montbard, ces faits ont leur contrecoup. Le 27 septembre apparaît sur le registre des délibérations à côté du quantième, la formule « l'an premier de la République française ». Le 30 septembre, pour manifester que le danger s'est un peu éloigné de la patrie, il est décidé que la garde ne sera plus montée le jour ; mais les soldats feront des patrouilles et s'exerceront à des tirs à la cible.

H DARGENTOLLE.
Bulletin de la société archéologique et biographique de Montbard n° 18 - 1928

Le 22 août 1790. Procès-verbal de l'état des prisons

État des prisons de la ville de Montbard dressé par les officiers municipaux pour être envoyé au directoire du district de Semur-en-Auxois.

Cet état a été demandé par le directoire de Semur-en-Auxois le 11 août et par le directoire du département de la Côte D'Or le 14 juillet 1790.

Les prisons de Montbard sont composées de trois chambres fortes saines, desservies par un corridor. Les chambres sont éclairées, chacune par une fenêtre protégée par de forts barreaux de fer.

Ces chambres sont voûtées et placées sous la première grande chambre de l'hôtel de ville.

À côté de cette prison, deux chambres servent à loger le geôlier. Elles sont placées, une partie sous la seconde grande chambre et une partie sous une petite cour.

Sous les pièces des prisonniers, il y a une cave servant de cachot.

Le tout est en assez bon état, excepté le carrelage du cachot.

Ces prisons appartiennent à la ville de Montbard. Elles sont destinées à recevoir les prisonniers en vertu des sentences de la justice ou ordonnances de police de la ville.

Les prisons sont destinées aussi aux prisonniers détenus en vertu des sentences- ordonnances de justice seigneuriale. Les cavaliers de la maréchaussée y déposent les personnages qu'ils arrêtent dans leur tournée en attendant de les conduire aux prisons royales. C'est la maréchaussée qui fournit la nourriture du prisonnier.

Pour les personnes de Montbard détenues pour crime, leur nourriture est fournie aux frais de la ville.

Les prisonniers détenus pour dettes sont nourris par ceux qui les ont fait emprisonner.

La nourriture ordinaire consiste en une livre et demie de pain par jour et on paye ordinairement au geôlier huit livres et dix sols par mois pour fournir le pain et la paille.

Le geôlier n'a d'autre rétribution que le logement.

Fait à l'hôtel de ville de Montbard le 21 août 1790.
Suivent 6 signatures : Buffon, Guérard, Hivert, Noirot, Guérard, Guyole.

Un Suspect à Montbard en 1792

Le 13 juillet 1792, veille de la fête commémorative de la fédération, sur les deux heures de l'après-midi, arrivait à cheval, à Montbard, par le chemin de Saint-Pierre d'aujourd'hui, un jeune homme paraissant venir de Saint-Rémy.

A l'entrée de la rue des Tanneries, il conduisit son cheval au grand faubourg (le faubourg actuel), dans une rue détournée. Là, il le remit à une femme, en la prévenant qu'il le reprendrait à 7 heures du soir, « inutile d'en parler à quiconque », recommanda-t-il.

Par ce qu'il advint ensuite, il est à supposer que la femme chargée de la garde du cheval fit comme celle du fabuliste. Elle dut s'empresser de raconter l'aventure à sa voisine, celle-ci à une autre... Bref, la garde nationale fut alertée ; et, à 7 heures du soir, quand le jeune homme vint chercher sa monture, il se vit mettre en état d'arrestation.

Le Corps municipal, informé de l'incident par l'officier de garde, se réunit extraordinairement à 9 heures du soir, et l'inconnu fut introduit pour subir un interrogatoire.

« Ledit particulier présent en cette maison commune, dit le procès-verbal de la séance, interrogé sur ses nom, surnom, qualités et demeure, a répondu qu'il s'appelle Antoine-Philippe Noël, qu'il est natif de Courtivron, district d'Is-sur-Tille, fils d'Antoine Noël, bourgeois à Courtivron, et que depuis un an il réside a Aisy, où il est principal commis des forges que dirige Monsieur Humbert.

Interrogé si son intention était d'aller plus loin que Montbard, et où il voulait aller, a répondu qu'il n'avait d'autre intention que celle de venir à Montbard parler à Monsieur Rigoley fils, citoyen de Montbard, avec lequel il avait des affaires, que son projet était de retourner coucher aujourd'hui à Aisy.

Interrogé pourquoi ledit répondant avait pris autant de détours pour arriver chez Monsieur Rigoley qui demeure au milieu de cette ville...

A répondu qu'ayant affaire à Blaisy il trouvait plus droit et plus court de passer par le chemin qu'il a pris pour venir à Montbard.

Observé audit répondant qu'il était revenu au corps municipal que ledit répondant avait suivi la route jusqu'au lieu-dit les grandes planches, et que là il avait traversé la rivière pour entrer par le faubourg, a répondu qu'il n'avait pas traversé la rivière, et qu'il avait passé auprès du château de Saint-Rémy.

Interrogé pourquoi il n'a point mis son cheval dans une auberge à son arrivée à Montbard, et pourquoi il a préféré le mettre dans un endroit retiré, répond que son intention étant de reprendre le même chemin pour s'en retourner à Aisy que celui qu'il avait pris pour venir à Montbard, il avait jugé convenable de laisser son cheval au faubourg.

Lecture faite de la loi concernant les passeports du 1er février 1792, sanctionnée le 23 mars, notamment les articles 1, 9 et 13, et ouï Monsieur Rigoley fils, citoyen de cette ville, beau-frère du dit sieur Humbert, lequel Monsieur Rigoley s'est porté répondant pour ledit sieur Noël et a demandé qu'il soit libre audit sieur Noël de s'en retourner.

Le Corps municipal, après avoir entendu Monsieur Roussel, officier municipal faisant les fonctions de procureur en l'absence de l'ordinaire.

Considérant que ledit sieur Noël ne peut être considéré comme un voyageur, et par conséquent que la loi du 1er février ne lui est point applicable.

Instruit de l'absence actuelle du sieur Humbert des forges d'Aisy, étant à Tonnerre pour la fédération, ainsi que le sieur Noël l'a lui-même présentement déclaré, le corps municipal a pu prendre des soupçons sur le voyage du dit sieur Noël, et surtout sur la route qu'il a prise et la conduite qu'il a tenue à son arrivée en cette ville.

En conséquence le Corps municipal a arrêté que ledit sieur Noël restera au corps de garde de cette ville jusqu'à ce qu'il ait été donné avis par ledit sieur Humbert de le relâcher. »

Et à l'instant ledit sieur Noël a signé et a été remis ès mains de l'officier de la garde nationale de service.

Cet épisode, qui peut prêter à sourire aujourd'hui, montre quel esprit de défiance animait le Corps municipal, et assurément toute la population de Montbard à l'égard des étrangers, au moment même où la patrie était déclarée en danger.

Antoine-Philippe Noël demeura sous la surveillance de la garde nationale jusqu'au 15 juillet, à 6 heures du soir. C'est alors seulement que Monsieur Humbert, maître de forges d'Aisy, se présenta à la municipalité pour réclamer la mise en liberté de son premier commis. Et pendant près de 48 heures, Noël pu méditer sur les inconvénients qu'il y avait de se rendre d'Aisy à Montbard autrement que par la grande route, et de prier une femme de garder un secret.

Henri. Dargentolle.
Bulletin de la société archéologique et biographique de Montbard, n° 18 - 1928

145 - Maison rue des tanneries

La Révolution à Montbard – L'an 1 de la République

La victoire de Valmy semblait avoir sauvé la France du péril qui la menaçait de l'extérieur : la proclamation de la République devait parer aux dangers de l'intérieur (20 et 22 septembre 1792). À la vérité, si les craintes sont moins vives, la guerre n'en continue pas moins avec la Prusse et l'Autriche, puis le Piémont ; et la révolution n'a pas rallié à elle tous les Français.

À Montbard se poursuivent les réquisitions de grains, de draps, de toile, de cuir, de chevaux [sont exclus de la réquisition seulement les chevaux destinés à la culture]... Et l'on voit confisqué par la municipalité l'habit d'un sieur Br..., qui, non seulement a refusé de partir comme volontaire, mais encore a tenu des propos déplacés, disant qu'il aimait mieux le brûler. Et, dès le 4 octobre, le conseil général

146 - Inspection des chevaux et mulets

déclare suspect le sieur J. Trécourt, agent de Georges Louis Marie Leclerc (fils de Buffon).

Un témoignage que l'unanimité ne régnait pas relativement aux mesures de salut public qui étaient prises, c'est l'opposition dont se plaignit, le 14 novembre 1792, le citoyen Junot, administrateur du district de Semur, qui était venu enlever matelas, châlits, paillasse, couvertures et draps dépendants de la maison des Ursulines. Et le conseil général dû présenter au citoyen Junot des excuses pour la manifestation, en disant que si quelques habitants avaient protesté contre l'opération commandée par le district, ce n'était pas par un mépris criminel de la loi qu'ils ont toujours respectée, mais parce qu'ils ignoraient la destination des objets enlevés : servir à coucher des soldats malades ou blessés, ou les soldats combattants, et quel est celui d'entre nous qui ne se priverait pas de son lit pour le donner à ces courageux guerriers ?. C'est un acte de civisme et d'humanité.

À Paris, dans la Convention, commencent à s'accentuer les divergences de vues entre Girondins et Montagnards. Montbard semble suivre avec une attention passionnée ce qui se passe là-bas. Le 13 janvier 1793 était inscrit sur le registre de la municipalité le décret de la Convention portant que quiconque proposera ou tentera de rompre l'unité de la République sera puni de mort. Si le même registre ne fait aucune allusion au procès et à la mort de Louis XVI, il apparaît, néanmoins, que l'opinion publique, guidée par la Société populaire de Montbard, conserve son zèle révolutionnaire et patriotique. Le patriotisme se manifeste dès le lendemain de l'exécution du roi. Une pétition de la Société populaire demande à la municipalité de se joindre à elle pour coopérer à l'équipement et « entretien » des défenseurs de la patrie. Et le Corps municipal ouvre en effet une souscription publique. Le 9 février 1793.

C'est que la mort de Louis XVI a été le prétexte de l'entrée en guerre contre la France, de nouveaux ennemis. Louis XVI a été exécuté le 21 janvier 1793. Dès le 31 janvier, l'Angleterre déclare la guerre à la République française. Puis, c'est la Hollande, la Sardaigne, Naples, le Portugal, l'Espagne, la Russie. La Prusse, l'Autriche et les États allemands n'avaient pas déposé les armes après Valmy et Jemmapes. C'est donc à peu près toute l'Europe qui oppose à la Révolution française une coalition formidable. On sait que la convention ne se laissera pas décourager par la perspective d'une lutte en apparence par trop inégale. Elle vote le décret de réquisition de 300 000 hommes pour réformer des armées qui avaient été désorganisées par le départ des volontaires engagés seulement pour une campagne.

L'application de ce décret fournit au citoyen Auguste Laubin, membre de la municipalité, l'occasion de prononcer le discours suivant :

« Citoyens,

Dans ce moment où la nation va se lever tout entière, les communes et les citoyens vont se présenter armés de leur force physique et morale pour anéantir l'ennemi, il n'est pas inutile sans doute de vous faire connaître le nombre des défenseurs que cette ville à donnés à la République.

Vous verrez par la liste que je vous présente, qui se monte à 133, tous citoyens actifs ou fils citoyens actifs ; qu'il n'y a parmi eux aucun domestique ; que pas un ne s'est vendu pour servir en place d'un autre. Vous savez qu'en partant, cette commune les a pourvus de deux pièces de campagne en bronze[114].

Ce dévouement sans doute général des petites comme des grandes villes et des campagnes, fait assez connaître que toutes sont également sensibles au bienfait de la révolution, et résolues de la soutenir de tous leurs pouvoirs.

Mais parmi leur grand nombre, celle de Montbard mérite d'être remarquée, si l'on considère, suivant le dénombrement de ses habitants fait en 1790, qu'elle n'était composée que de 2 128 âmes de tous sexes, y compris les enfants, les compagnons et les domestiques, de sorte qu'elle a aujourd'hui dans nos armées le seizième de sa population, et que si les autres communes ont fourni dans les mêmes proportions, il y a 1 527 254 citoyens armés et équipés au service de la République en la supposant composée de 25 millions d'âmes.

Dans ces circonstances, il vous invite à délibérer s'il n'est pas convenable de transcrire sur des registres de la municipalité la liste de ces citoyens de Montbard et d'en faire part au département et au district.

Le Corps municipal, déférant à cette invitation, et voulant un témoignage honorable du courage que les citoyens de cette ville ont montré pour le salut de la République, et faire connaître que le dévouement de cette commune n'a d'autres bornes que celle qu'y met sa faible population et le peu de fortune de ses habitants », transcrit sur son registre la liste des citoyens de la Paroisse de Montbard, qui servent dans les régiments de troupes de ligne et les bataillons de gardes nationaux de la République.

1 - Guillaume Gruer, Fils de Guillaume.
2 - Edme Gruer, fils d'Edme
3 - Edme Junot, fils d'Edme
4 - Edme Sergent, fils de Louis
5 - François Rémond, fils de Pierre
6 - Jean Amidieu, fils de Pierre
7 - François Bernard, fils d'Edme
8 - Edme Rémond, fils d'Edme
9 - Pierre Mathieu, fils de Louis
10 - Jean Bouvier, fils de Jean

---

[114] Le 23 mars et 1793, le conseil général autorise le citoyen Goutey à réclamer au président de la section du faubourg Saint-Denis les deux pièces de bronze emmenées par les volontaires de 1792 et à les faire parvenir à Montbard par la voie du coche d'eau jusqu'à Auxerre, en même temps que les fusils emportés par les volontaires du canton.

11 - François Guiard, fils de Jacques
12 - Jean Mugner, fils de Louis
13 - Pierre Bailli, fils de Pierre
14 - Louis Mugner, fils de Jean
15 - Jacques Sergent, fils de Louis
16 - Louis Bizouaire, fils de Louis
17 - François Magnien, fils de Jean Baptiste
18 - Louis Berthuot, fils de Maurice
19 - Chrétien Marot, fils de Philippe
20 - Jacques Maurau, fils d'André
21 - Edme Tripier, fils de Jean
22 - Pierre Tripier, fils de Jean
23 - Jean François Tripier, fils de Jean,
24 - Pierre Lalande, fils de Pierre
25 - Louis Sauton, fils de Jean
26 - Claude Charles Rémond, fils de Nicolas
27 - Jacques Narcisse Rémond, son Frère
28 - François Bernard, fils de Nicolas
29 - François Mignot, fils de Claude
30 - Pierre Godard, fils de François
31 - Antoine Maurice, fils de Jacques
32 - Philibert Poincelin, Père
33 - Jacques Poincelin, son fils
34 - Edmé Nugnot, fils de François
35 - Nicolas Maigrot, fils de Charles
36 - Jean Gentot, fils de Jean
37 - Charles Maigrot, fils de Jean
38 - Étienne Bogureau, fils d'André
39 - Antoine Colas, fils ainé de jean
40 - François Colas, son frère
41 - Jean Rémond, fils de Jean
42 - Pierre Goulier, fils de Jean
43 - Hubert Thévenin, fils d'Hubert
44 - Jacques Thévenin, son frère
45 - François Agosse, fils de François
46 - Nicolas Bauny, fils de Jean
47 - Charles Riotot, fils de Charles
48 - Guillaume Edon, fils de Guillaume
49 - Pierre Morin
50 - Jean Morin, fils de Pierre
51 - ?
52 - Charles Mouillot, fils de Charles
53 - Nicolas Guenin, fils de Charles
54 - Charles Ponsont, fils de Jean
55 - Jean Maillard, fils de Jean
56 - Simon Maillard, son frère
57 - Jacques Maillard, son frère
58 - Jean Cortot, fils de Jean
59 - André Cortot, son frère
60 - François Bréon, fils Edme
61 - Edmé Bréon, son frère
62 - Georges Rémond, fils de Jean Baptiste
63 - Yacinthe Rémond, son frère
64 - Jacques Rémond, leur frère
65 - Hugues Lhomme, fils de François
66 - Edme Petit, fils de Claude, médecin
67 - Jacques Trécourt, fils de Jacques
68 - André Trécourt, son frère
69 - Edme Bogureau, fils de Jean
70 - Pierre Suchetet, fils de Nicolas
71 - Nicolas Bouland, fils de Claude
72 - Michel Lenoire, fils de Jean
73 - Claude Bigorne, père
74 - Claude Bigorne, fils,
75 - François Bigorne, son frère
76 - Jean Bigorne, leur frère
77 - Charles Temois, fils de François
78 - Louis Froment, fils de François
79 - Guillaume Banchelin, fils de Jacques
80 - Nicolas Banchelin, son frère
81 - Jean Berthuot, fils de Jean
82 - Nicolas Berthuot, son frère
83 - Edme Boquin, fils de François
84 - Edme Guiard, fils de François
85 - Louis Gourgi, fils de Jean
86 - Urse Nugnot, fils de Pierre
87 - Julien Rebin, fils de Jean
88 - Edme Parisot, fils de Nicolas
89 - Urse Rebin, fils de Jean
90 - Robert Colas, marchand
91 - Chrétien Colas, son fils
92 - Edme Gallois, fils de Jacques
93 - Jean Paris, fils de Louis
94 - Arsène René Bachelet, fils de René
95 - Edmé Maréchal, fils de Urse
96 - Pierre Pélisson, fils de Guillaume
97 - Pierre La Cive, fils de Jean
98 - Nicolas Bréon, fils de François
99 - François Mouliot, fils de François
100 - Edme Goutey, fils de Georges
101 - Jean Rouge, fils de François
102 - Antoine Bressonnet, fils de Jean
103 - Jean Noirot, fils de Nicolas
104 - François Vigneron, fils de Nicolas
105 - Hugues Ravier, fils d'Antoine
106 - Pierre Ravier, fils de Chrétien
107 - Claude Paris, fils de Jacques
108 - Nicolas Thomas, fils de Jean
109 - François Thomas, fils de François
110 - André Banchelin

111 - Charles Antoline Royer, fils d'Antoine
112 - Charles Poussine, fils d'Edme
113 - François Guérard, fils de Guillaume
114 - Jacques Malachin, fils de Jean
115 - Alexandre Malachin, son frère
116 - Jean Meignier, fils Jean
117 - Piere Guenin, fils de Pierre
118 - Charles Borniat, fils Nicolas
119 - Pierre Edme Nicolas Borniat, son frère
120 - Edme Carré, fils de J-Baptiste François
121 - JeanMalardot
122 - François Guillaumot
123 - Claude Bonetat, fils de Claude
124 - Rémi Bertier, fils de Pierre
125 - Remi Royer, fils d'Antoine
126 - François Pichenot, fils de Nicolas
127 - Joanes, brigadier
128 - Jean Petitjean, gendarme
129 - Petit, gendarme
130 - Jacquelin, gendarme
131 - Nuidan, gendarme
132 - Urse Bogureau, gendarme
133 - Joachim Plisson, gendarme

Auguste Laubin avait raison. Montbard avait fait preuve d'un dévouement rare à la chose publique, en donnant aux armées de la Révolution un nombre vraiment remarquable de volontaires. Certains familiers même ont fourni plusieurs volontaires : le père et le fils, comme les Poincelin, les Colas, deux frères, comme Nicolas Rémond, Jean Colas, Hubert Thévenin, Jean Cortot, Edme Bréon, Jacques Trécourt, Jacques Banchelin, Jean Brethuot, Jean Malachin, Nicolas Borniat. Il faut mettre hors de pair les Bigorne, le père et trois de ses fils, les trois frères Maillard, les trois frères Rémond.

Aussi, en application du décret du 21 février, publié solennellement le 9 mars, par le greffier secrétaire, assisté du procureur de la commune, avec tambours et hautbois, de deux sergents de ville, de quatre hommes et un caporal de la garde nationale, Montbard ne doit fournir que 6 volontaires, complément du contingent qui lui est imposé.

Le 13 mars se présentent volontairement et sans contrainte les citoyens :
1 - Edmé Lefol, âgé de 19 ans, fils de Nicolas, journalier à Montbard.
2 - Pierre Rebin, âgé de 23 ans, fils de Jean, marchand à Montbard.
3 - Edme Amiot, âgé de 18 ans, fils de Claude, huilier à Montbard.
4 - François Bréon, âgé de 19 ans, fils de Pierre, vannier, défunt à Montbard.
5 - J.B. André Lapipe, âgé de 18 ans, fils de Germain, tourneur de chapelets à Montbard.
6 - Didier Bailli, âgé de 19 ans, fils de Didier, meunier à Montbard.

Lesquels ont reçu les félicitations que mérite leur civisme.

Il s'en est même présenté un 7e, Jean Gaveau, âgé de 25 ans, fils de défunt Pierre, qui a déclaré vouloir servir dans la 8e Cie du 6e Bon de la Côte D'Or.

De ces enrôlés, l'agent militaire chargé de les examiner, le citoyen C.F. Carré, ne veut retenir que E. Lefol et E. Amiot, les autres lui paraissant trop faibles de constitution. Mais le Corps municipal maintient les six jeunes gens pour remplir le contingent fixé par la loi, attendu « que la loi ne désigne pas de taille, mais au contraire ne paraît désirer que du courage. » (28 mars)

Nous voici en avril. La guerre avec l'Europe, commencée depuis deux mois, tourne mal pour nous. Le vainqueur de Valmy est vaincu à Nerwinden, la Belgique est perdue et les Prussiens, qui avaient reculé, retraversent le Rhin. Anglais et Espagnols menacent nos côtes et les Pyrénées. De nouveau la patrie est en danger. La convention entend surexciter les énergies nationales. Elle envoie dans les départements des commissaires chargés de surveiller l'exécution de ces décrets. Dans la Côte d'Or, c'est Bourdon et Prost.

À leur instigation, à Montbard, à partir du 15 avril, ordre est donné de monter de nouveau la garde, avec mission de tenir un registre pour y inscrire tous les renseignements sur les voyageurs et passagers. Liste est dressée de tous ceux qui ne sont pas employés à l'agriculture ni aux arts et métiers de première nécessité et le Conseil général de la commune se met en permanence jusqu'à nouvel ordre.

Les temps sont aussi sombres qu'un an plus tôt. Toutes les personnes qui veulent se déplacer doivent se munir d'un laissez-passer.

Toutes celles qui arrivent ou qui passent par Montbard doivent montrer des papiers en règle : laissez-passer et certificat de civisme délivrés par la municipalité de la localité d'origine. Sinon, c'est l'arrestation, l'interrogatoire par le maire ou par le procureur de la commune, et, s'il y a lieu l'incarcération. C'est ainsi qu'un certain Rebin, enrôlé à Paris en septembre, est venu à Montbard le 17 avril en permission, mais sans titre régulier, est remis à la gendarmerie comme déserteur, pour être reconduit de brigade en brigade, à son bataillon. C'est ainsi que quatre voitures de farine, traversant Montbard sans passeport, sont arrêtées par le poste de garde, et ne sont autorisées à continuer leur chemin que sur l'ordre du corps municipal, qui craint de nuire à la chose publique, et sous réserve d'en référer au département.

C'est ainsi que le même Corps municipal croit qu'il est de sa sagesse de faire porter en la maison commune une malle arrivée par la diligence à l'adresse de la citoyenne du Corail, noble, sœur de Bernard du Corail, émigré. En présence de la destinataire et de son notaire, Guiod, la malle est ouverte, et la municipalité y saisit comme bien de la nation différents papiers, un testament et dix billets, ne laissant à Madame du Corail que ses effets personnels.

C'est ainsi, par application des mesures de sûreté générale prescrites par le décret du 2 mai 1793, le conseil général délègue deux notables pour faire l'inventaire des papiers qui peuvent se trouver chez les personnes suspectes suivantes : les citoyennes Veuves Valcourt, Mondétour, Daubenton, épouse de C.A. Guérard, notaire, et chez les citoyens, Pierre Leclerc, frère de Buffon, P. F. Bienaimé, prêtre, Vichi et Ch F. Petit, juge de paix du canton de Montbard, le tout pour s'assurer s'il n'y a point de gens suspects et émigrés, ni de papiers contre-révolutionnaires cachés. Les visites, dit le procès-verbal, n'ont permis de découvrir rien de suspect. Signé : Rigoley, maire, Bernard, Laubin, Sordot, Boquin, Simonnot, Malachin, Guérard, Veuillot, Guérard le cadet, Drouard, Bréon, Martin, Laverne, Baudouin, Bréon.

C'est la terreur qui commence à Montbard. Les parents et amis d'émigrés ou de personnes soupçonnées d'émigration sont invités à donner tous renseignements sur leurs parents et amis, et à faire connaître s'ils détiennent des immeubles ou des meubles leur appartenant ; on sait que ces biens sont confisqués au profit de la nation.

La terreur n'effraie pas également tout le monde. Des six volontaires enrôlés le 13 mars, le jeune Lapipe a été réformé. La municipalité convoque les jeunes gens. L'appel aux volontaires restant sans écho, il est procédé à un tirage au sort. C'est le jeune Simon Champenois, âgé de 18 ans, qui est désigné pour remplacer Lapipe, et qui promet de servir fidèlement sa patrie.

À cette occasion, un nommé Jean Bressonnet se met à insulter la municipalité et à chercher à insurger les jeunes gens contre l'esprit de la loi du recrutement. Pour cela, le citoyen en question est incarcéré 24 heures à la maison arrêt de la maison commune.

Parmi les personnes soupçonnées d'émigration figure Georges-Louis-Marie Leclerc, le fils de Buffon.

Le 15 juin 1793, le Corps municipal propose de mettre en vente par lots le château royal, dont il ne reste plus que deux tours, un cabinet et une tourelle servant de colombiers, le surplus étant occupé par un jardin potager et par des promenades plantées d'arbres de toutes espèces, appartenant à Georges

Louis Marie Leclerc.

Comme en 1789 et en 1792, des bruits sinistres se répandent, ajoutant aux inquiétudes naturelles causées par les mauvaises nouvelles des opérations de guerre. Nos armées ont en effet dû reculer partout, et de toutes parts les frontières de la France ont été franchies par les envahisseurs ennemis, Anglais, Autrichiens, Allemands, Prussiens, Italiens, Espagnols. Or, de Langres, par Semur, parvient l'information que des malveillants cherchent à anéantir les armées de la République, en ôtant des villes frontières tous les habits uniformes et autres équipements de volontaires des magasins de la République, pour les envoyer dans l'intérieur à une destination inconnue. Le district de Semur prie en conséquence de surveiller et faire surveiller cette sorte de manœuvre. Dès le 13 juillet, toutes les voitures qui passeront par la ville seront donc l'objet d'inspection.

La Convention, qui a exclu de son sein les députés girondins le 2 juin, croyant calmer les esprits, vote et la Constitution de 1793 ou l'an I, qui établissait, avec le suffrage universel, le référendum populaire. C'est le 14 juillet que cette reconstitution est soumise à l'acceptation de l'Assemblée des citoyens de Montbard. Le 17, le conseil général vote l'adresse suivante à la convention :

« Représentants du peuple.

Les officiers municipaux de Montbard, dont le zèle pour la révolution est bien prononcé, les législateurs se font un devoir de vous envoyer ci-joint le procès-verbal d'acceptation de la constitution faite par leur commune le 14 de ce mois.

Ils désirent ardemment qu'il en soit de même de tous les points de la République, que leurs frères égarés reconnaissent promptement leurs erreurs, seul et unique moyen de déjouer la coalition des tyrans de l'Europe contre notre liberté.

Représentants, nous vous invitons de vous hâter de porter les lois civiles et criminelles à leur perfection : ce sera le rempart le plus redoutable de la République contre les anarchistes et les malveillants, ainsi que de mettre en vigueur le plus tôt possible l'instruction publique. Le peuple français, généralement parlant, est bon : quiconque dit le contraire le calomnie, mais il a le besoin le plus instant d'instruction et de bons instituteurs, reçus au concours, en présence de ses magistrats locaux, auxquels vous réserverez sans doute le droit d'examiner en conseil général s'ils ont le vrai civisme, le zèle, la science, ainsi que l'activité nécessaire, surtout s'ils sont exemptés des préjugés de l'ancien gouvernement et du fanatisme.

Représentants, nous sommes fraternellement, les maires et officiers municipaux de la commune de Montbard. »

Signé : Rigoley, maire, Petit, Bréon, Laubin, Malachin fils, Nadault, Bernard, Drouard, Malachin, Simonnot, Bréon, Drouard, Sordot, Martin, Noirot, Laverne, Guérard, Pion Secrétaire.

Ce même 14 juillet, anniversaire de la fédération, chacun devait témoigner de son civisme, au moins en arborant la cocarde tricolore. Un boucher de Marmagne, nommé Boussard, venu à Montbard, n'en avait point. Le citoyen Augustin Royer, adjudant de la garde nationale, l'engagea d'en mettre une conforme à la loi. La femme de Boussard lui en apporta une, rouge. L'adjudant ayant dit que cette cocarde n'était pas constitutionnelle, elle en aurait apporté une constitutionnelle, que Boussard mit à son chapeau. Mais la femme Boussard dit au factionnaire et à toute la garde qu'il n'y avait que des canailles qui faisaient mettre des cocardes. Le Corps municipal informé a condamné la femme Boussard à rester à la maison d'arrêt pendant 24 heures pour réparation des injures, et lui a fait défense de récidiver, sous la plus grande peine.

Dans l'adresse à la Convention, le Conseil général fait allusion, en parlant des « frères égarés », aux résistances que rencontrait le gouvernement pour l'exécution de ses mesures de salut public. Il s'agit, on le sait, de ce que l'histoire appelle les insurrections vendéennes et girondines. L'exécution de Louis XVI avait irrité tous ceux qui avaient encore le culte de la monarchie. Les décrets contre le clergé réfractaire et l'attitude hostile de la convention vis-à-vis de l'église fâchaient tous ceux qui restaient attachés à la foi de leurs pères. L'expulsion des députés girondins courrouça les partisans d'une République modérée. La levée de 300 000 hommes, les réquisitions fréquentes de vivres, d'étoffes, de cuirs, d'armes, les suspicions, les perquisitions, les saisies, les arrestations pour des motifs futiles, on vient de le voir, avaient provoqué des oppositions massives dans certaines régions de la France, et la convention avait dû employer, pour soumettre ces résistances, des forces dont elle aurait eu cependant bien besoin contre les ennemis du dehors.

C'est ainsi que Montbard fut invité, 25 juillet 1793, à former un contingent de 24 hommes pour marcher contre les Lyonnais rebelles à l'autorité des décrets.

Le 28 juillet, la garde nationale et rassemblée à l'Arquebuse. La municipalité arrive, les officiers ceints de leur écharpe. Lecture est donnée de la réquisition de Fouché, représentant du peuple pour les départements du centre et de l'est. 50 jeunes gens ont été convoqués. Tous répondent à l'appel. Mais ces jeunes gens « citoyens, sacrifiant leur courage à la nécessité de partager les travaux de leurs père et mère, ont décidé qu'ils prendraient la voie du sort pour fournir le contingent fixé pour la commune. »

(Le registre municipal fait une description minutieuse du tirage au sort par numéro dans un chapeau).

Sont désignés :

Joseph Maitrot, Charles Laurier, Nicolas Poussine, J-B.Maillard, Jacques Maillard, Petit, Louis Gelot, Nicolas Rémond, Louis Vigneron, François Bréon, François Ladrée, Nicolas Geste, Rémy Veuillot, Jean Moreau, Antoine Ravier, François Champenois, Jean Mignot, J.B. Magnien, Jacques Maigrot, Jean Rebin, Joachim Dauche, Jacques Ravier, B. Magnien, Charles Poussine, Louis François Bocquin.

À haute voix, ces 24 jeunes hommes ont été proclamés « volontaires ».

La rédaction du procès-verbal de cette opération trahit quelque embarras.

La municipalité ne voudrait pas que l'on doutât de l'esprit républicain de la population montbardoise et, en même temps, elle doit tenir compte d'une certaine lassitude qui se manifeste dans cette même population à fournir sans cesse des recrues volontaires pour l'armée. C'est pourquoi elle procède au tirage au sort pour le nouveau contingent qui lui est imposé, et qu'elle proclame néanmoins volontaires les jeunes gens sont ainsi enrôlés.

La vérité est que ces volontaires ne possèdent nullement l'enthousiasme qui animait les enrôlés de 1791 et de 1792. Prêts sans doute au suprême sacrifice pour la patrie, ils considèrent leur mission comme un devoir et un risque, et ils entendent que personne ne puisse s'y soustraire arbitrairement. Le sort les a désignés pour partir, ils partiront, mais ils ne prendront pas la place d'autres.

On a la preuve de cet état d'esprit dans les événements qui se produisirent au départ du contingent pour Lyon.

L'ordre est donné le 30 juillet par le Conseil général du département de la Côte d'Or, à la suite d'une lettre du citoyen Reverchon, représentant du peuple, commissaire de la convention, les hommes devant être munis « de tous les effets particuliers qui ne leur seront pas fournis par la République ».

Le départ est fixé au 4 août. À une heure de l'après-midi, le Corps municipal, assemblé en permanence, le citoyen Charles Poussine, conducteur de route, déclare que le contingent à conduire à Dijon ne comprend que 21 hommes au lieu de 24, que ces volontaires dans la crainte d'essuyer quelques désagréments au département, refusent de partir s'ils ne sont pas au complet.

Le Corps municipal est très désagréablement affecté par cette attitude des jeunes gens. Les trois manquants sont, l'un, à Paris, le deuxième à Montleu prêt Saint Florentin, le troisième à Châtillon-sur-Seine. Demander que ces trois volontaires soient là avant de se diriger sur Dijon, c'est, en vérité, s'insurger contre les prescriptions de la convention, c'est imiter les « Lyonnais rebelles » que l'on est chargé de combattre. La municipalité, qui ne voudrait à aucun prix passer pour complice de ceux qui résistent à la Convention, et qui ne voudrait pas non plus user de rigueur à l'égard de ses jeunes compatriotes, prend une mesure dilatoire. Après s'être rendu cet hommage qu'elle a su jusqu'à présent « toujours conserver la paix dans ses murs, » considérant que ce n'est que sur les conseils de quelques malveillants que les 21 jeunes gens présentement réunis à Montbard ne veulent plus partir si les trois absents ne se joignent à eux, qu'obliger ces 21 jeunes gens à partir sur-le-champ serait un moyen trop dur, et qui peut être ne lui réussirait pas, que rassembler la commune pour désigner trois remplaçants, elle ne s'en reconnaît pas le droit, elle délibère donc que l'administration départementale sera invitée à lui tracer la conduite à tenir dans une circonstance aussi difficile.

Elle remarque d'ailleurs que la commune, comptant 2 136 âmes et « ayant la gloire de compter 180 hommes de toutes armes dans les armées de la République, la population ne comptant en majorité que des vignerons et des laboureurs » l'administration départementale sera peut-être touchée par ces considérations, et voudra bien se contenter pour cette fois de 21 hommes au lieu de 24, ce qui, avec les 180 autres, forme à peu près le 10e de la population totale.

Le département se montre intransigeant : il exige le départ immédiat des réquisitionnés imposés. Le 7 août, les 21 hommes sont prêts à partir. Le Corps municipal délivre à 6 d'entre eux une paire de souliers, « dont la République fera état à la ville de Montbard », avance à chacun des volontaires la somme de 10 livres 4 sous pour 17 lieues de poste.

147 - Les soldats de la Révolution

En même temps, le conseil municipal, « considérant que la commune est tout à fait désolée par le grand nombre d'hommes qu'elle a fournis depuis l'époque de la Révolution, de manière que les vignes cette année n'ont pas pu être cultivées, » décide qu'il ne mettra à exécution l'arrêté du département qu'après avoir été avisé par celui-ci que les 21 volontaires ont été acceptés ; « convaincu de ses devoirs et brûlant du plus ardent patriotisme, il assemblera la commune » l'effet de fournir les trois hommes de complément.

Cet épisode des volontaires réquisitionnés à Montbard nous fait toucher du doigt et les difficultés intérieures qu'à rencontrées la Convention et les concours qui l'ont sauvée.

Imaginons que la sorte de mutinerie des 21 volontaires ait reçu l'appui de la municipalité ; Montbard devenait un petit centre de chouannerie d'insurrection girondine. Le soulèvement de la Vendée, de la Normandie, de Lyon, de Marseille, et de mainte autre ville ne se fit pas autrement. C'est ainsi qu'à l'époque où nous sommes arrivés, les 2/3 des administrations départementales étaient en insurrection contre la grande Assemblée. N'oublions pas qu'en même temps, toute l'Europe était en armes contre elle et que la France était envahie. Ce qui la sauva, c'est l'attitude des administrations communales. Comme celle de Montbard, la plupart, malgré qu'il leur en coûtât, ainsi qu'en témoignent les procès-verbaux dont il vient d'être donné connaissance, mirent leur zèle à exécuter les ordres des députés en mission. La fidélité des communes à la convention fut la grande force de la 1ère République.

Le 8 août, le lendemain, donc, la municipalité ayant reçu du directoire de Semur une invitation à participer à la fête civique du 10 août, anniversaire de la chute de la royauté, prend la délibération suivante :

« Le Corps municipal, donnant adhésion à tout ce qui peut exprimer cette liberté dont tous les Français sont si jaloux et pour laquelle ils ont fait, depuis l'époque de la révolution, tant de sacrifices, partage l'arrêté du district de Semur de cœur et d'affection, délègue Michel Sordot comme député pour manifester à tous nos frères de Semur le patriotisme le plus pur et le plus ardent dont sont animés le

Corps municipal et la commune. »

Le lendemain 9 août, le Conseil Municipal s'empresse de témoigner à ses concitoyens les sentiments de fraternité qu'elle leur a voués, désirant célébrer demain le 10 courant la fête de l'unité et de l'indivisibilité de la République, jour où « tout français doit accepter l'acte constitutionnel qui élève le peuple français au rang du premier peuple de l'univers, » arrête les détails de cette fête.

1. Ce soir, à 8 heures précises, la fête sera annoncée par un coup de canon.

2. Demain, à 6 heures du matin à un autre coup de canon sera tiré pour avertir les citoyens de ne pas s'absenter, et qu'ils doivent tous partager l'allégresse générale.

3. Rassemblement à 7 heures, à l'Arquebuse de la garde nationale qui viendra prendre à 8 h. et demie la municipalité, pour la conduire à l'église paroissiale, où il sera célébré par le ministre du Culte catholique une messe, après quoi le Conseil Municipal, placé à la grande porte de l'église, prêtera et fera prêter à tous les citoyens, au fur et à mesure qu'ils défileront, le serment de « maintenir la constitution ou de mourir pour elle », sur l'autel de la patrie élevé en cet endroit.

4. Sont invités les instituteurs et les institutrices de cette commune de faire se trouver autour de l'autel de la patrie un groupe de jeunes garçons et de jeunes filles de 10 à 12 ans pour partager la joie de tous leurs concitoyens et chanter en chœur les hymnes à la liberté.

5. Tout le cortège se rendra au son des instruments à la place de la liberté, où est l'arbre qui lui a été élevé, autour duquel tous les citoyens se rangeront en ordre de bataille, et les corps administratifs toujours présents et rangés au centre du bataillon seront témoin des chants d'allégresse et des danses que formeront les jeunes citoyens, l'espoir de la République.

6. Le commandant du bataillon fera mettre en mouvement son bataillon pour reconduire le drapeau et renvoyer sa troupe.

7. Tous les citoyens sont invités à illuminer leur domicile et à se trouver sur la place de la liberté, sans armes pour voir tirer un feu d'artifice à neuf heures précises... laquelle fête sera terminée par les cris de : « vive la République » une et indivisible et une salve de deux coups de canon.

Ces manifestations d'allégresse et de civisme n'entraînent aucun relâchement de la surveillance des suspects ; au contraire, il y a un redoublement de vigilance.

Le 28 juillet, le citoyen Charbuy, régisseur général des vivres pour les armées de la République, se voit demander assez brutalement pourquoi il est à Montbard au lieu d'être dans la zone des armées qui lui est assignée (le Nord). Il subit un interrogatoire serré, et ses réponses embarrassées sont rétorquées fortement par la logique de la municipalité. Il est consigné au domicile d'un oncle, et le 3, à 4 heures du matin, le citoyen Charles, brigadier de la gendarmerie de Semur, vient s'assurer de la personne de Charbuy, pour le transférer à la maison d'arrêt de Semur, attendu que dans les circonstances actuelles, ce citoyen devrait être à son poste à Lille, et qu'il n'a point répondu catégoriquement aux interrogations de la municipalité de Montbard. En outre, ses malles seront visitées et ses papiers saisis.

Le même sort menaçait les Montbardois qui se hasardaient à se déplacer. C'est ainsi qu'une ordonnance du jury d'accusation du tribunal de Châtillon sur Seine décrète prise de corps contre François Bernard, notaire demeurant à Montbard.

Le 8 août, Jean Auvigne, officier de garde, remet à la municipalité le citoyen Samuel Dumontier, qui, arrivé par la diligence, se trouvait sans passeport, ayant, dit-il, perdu son portefeuille. D'après ses « interrogeas » et ses réponses, il est astreint à se présenter deux fois par jour au poste de garde, et le portefeuille qu'il prétend avoir laissé dans la diligence sera remis, non à lui mais à la municipalité, qui vérifiera si ce portefeuille ne contient rien de suspect.

De même, le 19 août est mis en état d'arrestation le nommé Gondinet, parti depuis 5 mois de Montbard, et qui est suspect d'avoir cherché à échapper à la loi sur le recrutement. Il n'est relâché qu'après que le juge de paix Petit a certifié que Gondinet est son domestique, et a satisfait à la loi du recrutement à Paris.

Depuis le 10 mars, tous les fonctionnaires publics et les employés payés des deniers de la République sont tenus de justifier d'un certificat de civisme.

Quiconque vient séjourner à Montbard doit être muni d'un certificat de même nature délivré par la municipalité et, s'il vient de Paris, par la section à laquelle il « ressortit ».

Les citoyens les plus intègres ne sont pas à l'abri de suspicions, sans fondement. Et, en ces temps troublés, le Corps municipal de Montbard doit intervenir en faveur d'un de ses propres membres. François Bernard, avait en effet été l'objet d'une ordonnance de prise de corps de la part du jury d'accusation de Châtillon-sur-Seine.

Le 27 juillet, le citoyen Urse Bréon, faisant fonction de procureur de la commune, a dit qu'il est étonnant que le citoyen Bernard, notaire, l'un des officiers municipaux de la commune et officier public, fut dans le cas d'une prise de corps de la « part du tribunal de Châtillon que depuis le commencement de la Révolution, le civisme le plus pur du citoyen Bernard, ainsi que son zèle le plus ardent pour la chose publique n'avait dévié un seul instant ; que ces faits étaient constants et connus de toute la commune ; que la retraite du citoyen Bernard des fonctions publiques que ses concitoyens lui avaient confiées y ferait un vide sensible, avec la douleur qu'aurait le Corps municipal dans les circonstances présentes, d'être privé des lumières, des conseils et du zèle de l'un des plus ardents républicains ; qu'il s'est d'ailleurs toujours comporté dans son état de notaire en homme d'honneur et sans le moindre reproche, et a toujours eu et mérité depuis 38 ans qu'il en exerce les fonctions, l'estime et la confiance publique ».

Ensuite de quoi, le Conseil Municipal a délibéré qu'un extrait des présentes serait envoyé au jury d'accusation de Châtillon, et délivré au citoyen Bernard « pour lui valoir et lui servir ce que de droit ».

H. DARGENTOLLE
Bulletin de la société archéologique et biographique de Montbard. (n° 20 - 1930)

La Révolution à Montbard (août - décembre 1793)[115]

Les derniers mois de l'année 1793, les premiers mois de l'an II de la République française une et indivisible, où la France réussit à desserrer l'étreinte de l'Europe liguée contre elle, sont marqués à Montbard par des difficultés d'ordre économiques et fiscales contre lesquelles se débat la municipalité et par application des mesures de réquisition imposées par la Convention, ainsi que par les premières manifestations de désaffection à l'égard du culte catholique.

En août 1793, nous sommes arrivés aux heures les plus sombres de la révolution. Les défaites aux frontières, puis l'invasion, l'insurrection royaliste de l'ouest et fédéraliste du midi, la rébellion de Lyon, Marseille, Toulon et de la Corse, l'opposition girondine, les difficultés d'approvisionnement de la capitale, poussèrent la Convention nationale aux mesures extrêmes dont la suite constitue en partie la Terreur.

L'une de ces mesures de salut public est le fameux décret du 23 août 1793, qui ordonne la levée en masse du peuple français, une sorte de mobilisation générale de toutes les activités au service de la patrie en danger : enrôlement de tous les jeunes gens de 18 à 25 ans, et réquisition des hommes, des femmes, même des enfants et des vieillards, pour tous travaux de la défense nationale, ainsi que pour l'approvisionnement, l'armement, l'équipement des armées de la République.

C'est le 5 septembre que les décrets, arrêtés et proclamations de la Convention, du département, du district et des représentants du peuple sont soumis à la connaissance du corps municipal de Montbard, siégeant en permanence. Ils sont aussitôt publiés solennellement, puis exécutés sur-le-champ.

Ce même jour en effet, 26 personnes de Montbard, surtout des femmes, « travaillant les habits et le linge sont invitées, toutes affaires cessantes, à livrer les habits et linges qui seraient en leur possession, et à confectionner ceux qui leur seraient commandés pour la nation. »

Ce même jour encore, les 32 jeunes gens dont les noms suivent sont convoqués à l'hôtel de ville, et sont prévenus qu'ils doivent être prêts à partir au premier ordre qu'ils recevront :

Jean Laurier, Augustin Royer, Edme Maréchal, et J.B. Thomas, Jacques Bréon, J.B. Emery, Nicolas Ladrée, J.B. Bonetat, Charles Sergent, dit Maculot, Simon Maigrot, fils Jean, Edme Geste, Louis Maigrot, fils Charles, Jacques Maigrot, son frère, J.B. Beau, J.B. Magnien, Louis Sardin, Urse Sergent, dit Pichat, Urse Cortot des Bordes, Jean Moreau l'aîné, André Moreau le jeune (17 ans 9 mois), Jacques Debussy (17 ans), Pierre Maillard, Jean Magnien, fils Germain, François Magnien, fils, François, Jacques et Edme Tripier, fils de la « Légère », Simon Bréon, fils Antoine, Charles Godinot, Germain Fèbvre, Jacques Henry, Joseph Marcial (17 ans).

Le lendemain, 6 septembre, comparaissent devant la municipalité 3 tanneurs, 1 sellier, 11 cordonniers, 6 marchands, qui souscrivent à la déclaration des cuirs, toiles, draps, droguets et boges[116] qu'ils peuvent détenir, et qui sont invités à faire sacs, souliers, gibernes dont les volontaires peuvent avoir besoin.

À titre d'indication, voici la déclaration des citoyens Jean et Nicolas Auvigne, frères associés, tanneurs :

1° une vache entamée,
2° un cheval également entamé,
3° 29 moutons en bazenne,
4° un veau en cuir,
5° 4 chevaux et une vache, passés à l'allun et au fusil,
6° 18 moutons peau blanche,
7° 4 chèvres en poil,
8° deux veaux et un chien, passés à l'allun,
9° 40 moutons en laine.

---

[115] Ces présentes notes sont puisées aux archives de la ville de Montbard
[116] Sorte de droguet spécial à la Bourgogne.

et celle du citoyen Jean Rebey marchand :

- Drap bleu de cinq quarts de large, quatre aulnes moins un quart, - environ 5 aulnes drap de Silésie en deux coupons,
- Une aulne gros drap bleu,
- Un habit bleu de volontaire,
- Douze aulnes drap blanc de Silésie,
- Vingt aulnes d'étoffe en laine blanc, propre à doubler,
- Une pièce d'étoffe en laine bleue,
- Plusieurs garnitures et boutons pour habits de volontaire,
- Trente aulnes toile fine blanche appelée cretonne,
- Trois aulnes de drap noir,
- Assortiments en fil bon teint.

Le même jour, spontanément, la citoyenne Françoise Dupasquier, veuve Bouchard, remet à la municipalité la somme de cent livres, en deux assignats de 50 livres en faveur des plus nécessiteux des jeunes réquisitionnés.

148 - Pierre tombale de Pierre Leclerc

Et le citoyen Pierre Leclerc[117], frère de Buffon, remet à la municipalité, qui la fera parvenir à la convention, la croix de Saint-Louis, pour être convertie en monnaie.

Il ne fait pas bon essayer d'échapper aux étreintes de la loi. Un citoyen Hugot, propriétaire d'un magasin de laines entreposées au couvent des Ursulines, prétendit avoir vendu ses laines au citoyen Ménassier, fabricant à Semur, auquel il devait les livrer incessamment. Or, le comité du Salut public informe la municipalité que c'est contraire à la loi du 26 juillet 1793 sur les accaparements, qui interdit de vendre autrement qu'à petits lots et à tout venant.

Le 27 août, le citoyen Hugot avait déclaré posséder vingt milliers de laine et n'avait pas dit qu'ils étaient vendus. « On voit donc clairement, dit le procès-verbal de la séance municipale, que la conduite actuelle de ce particulier n'est que le résultat des réflexions que lui ont fait faire ses amis marchands, qui ne tendent qu'à changer de lieu son dépôt, en soutenant qu'il l'a vendu au citoyen Ménassier son confrère, et que toutes ces mesures n'en ont été prises que pour tromper le public. »

Ce marché serait-il vrai, « il serait contraire aux vœux de la loi et aux intérêts de la République. » Il est connu d'ailleurs que le citoyen Ménassier n'a qu'un seul métier battant, propre à fabriquer des draps, et qu'un seul métier ne peut consommer dans une année quatre milliers de laine au plus. Au

---

[117] Sur la pierre tombale figurent les inscriptions :
- Ci-gît Monsieur Pierre Le Clerc, Chevalier de Buffon, dernier du nom, Maréchal des camps et armées du roi et Chevalier des ordres royaux et militaires de St-Louis de la Légion d'Honneur, décédé à Montbard le 22 avril 1825, agé de 91 ans.
- Ci-gît Catherine Antoinette Le Clerc de Buffon, épouse de Benjamin Edme Nadault, Conseiller au parlement de Bourgogne, sœur du naturaliste Buffon, décédée à Montbard le 18 avril 1832. Elle fut aussi bonne épouse que bonne mère et distinguée par son esprit. Sub Eodem Tumulo. Tres Moerentes Liberi Matrem Posuere 27 novembre 1940. Hujus Immemor Transeat. Memor Lugear.
- Ci-gît près de son oncle, de sa mère et de sa sœur, Benjamin François Georges Nadault, ancien magistrat, né le 23^{xbre} 1780, décédé le 24^{xbre} 1866. Priez pour lui.

surplus Ménassier a acheté ailleurs quarante milliers de laine, et la municipalité de Semur n'a pas manqué de recevoir cette déclaration et de l'obliger à livrer cette laine, conformément à la loi, aux habitants et aux fabricants de la ville.

Le citoyen Hugot a donc « fort mauvaise grâce à dire qu'il a vendu ses laines au citoyen Ménassier. Il veut, par cette conduite tortueuse, nous forcer à le regarder comme un homme de mauvaise foi et d'une cupidité effrénée. »

Toujours soucieuse de la chose publique et ennemie de toute considération particulière, tenant compte de la dénonciation du comité de salut public relativement au dépôt de laine du citoyen Hugot, « pour ôter à l'avenir tout objet de spéculation et d'accaparement sur cette denrée, il est de la sagesse de la municipalité de fixer le maximum et le minimum. Elle décidait, pour le dehors, qu'il n'en sera délivré à qui que ce soit sans un certificat de la municipalité attestant que ledit untel a besoin de la quantité de tant de livres de laine, pour sa maison ou pour sa fabrique, fixe le maximum à dix livres pour les particuliers et à deux cents livres pour chaque fabricant. »

L'appréciation sévère de la municipalité sur la « cupidité effrénée » du citoyen Hugot n'était pas trop sévère. Quelques jours plus tard, en effet au conseil général, le citoyen Emiot mandé a rapporté qu'en mai dernier le citoyen Hugot fils avait dit aux citoyens Bocquin et Garnier, à la porte du magasin de ce dernier : « achetez toutes espèces de denrées que vous pourrez, à quelque prix que ce soit : je les prendrai. »

On le voit. De tout temps, aux heures troublées, des gens sans scrupules savent faire leurs affaires au milieu de la misère générale.

Car alors, en cet automne 1793, c'est la misère. Obligée d'appliquer la loi de réquisition pour les approvisionnements, la municipalité constate tristement qu'il n'y a rien à tirer des habitants de Montbard, d'autant que les grains ont déjà été réquisitionnés, que la gelée du 31 mai et l'excessive chaleur du commencement de l'été en ont

149 - L'hôtel Buffon

rendu presque nul le produit des terres de montagne de Montbard qui comportent 7/8ème du finage, et dont le sol maigre et pierreux ne donne dans les années les plus favorables que de chétives récoltes.

C'est pourquoi le Corps municipal demande que soit requis pour les particuliers du canton, de fournir de grains les marchés de Montbard.

À la suite de la dénonciation portée contre le citoyen Hugot, le Conseil général délibère, « pour ne pas rendre illusoire le décret du 26 juillet contre les accapareurs, il sera fait défense dès ce jour à tous les marchands de cette commune de vendre aucune marchandise réputée de première nécessité à gros lot à qui que ce soit, sans une permission expresse et par décret de la municipalité, les marchands ne pourront pas vendre plus de dix livres à un particulier de tout ce qui se vend à la livre, pour le sel plus de 25 livres, pour les vins, que l'on ne pourra pas en vendre du tout en gros au dehors sans avoir une permission de la municipalité, pour les cuirs plus de deux vaches, un bœuf et trois veaux.

Et, comme on est au temps des semailles et que le blé est très rare, le conseil général nomme neuf commissionnaires qui sont chargés de faire la visite de toutes les maisons pour « s'assurer des citoyens qui ont vraiment besoin de blé, de dresser un état exact des comestibles qui se trouveront chez chaque particulier, ainsi que l'état de population de chaque maison et l'âge de tous les individus qui la composent.

De même que nous l'avons vu en des temps récents, il avait enjoint aux boulangers de fabriquer un « pain national ». Or, le médecin Petit représenta à la municipalité que ce pain ne convenait « point du tout » aux malades de l'hôpital et de la ville, et « encore moins aux enfants au lait ». Le conseil général décide pour les malades et les enfants au lait, qu'il sera fait chaque jour une fournée de pain blanc d'une livre, les boulangers devant se concerter pour établir entre eux un roulement ou pour charger l'un d'eux seul de faire la fournée.

Les visites domiciliaires du 18 septembre n'ont pas donné de brillants résultats. Le 22, il est décidé de réquisitionner dans les communes de Fresnes, Benoisey, Nogent, Crépand, Buffon, Aisy, Fain, Quincerot, 130 boisseaux de blé pour le prochain marché.

La spéculation s'exerce sur toutes sortes de marchandises, ainsi qu'en fait foi la délibération suivante du 23 septembre 1793 :

151 - Pièce de six livres

« Le Corps municipal assemblé en permanence, un de ses membres a dit que les sabots dont les citoyens qui se livrent aux travaux de la campagne ne peuvent se passer, qui naguère étaient payés à savoir ceux à l'usage des hommes à dix sols et ceux des femmes à sept ou huit sols, se vendent aujourd'hui de vingt à vingt-cinq sols la paire, plusieurs citoyens de la campagne se prévalent du prix excessif de cette denrée qui est pour eux un objet de première nécessité pour nous annoncer qu'ils vont augmenter les prix de leurs beurres et de leurs œufs, et généralement de toutes les denrées qu'ils apportent journellement au marché, et que pour parer à cet inconvénient qui intéresse tous les citoyens de notre cité, il est important que la municipalité prenne sur-le-champ des précautions propres à réprimer la cupidité des marchands de sabots, ouï le rapport, et le procureur de la commune entendu, le Corps municipal, considérant que le premier de ses devoirs et de faire exécuter la loi du 26 juillet dernier qui, art.7, oblige tous les marchands d'apporter à la municipalité les factures et marchés des marchandises contenues dans leurs boutiques et magasins, pour qu'elle puisse leur donner, s'il est possible, un bénéfice commercial, d'après cet article, le Corps municipal a délibéré que les marchands de sabots seraient mandés à sa séance à l'effet de déposer sur le bureau leurs factures et marchés, lesquels y étant survenus et ayant obtempéré à la demande de la municipalité, le citoyen maire a été chargé par le conseil municipal d'examiner les factures et marchés desdits marchands, donner son avis sur le profit commercial qu'on peut accorder aux marchands de sabots de cette ville », après quoi le conseil municipal fixera le prix des sabots.

150 - Pièce de 6 livres argent qui sera remplacée par la pièce de 5 francs

Ce prix devait être fixé le lendemain 24 septembre. Mais ce jour-là d'autres soucis assiègent municipalité. Celle-ci reçoit en effet un ordre de réquisition d'avoir à fournir pour les volontaires 47 matelas, 47 traversins, 47 couvertures, 47 paillasses et 94 draps.

L'ordre donné par le représentant du peuple Bernard, après répartition entre les districts et les communes, prescrit de s'adresser seulement aux riches et fixe à 28 pour la ville de Montbard les citoyens riches appelés à répondre à la réquisition.

Le corps municipal exécute la réquisition imposée ; mais, par une délibération longuement motivée, il informe le district et le département qu'il n'y a, à Montbard, au plus qu'une douzaine de citoyens qui, ayant de 800 à 1 500 francs[118] de rente, peuvent, s'il est permis, passer pour riches : qu'en conséquence il s'est adressé, non pas à vingt-huit citoyens, mais à 72, pour trouver les 47 lits demandés. Il fait remarquer au surplus que la ville de Montbard, d'après la répartition établie pour le département et le district, doit fournir le cinquième des lits réquisitionnés alors qu'il est pertinent que Montbard ne possède pas le cinquième des riches du district, et qu'en outre la ville a déjà fait plus d'amples sacrifices pour la défense nationale, qu'en particulier elle n'a pas laissé partir ses volontaires sans leur remettre au moins 10 livres à chacun, « pour les soulager dans leur route. » Cet acte de patriotisme et de générosité de ses habitants vraiment pauvres, mais républicains, devrait être de quelque considération, sinon pour le présent, du moins à l'avenir. Cette sorte de protestation n'est suivie d'aucun effet. En effet, le 6 octobre, un nouveau contingent de 36 lits garnis est demandé à la ville de Montbard. La municipalité fait lever les scellés apposés chez Georges Louis Marie Leclerc, « à l'effet d'y enlever huit matelas, huit traversins et huit couvertes, pour compléter la quote-part du contingent, attendu qu'il reste encore dans sa maison 25 matelas, non compris les lits de plume. » À la réquisition du 26 septembre, Buffon avait déjà fourni 20 matelas, 15 traversins, 20 couvertures, 40 draps, et 11 paillasses. 40 autres personnes livrent la différence.

152 - Pièce de deux sols (2 sous)

Le 10 octobre, la municipalité reçoit copie du décret de la convention nationale du 29 septembre, instituant le prix maximum des denrées et marchandises de première nécessité. Le Corps municipal constate qu'en effet « les marchands depuis très longtemps vendaient toutes les denrées un prix excessif qui variait tous les jours en augmentant et principalement les denrées de première nécessité, au point que le beurre et les sabots se vendent 30 sous, et qu'il était temps que les législateurs vinssent à notre secours en mettant un frein à la cupidité des marchands et, considérant que le premier devoir du magistrat du peuple est de seconder sans délai les vues bienfaisantes de nos législateurs et enfin de faire tout pour le bonheur de ses concitoyens, fixe sur-le-champ ainsi qu'il suit le prix de quelques denrées :

    Beurre :   17 sols, la livre,
    Fromages :   4 et 5 sols,
    Œufs :   10 sols la douzaine,
    Sabots d'hommes :   14 sols,
    Sabots de femmes : 10, 8 et 4 sols
    Tabac en carotte :   20 sols la livre,
    Tabac à fumer :   10 sols,
    Tabac en poudre :   20 sols.

---

[118] Le système livre-sol-denier (1 livre = 20 sols, 1 sol = 12 deniers) sera remplacé le 7 avril 1795 (18 germinal an IV) par le franc centésimal (franc germinal). La pièce de 6 livres argent sera remplacée par la pièce de 5 francs. Toutefois, l'usage du sol, ou sou, restera jusqu'en 1939, désignant la pièce de 5 centimes (Pièce à trou), cent sous valant 5 francs. Le sou disparaîtra en 1960 avec l'apparition des nouveaux francs, mais le mot est resté dans le langage courant.

Le 13 octobre est dressé le tableau général des prix de toutes denrées et marchandises :

Viande fraîche :	6 sols	3 deniers
Viande salée de cochon :	9 sols	
Lard :	12 sols	
Beurre :	12 sols	
Huile douce ou d'olive :	1 livre	2 sols
Bétail :		
Un bœuf pesant 500 livres :	150 livres	
Une vache de 200 livres :	60 livres	
Un veau d'un mois (40 livres.) :	12 livres	
Un mouton du poids de 25 livres :	8 livres	
Un cochon de 150 livres :	60 livres	
Poisson salé, la livre :		6 deniers.
Vin de Montbard 1ère qualité, la queue :	120 livres	
2e qualité :	100 livres	
Eau-de-vie, la feuillette de Bourgogne :	70 livres	
Vinaigre :	36 livres	
Bière (pinte de Paris) :	6 sous	
Bois à brûler, la corde, prise aux ventes, de 8 pieds de couche sur 4 de hauteur et la bûche de 42 pouces :	12 livres	
Bois dit pillons, 4 pieds de toutes faces :	4 livres	
Bois de charbonnette, la corde :	3 livres	
Le cent de fagots de cuisine, pris au bois :	2 livres	10 sols
Le charbon de bois dit marchand :	14 sols	
Le charbon de terre (n'est pas en usage à Montbard)		
Chandelle, la livre :	12 sols	
Huile à brûler, la pinte de Flavigny (=3 pintes de Paris) :	2 livres	
La pinte de Paris :	1 livre	

Parallèlement aux prix tarifiés des denrées de première nécessité le Conseil général de la commune a fixé le 16 octobre 1793, 26 du premier mois de 2e année de la République, les salaires, gages, main-d'œuvre et journée de travail, - en principe moitié plus qu'en 1790, - ainsi qu'il suit :

Vignerons

Pour la façon d'une ouvrée de vigne en vallée, et trois coups de labourage :	4 livres	10 sols
En terrain léger :	3 livres	15 sols
Pour un cent de provins :	1 livre	16 sols

Et dans le cas où la vigne n'aurait que deux coups de labourage, il sera retenu 15 sols par ouvrée en gros terrain et 10 sols en terrain léger.

Journées des hommes manouvriers et batteurs à la grange

La journée depuis le premier novembre jusqu'au premier mars :		18 sols
Du premier mars au mois de septembre 1794 :	1 livre	4 sols

Journées de charpentier, menuisier, maçon, tailleur de pierre, couvreur et tonnelier

La journée depuis le premier novembre jusqu'au premier mars :	1 livre	10 sols
Du premier mars au mois de septembre 1794 :	12 livres	5 sols

Le tout sans nourriture, et en cas de nourriture, de gré à gré.

Tisserands

Pour façon d'une branche de toile de fil plein à deux mille :	7 livres	10 sols
Pour la branche aussi de fil plein à 1800 :	6 livres	
Pour la branche à 1600 :	5 livres	5 sols
Pour la branche à 1400 :	4 livres	10 sols
Pour la branche à 1200 :	3 livres	
La branche de toile pleine et étoupe :	1 livre	16 sols
Pour la branche de toile étoupe seul :	2 livres	8 sols
La branche de toile en treillis :	2 livres	8 sols

La branche compte onze aulnes de Montbard. L'aulne de Montbard étant de trente pouces

Pour façon d'une branche de boge :	1 livre	10 sols
Pour façon d'une branche de droguet uni :	3 livres	6 sols
Pour le rayé à plusieurs navettes :	4 livres	1 sol

Frotteurs de chanvre.

La livre de filasse de première qualité :	4 sols	10 deniers
Et pour la filasse de 2e qualité :	3 sols	

Bûcherons.

Pour façon d'un mille de pesseaux d'hiver :	2 livres	8 sols	10 deniers
Pour façon sur la sève avec la moitié d'écorce :	1 livre	16 sols	
Pour chaque pillon de bois :		10 sols	16 deniers
Pour une corde de bois de moule :	2 livres	14 sols	
Pour une corde de charbonnette :		15 sols	
Pour millier de lattes :	4 livres	10 sols	
Par cent de fagots :		15 sols	

Journées de femmes.

La journée de couturière, blanchisseuse et lavandière, étant nourrie :	9 sols
Et où elles ne seraient pas nourries :	18 sols

Domestiques mâles.

Pour gages d'une année d'un domestique de laboureur de première force :	120 livres
Pour un domestique dans une maison non de labourage :	90 livres

Domestiques femelles.

Pour une cuisinière :	75 livres
Pour les autres :	45 livres

Moissonneurs.

Par journal en vallée en blé :	3 livres	
En montagne :	2 livres	5 sols
Par journal de menus grains en vallée :	2 livres	5 sols
Par journal de menus grains en montagne :	1 livre	16 sols
Lorsque les moissonneurs se louent pour la moisson entière :	33 livres	
(ils reçoivent trois boisseaux de blé, dont moitié froment et moitié conseau)		
Quant aux femmes, elles auront pour moisson entière :	21 livres	
(et la moitié du grain qu'on donne aux hommes)		

Faucheurs

Pour une soiture de pré de la première classe :	3 livres	
Pour la soiture des autres prés :	2 livres	5 sols

Fileurs de laine.

Pour 1 livre de laine propre à faire des bas, pour la fine :	1 livre	4 sols	
Pour 1 livre de laine moyenne, aussi pour bas :		18 sols	
Pour 1 livre de laine propre à faire du droguet :		15 sols	
Pour 1 livre de laine propre à faire le boge		10 sols	6 deniers

À charge par les fileurs de fournir l'huile nécessaire.

Fileurs de fil.

Pour une livre de première qualité :	1 livre	2 sols	6 deniers
Pour une livre de fil de deuxième qualité :		15 sols	
Pour une livre de fil de troisième qualité gros fils plein :		9 sols	
Pour une livre de fil de quatrième qualité dite étoupe :		6 sols	
Main-d'œuvre de souliers pour homme :	1 livre	4 sols	
Main-d'œuvre de cordier pour la livre de chanvre convertie en corde servant aux cultivateurs :	3 livres		
Pour une chauffée de chènevis de cinq quarts de boisseau du pays, le pain restant à l'huilier :	3 livres		

Lorsque l'huilier rendra le pain :		18 sols	
La navette, une chauffée, en prenant le pain :	1 livre	1 sol	
La navette, une chauffée, le pain restant à l'huilier :		12 sols	
Pour tresse de ménage à 18 fils de 50 à 60 aulnes de Paris :		9 sols	
Pour tresse de marchand à 12 fils :		6 sols	
Pour tresse étroite à 8 fils :		7 sols	7 deniers
Pour câbler une grosse de lacets fins :		1 sol	6 deniers
Pour câbler une grosse de lacets de couleur :		2 sols	3 deniers

Le 10e jour de la troisième décade du premier mois de l'an II de la République française, une et indivisible, (21 octobre 1793) ont été fixés ainsi qu'il suit, pour un an :

La viande de bœuf, veau et mouton, qui se vendait en 1790 6 sols la livre :		8 sols	4 deniers
Le vin 1ère qualité du pays :	146 livres	13 sols	4 deniers
La queue, soit la bouteille :		8 sols	
Le vin 2e qualité du pays :	120 livres		
Soit la bouteille :		6 sols	

Tous ces prix représentent en général 150 % des cours de 1790.

Sel, le quintal :	7 livres	10 sols
Soude : n'est point en usage à Montbard		
Sucre, la livre :		26 sols
Miel, la livre :		10 sols
Papier blanc :		
Grand cahier, double du papier d'écolier :		8 sols
Cahier moyen :		6 sols
Cahier papier d'écolier :		4 sols
Cuirs tannés, la livre :		
Bœuf :		26 sols
Vache :		29 sols
Veau :	1 livre	10 sols
Mouton :		24 sols
Vache corroyée :	1 livre	18 sols
Veau corroyé :	2 livres	
Fers à taillandier, pris aux forges, le millier :	150 livres	
Fonte en plaque, la livre :		3 sols
Plomb en lingot, la livre :		6 sols
Acier commun pris à Auxerre le cent :	25 livres	
Acier dit d'Allemagne, la livre :		10 sols
Acier dit d'Ougrée :		13 sols
Cuivre rouge, la livre :		22 sols
Cuivre jaune, la livre :		17 sols
Chanvre dit femelle, la livre :		7 sols
Chanvre mâle d'emballage :		5 sols
Laines première qualité du pays, sans y comprendre celles dites du Roussillon et d'Espagne, que produisent les moutons tirés de la bergerie du citoyen Daubenton, la livre :	1 livre	10 sols

Laines du pays 2e qualité :	1 livre	6 sols
Étoffes :		
Bauge, aulne de Paris[119] :	2 livres	5 sols
Demi-bauge :	1 livre	16 sols
Droguet :	2 livres	12 sols
Toile dite de ménage 1ère qualité, l'aulne :	3 livres	
2e qualité :	2 livres	5 sols
3e qualité :	1 livre	10 sols
4e qualité toile étoupe :	1 livre	4 sols
Coton, filé à grande soie :	6 à 12 livres	
Coton moyen :	3 à 5 livres	
Sabots :		
Pour homme :		8 sols
Pour femme :		6 sols
Pour les enfants du moyen âge ou écolier :		5 sols
Pour les enfants du premier âge :		
Souliers :		
Pour homme de travail :	5 livres	10 sols
Pour homme non de travail :	4 livres	10 sols
Pour femmes :	3 livres	
Pour enfants du moyen âge :	2 livres	10 sols
Pour enfant du premier âge :	1 livre	4 sols
Savon, la livre :		15 sols
Tabac en corde 1ère qualité, la livre :	1 livre	4 sols
Le râpé :	1 livre	16 sols

Un incident ainsi curieux se produit le 15 octobre. La loi du 7e jour de la seconde décade du premier mois de l'an 2 de la République française prescrit une levée extraordinaire de chevaux pour le service de la cavalerie. Elle stipule que les municipalités des chefs-lieux lieu de canton et des villes sont particulièrement chargées du soin de cette levée, et qu'elles pourront se concerter avec les municipalités de leurs arrondissements respectifs sur les moyens les plus propres d'assurer la plus prompte exécution du décret.

La municipalité de Montbard a donc invité à se joindre à elle les municipalités voisines de Saint-Rémy, Buffon, Rougemont, Quincy, Quincerot, Crépand, Nogent, Courcelles, Benoiscy, Frêne, Fain, Marmagne et Montigny.

Les mandataires de ces communes se sont bien rendus à l'invitation de la municipalité de Montbard, à l'exception de ceux de Montigny. Mais ils ont refusé de prendre avec Montbard des mesures concertées. Ils ont demandé à délibérer à part.

Le Corps municipal, regrettant, dans l'intérêt de la République, cette sorte de scission, offre aux ruraux de se retirer dans la salle du jeu de l'Arquebuse.

Puis il décide d'en référer sur ce sujet au directoire de district de Semur, et il désigne, pour se rendre immédiatement à Semur, les citoyens Edme Baudouin et Pierre Hivert, membres de la Société populaire.

Cette décision impressionna-t-elle les représentants des campagnes ?... « Et à l'instant, déclare le registre de Montbard, les maîtres et officiers municipaux des communes du canton de Montbard s'étant de nouveau concertés ensemble et ayant approuvé les vues de la municipalité de Montbard, ont accédé à la réunion proposée par ladite municipalité. »

---

[119] Un peu plus d'un mètre

N'y a-t-il pas, dans cette petite manifestation, certes bien timide, un faible indice de l'esprit de résistance que les campagnes semblent éprouver à l'égard de l'action prépondérante des villes ?

Pour accélérer et surveiller l'exécution de ces décrets, la convention nommait des représentants en mission.

La France était partagée en divisions. Le département de la Côte d'Or était compris dans la 19e, ayant Auxerre pour chef-lieu. Pour la réquisition des chevaux, dont il a été parlé plus haut, le représentant du peuple était Ichon. Il nomma comme agent national pour la Côte d'Or le citoyen Balme, membre de la société populaire d'Auxerre. C'est celui-ci qui vint à Montbard le 17 octobre 1793 remplir sa mission.

D'après les instructions impératives du représentant Ichon, ils devaient recourir surtout aux sociétés populaires, aux envoyés des assemblées primaires et aux comités de surveillance, qui fourniraient tous les renseignements propres à l'éclairer. À Montbard, le citoyen Balme rencontra auprès de la municipalité le concours le plus dévoué. D'ailleurs, on l'a vu, la réquisition avait déjà été opérée par elle. Un nouvel incident se produit à propos de l'approvisionnement du marché de Montbard.

La veille, malgré l'appel fait aux communes du canton d'apporter leurs blés à Montbard, deux communes se sont abstenues de répondre. En raison de la « pénurie alarmante » du blé, un grand nombre de citoyens a dû se retirer sans avoir de blé pour leur subsistance journalière. Un décret de la convention nationale fait une obligation d'apporter leurs grains et denrées aux communes qui, avant 1789, avaient l'habitude d'approvisionner les marchés.

Le Corps municipal, en conséquence, décide de signaler au directoire de district, les communes de Montigny et de Quincy, qui, non seulement ont fait preuve de mauvaise volonté, mais encore risquent d'entraîner les suites les plus funestes, occasionner des rassemblements dangereux à la chose publique et notamment aux refusants. Il établit en outre la liste des communes qui fournissaient le marché de Montbard avant la révolution.

Du canton : Saint Rémy, Buffon, Crépand, Quincy, Quincerot, Montigny-Monfort, Villers, Nogent, Courcelles, Benoisey, Fresnes, le Fain, Marmagne.

Du district de Semur : Senailly, Saint-Germain, Viserny, Athie, Villaines les Prévottes, Chant-d'oiseau, Lantilly, Grignon, les Granges, Venarey les Laumes, Ménetreux, Seqigny, Eringes, Lucenay.

Du district de Châtillon : Touillon et le Jailly, les Arrans, Planay, Etais, Fontaine en Duesmois, Savoisy, Asnières, Verdonnet.

Toutes ces communes sont invitées à porter aux prochains marchés trois cents boisseaux de blé et deux cents d'orge.

Le 25 octobre, le Conseil général nomme des délégués pris dans son sein pour faire les réquisitions nécessaires (la délibération dit : pour « fraterniser avec les communes »), à savoir :

Saint-Germain	20 boisseaux de blé	10 boisseaux d'Orge
Senailly	30 boisseaux de blé	15 boisseaux d'Orge
Athie	30 boisseaux de blé	15 boisseaux d'Orge
Viserny	20 boisseaux de blé	10 boisseaux d'Orge
Les Granges	50 boisseaux de blé	25 boisseaux d'Orge
Venarey les Laumes	50 boisseaux de blé	25 boisseaux d'Orge
Seigny	50 boisseaux de blé	25 boisseaux d'Orge
Ménetreux	25 boisseaux de blé	10 boisseaux d'Orge
Eringe	20 boisseaux de blé	10 boisseaux de conseau[120]
Lucenay	30 boisseaux de froment	20 boisseaux de conseau
Saint Georges	30 boisseaux de froment	20 boisseaux de conseau
Patidenant	30 boisseaux de froment	20 boisseaux de conseau

---

[120] Mélange d'avoine et d'orges destiné au bétail.

Les démarches des mandataires de la municipalité n'ont eu qu'un succès très relatif, car au marché qui suivit, les cultivateurs et propriétaires qui avaient été requis ne se présentèrent pas, si bien que les citoyens qui avaient besoin de grains ne purent en obtenir tous. Le corps municipal décide alors, revêtu d'écharpes, d'opérer dans la ville des visites domiciliaires pour connaître les citoyens qui ont des grains pour se « sustenter jusqu'à jeudi prochain » et ceux qui en ont plus qu'il ne leur en faut pour vivre jusqu'à cette époque.

De retour, la municipalité « a eu la douleur de voir qu'il n'y avait point de grains, et qu'elle était dans l'impossibilité de venir aujourd'hui au secours de ses concitoyens »

La séance est publique. Les nécessiteux attendent. Le citoyen Maire Rigoley donne toute sa provision, 3 boisseaux, et la municipalité renvoie au lendemain les citoyens, les assurant qu'elle ferait tout ce qui dépendrait d'elle pour procurer du grain à ceux qui en manquent totalement.

Le lendemain, 27 octobre, le Corps municipal, « considérant qu'il est impossible de lutter contre la faim, et qu'il est dans son devoir de donner sur-le-champ du blé à plus de soixante particuliers qui sont depuis six heures du matin à la porte de la maison commune, » décide que sera réquisitionné et distribué immédiatement le grain sous séquestre de l'immigré Damas, soit 59 boisseaux de blé et 40 d'orge. Trois semaines plus tard, la commune rendait au séquestre une quantité équivalente de grains.

Que de tribulations pour la municipalité !

Dans l'affaire des laines, elle s'était fait autoriser par jugement du juge de paix à vendre à petits lots les laines appartenant au sieur Hugot. La vente était annoncée par des affiches publiques. Alors se produisent des protestations, d'abord du citoyen Éloi Guérin, de Marmagne, qui, par un acte notarié, démontre qu'il est associé avec Hugot ; ensuite du citoyen Ménassier de Semur, acquéreur des laines de Montbard. En présence de ces protestations, malgré la force de la sentence du juge de paix, malgré les présomptions d'accaparements dressées contre Hugot, craignant d'outrepasser ses droits, la municipalité décide de surseoir à la vente jusqu'à ce que « les administrations supérieures » aient dicté la marche à suivre.

Le 12 frimaire, un arrêté du directoire du district autorise le citoyen Ménassier à enlever les laines qui sont en dépôt dans le couvent des Ursulines, pour en fabriquer des draps pour les armées de la République, à charge d'en laisser cinq cents livres à livrer en petits lots aux citoyens de cette commune qui en auraient besoin.

En même temps que des difficultés d'approvisionnement, la ville de Montbard est en proie à des difficultés d'ordre fiscal.

Avec le nouveau système d'impôts créé par l'Assemblée nationale, la commune se vit imposer une contribution mobilière de 11 594 livres pour 1791 et de 14 216 livres 12 sous pour 1792. La municipalité devait en faire la répartition entre les habitants.

Dès 1791, le conseil général s'est élevé contre une imposition qui dépassait les facultés contributives de la ville, et avait introduit devant le district une demande en réduction, expliquant que la ville ne pouvait payer que 5 045 livres 6 sols 6 deniers.

Et naturellement, elle ne fit pas la répartition demandée. Elle se pourvut devant le département en septembre 1792. Le département renvoya au district la pétition de Montbard pour avis. Au lieu d'un dégrèvement, la commune reçut au contraire notification d'une imposition pour 1792 de 14 200 livres, en augmentation de plus de 2 000 livres sur l'année précédente. De nouveau, la ville demanda que fût ramené son rôle à 6 000 livres pour chacune des années 1791 et 1792. De nouveau, la requête fût renvoyée au district. Celui-ci, pour éclairer sa religion, communiqua la pétition de Montbard aux communes de Marmagne et de Fain, qui la reconnurent fondée, ainsi que l'affirme le procès-verbal du Conseil général de Marmagne du 7 juillet 1793 :

« Le Conseil général de la commune de Marmagne étant assemblée lecture faite de la requête présentée au district de Semur par la commune de Montbard en datte du 21 octobre 1792 tendant à faire réduire l'impôt mobil sur la commune de Montbard à 5 045 livres 6 sols 6 deniers pour chacune des années 1791 - 1792, de l'arrêté du département étant ensuite en datte du 23 mai 1793 et de l'arrêté du district de Semur en date du cinq du présent mois, et le procureur de la commune entendu, ledit Conseil général considérant que la majeure partie des habitants de Montbard ne sont, que des artisans peu fortunés, des manouvrier et vignerons pour autrui, considérant aussi que la majeure partie des maisons de Montbard ne sont composées que d'une seule chambre, grenier dessus et cave dessous, a été d'avis que la somme de 11 594 livres, pour impôt mobilier de 1791 et 14 216 livres 12 sols pour l'année 1792 sont exorbitants, qu'il est sûr que la commune de Montbard étant obligée de supporter ces impôts, les habitants seraient beaucoup vexés, et il est très certain que quand l'impôt mobilier pour la dite commune serait réduit à 6 000 livres. Pour chacune des années 1791 à 1792[121] l'imposition se trouvera encore excéder le tarif prescrit par la loi du 18 février 1791. »

Malgré ce témoignage, qui révèle un beau sentiment de solidarité de la part des communes voisines, le directoire de district réduisit l'impôt mobilier de Montbard seulement à une somme de dix mille livres pour chacune des années 1791 et 1792. Montbard s'est pourvu de nouveau devant le département pour faire ramener ce chiffre à 6 000 livres. Au mois d'août, deux experts du département avec deux experts du district et deux de la commune de Montbard ont été chargés de procéder à l'évaluation des loyers de maison, et la ville attendait la décision du département pour confectionner les rôles.

Or, le district n'attend pas. Le 2e « tridi de brumaire an II » (3 novembre 1793) le citoyen Jacob, membre du directoire du district de Semur, vient sommer le Conseil général de Montbard de dresser les rôles de l'impôt mobilier en tenant compte des évaluations des experts, jusqu'à concurrence de dix mille livres. Le Conseil général s'incline sous la réserve qu'une diminution sera faite si le département le décidait.

Cet épisode montre comment furent difficiles l'assiette, l'établissement des rôles et la perception des impôts au commencement de la révolution. Cet état de choses était d'autant plus préjudiciable au gouvernement qu'il avait précisément, à cause de la guerre, besoin de plus d'argent. Il montre en outre qu'une administration secondaire, comme celle du district, sait se substituer à une administration supérieure défaillante - ce qui ne veut pas dire que tout est au mieux dans la meilleure des Républiques.

Il montre enfin qu'en définitive la commune va payer ce qu'elle a d'abord déclaré être incapable de sortir de ses caisses. Il est vrai de dire que la commission du citoyen Léonard Lortat Jacob était conçue en termes dénués d'aménité à l'égard de la municipalité de Montbard. Elle disait en effet « qu'au lieu de s'exécuter, les municipaux témoignent une insouciance coupable en retardant depuis un an tous des prétextes chimériques, la répartition de la contribution mobilière, ce qui deviendrait un exemple dangereux ; on peut considérer la conduite des municipaux comme une désobéissance à la loi, conduite d'autant plus criminelle que dans un moment urgent elle retarde la rentrée des deniers de la République »

C'est pourquoi le citoyen Jacob fut chargé de se rendre sur-le-champ à Montbard pour « faire

---

[121] Aux impôts d'État il convient d'ajouter les charges de la commune qui s'établissent comme suit en 1792 :

	Livres
Appointements du principal du collège :	200
Au curé pour fondations :	59
Gages de l'horloger :	60
Entretien de la place publique :	
Promenade :	50
Intérêts du citoyen Guénichon :	100
Balayement du pont et de la place du marché :	9
Gages des sergents de ville :	200
Gages du recteur d'école :	100
Enlèvement des boues des rues :	24
Loyer du corps de garde :	60
Chauffage du corps de garde et de la commune :	200
Appointement du secrétaire de la municipalité :	150
Chandelles pour le corps de garde, pour la maison commune et petites fournitures :	150
Entretien des édifices publics (Église, maison commune, maison rectorale, curiale, prisons et pavés) :	500
Impôts :	45,4
Total :	**1907,4**

procéder sans discontinuation en sa présence et sans désemparer à la répartition de la contribution mobilière donnée à cette ville »

Le 24 brumaire, Guérard le Cadet, qui avait été chargé de confectionner le rôle de la contribution mobilière, déclare qu'en suivant les règles qui ont été données par la délibération du 13, en présence du citoyen commissaire Jacob, il n'a pu arriver qu'au chiffre de 7 658 livres 17 sols. Il ne veut pas de son chef modifier les bases qui lui ont été indiquées. L'affaire est de nouveau portée à Semur. Le district se borne à répondre qu'il n'y a qu'à obéir à l'ordre impérieux de la loi, c'est-à-dire à s'imposer pour 10 000 livres. Le conseil général charge Guérard de majorer les côtes mobilières pour combler la différence, de façon que les riches soient plus lourdement grevés que les pauvres. Mais l'État ainsi dressé n'est pas approuvé par le district de Semur. Celui-ci exige le recouvrement de la somme primitivement fixée, c'est-à-dire de 14 216 livres 12 sols. Le 24 frimaire, le Corps municipal se soumet à cette injonction. Deux jours après, le rôle est prêt.

Les efforts désespérés de la municipalité de Montbard pour alléger les charges écrasantes de l'impôt se sont brisés contre la résistance systématique du directoire de district, ou plutôt contre les nécessités impérieuses du moment.

Il faut néanmoins montrer que l'on est dévoué au nouveau régime. C'est assez humiliant d'avoir été suspecté de tiédeur par le district.

Aussi, « le vingt brumaire l'an second de la République française une et indivisible (10 novembre 1793),

Le corps municipal en séance permanente et publique, un membre a dit qu'il était convenable de faire mention au registre de l'annonce qui fut faite le jour d'hier dans toutes les rues et places publiques par la municipalité en écharpe précédée de tambours et instruments de musique qu'aujourd'hui serait célébrée la seconde décade du mois avec invitation à tous les bons citoyens de faire de même chaque décade comme aussi de l'annonce que le Corps municipal a faite en même temps que l'arbre qui fut planté étant mort serait remplacé par un arbre vert ce jour, invitant également les bons citoyens et les membres de la société populaire d'assister avec la municipalité à cette cérémonie ainsi qu'au Feu de joie qui serait allumé par la municipalité en corps sur la place de la maison de cette commune où serait planté l'arbre de la Liberté. Ce qui a été exécuté aux cris de *vive la République française une et indivisible* répétés par tous les citoyens de cette même commune qui ensuite ont dansé autour de l'arbre de la Liberté et les uns avec les autres sans aucune distinction de rang ni de fortune étant animés par un seul et même sentiment de maintenir la liberté et l'égalité et de répandre jusqu'à la dernière goutte de leur sang pour elles. »

Le 23 brumaire, sur ordres du citoyen Brunet, commissaire du département pour l'équipement de la subsistance des armées, ont été réquisitionnés au prix maximum : 2 878 livres de fil de différentes qualités et 1 500 aulnes de toile aussi de différentes qualités ; les toiles devant être expédiées de suite, et les fils transformés en toile lorsque l'ordre en sera donné.

Le 27 brumaire, nouvelle réquisition de 112 sacs pour emmener les grains des immigrés, qui étaient sur les greniers des Ursulines.

En exécution de la loi du 17 vendémiaire an II, ont été également mis en réquisition 11 chevaux dans le canton de Montbard. Ces animaux ont été payés, en tout, 8 300 livres, le moins cher : 500, le plus cher : 1 200 livres.

Les dépenses de nourriture, d'équipement et de transport pour les conduire à Auxerre, se sont élevées à 695 livres 9 sols.

Le 14 frimaire, le Corps municipal écrit au ministre de la guerre :

« En exécution de ton invitation, le canton, la commune et la Société populaire de Montbard, district de Semur, département de la Côte d'Or, se sont empressés de pourvoir autant qu'il est en eux aux besoins de nos braves défenseurs ; en conséquence, ils viennent de se cotiser volontairement pour leur procurer des chemises, des bas souliers et de la charpie. C'est pourquoi nous te donnons avis que cette commune vient de faire emballer 750 chemises et un tonneau demi-queue, jauge de Bourgogne, plein de charpie et qu'elle n'attend que ton ordre pour faire passer ces objets à la destination que tu nous indiqueras. En faisant partir cet envoi, nous te ferons passer le détail circonstancié des objets qui le composeront, ainsi que l'argenterie de nos églises que cette commune de Montbard a fait passer au district.

Nous comptons sur ton civisme pour que tu nous fasses une prompte réponse à destination de ces objets. »

Signé : Rigoley Maire, Drouard, Laubin, Royer, procureur de la commune, Baudouin, secrétaire général.

Toutes ces réquisitions, surtout celle des grains, font pousser à la municipalité un véritable cri d'alarme au sujet de la vie à Montbard.

Du 28 brumaire l'an second de la République française, le corps municipal assemblé en séance publique et permanente, un de ses membres a dit :

« Citoyens, l'enlèvement des blés partis de cette commune hier et aujourd'hui pour Dijon et Strasbourg a causé une inquiétude générale à tous nos concitoyens, relative à la petite quantité qui s'est trouvée dans ce canton et villages circonvoisins. Leur crainte paraît d'autant mieux fondée que ces blés ne sont qu'un faible prélude de ceux qui vont suivre bientôt.

153 - Stock de blé

En effet, tous ceux des domaines qui appartenaient aux émigrés, Damas, Vichy et de Daranguier, que l'on apportait aux marchés de Montbard pour leur approvisionnement et qui se montent à plus de six mille boisseaux, auront la même destination.

Mais ce qui peut alarmer tous les citoyens de ce canton et des communes qui l'avoisinent, c'est d'apprendre qu'indépendamment de ces 6 000 boisseaux le prix des herbes de prés et des chènevières de ces domaines que les fermiers payaient en argent doit être par eux converti en blé, qu'ils doivent aussi livrer pour l'approvisionnement des armées de la République, de sorte qu'ils seront forcés de s'en procurer encore plus de trois mille boisseaux pour effectuer en nature le paiement de ces objets.

Si on ajoute à ces enlèvements faits ou qui vont l'être au premier jour la quantité de grains fournie par les propriétaires de ce canton pour le contingent de leurs réquisitions et le peu qu'il doit leur en rester à cause des gelées, grêles et sécheresses que la plupart des communes ont essuyées la présente année, il paraît démontré qu'il n'en restera pas pour son approvisionnement jusqu'au premier avril prochain. »

Cependant la Convention n'a jamais entendu que cette commune et celles qui l'environnent ne fusse dans une disette absolue de grains par la seule raison qu'elles se trouvent au milieu des domaines d'émigrés qui augmentent les fonds de la République de plus de quinze cent mille livres. Elle a pensé au contraire que chaque département, district et canton contribueraient à l'approvisionnement de nos armées en raison de ses productions territoriales comparées à sa population, de manière qu'une partie de la République ne fut pas dans l'abondance, tandis qu'une autre se trouverait dans une disette extrême.

L'idée de mourir les armes à la main pour sauver la République n'a sans doute rien d'effrayant pour nous ; mais celle de périr d'inanition sans lui porter aucun secours est la plus affreuse des perspectives.

Loin de nous toutes spéculations égoïstes. Si nous désirons des subsistances pour les partager avec nos frères qui en ont besoin, après l'approvisionnement de nos armées, n'est-il pas juste aussi qu'ils usent de réciprocité envers nous ?

En conséquence, ledit membre du corps municipal, dont le discours ne manque pas de bon sens et presque d'humour triste, qui a conservé l'anonymat, mais qui est, à défaut du maire Rigoley, l'un des signataires, Bernard, Laubin, Drouard, Bréon ou Baudouin, propose d'adresser à la Convention une demande tendant à réserver pour le canton au moins la moitié des blés et orges des domaines des émigrés.

Et comme les communes sont loin d'avoir amené au marché de Montbard les quantités de grain qui leur avait été imparties, une commission composée des citoyens Laubin et Bréon, officiers municipaux, Malachin et Pion, notables, Royer, Petit, médecin et Petit, juge de paix, membres de la commune de Montbard, Gleize, Tribolet, Simonnot fils, Bréon meunier, Rigoley père, Gelez et Hivert, membres de la Société populaire, Guyot chirurgien, Guérard marchand, Flamet et Gaveau, membres du Comité de surveillance, est chargée d'aviser aux moyens d'assurer la subsistance de la ville et du canton.

Enfin, le 18 frimaire, en vue d'éclairer les représentants du peuple de la Côte-d'Or, les citoyens Charles François Petit et Augustin Laubin, membres du comité des subsistances, dressent le tableau des besoins et des ressources du canton de Montbard.

Au 1er novembre, la population du canton de Montbard était composée de 6 568 âmes, et la quantité de grains qui s'y trouvait alors montait :

- En froment :   27 390 boisseaux,
- En conseau :   10 140,
- En seigle :   682,
- En Orge :   45 578,

De cette quantité il faut ôter le prix des fermes situées dans ce canton qui appartenaient ci-devant aux émigrés Damas et Daranguier, savoir :

Ferme du Pressoir, amodiée[122]	En argent :	1 300 livres	En froment :	440 boisseaux
Ferme de Courcelles sous Grignon	En argent :	5 010 livres	En orge :	40 boisseaux
Petite ferme dudit lieu	En argent :	2 000 livres	En froment :	10 boisseaux
Celle du Fain	En argent :	5 425 livres	En froment :	26 boisseaux
Celle de Quincerot	En argent :	2 600 livres		
	TOTAUX	16 335 livres		526 boisseaux

L'argent devant être converti en blé pour l'approvisionnement des armées, doit être représenté par 1 166 quintaux froment suivant le prix du maximum, lesquels équivalent à 3 886 boisseaux de blé qui, ajoutés aux 526 qui se payent en nature forment la quantité de 4 412, lesquels diminués de 27 890 les réduisent à 22 978.

Retranchant, de même, 40 boisseaux d'orge de 45 578, il reste 45 538.

Déduction faite du prix des fermes des émigrés, des 84 livres de blé par Journal destinés aux armées, il reste pour la subsistance de la population du canton.

Froment : 22 978 boisseaux, du poids de 31 livres, donnant 34 livres de pain : 781 252 livres de pain.

Conceau : 10 140 boisseaux, pesant 30 livres, de pain, soit 340 200 livres.

Seigle : 682 boisseaux, pesant 28 livres, produisant 28 livres de pain, soit 19 096 livres.

Orge : 455 380 boisseaux, pesant 20 livres produisant 20 livres de pain, soit 910 760 livres.

Total : 2 051 308 livres.

---

[122] Affermée.

À raison d'une livre et demie pour chaque individu, il se trouve dans le canton de Montbard des grains pour nourrir les citoyens pendant 211 jours qui, du premier novembre, finissent au premier juin suivant. De sorte qu'il y aurait un déficit de substance de 55 jours pour arriver au 25 juillet, date de l'ouverture de la moisson. Pendant ce temps il faudrait 19 057 boisseaux de grain, ou 5 719 quintaux.

Le comité de subsistance rédige l'adresse suivante aux représentants du peuple de la Côte d'Or :
« Citoyens, la municipalité de Montbard, voyant que les réquisitions faites par l'administration aux communes des campagnes du canton, s'effectuaient difficilement et donnaient de l'inquiétude aux habitants, a cru qu'il était de sa surveillance de s'assurer s'il existait des grains en quantité suffisante pour la consommation jusqu'à la récolte prochaine. Elle a formé un comité de subsistance, lequel a pensé qu'il fallait se procurer avant tout un relevé de recensement de la population et de subsistances en grain.

Fait par l'administration du district, vous verrez citoyens représentant par ce relevé qu'il y a un déficit de substance pour arriver à la récolte prochaine de 19 057 boisseaux de blé qui font 5 719 quintaux.

Ce déficit provient de ce qui se trouve dans le canton de Montbard beaucoup de fermes d'émigrés dont le prix doit se payer en grains mis en réquisition pour les armées de la République et de la médiocrité de la récolte, les blés et surtout le méteil ayant été gelés lors de la floraison.

Le comité ayant cherché les moyens de réparer ce déficit n'en a point trouvé d'autre, sans nuire aux approvisionnements des armées, que de recourir à vous pour être autorisé à faire des achats de grains dans l'étendue de ce département ou dans ceux qui l'avoisinent qui ont un superflu de subsistance.

Les achats n'auront pas les inconvénients des réquisitions, qui font toujours craindre aux habitants des campagnes qu'on ne leur enlève leur nécessaire, les fermiers et les propriétaires auront soin de conserver pour leur paix ce qu'ils croient indispensable à leur consommation.

Le comité est persuadé que votre sollicitude paternelle pour vos administrés vous portera à accorder la permission qu'ils sollicitent par les commissaires porteurs de cette adresse qui mettront sous vos yeux le tableau de la situation du canton.

Fait à Montbard ce 17 frimaire l'an II de la République française une et indivisible. »
Signé Laubin et Petit

Ainsi, le Corps municipal tient séance tous les jours, s'efforçant de satisfaire dans la mesure du possible aux exigences de l'heure. Ses soucis sont multiples, principalement d'ordre économique et fiscal. Il s'agit de procéder aux nombreuses réquisitions prescrites par la convention pour le salut de la République, tant à l'intérieur qu'à l'extérieur, et il s'agit en même temps d'assurer l'existence de la population de Montbard et même des communes voisines.

Les procès-verbaux de l'Assemblée communale témoignent des efforts de cette Assemblée pour résoudre des difficultés sans cesse renaissantes qui se présentent. De temps en temps elle exprime, en outre ses sentiments de fidélité et de dévouement à la République une et indivisible, mais on ne remarque aucun sectarisme dans ses décisions. On sent de sa part un souci honnête de ménager tous les intérêts légitimes. Cela ne suffit pas sans doute aux exaltés qui ne doivent pas plus manquer ici qu'ailleurs.

La municipalité s'en aperçoit bientôt. Le 7 frimaire, an II (28 novembre 1793), elle prend connaissance d'un article paru dans le numéro 63 de la Gazette Nationale ou Moniteur, où il est dit à la séance des Amis de la liberté et de l'égalité séants aux Jacobins de Paris :

« La municipalité de Montbard, département de la Côte d'Or, vient dénoncer ce département comme répandant avec affectation que la Convention étant une, comme la République, il ne doit point y avoir de ce côté droit, que tous sont également dignes de respect et d'hommages. »

Le Corps municipal a vu « avec autant d'indignation que de surprise cette assertion également fausse et calomnieuse, et, attendu que cette municipalité en masse et chacun de ses membres en particulier sont toujours restés à leur poste et n'ont envoyé personne de leur part aux Jacobin de Paris pour y dénoncer aucune des autorités constituées du département, elle met au défi la Gazette d'apporter aucune preuve de son assertion. Elle a toujours pensé que les principes des membres de ce département et autres autorités constituées de son ressort sont prononcés dans le sens de la Révolution comme bon et zélés républicains, qui sont aussi les sentiments que la municipalité de Montbard se fait gloire de pratiquer. » Signé : Rameau et Vaillant.

154 - Entrée de la métaierie St-Philibert

Le 11 frimaire, le directoire du département exprima ses remerciements tant pour le témoignage que le Conseil général avait opposé à la calomnie que pour les moyens employés pour la détruire.

La politique religieuse de la Convention, inspirée tantôt par le déisme sentimental de Rousseau, tantôt par la critique sarcastique de Voltaire et des Encyclopédistes, se montra de plus en plus hostile à l'Église catholique. La déportation et la mort sont les peines applicables aux ecclésiastiques séculiers et réguliers qui sont dénoncés pour « incivisme » c'est-à-dire qui n'ont pas prêté le serment constitutionnel. Bientôt le clergé constitutionnel lui-même est l'objet de pressions nettement tendancieuses, surtout à partir d'août 1793. On s'en prend aux usages, aux hommes et aux choses du culte.

Au calendrier grégorien et substitué le calendrier républicain.

Pour mettre les dates et jours des foires et marchés en concordance avec le nouveau calendrier, une délibération du 28 frimaire fixe les foires qui se tenaient les 12 novembre, 28 décembre, 24 février, 9 mai, 25 juillet et 14 septembre respectivement au 22 brumaire, et 8 nivôse, 6 pluviôse, 20 floréal, 8 thermidor et 26 fructidor. Les marchés qui se tenaient les jeudis, samedi et dimanche de chaque semaine se tiendront les tridis, septidi et décadi de chaque décade.

Dès le 16 octobre, quatre Ursulines avaient prêté le serment « de maintenir de tout leur pouvoir la nouvelle constitution, de se conformer à tous ses décrets, et de mourir plutôt que de souffrir qu'une puissance ne vienne troubler la République une et indivisible. »

Le 10 frimaire (1er décembre 1793), le citoyen Jean Georges Roussel s'est présenté et « a déclaré qu'il quittait la desserte de Torcy pour venir fixer son domicile à Montbard où il n'a jamais cessé d'avoir une habitation, déclare également qu'il renonce à toutes dénominations tendant à rappeler son ancien caractère de prêtre, qu'il renonce pareillement à jamais remplir aucune fonction ecclésiastique. »

C'était l'application du décret de la convention du 23 brumaire. Il s'agissait de remplacer le culte catholique et d'une manière générale tous les cultes religieux par celui de la Raison.

Le même jour, le Conseil général abandonne le banc qui lui est réservé à l'église, pour être amodié comme les autres bancs de l'église.

Par une délibération du 13 frimaire ; « le citoyen ministre du Culte catholique de cette commune est invité à restreindre ses fonctions dans l'intérieur du Temple, à n'en faire aucun exercice public ailleurs, si ce n'est les enterrements qu'il était invité à faire sans aucun costume ecclésiastique jusqu'à ce qu'il y ait un mode de décrété à cet égard. »

Et le 18 frimaire les citoyens Edme Rigoley, maire, propriétaire de la Métairie appelée Saint-

Pierre, et Jean Bressonnet propriétaire de la Métairie Saint-Philibert, invités par le Directoire de Semur à remplacer le nom de leur ferme par « d'autres analogues à la révolution » déclarent les appeler, l'une, ferme de Seloché l'autre, ferme de Pâquis.

On réquisitionne, pour les besoins de la défense nationale, non seulement les fers et aciers (on en trouva que 60 livres disponibles, le reste étant destiné ou affecté aux besoins de l'agriculture), mais encore le bronze, l'argent et l'or. Pour ces derniers métaux on visite surtout les églises. La réquisition y est facilitée par les données des registres des fabriques.

Le commissaire Jacob de Semur est venu le 18 brumaire (8 novembre) faire enlever toutes les argenteries et or qui pourraient se trouver tant dans l'église paroissiale que dans l'hôpital et autres chapelles de Montbard, à l'exception de celles qui seront reconnues absolument nécessaires.

Déférant à l'ordre du district, le conseil municipal, accompagné du citoyen Jacob, a laissé celui-ci, en présence du citoyen Degriselle, ministre du Culte catholique, enlever de l'église paroissiale un gros ciboire, cinq calices avec leurs patènes, un plat et ses burettes, un encensoir et une navette, deux croix et cinq images, lesdites pièces étant portées sur un inventaire dressé par la fabrique en 1782. Il ne fut laissé en l'église, pour les besoins du culte, « jusqu'à ce qu'il en soit autrement ordonné » qu'un soleil, un ciboire, un vaisseau pour les onctions, et deux calices. Et comme sur le soleil, il y avait une couronne que le procureur a fait enlever et briser depuis quelque temps à cause des fleurs de lys qui sont dessus, le Corps municipal a aussi invité le citoyen Jacob d'enlever la couronne, ce qu'il a fait.

Ensuite ont été enlevés à la chapelle Saint-Jean un ciboire et un vaisseau d'argent, à l'hôpital une petite croix d'argent et, apportés à l'hôtel de ville, un calice avec sa patène provenant de l'ermitage de Sainte Barbe, envoyés sur la demande de la municipalité par le citoyen André, ministre du Culte catholique à Saint-Rémy.

Tous les objets saisis ont été remis par Jacob au citoyen Laverne, notable, qui les a portés à Semur, où ils ont été livrés au directoire contre des charges régulières.

Le 8 frimaire, le citoyen Jacob, du district de Semur, fait descendre et transporter à Semur trois cloches de l'église paroissiale et celles de chapelle Saint-Jean, pesant, 1 500, 1 000, 200 et 300 livres. Il emporte également cinq paquets de galons d'or, trois paquets de galons d'argent, du poids, pour l'or, de 6 livres 15 onces et demie moins 2 gros, pour l'argent, 2 livres 6 onces 1 gros, et en outre un ostensoir en cuivre argenté du poids de 3 livres 2 onces.

La Terreur, par laquelle la Convention s'efforce d'intimider tous les ennemis de la Révolution, commence à se faire sentir à Montbard. La Société populaire, le comité de surveillance et de salut public, participent de concert avec la municipalité à l'exécution des mesures prescrites par les directoires du département et du district. Sont l'objet d'une attention particulière les nobles et les membres de leurs familles, les ministres du culte catholique, les prêtres, les moines, les marchands et les fabricants soupçonnés de spéculation.

Ainsi, le 22 frimaire, deux fusiliers de la garde nationale amènent devant la municipalité une femme de Crépand qui vendait au marché de la crème qui « leur a paru être de mauvaise qualité. Après la gustation de ladite crème il a été rapporté qu'elle était mêlée de lait de beurre et de fromage ».

En conséquence, la vendeuse a été condamnée à 5 livres d'amende « au profit de l'aumône générale de Montbard. »

Ainsi, la citoyenne Marie-Thérèse Daranguier, veuve Valcour, vient déclarer le 19 frimaire, qu'elle a reçu de Semur une malle cadenassée à son adresse, mais sans indication du nom de l'envoyeur, et sans la clef du cadenas. Elle demande ce qu'elle doit faire. La municipalité se fait apporter la malle en la maison commune et fait apposer les sceaux de la ville. La malle est ensuite, à la demande du district, envoyée à Semur.

Ainsi sont effectuées à la requête de la société populaire des visites chez des marchands pour vérifier leurs marchandises.

Ainsi est enlevée à l'église paroissiale le restant des argenteries qui peuvent s'y trouver laissant après avoir bien vu et examiné, un calice en cuivre doré en dedans et argenté en dehors, ainsi que sa patène, les commissaires, deux membres de la municipalité et deux membres de la société populaire, ont enlevé un calice et sa patène et, un ciboire et un vaisseau pour les onctions, le tout en argent pesant six marcs et demi, une once et deux gros. Ces objets ont été envoyés au directoire du département.

Ainsi on voit même arrêter le citoyen Antoine Alexandre Bréon qui avait rempli les fonctions de procureur de la commune. La société populaire dont il faisait partie demanda au Conseil général des renseignements sur son rôle. Le Conseil, le 6 frimaire, répondit que « depuis que le citoyen Bréon a été élu procureur de la commune, il n'a donné aucune preuve d'incivisme, mais au contraire il s'est toujours conduit et comporté en vrai républicain. »

Cela n'empêche pas le directoire du département de prononcer la destitution de ce procureur, qui, homme de loi, avait commis quelques irrégularités dans la vente aux enchères des meubles de l'émigré Damas.

Les derniers jours de 1793 sont marqués par de nouvelles réquisitions : le 4 nivôse (24 décembre), 11 chevaux, livrés par les communes, et qui doivent être dirigés sur Semur, et toutes les armes de guerre dont peuvent être dépositaires les citoyens de Montbard ; - par une tentative de la municipalité de mettre un frein à l'enchérissement exorbitant des prix des cochons amenés à la foire du 8 nivôse, où 5 marchands venus de l'extérieur payèrent 85 porcs à des prix tels que les Montbardois ne purent point en acheter. Les efforts des officiers municipaux se heurtèrent à la loi du 2 brumaire, qui, pour l'établissement du maximum, ne spécifiait pas le bétail sur pied. - ce même jour de la foire, en grande pompe, la municipalité fait publier la nouvelle de la reprise de Toulon par les armées de la République. Enfin, le 9 nivôse (29 décembre), après avoir publié solennellement le décret du 14 frimaire (4 décembre), qui, supprimant la plupart des attributions des assemblées départementales, renforçant celles des districts, créant des agents nationaux, et faisant de la Convention le centre unique de l'impulsion du gouvernement, instituait le vrai gouvernement révolutionnaire, le Corps municipal s'est constitué en municipalité révolutionnaire.

Signé : Rigoley, maire, Bernard, Laubin, Bréon, Drouard, Guérard le Cadet, secrétaire.

H. DARGENTOLLE.
Bulletin de la société archéologique et biographique de Montbard n° 22 - 1931

155 - Cochons à la foire en 2017

Les Assemblées électorales de Montbard
Du 1er janvier 1790 au 15 brumaire an IV (7 novembre 1795)

Les élections à Montbard pendant la période révolutionnaire de 1792 à 1795 ont fait l'objet de procès-verbaux qui sont restés aux archives de la ville. C'est un registre de 58 feuilles cotées et paraphées, de 1 à 28 par Babelin, et à partir de la 29, par « nous Georges Louis Marie Le Clerc de Buffon, Major en second du régiment d'Angoumois, maire de la ville de Montbard ».

Le registre est du format 34x23, sauf un petit cahier de quatre feuillets 28x19. Les pages 14, 15, 16 et les 4 derniers feuillets sont en blanc.

Le registre contient en outre un état détaillé des maisons de Montbard et de leurs habitants au 1er vendémiaire an IV (23 septembre 1795).

Les élections, pendant cette période, ont pour objet la nomination soit du conseil général de la commune (corps municipal et notables), soit des délégués chargés de désigner les membres des assemblées législatives ou de l'administration départementale, soit le juge de paix et ses assesseurs.

Et, comme les mandats de tous les corps élus sont renouvelables, en totalité ou en partie, tous les ans, les collèges électoraux sont convoqués au moins une fois par an, souvent deux, et quelquefois trois.

Le premier procès-verbal électoral est celui de l'élection de la première assemblée municipale, conformément aux dispositions du décret de l'Assemblée nationale du 14 décembre 1789.

Le temps consacré à ces opérations (5 jours, les 24, 25, 26, 27, et 28 janvier 1790), la longueur du procès-verbal (12 pages) sont le témoignage vivant de la joie qu'eurent nos ancêtres d'alors à exercer pour la première fois leurs droits de citoyens, et de la ferveur qu'ils apportèrent à remplir leur devoir civique.

Le procès-verbal comprend d'abord la liste des citoyens actifs de la ville et du hameau de la Mairie, au nombre de 357.

On procède à l'appel les électeurs.

L'objet de l'Assemblée est ensuite exposé par un électeur désigné par la municipalité en exercice : Monsieur Bréon, l'avocat. Puis on élit le bureau de l'assemblée. Ont obtenu la majorité des voix :

Monsieur Babelin, 86 suffrages, comme président, et Pion, 62, comme secrétaire.

Ces deux personnes prêtent serment de « maintenir de tous leurs pouvoirs la constitution du royaume, d'être fidèle à la nation, à la loi et au roi, de choisir en leur âme, les consciences les plus dignes de la confiance publique et de remplir avec zèle et courage les fonctions civiles et politiques qui pourront leur être confiées ».

Après quoi, le président « prend » le même serment que tous les membres de l'assemblée.

La séance a été ouverte à une heure. La nuit est « survenue ». Du consentement des citoyens présents, la suite est renvoyée au lendemain.

Le 25 janvier, à 8 heures du matin, nouvel appel nominal des électeurs, puis scrutin pour nomination de trois scrutateurs. Sont élus à la majorité relative les sieurs, Guérard, Cadet J. B., François Carré, et Jacques Trécourt. Ils prêtèrent le serment civique[123].

Et l'on procède à la nomination du maire. Sur 268 citoyens qui ont déposé leur billet dans le vase, M. François Charles Petit, ancien Maire a réuni les voix de 262 pour la place de Maire.

Aussitôt après, vote pour la nomination au scrutin de liste de 5 officiers municipaux. « L'heure de huit et demie étant survenue », le dépouillement est remis au lendemain. Avant la clôture, les deux vases où sont les billets ont été enveloppés de papier et ficelés, les listes de dépouillement y étant aussi renfermées, et les sceaux de la mairie y ont été apposés sur les deux vases pour sûreté des billets, et ensuite ils ont été laissés dans la chambre du conseil où se tient l'Assemblée, la clef de la porte étant restée en la possession de nous président »

---

[123] Pour être citoyen actif, il fallait justifier d'un an de domicile, avoir 23 ans, n'être pas serviteur à gages et payer une contribution direction de la valeur de 3 journées de travail.

Le 26 janvier, à 8 heures du matin, nouvel appel fit, puis dépouillement du scrutin de la veille. 263 billets. Seul, le sieur Pierre Adam, notaire, recueille la majorité absolue : 142 voix.

Immédiatement a lieu un deuxième tour de scrutin, dépouillé sur-le-champ. Cette fois, sont élus, sur 252 suffrages, MM. Pierre Hivert, par 228 voix, Cir Guérard le Cadet, par 197, J.B. François Carré par 156 et Bernard Guiot par 140.

Il est 7 heures du soir. La séance est reportée au lendemain pour la nomination du procureur de la commune et des notables.

Le 27 janvier, à 8 heures du matin, un premier scrutin pour la désignation d'un procureur ne donne pas de résultat, faute de majorité absolue. Au 2ème tour, qui suit, Monsieur Jacques Guérard Duvivier est élu par 123 voix sur 234 votants.

Puis c'est l'élection des 12 notables qui doivent former avec le maire et les cinq officiers municipaux le conseil général de la commune.

Le dépouillement est commencé, mais il est interrompu à 8 heures du soir. Les bulletins restant à dépouiller, avec la liste des résultats donnés par le dépouillement effectué sont enfermés dans l'urne, qui est ficelée et scellée, et remise à l'un des scrutateurs.

Et le 28 janvier, à 8 heures du matin, les scrutateurs parachèvent le dépouillement. Cette fois, la majorité relative suffit pour être élu. Ont obtenu « le plus de voix comparativement aux autres » :

Edme Noirot, charron, 185. Edme Baudouin, père, bourgeois, 152. Guillaume Fèbvre, vigneron, 97. Jean Malachin, chrirurgien, 92. Jean Mignot, aubergistes, 86. Jacques Trécourt, archiviste, 67. Jacques Mosle, marchand, 65. Nicolas Flamet, pâtissier, 65. Louis Bocquin, drapier, 61. Claude Lavergne, chaudronnier, 61. Urse Neugnot, vigneron, 60. Jacques Garnier, 59.

Mais comme Jacques Mosle est neveu d'Edme Baudouin, et Louis Bocquin neveu de Charles Mignot, ils sont remplacés par Pierre Guérard, marchand, qui a eu 58 voix et Edme Rigoley, grenetier au grenier à sel, 56 voix.

Et le président proclame aux citoyens assemblés les noms des 19 membres élus, savoir :
Un maire, un procureur de la commune, 5 officiers municipaux et 12 notables.

Cette proclamation soulève un léger incident. Pierre Adam, notaire, se plaint d'avoir été nommé le 4e parmi les officiers municipaux, alors qu'élu au premier tour de scrutin, il devait être nommé le premier. Ses collègues et le président lui donnent acte de sa réclamation.

Tous les élus prêtent solennellement le serment « de maintenir de tout leur pouvoir la constitution du royaume, d'être fidèle à la nation, à la loi et au roi et de bien remplir leurs fonctions »

Le procès-verbal est signé de tous les présents qui savent le faire, soit 81 signatures.

Le 29 janvier, le conseil général s'est réuni pour nommer un secrétaire. Le sieur Pion J.B., ancien secrétaire, a été élu par tous les suffrages. Il a également nommé un trésorier, parmi les notables.

Monsieur Rigoley a obtenu le plus grand nombre de voix. Celui-ci a présenté M. Jacques Garnier autre notable, pour caution.

Les notables s'étant retirés, le Corps municipal a procédé à un vote pour désigner le membre qui composerait avec le maire le bureau. A été élu M. C. Guérard.

Le même jour, le Corps municipal a été saisi par le procureur de la commune d'une protestation du sieur André Banchelin contre les élections des jours précédents. Les élections sont en effet faussées, indique-t-il, du fait qu'on a tenu compte du suffrage du sieur François Bocquin, recteur d'école, qui devrait être rayé de la liste des citoyens actifs.

Le corps municipal déclarera qu'il n'y avait lieu de délibérer.

La deuxième assemblée primaire eut lieu le 28 avril 1790. Il s'agissait de désigner 4 électeurs chargés de se rendre à Dijon pour nommer les membres de l'administration départementale.

Sous la présidence du doyen d'âge, assisté des trois plus âgés comme scrutateurs, est d'abord désigné le président de l'assemblée électorale. Après deux tours de scrutin est élu Monsieur Babelin.

Un nouveau tour donne la majorité à M. Pion, comme secrétaire.

Le lendemain, 29 avril, après le serment d'usage, a lieu l'élection des 3 scrutateurs. Puis commence le vote pour les électeurs. À 7 heures du soir, la séance est reportée au jour suivant.

Le 30 avril, c'est à 6 heures du matin que se poursuit le scrutin commencé la veille. Ici, un incident curieux. Le président a omis la veille de faire prêter aux scrutateurs élus le serment constitutionnel.

Pris de scrupules, il demande aux citoyens présents s'il faut annuler les opérations commencées. En grand nombre, ces électeurs s'opposent formellement à ce que l'on recommence. Le président prend alors le serment requis, et le dépouillement est effectué. Un seul nom obtient la majorité absolue : 214 voix sur 260 suffrages. C'est Monsieur Georges Louis Marie Le Clerc, comte de Buffon, colonel de la garde nationale de cette ville et major en second du régiment d'Angoumois, seigneur de Quincy-le-Vicomte, Rougemont et Buffon, seigneur engagiste du Domaine de Montbard.

A. 6 heures du soir, la suite des opérations est remise au lendemain.

À 5 heures du matin, le 1er mai, est ouvert le scrutin pour la désignation de 3 électeurs. Le président prévient les électeurs qu'ils ont à porter sur leur billet six noms : c'est « la liste double ». Ils inscrivent eux-mêmes les noms ou les font écrire par les scrutateurs au bureau.

Au dépouillement, ont obtenu, sur 272 voix : Charles François Petit, maire, 245 suffrages. J.B. Claude Bréon, 204, et Antoine Alexandre Bréon, 149.

Le président proclame les résultats et fait prêter le serment d'usage aux quatre citoyens électeurs.

Le 10 mai, ces quatre délégués se rendent à Dijon. Or, l'un d'eux, C.-F. Petit, est précisément élu membre de l'administration départementale. C'est le maire de Montbard. Il faut le remplacer. D'où nouvelle élection, le 21 juin 1790.

Les formalités sont un peu abrégées. Quand il s'agit de nommer le président et le secrétaire de l'assemblée, les citoyens présents ont dit que M. Babelin, nommé président pour les assemblées primaires et M. Pion secrétaire étaient bons et qu'ils devaient continuer leurs mêmes fonctions. Mais on élit trois scrutateurs. Le dépouillement est remis au lendemain, à 6 heures du matin.

Ce dépouillement donne sur 230 bulletins 121 voix à M. G - L.- M. - Le Clerc, comte de Buffon, ce qui, dit le procès-verbal, fait beaucoup plus que la majorité des voix.

La proclamation du résultat faite, le nouveau maire prête le serment civique.

Le procès-verbal porte 79 signatures.

Il est suivi du discours prononcé par le comte de Buffon et dont voici le texte.

«Messieurs,

La réunion de vos suffrages et le choix que vous avez fait en jetant les yeux sur moi pour remplir la place de maire de cette ville m'honorent et me flattent également. J'accepte avec joie et je ferai tous mes efforts pour la bien remplir, cette place qui m'est très agréable, puisque c'est une marque de votre amitié pour moi et de votre confiance. Je vous promets tous mes soins ; je m'engage ici de nouveau à veiller de tout mon pouvoir au maintien de la constitution, à l'exécution des décrets de l'Assemblée nationale et à ne rien négliger pour détruire et réprimer les abus dont j'aurais connaissance.

À l'exception d'un seul jour d'orage, le 1er janvier, et ce jour m'a profondément affligé, la ville de Montbard a toujours été tranquille, et ses habitants se sont surtout distingués depuis le commencement de la révolution par leur patriotisme, leur modération et l'obéissance au décret de l'Assemblée nationale. Je vous demande, Messieurs, de prendre ici la résolution de continuer à vous conduire dans les mêmes principes de sagesse et de modération qui vous ont toujours guidés ; ne vous laissez jamais prévenir par des bruits semés quelquefois au hasard et plus souvent par des gens mal intentionnés et dangereux ; examinez vous-même et ne vous décidez jamais sur rien, que d'après votre manière de penser et votre façon de voir. Surtout ne vous laissez pas éblouir par les imprudents qui, égarés par une ambition ridicule, vous ont fait, vous font, ou vous feraient de magnifiques promesses qu'il ne serait pas en leur pouvoir retenir.

Depuis la formation de la garde nationale de Montbard, le régiment se conduit à merveille ; le service s'est fait dans toutes les règles et vos peines n'ont pas été infructueuses, puisque nous avons arrêté à différentes fois des coupables. Depuis l'instant où j'ai eu l'honneur d'être placé à votre tête, j'ai tâché de conserver le bon esprit dont vous étiez tous animés, et je n'ai jamais eu qu'à me louer de votre confiance, de votre intelligence et de votre obéissance. Je vous exhorte donc à continuer de même et à ne vous écarter en rien des règles que j'ai tracées de concert avec le comité militaire, persuadé que s'il n'y avait point d'accord entre la municipalité et la garde nationale, cette dernière devient non seulement inutile mais même dangereuse. J'ai toujours cherché à m'entendre avec Monsieur Petit, votre ancien maire, dont la sagesse et la bonne administration sont connues, et qui a tant de droits à vos regrets, et j'espère que le nouveau chef que vous choisirez pour le mettre à la tête du régiment s'entendra également avec moi et avec les autres membres de la municipalité.

156 - 14 juillet 2007

J'aurais un véritable regret à quitter la place de colonel si j'étais privé du plaisir de correspondre avec vous ; mais devenu maire de cette ville, j'ai la douce espérance de pouvoir vous être encore plus utile. Les décrets de l'Assemblée nationale ne permettant pas à la même personne d'être en même temps revêtue des deux pouvoirs civil et militaire, il est nécessaire que vous nommiez un autre colonel.

Je m'offre seulement à rester président du comité militaire afin de pouvoir l'éclairer sur les usages militaires et sur les choses qu'on ne peut pas savoir sans avoir servi.

Maintenant, Messieurs, il ne me reste plus qu'à vous demander l'indulgence ; j'en aurai sûrement besoin dans la nouvelle place que je vais occuper ; mais j'espère qu'aidé des avis de Messieurs les Officiers municipaux et de leurs lumières, ainsi que de celles du conseil général de la commune, je parviendrai à remplir dignement les fonctions. La première et sans doute l'une des plus agréables pour moi est de vous témoigner ma reconnaissance, mon attachement, et de vous prier d'être persuadés qu'il n'est rien que je ne fasse pour justifier votre confiance et votre choix. »

Le décret du 16 mars 1790, créant les juges de paix, en faisait des magistrats élus pour deux ans, ainsi que leurs assesseurs, par le même collège électoral qui nommait les conseils généraux des communes.

Le 4 novembre 1790 a lieu l'élection du juge de paix de Montbard. L'ordre des opérations est toujours le même :

1°) Sous la présidence du doyen d'âge, assisté des trois plus âgés, l'élection du président de l'assemblée électorale. 171 votants, M. Babelin avocat, 121 voix.

2°) Élection du secrétaire : 44 suffrages, J.B. Pion 38.

3°) Prestation de serment par le président et par le secrétaire.

4°) Prestation de serment par les citoyens individuellement,

5°) Scrutin pour l'élection de 3 scrutateurs : deux tours sans résultat.

Il est 7 h. du soir. Séance levée.

Le 9 novembre, 8 heures du matin, troisième tour du scrutin : 114 suffrages : André Bogureau, 76 - Edme Noirot, 78 - Jean Malachin, 67.

6°) A 2 heures, le président fait sonner la « grosse cloche de la paroisse, battre la caisse dans les rues et places publiques de cette ville pour annoncer que l'on allait procéder à l'élection du juge de paix ».

7°) Prestation du serment par les scrutateurs et par les citoyens présents.

8°) Scrutin : 228 suffrages : Cir Guérard le Cadet, 127.

9°) Proclamation du résultat.

10°) Le 10 novembre, à 7 h sonnerie de cloche et rappel au son de caisse pour appeler les électeurs à l'élection de 4 assesseurs du juge de paix. À 9 heures, il n'y a encore que 30 présents. La séance est reportée à 4 h. du soir. - Nouvelle sonnerie, nouveau rappel.

11°) Scrutin : 73 suffrages - Ont obtenu : André Bogureau 19 voix - Jean Malachin 14 - François Bernard 12 - Claude Catherine Petit 12 - Al-Antoine Bréon 12 - Edme Noirot 10 - Edme Baudouin 9 - Pierre Adam 9 - Edme Baudouin père 8 - Edme Rigoley 8 - Jean Bressonnet 8 - Simon Simonot 7 - Nicolas Drouard 7 - M. Nadault 7.

12°) A Bogureau, seul présent, accepte.

13°) Le 4 novembre pour des raisons variées, plusieurs des élus du 10 novembre déclinent la fonction d'assesseurs. Acceptent définitivement : Edme Baudouin père, Edme Rigoley et Jean Bressonnet.

En vertu de la loi sur l'organisation municipale, les conseils généraux des communes, élus pour deux ans étaient renouvelables chaque année par moitié.

C'est pourquoi le 14 novembre, les électeurs sont appelés à nommer 3 membres du corps municipal et 6 notables.

Les membres à renouveler sont d'abord les décédés ou les démissionnaires, s'il y a lieu, puis, ceux que le sort désigne.

La procédure est toujours la même, mais s'avère avec l'expérience plus expéditive. Pour cette élection, en effet, les opérations ne durent que deux jours. Le troisième jour, les nouveaux élus prêtent le serment constitutionnel en présence du Corps municipal.

On a vu que M. de Buffon, nommé maire le 22 juin 1790 a donné sa démission le 26 janvier 1791.

Dès le 12 février 1791, les citoyens actifs de Montbard sont convoqués pour faire choix d'un nouveau maire.

140 citoyens prennent part au scrutin pour la nomination du président et du secrétaire, 74 pour la nomination des scrutateurs, et 179 pour la nomination du maire. Un seul tour suffit : M. Pierre Hivert est élu par 104 suffrages...

Constitutionnellement, les élections se succèdent tous les ans.

Le 13 juin 1791 sont élus les 4 délégués de Montbard qui doivent participer au renouvellement partiel de l'administration départementale.

353 citoyens actifs inscrits.
- Votants pour le président : 93
- Pour le secrétaire : 59
- Pour les scrutateurs : 93 –
- Pour les électeurs : 172 au premier tour,
- 57 au deuxième.
- Malgré une interruption de deux heures, d'une heure à trois heures du soir, et avec toutes les prestations de serment, les opérations électorales n'ont duré qu'un jour.

Le 13 et 14 novembre 1791, renouvellement partiel de conseil général : un maire, trois officiers municipaux et 6 notables.

- Votants : pour le président et les secrétaires : 39
- Pour les scrutateurs : 84
- Pour le maire : 75 - pour les officiers municipaux, au premier tour,
- 59, au deuxième 43
- Pour les notables, au 1er tour, 74, au deuxième, également 74 - (Le maire sortant Pierre Hivert a été remplacé par Charles Antoine Guérard).

Le 26 août 1792, choix de 4 électeurs pour se rendre à Beaune et élire les députés de la Côte d'Or à la convention nationale. C'était l'exécution de la loi du 13 août, votée par l'Assemblée législative après la journée du 10. C'est toujours la même procédure, mais le serment que prêtent successivement les membres du bureau électoral, les votants et les élus, a changé de formule. C'est « le serment de maintenir la liberté et légalité ou de mourir en les défendant. » Le nombre des votants et celui des suffrages obtenus par les membres du bureau électoral ne sont pas donnés.

Au scrutin pour la nomination des électeurs ont pris part 152 votants au premier tour, 110 au deuxième, le même jour, et, le lendemain, 115 au troisième tour. À titre d'indication ont été élus : J.B. Pion, André Bogureau, Étienne Berthier et Pierre Antoine Rigoley.

Ils ont reçu la mission de revêtir les députés qui seront choisis de la confiance la plus illimitée.

Le 25 novembre 1792, à midi, ouverture d'un scrutin pour l'élection d'un juge de paix, de 6 assesseurs et d'un greffier de paix.

1° Élection du bureau : 105 votants. Le président est nommé par 24 voix (Edme Noirot.) Le secrétaire par 29 (J.B. Pion). Les scrutateurs recueillent de 27 à 19 voix.

2° Élection du juge. Deux tours de scrutin. Au 2e, sur 126 votants Alexandre Bréon le jeune et Edme Noirot ont obtenu chacun 63 suffrages. Ce dernier a été proclamé juge au bénéfice de l'âge.

3° Élection de 6 assesseurs. 55 votants : les élus recueillent de 34 à 12 voix.

4° Élection du greffier. 113 votants, élu : Edme Baudouin fils. 57 voix.

Les scrutins ont duré deux jours.

2 décembre 1792 - Renouvellement de la municipalité.

Pour la nomination du bureau 60 votants. Président et assesseurs élu par 24 à 33 suffrages. Pour le maire, 104 votants au premier tour et 105 au 2ème. Elu : Edme Rigoley par 63 suffrages. - pour le procureur de la commune, 67 votants. Élu : le citoyen Bogureau, maître de poste, par 50 voix.

Le 3 octobre, élection de 5 officiers municipaux. Votants 58, les élus obtiennent de 41 à 13 voix. Élection de 12 notables : 62 votants. Les élus obtiennent de 32 à 15 voix.

Le 7 avril 1793, élection d'un procureur de la commune en remplacement d'André Bogureau démissionnaire. 55 votants. Au 2e tour, est élu Antoine Alexandre Bréon, homme de loi, à la majorité absolue (sans chiffre précis).

Le 21 mai 1793, élection d'un comité de surveillance de 12 membres.

Si au scrutin pour la nomination du bureau électoral prennent part seulement 44 votants, 208 participent à l'élection des commissaires. Ceux-ci sont élus au premier tour à la majorité relative. (À titre indicatif, ce sont : Maréchal, Edme Fanon, Charles Baudoin, Cloux, Guiod, Guérard Michaut, Flamet, Noël Goulier, Jean Bressonnet, Gaveau, Poulain.

Le 28 juin, la convention nationale a voté le décret instituant une nouvelle constitution. Cette constitution est soumise à l'acceptation du peuple français. À Montbard, le vote sur cet objet a lieu le 14 juillet 1793. 313 citoyens répondent à l'appel de leur nom. Ils ont tous voté pour l'acceptation et aucun contre. Copie de la délibération est remise au citoyen J.B. Guichard chargé de la porter à la Convention nationale.

Le même jour est reçu par la municipalité le dépôt du procès-verbal d'acceptation de l'acte constitutionnel par l'assemblée primaire des campagnes du canton de Montbard.

Le 8 brumaire an III de la République une et indivisible, l'assemblée primaire de Montbard est chargée d'élire un délégué pour faire partie du comité de surveillance du district. La majorité des voix est réunie par le citoyen Edmé Fanon. - la municipalité désigne de son côté pour remplir les mêmes fonctions Jean Mignot.

Le 1er nivôse an III (21 décembre 1794), en pleine réaction thermidorienne, à la suite d'un arrêté du représentant du peuple, Jean Marie Calés, l'assemblée primaire de Montbard est convoquée à l'effet de dire si les fonctionnaires magistrats ou agents de la commune avaient encore la confiance publique.

Après avoir d'une voix unanime acclamé comme président le citoyen Edmé Rigoley, maire, comme secrétaire le citoyen Cyr Guérard le cadet, secrétaire-greffier de la municipalité, tous les citoyens invités à désigner ceux qui auraient perdu la confiance publique, appel fait du maire, des officiers municipaux, agent national, secrétaire, notable, puis des juges de paix, greffier et assesseurs, on d'une voix unanime déclaré « qu'aucun n'avait perdu la confiance publique et qu'ils consentaient de les maintenir en leurs fonctions ».

Néanmoins, à cette séance, résignent leurs fonctions :

Le maire et un officier municipal, parce qu'ils sont trop âgés (66 et 63 ans), 2 officiers municipaux, trop absorbés par leur profession de potier et d'épicier ; - un autre, devenu arpenteur des bois nationaux - l'agent national, qui a quitté Montbard pour Mont-sur-Brenne - un notable, qui a également changé de résidence.

Pour pourvoir aux vacances, le soir même, le président demande aux citoyens présents de nommer une commission de 5 membres chargés de dresser l'état exact des postes vacants. Puis il demande de proposer pour chaque poste vacant deux candidats.

Il y a ainsi 8 scrutins successifs. La commission de 5 membres sera chargée de désigner les titulaires des postes à pourvoir.

Tout se passe dans la même journée. Le procès-verbal ne mentionne ni le nombre des votants ni les suffrages obtenus par les candidats. La célérité avec laquelle les opérations s'effectuent permet de supposer que les électeurs n'étaient pas très nombreux, et que, peut-être, l'élection se fit par acclamation. Le registre mentionne simplement pour chaque scrutin : « les voix prises pour... ».

On sait que la Constitution de l'an I, acceptée le 14 juillet 1793, et dont les délégués municipaux portèrent l'acceptation à la Convention le 10 août (nouvelle fête de la fédération qui rassembla à Paris 8 000 représentants des communes) ne fut pas appliquée. Avant de se séparer, la Convention, bien modifiée dans son esprit par la Terreur et par la réaction thermidorienne, vota une nouvelle constitution qui instituait la République directoriale.

Cette constitution fut également soumise à l'approbation populaire, à Montbard, ce fut le 20 fructidor, an III (7 sept. 1795) 93 votants. Tous ont déclaré « qu'ils acceptent la Constitution à l'exception du citoyen François Bouillet, tisserand, qui a déclaré qu'il la rejette. » Cette dernière mention nous indique que le vote a été émis à haute voix par les électeurs.

Le lendemain, 21 fructidor, a lieu le choix au scrutin secret de trois électeurs qui doivent prendre part à la nomination des nouveaux députés. Sur 594 citoyens inscrits sur la liste électorale, 81 prirent part au scrutin. Furent élus : Jean Andoche Guiod, notaire, maire, par 59 voix, J.-B. Pion, par 48 et Pierre Leclerc par 38 voix.

À noter la faible proportion des votants par rapport aux inscrits.

Le 10 brumaire an IV (1er novembre 1795), l'élection du juge de paix, rappelée à son de caisse, ne réunit au scrutin que 108 électeurs au premier tour et 55 au deuxième, pour désigner Edmé Noirot par 30 suffrages ; et le lendemain, 34 votants élisent les 4 assesseurs par 17 - 16, 11 et 11 voix.

La loi du 19 vendémiaire an IV (11 octobre 1795) avait institué un organisme administratif original. Le canton comme la commune aurait son administration municipale. Le 11 brumaire, les électeurs sont appelés à désigner le président de cette assemblée cantonale. La nouveauté de cette institution ne paraît pas avoir passionné les citoyens. Commencé à 2 heures, fermé à 4, le scrutin ne rassembla que 32 votants, qui élurent Antonin Royer, notaire à Saint-Rémy, lequel avait été déjà désigné la veille par le vote de la section des communes du canton y recueillant 17 voix.

Le dernier procès-verbal au registre est celui de l'élection d'un agent national de la commune et d'un adjoint, le 15 brumaire an IV (5 nov. 1795). L'élection en trois temps, pour la nomination du bureau électoral, pour la nomination de l'agent et pour celle de son adjoint, n'a duré que de 9 heures du matin à 5 heures du soir, et le procès-verbal ne comporte pour les trois opérations qu'à peine une page et demie. Quant aux résultats, ils décèlent l'indifférence totale du corps électoral : 22 citoyens seulement prennent part à la première opération, 36 à la deuxième et 34 à la troisième.

Quelle différence avec scrutin de janvier 1790, alors que le nombre des électeurs est de 582 au lieu de 357.

Ont été élus : J.B. Pion, agent, par 28 voix, et P. A. Rigoley, adjoint, par 21 suffrages.

H. DARGENTOLLE.
Bulletin de la société archéologique et biographique de Montbard, n° 22 - 1931

	An II 1793-94	An III 1794-95	An IV 1795-96	An V 1796-97	An VI 1797-98	An VII 1798-99	An VIII 1799-1800	An IX 1800-1801
vendémiaire	22 sept. 1793	22 sept. 1794	23 sept. 1795	22 sept. 1796	22 sept. 1797	22 sept. 1798	23 sept. 1799	23 sept. 1800
brumaire	22 oct. —	22 oct. —	23 oct. —	22 oct. —	22 oct. —	22 oct. —	23 oct. —	23 oct. —
frimaire	21 nov. —	21 nov. —	22 nov. —	21 nov. —	21 nov. —	21 nov. —	22 nov. —	22 nov. —
nivôse	21 déc. —	21 déc. —	22 déc. —	21 déc. —	21 déc. —	21 déc. —	22 déc. —	22 déc. —
pluviôse	20 janv. 1794	20 janv. 1795	21 janv. 1796	20 janv. 1797	20 janv. 1798	20 janv. 1799	21 janv. 1800	21 janv. 1801
ventôse	19 févr. —	19 févr. —	20 févr. —	19 févr. —	19 févr. —	19 févr. —	20 févr. —	20 févr. —
germinal	21 mars —	21 mars —	21 mars —	21 mars —	21 mars —	21 mars —	22 mars —	22 mars —
floréal	20 avr. —	20 avr. —	20 avril —	20 avr. —	20 avr. —	20 avr. —	21 avr. —	21 avr. —
prairial	20 mai —	20 mai —	20 mai —	20 mai —	20 mai —	20 mai —	21 mai —	21 mai —
messidor	19 juin —	19 juin —	19 juin —	19 juin —	19 juin —	19 juin —	20 juin —	20 juin —
thermidor	19 juil. —	19 juil. —	19 juil. —	19 juil. —	19 juil. —	19 juil. —	20 juil. —	20 juil. —
fructidor	18 août —	18 août —	18 août —	18 août —	18 août —	18 août —	19 août —	19 août —
sans-culottides	17 sept. 1794	17 sept. 1795	17 sept. 1796	17 sept. 1797	17 sept. 1798	17 sept. 1799	18 sept. 1800	18 sept. 1801

	An X 1801-1802	An XI 1802-1803	An XII 1803-1804	An XIII 1804-1805	An XIV 1805
vendémiaire	23 septembre 1801	23 septembre 1802	24 septembre 1803	23 septembre 1804	23 septembre 1805
brumaire	23 octobre —	23 octobre —	24 octobre —	23 octobre —	23 octobre —
frimaire	22 novembre —	22 novembre —	23 novembre —	22 novembre —	22 novembre —
nivôse	22 décembre —	22 décembre —	23 décembre —	22 décembre —	22 décembre —
pluviôse	21 janvier 1802	21 janvier 1803	22 janvier 1804	21 janvier 1805	
ventôse	20 février —	20 février —	21 février —	20 février —	
germinal	22 mars —	22 mars —	22 mars —	22 mars —	
floréal	21 avril —	21 avril —	21 avril —	21 avril —	
prairial	21 mai —	21 mai —	21 mai —	21 mai —	
messidor	20 juin —	20 juin —	20 juin —	20 juin —	
thermidor	20 juillet —	20 juillet —	20 juillet —	20 juillet —	
fructidor	19 août —	19 août —	19 août —	19 août —	
sans-culottides	18 septembre 1802	18 septembre 1803	18 septembre 1804	18 septembre 1805	

157 - Calendrier républicain

La Terreur à Montbard
(Nivôse-prairial an II - janvier - juin 1794)

À l'époque des périls extrêmes, août 1793, la convention, à la demande de la commune de Paris, avait « mis la terreur à l'ordre du jour ».

À Montbard, le comité de surveillance et la Société Populaire se chargent de veiller à l'exécution de tous les décrets qui peuvent être édictés par l'Assemblée nationale ou le Comité de salut public.

Déjà à la fin de 1793 s'est manifestée l'activité révolutionnaire de ces deux groupements révolutionnaires. La municipalité prenant elle-même le nom de municipalité révolutionnaire le 29 décembre 1793, Montbard a tout ce qu'il faut pour, à l'instar de la convention, appliquer des mesures terroristes.

Ces mesures visent à sauver la France, toujours en guerre avec presque toute l'Europe, et à consolider la « République une et indivisible. »

Pour la défense nationale, la commune de Montbard ne peut plus fournir de soldats. La levée en masse du 5 septembre à livré à l'armée les derniers jeunes gens en état de porter les armes. Cependant on voit encore, le 9 germinal an II (29 mars 1794), le jeune Petit, fils du juge de paix, et âgé seulement de 16 ans et demi, déclarer avec le consentement de son père, vouloir servir dans le 1er régiment de hussard.

Et, comme on ne prévoit pas la fin de la guerre, on se préoccupe de la préparation militaire de la jeunesse. Le 17 floréal, le citoyen Paris, ex-caporal au 6e d'infanterie, est autorisé à organiser la jeunesse masculine de cette commune, de la diviser par compagnies jusqu'au nombre de quatre, de les exercer par pelotons, compagnies, et bataillons, une ou plusieurs fois par décade aux manœuvres militaires, en un mot de leur faire observer la décence, le bon ordre et la subordination si nécessaire au succès de nos armes.

Les réquisitions de toutes sortes se multiplient pour l'approvisionnement de l'armée.

La municipalité de Montbard satisfait à toutes, n'usant de ménagements qu'avec les plus pauvres.

On peut se rendre compte de l'esprit qui l'anime par la lettre suivante adressée le 14 nivôse (3 janvier 1794) au citoyen Vaillant, secrétaire au département de la Côte-d'Or.

« Montbard 14 nivôse, l'an deuxième de la République française une et indivisible.

Les officiers municipaux de la commune de Montbard, au citoyen Vaillant secrétaire au département de la Côte d'Or.

Par ta lettre du 21 frimaire dernier, souscrite tant par toi que par le citoyen Brunei, ton collègue, tu nous demandes de vous envoyer les toiles que le citoyen Brunei a mises en réquisition dans votre commune et vous nous ordonnez de faire convertir en toile les fils aussi mis en réquisition par le même procès-verbal.

Nous vous observons que ce procès-verbal porte 1 500 aulnes de toile mais le commissaire, ignorant l'usage de la commune, a cru que c'étaient des aulnes de Paris que les individus lui déclaraient tandis que nous comptons en ce pays a l'aulne de tisserand qui n'est que les deux tiers de celle de Paris, conséquemment ces 1 500 aulnes ne doivent être comptées que pour 1 000 de Paris.

2°) Ce procès-verbal porte 2 078 livres de fil mis en réquisition chez les individus de cette commune. Nous t'observons qu'une partie de ces fils mis en réquisition appartiennent à des individus qui ne sont pas dans l'usage de vendre de la toile, et n'en font que pour leur besoin urgent et que ce serait porter un grand préjudice à ces individus de leur enlever leurs fils, la majeure partie n'étant en réquisition que pour 4, 6, 8 ou 10 livres au plus, qui est tout ce qu'ils possèdent.

Ne crois pas que cette observation n'eut de défaut d'énergie de notre part, et que nous n'ayons pas autant d'envie que toi que nos braves défenseurs soient promptement habilités.

Cette commune s'est montrée de toute manière pour les besoins de la République tant en hommes qu'en dons ; et de toiles mises en réquisition par le citoyen Brunei nous en avons déjà envoyé plus de 1 400 aunes au département depuis cet envoi ; on a envoyé au district 557 autre ; tu vois conséquemment que voilà près de 2 000 aunes de fournies à compter de cette réquisition ; le surplus est pris chez des individus malheureux ainsi que nous te l'avons observé. Nous ferons cependant nos efforts pour livrer pour la nation encore 600 et 700, et cette livraison faite, nous t'assurons que de toute la réquisition du citoyen Brunei, il n'y aura que des individus malheureux qui n'auront pas fourni.

Nous tiendrons la main à ce qu'il ne se vende dans cette commune ni toile ni fil que pour la nation.

Salut et fraternité. »

Le 19 nivôse, pour se conformer à une invitation du district de Semur, la municipalité fait rassembler « tous les plomb, cuivre, étain, fer, acier, fonte, métaux, et principalement les battants et ferrures des cloches descendues » pour les transporter à Semur. Le même jour, elle met en réquisition l'eau-de-vie de bonne qualité, qui peut se trouver dans cette commune. La réquisition fournit, chez 8 citoyens, 394 pintes et chez un ancien distillateur, six feuillettes d'eau de vie de six ans.

Le 22 nivôse, ont été enlevés de l'église de cette commune et de la chapelle dite Saint-Jean
- 12 chandeliers de cuivre du poids de 183 livres, estimés 183 fr.
- 4 lampes de cuivre, du poids de 53 livres estimées 53 fr.
- Une cuvette son couvercle et un grand plat pour les fonts, du poids de 43 livres, estimés 43 francs.
- Deux plaques et un coq, estimé 7 francs.
- 11 chandeliers, un petit plat et une douille en étain, du poids de 26 livres, estimés 26 francs.
- L'appui de communion en fer, du poids de 306 livres, estimé 306 francs.
- 4 tringles, 2 chandeliers, une console, une grille en fer du poids de 134 livres, estimés 134 fr.
- 4 battants et ferrements de cloches du poids de 187 livres,
- 4 croix du poids de 226 livres.

Le tout a été remis au district de Semur le 25 nivôse.

Et c'est 53 paires de souliers qui sont envoyées pour les défenseurs de la Patrie.

Un produit qui entre dans la fabrication de la poudre de guerre, le salpêtre, est l'objet de demandes instantes de la Convention.

Le 26 pluviôse, en exécution de la loi du 14 frimaire qui prescrit l'obligation pour les citoyens qui ne se livrent pas à la culture de la terre de s'occuper à la fabrication du salpêtre, les citoyens Charles François Petit, juge de paix, Jean Marie Bernard et Jean Malachin, officier de santé, s'offrent à ouvrir un atelier pour y éta-

158 - La coq de St-Urse

blir deux ou trois chaudières, destinées à la fabrication de « cette denrée devenue de la dernière nécessité pour repousser nos ennemis ».

Le Corps municipal requiert toutes les personnes « sans état » de s'occuper de la fabrication du salpêtre et tous ceux qui auront des eaux de lessive et des cendres de lessive de les apporter à l'atelier.

Le 25 ventôse, tous les tisserands sont réquisitionnés pour fabriquer des « treillis à sacs ».

Le 10 germinal sont prises les premières mesures pour procéder à une coupe extraordinaire des bois, ordonnées par la Convention.

Le 13, réquisition d'une chaudière pour la fabrication du salpêtre.

Le 15, les tanneurs de Montbard se plaignent que les bouchers ne leur livrent pas toutes les peaux de bêtes qu'ils abattent. Le corps municipal, usant de droits légaux, interdit à tous ceux qui abattent des animaux, de les livrer à d'autres qu'aux tanneurs de Montbard.

Le 16, réquisition de tous les cuivres non œuvrés ou vieux, rouges, jaunes ou gris, en pain, ou en feuilles et sous quelque forme qu'ils soient.

Le 25, sont réquisitionnés 9 fusils reconnus propres au service de l'armée.

Le 29, réquisition de tous les sabres de 30 pouces de lame et au-dessus.

Le représentant du peuple en mission dans la Côte d'Or, Bernard, prescrit aux hôpitaux civils et militaires d'inhumer les morts sans les ensevelir dans un cercueil.

159 - Un enterrement à St-Paul

Les considérants de son arrêté sont assez curieux.

1) Les cercueils fermés comme des boîtes « concentrent les vapeurs que produit la putréfaction, qui, après s'être considérablement accumulées dans un petit espace, s'échappent à travers les fentes du terrain, se répandent dans l'atmosphère et fondent une sorte de gaz qui corrompt l'air, le rend pestilentieux et peut occasionner de violentes épidémies » ; en inhumant les morts sans cercueil, « les cadavres touchant la terre immédiatement, les vapeurs de la putréfaction seraient nécessairement absorbées et il n'y aurait jamais d'exhalaisons au-dehors. »

2) L'humanité commande impérieusement de prendre toutes les précautions nécessaires pour prévenir les maladies contagieuses ; la méthode d'enterrer les morts dans des cercueils pouvant les occasionner, il est instant d'en indiquer une autre.

3) L'usage des cercueils en même temps qu'il est nuisible et inutile est aussi très dispendieux pour la République en raison de la rareté des planches.

Il est fort vraisemblable que cette dernière raison, à elle seule, justifiait l'opportunité de l'arrêté.

En ventôse, (mars 1794), réquisition de toutes pièces de harnachement.

En floréal, (avril 1794), réquisitions de tous les cochons au-dessus de trois mois, tant mâles que femelles.

Réquisition des cordes de cloches du canton.

Réquisition même de chiffons.

Sur 367 chevaux recensés dans le canton, quinze sont requis pour les besoins de l'armée, avec les harnais, sac à avoine, troussières ou cordes à fourrages.

En dehors des réquisitions effectuées sur l'ordre de la Convention ou du Comité de salut public ont lieu des souscriptions ou des dons patriotiques le plus souvent à l'instigation de la société populaire.

Ainsi, le 17 nivôse, le corps municipal rappelle qu'il a expédié à Auxerre huit tonneaux contenant : 759 chemises, 19 paires de bas, du vieux linge, des bandes et compresses, pour penser les plaies de nos braves défenseurs.

Le 19 ventôse, le corps municipal, entrant dans les vues de la Société populaire, désigne deux membres du conseil général pour se transporter chez tous les citoyens de cette commune, à l'effet d'obtenir de leur générosité ce qui permettrait de monter, armer et équiper un cavalier pour la défense de la patrie.

Le 23 pluviôse le corps municipal avait résumé tous les sacrifices que la ville de Montbard a déjà consentis au salut de la République. Ce jour-là, l'un de ses membres a dit : « Citoyens, le dévouement de cette commune pour la défense de la République mérite d'être connu sous tous ses rapports.

En effet, vous savez qu'elle a fourni depuis trois ans 176 volontaires, quoique sa population ne fut en 1790 que de 2 128 âmes.

Que les offrandes faites à la patrie par les citoyens de cette commune qui n'ont pu servir en personne consistent en quarante paires de boucles d'argent et une d'or, quarante habits d'uniforme remis aux 40 volontaires de Montbard qui en sont partis le 16 septembre 1792, pour se rendre au camp sous Paris, plus 77 lits complets envoyés au district de Semur, au mois de septembre et d'octobre dernier, pour les hôpitaux de nos armées, - plus 301 chemises, 93 livres de charpie, 19 paires de bas et 52 paires de souliers (dont 98 chemises, 25 livres de charpie et 30 paires de souliers avaient été déposés à la Société populaire) - enfin 458 chemises et un tonneau de charpie donnés par les communes de ce canton, et envoyés avec les autres objets de même nature au mois de nivôse dernier, dans les dépôts désignés par le ministre de la guerre.

La dépouille des églises de Montbard produit 72 marcs d'argent, 17 et demi en galons frange d'or et d'argent, trois milliers et plus en métal de cloche, 286 livres de cuivre 26 d'étain et 853 livres de fer, le tout envoyé au district de Semur.

Vous voyez tous les jours sur le bulletin les offrandes que font à la Patrie les autres communes de la République, sans qu'il soit fait mention de ceux ci-dessus... »

Sur quoi, le Corps municipal, considérant « qu'il est dans les principes de la révolution de faire connaître l'énergie que manifestent les petites ainsi que les grandes communes pour défendre la République par tous les moyens qui sont en leur pouvoir.

Que celle de Montbard, privée de manufactures et de commerce, faible en population et par les facultés de ses habitants, mais forte en courage et patriotisme, continuera toujours à marcher à la liberté sur la ligne tracée par la Convention.

Que cette commune à fort à cœur de lui faire connaître et à toute la République les efforts qu'elle fait pour arriver à ce but, objet de tous ses vœux, tant par les dons susmentionnés que par une somme de 800 livres, qu'elle a distribuée aux volontaires de cette commune, soit pour les mettre en état de remplacer la perte de leur sac que pour fournir au soulagement des plus nécessiteux ».

Extrait de la présente sera envoyé aux présidents de la Convention et du Comité de salut public, en les invitant de faire mention sur le Bulletin des objets qui ont déterminé la présente délibération.

L'administration municipale de Montbard apporte à combattre les ennemis intérieurs de la République le même zèle qu'à venir en aide aux « défenseurs de la patrie ».

Dans cet ordre d'idées elle est secondée, au besoin stimulée, par la Société populaire et par le Comité de surveillance.

Tous les suspects sont l'objet d'un véritable espionnage, et, de temps en temps, des dénonciations les signalent comme contrevenant aux décrets en vigueur.

Le 25 nivôse, la municipalité dénonce au district de Semur deux cultivateurs qui n'ont pas satisfait à la réquisition des grains, bien qu'ils aient fait une récolte considérable, priant le directoire de faire un exemple.

Le 9 pluviôse, sur dénonciation de la société populaire, une perquisition est opérée chez les citoyens Edmé et Barthélemy Bressonnet, accusés d'avoir du savon qu'ils doivent échanger contre du blé : le résultat est négatif. Une autre perquisition est faite chez la citoyenne veuve Mosle, où l'on a remarqué un petit tonneau et deux pots de beurre. C'est du beurre fondu envoyé à des parents par le citoyen Sellier à Saint-Germain et par le fermier Varet de Quincerot. Le corps municipal en prononce la confiscation et en décide la vente aux plus nécessiteux de la commune, car les communes de Saint-Germain et Quincerot qui devraient le faire, n'approvisionnent point le marché de Montbard.

Le 18 ventôse est arrêté le citoyen Jean Rousselot, qui, de passage à Montbard, ayant un passeport pour se rendre de Decize à Brabant en Champagne, est en route depuis 15 jours, alors que 8 jours suffisent pour effectuer le trajet, et il est conduit à Semur.

Le 2 germinal, on arrête un cordonnier ambulant, qui est ensuite mis en liberté au témoignage de deux citoyens de Montbard qui le tiennent pour un honnête homme.

Le même jour sont apposés des scellés par le citoyen Lortat Jacob, commissaire du district de Semur, au domicile des citoyens Champeau et veuve Daubenton, née Boucheron, portés sur la dixième liste d'émigrés de la Côte d'Or.

Le 7 germinal, une perquisition est effectuée chez le citoyen Edme Bressonnet et chez son frère Jean, pour s'assurer qu'ils ne dissimulent pas de grains. On y découvre 40 boisseaux d'avoine mêlée d'un quart d'orge, et 24 boisseaux de froment qui seront distribués aux personnes qui en ont le plus besoin.

Le 26 germinal, des visites domiciliaires ont lieu pour la recherche des grains chez des personnes qu'on soupçonne en posséder en cachette.

Cet esprit de suspicion donne même naissance à un épisode héroï-comique.

Le 26 ventôse, un bruit s'est répandu dans le public. Le courrier de la diligence de Paris déchargeant les paquets destinés au bureau de Montbard jeta de l'impériale sur le pavé un panier d'osier. À l'instant, le pavé se trouva empreint d'œufs cassés, quoique le commis, en le jetant, annonçât : « voilà un panier contenant de l'étoffe. »

Le corps municipal considérant que, sur le bruit public, ce panier paraît avoir été enregistré sous une fausse dénomination, délègue un de ses membres pour se rendre incontinent au bureau de la diligence et s'y enquérir des circonstances de cette expédition insolite. Ce délégué rapporte que le paquet tout brouillé d'œufs vient de Saint-Florentin, et est destiné à une personne de Semur. Il est marqué comme contenant des étoffes. L'esprit soupçonneux de l'opinion publique s'émeut. Le corps municipal s'en fait l'écho en déclarant qu'il est de l'intérêt public de connaître ce que contient le paquet en question.

Or le 28 ventôse, c'est-à-dire deux jours après, l'ouverture du paquet révèle qu'il contient en effet des étoffes, mais en outre des œufs, d'où il résulte que « l'énonciation faite sur l'adresse de la balle (contenir des étoffes) est fausse et ne peut provenir que d'une erreur ». En conséquence, le bureau de la diligence est autorisé à remettre au destinataire le paquet. Dans quel état le reçut-il ?

La commune est toujours prête à exécuter les décrets les plus révolutionnaires de la Convention.

Elle célèbre la reprise de Toulon aux Anglais avec une solennité particulière.

Voici le programme de la fête qui est élaboré le 19 nivôse par la municipalité de concert avec la Société patriotique pour la fête du décadi 20 nivôse à l'occasion de la reprise de Toulon.

1) Tous les citoyens et citoyennes composant le cortège se rendront à 10 heures du matin à l'arquebuse, lieu indiqué pour le rassemblement.

2) La garde nationale sera invitée de s'y rendre en plus grand nombre possible.

3) La compagnie des canonniers ouvrira la marche, ayant à sa tête deux pièces de canon et cette inscription au haut d'une pique : « l'infâme Toulon n'existe plus » - de l'autre côté de l'inscription on lira : « tyrans, tremblez ».

4) Après les canonniers paraîtront les vétérans dans l'habillement le plus commode pour eux et même sans armes s'ils le jugent à propos, ayant à leur tête une pique, avec cette inscription : « nous sommes nés sous l'esclavage » - de l'autre côté : « nous mourrons libres ».

5) Suivront les jeunes élèves de la patrie portant pour devise d'un côté : « Espoir de la patrie » - de l'autre : « nous saurons venger la mort de nos aînés ».

6) Après eux paraîtra un groupe de jeunes citoyennes vêtues de blanc et ceintes d'un ruban tricolore. Elles porteront pour devise d'un côté : « La patrie vous appelle, jeunes citoyens, » et de l'autre : « Volés à sa défense ».

7) La société populaire marchera en tête de la garde nationale et immédiatement après le groupe de jeunes citoyennes. Une pique sera portée devant elle surmontée du bonnet de la liberté et de cette

inscription : « Sentinelle du peuple, nous défendrons ses droits » et de l'autre côté : « La liberté ou la Mort ». Le président sera couvert du bonnet rouge.

8) À la suite de tous ces différents groupes, la garde nationale marchera par section, précédée des tambours et de la musique - le comité de surveillance et les juges de paix marcheront au centre de la garde nationale portant cette inscription au haut d'une pique, d'un côté : « Traîtres, nous vous surveillons » de l'autre : « Respect à la loi ».

9) La municipalité et le conseil général suivront immédiatement et marcheront au drapeau, précédés de la gendarmerie nationale. D'un côté de leur inscription on lira : « Peuple, nous travaillons pour toi » de l'autre côté : « Ton bonheur prend tous nos soins ». Il y aura des détachements commandés pour former une haie depuis le premier groupe jusqu'au dernier.

10) Le cortège et la garde nationale partiront de l'arquebuse ; ils prendront leur marche vers la maison commune où la municipalité et de conseil général, le comité de surveillance et les juges de paix se réuniront à eux.

11) Le même ordre sera observé pour se rendre sur la place de la Liberté. Il y sera chanté des chansons et hymnes patriotiques, après quoi le cortège se rendra en entier à la société populaire. On y prononcera des discours patriotiques et des hymnes et chansons également patriotiques y seront aussi chantés. On reconduira ensuite dans le même ordre la municipalité et les autres autorités constituées jusqu'à la Maison commune.

12) Les militaires de cette commune blessés en défendant la République auront la place d'honneur et seront invités au repas républicain que feront entre eux, en la salle du jeu d'arquebuse, les officiers municipaux, les membres du Conseil général, la Société populaire, le Comité de surveillance, les juges de paix et leurs greffiers.

Au siège de la Société populaire, le maire, Rigoley, a, le jour de la fête, prononcé le discours suivant :

« Citoyens, à peine la municipalité fut informée de la prise de Toulon qu'elle s'empressa d'en faire part à la commune. Les victoires successives remportées depuis cette époque sur les ennemis de la République ont encore augmenté son allégresse. Elle est aujourd'hui à son comble par la joie qu'elle éprouve ainsi que le Conseil général de cette commune de voir réunis, d'une part, la Société populaire, cette sentinelle vigilante et toujours active de la révolution, de l'autre le Comité de surveillance, continuellement attentive à suivre les démarches des individus qui pourraient l'entraver.

Quel bien général leur concours n'a-t-il pas produit depuis quelque temps ! En effet, citoyens, la discorde enfanta la Vendée et livra aux esclaves des tyrans plusieurs de nos places-frontière ; mais l'union a terrassé tous nos ennemis, et va les faire disparaître pour toujours du territoire de la République.

La municipalité et le conseil de cette commune dont les fonctions deviennent tous les jours de plus en plus importantes et compliquées ont déjà ressenti plusieurs effets de cette harmonie par les secours en zèle et lumière qu'elles ont reçus de la Société populaire et du Comité de surveillance. Ils ont reconnu que leurs efforts réunis ont dissipé les obstacles et facilité l'exécution de tout ce qu'ils ont entrepris de concert. Puisse cette union (qui est aussi une victoire) n'être jamais altérée, et que tous ensemble continuent à maintenir et faire aimer la révolution.

Mais, pour toucher à ce but si désiré, bannissant à jamais toutes personnalités, toutes discussions étrangères à ce grand objet. Soyons constamment à la hauteur des principes républicains, pour ce point de vue contempler les grandes destinées de la nation et faire tous nos efforts pour y atteindre.

En effet, vous le savez, Citoyens, c'est en marchant en masse sur la ligne tracée par la loi que nous y parviendrons, car, pour me servir des termes de nos législateurs, si c'est une faiblesse de ne pas l'exécuter tout entière, c'est exagération d'aller au-devant de ce qu'elle prescrit.

Pour éviter ces deux extrêmes qui entraveraient également le progrès de la Révolution, invoquons, les mânes de ces génies bienfaisants qui ont tout sacrifié pour elle ; que les images des Pelletier, des Marat et de tant d'autres fondateurs et martyrs de la Liberté nous inspirent ce qui nous reste à faire pour la conserver.

Allons célébrer nos victoires et la gloire de nos armées, que ceux de nos braves volontaires fournis par cette commune qui, par leurs blessures honorables, n'ont pu contribuer à de nouveaux triomphes, en soit consolés par les signes de la valeur qu'ils ont montrée en d'autres circonstances pour la défense de la Patrie ».

En conséquence, le citoyen-maire, après avoir donné au citoyen Paris et Boni l'accolade fraternelle, a décoré leur tête d'une branche de laurier.

La Convention trouve à Montbard un empressement particulier à s'associer à sa politique religieuse.

Le II nivôse an II, le conseil général charge, à la demande de l'agent national, deux couvreurs, Jean Mouillot et Edme Bogureau, d'enlever « les croisons de la croix du clocher de l'église paroissiale, pour que ce signe extérieur ne soit plus visible ».

Le 6 pluviôse, la municipalité répond à une pétition de la Société populaire :

1) Que sur le drapeau suspendu à la voûte du temple catholique il n'existe aucune fleur de lis ni aucun signe de féodalité, qu'il y a été placé en vertu d'une loi, et qu'il doit y rester jusqu'à ce qu'une loi en ordonne à la descente.

2) Il n'y a pas de guidon suspendu à ladite voûte du temple.

3) Si l'ancien drapeau de la garde nationale existe toujours, portant des fleurs de lis, il sera lacéré et les fleurs de lis brûlées.

160 - Plaque de l'ancienne rue des tanneries

4) Sur le drapeau actuel, les fleurs de lis ont été effacées par le citoyen Nadault, qui y a substitué un bonnet de la Liberté, et s'il en reste une mal effacée, elle sera également remplacée par un bonnet, « ce qui est préférable à couper la place ».

5) La municipalité a fait enlever les fleurs de lis qui se trouvaient au-dessus de Jacquemart et à l'extrémité des aiguilles.

La société populaire, on le voit, pourchassait avec passion tous les emblèmes qui pouvaient rappeler l'ancien régime. C'est encore à l'instigation de cette société que le Conseil général de la commune, le 8 pluviôse, donne aux rues de la ville des noms révolutionnaires.

Ainsi, la rue du Pâquis s'appellera désormais rue Beaurepaire ; celle de la maison Edme Noirot à l'angle de la maison commune, rue de la Liberté, et la place donnant sur ladite place où est planté l'arbre de la liberté, place de la Liberté.

La rue de la maison Royer à la maison N. Blesseau s'appellera rue de Marat.

La rue de la maison Borniat au puits de la halle, rue de la montagne.

La petite rue, la rue Lepelletier.

La grande rue, rue de l'Égalité.

La rue de la maison Thomas à la grange Mosle rue des Droits de l'homme.

La rue du couard, rue de la Révolution.

La rue de la maison Vallot à la maison Vve Raymond, rue de la Fraternité.

La rue de l'hôpital, rue J.J. Rousseau.

La rue aux juifs, rue de la Côte-d'Or.

La rue Jafiotte (de la rue aux Juifs à la rue de l'hôpital) rue de Mucius Scaevola.

La rue du Beugnon, rue Brutus.

La rue des tanneries, rue de la fontaine.

La rue des grands faubourgs, rue des sans-culottes.

La petite rue qui descend jusqu'au ruisseau et s'étendra jusqu'au bas de la ruelle des Bordes, rue Guillaume Tell.

Le 15 ventôse, (6 mars 1794), en exécution d'un ordre du citoyen Pioche Bernard, représentant du peuple délégué par la Convention nationale, le corps municipal délibère que tous les décadis lecture sera faite des lois et Bulletins, dans le temple de cette commune, qui sera dorénavant appelé temple de la raison. Tous les citoyens pourront « éclairer leurs citoyens par des discours où la vérité et la raison seront substituées aux mensonges et à Terreur ».

161 - Indication de rue de la fontaine

Le 5 germinal, la Société populaire invite la Municipalité à imiter le district de Semur, qui vient de fermer le temple de la Raison, pour n'être désormais ouvert qu'à la publication des lois et à l'instruction de la morale.

Sur-le-champ est convoqué le Conseil général de la commune.

Celui-ci, considérant que la pétition de la société populaire n'a pu être faite qu'après avoir connu le vœu de la majorité des citoyens de cette commune sur l'objet de la pétition, qu'en outre, au chef-lieu du département et du district, les églises ont été fermées et converties en temples de la raison, le Conseil général délibère qu'en attendant une nouvelle loi, le temple de la Raison ne servirait plus à l'exercice du culte catholique.

En conséquence, deux officiers municipaux sont députés auprès des citoyens Degriselle et Patriat, ministres du Culte catholique, « lesquels étant survenus », remettent au Conseil les clés du temple dont ils sont dépositaires, et déclarent cesser de ce jour de n'y faire aucune fonction du culte catholique.

Le Conseil, prenant acte de la remise des clefs et de la déclaration déclare à son tour « lesdits deux citoyens Degriselles et Patriat ont toujours mérité la confiance du conseil général par le civisme pur qu'ils ont toujours manifesté. »

Signé : Rigoley, maire, Bernard, Drouard, Bréon, Malachin, Noirot, Boquin, Vuillot, Boulland, Laveme, Simonnot, Sordot, Laubin, Guérard le cadet, Degriselle, et Patriat.

Le 12 germinal, le conseil général, à la requête de la société populaire, décide que tous les décadis, les cloches seront sonnées à la volée pour annoncer l'ouverture du temple de la Raison à 10 heures du matin, pour la lecture des lois et l'instruction morale, puis à deux heures de l'après-midi pour annoncer la séance, la Société populaire. En outre, pour répondre au vœu des gens qui travaillent dans les champs, chaque jour, l'heure de midi sera annoncée également par le son de la cloche en volée.

Une délibération du corps municipal du 17 floréal l'an 2 de la République nous apprend que l'usage du calendrier républicain ne devait pas être absolument général. Une foire de Montbard tombait le 9 mai. Or ce jour correspond au 20 floréal, 2ème décadi. C'est jour de repos et d'ouverture du temple de la Raison. Le corps municipal le rappelle à tous, et, par voie d'affiches, informe que défense est faite aux marchands de cette commune d'étaler dans les rues hors de leurs boutiques, ainsi qu'aux marchands forains dans le territoire de cette dite commune, ledit jour 20 courant à peine « d'être sévi contre eux ». Ils seront considérés comme réfractaires aux arrêtés du district et punis comme tels.

À la Convention, la Montagne avait « dévoré ses enfants » successivement les Enragés ou Hébertistes, et les Indulgents ou Dantonistes avaient été envoyés à l'échafaud (4 et 16 germinal).

Robespierre était l'âme et le maître du gouvernement.

Montbard semble se rallier d'emblée au robespierrisme.

Le 23 floréal, le conseil général envoie à la convention nationale l'adresse suivante :

« Citoyens représentants,
Renverser l'édifice monstrueux de la tyrannie, élever sur ses débris le temple de la liberté et de l'égalité, le maintenir intact au milieu des orages que le despotisme expirant essaye de former contre lui, nous donner une constitution qui fait la gloire comme la félicité des Français, et procurera un jour le bonheur à toutes les nations, voilà le fruit de vos travaux. Comblez nos vœux en forçant les ennemis de la raison et de l'humanité à nous demander la paix, tel est le désir du peuple entier que vous représentez avec autant de dignité que de sagesse, et celui en particulier de la commune de Montbard, exprimé par les maires, officiers municipaux, agent national et membres du conseil de ladite commune. »
Signé : Rigoley, maire, Martin, Boquin, Bréon, Laubin, Sordot, Malachin, Boulland, Prévut, Noirot, Drouard, Simonot, Guérard le cadet, Vuilliot.

À cette adresse la Convention répondit :

« Paris, le 5 prairial, deuxième année républicaine.
Liberté, Egalité, Fraternité ou la Mort.
Convention nationale,
Commission des dépêches.
Les représentants du peuple composant la commission des dépêches aux Citoyens maires et officiers municipaux de la commune de Montbard, département de la Côte-d'Or.
Il nous est parvenu, Citoyens, la lettre que vous envoyez à la convention nationale, datée de Montbard, le 23 floréal, qui la félicite de votre part sur ses travaux, l'invite à rester à son poste et à forcer les ennemis de la raison et de l'humanité à demander la paix. Nous en avons fait lecture à la Convention qui en a ordonné la mention honorable et l'insertion au Bulletin.
Salut et fraternité. »

Signé : PL.A. Veau, membre de la commission des dépêches.

Le décret du 18 floréal instituant le culte de l'être suprême permit aux ennemis de l'église de commettre ces mutilations des églises qu'on remarque en maint endroit. C'est très vraisemblablement à cette époque qu'il faut placer l'enlèvement et le bris de statues dont on a retrouvé les fragments dans les sous-sols de l'église paroissiale. Une délibération du corps municipal du 8 prairial nous apprend en effet que la « Société populaire délivre du temple ci-devant appelé de la raison les figures la superstition » et dépose à l'hôtel de ville, avec les sommes recueillies dans les troncs « un cœur d'argent attaché avec un ruban bleu à une statue du temple ».

Le même jour, le conseil général de la commune de Montbard vote une nouvelle adresse à la convention nationale.

« Représentants,
La commune de Montbard en conseil général, en applaudissant de nouveau à votre active surveillance et à vos glorieux travaux qui ont anéanti les ennemis intérieurs de la République est démontré à l'étranger ce qu'il doit attendre de votre sagesse et de votre énergie sur les attentats contre notre liberté, vous rend de sincères et respectueux hommages de la déclaration solennelle faite par votre décret du 18 floréal de la reconnaissance de l'être suprême et de l'immortalité de l'âme, dont la masse pure de la nation n'a jamais douté un seul instant. Cette déclaration est une réponse victorieuse aux calomnies propagées par les ennemis de notre liberté et de l'égalité, en même temps qu'elle fait à jamais rentrer dans le néant les superstitions religieuses qui souillaient depuis de nombreux siècles le sol français ; elle est aussi une leçon lumineuse au peuple soumis à la verge du despotisme de faire de généreux efforts

pour se dépouiller des chaînes politiques et religieuses dont ils sont enlacés.

Représentants, l'esprit public est essentiellement bon dans cette commune. Elle est fondée à se rendre justice ; quoique faible en moyens pécuniaires, la contribution foncière de 1793 est en plein recouvrement. Elle ne vous fera pas une nouvelle énumération de ses nombreux enfants (relativement à sa population) qui se sont dévoués à la défense de la patrie et des dons qu'elle a offerts sur son autel, pris sur son strict nécessaire ; elle n'a écouté et n'écoutera jamais que son ardent amour pour le salut de la patrie.

Le zèle le plus actif et le plus pur dont la commune de Montbard est animée dès l'aurore de la révolution au moment de la manifestation de la volonté nationale, a mis l'extraction et la fabrication du salpêtre en pleine activité ; elle a versé jusqu'à ce jour cette matière précieuse aux magasins de district de Semur, douze quintaux dix-sept livres. Ses chaudières vont leur train et n'auront d'autre arrêt de leur activité que celui nécessité par les travaux prochains des abondantes récoltes en tous genres que la nature bienfaisante offre à notre espérance pour en reprendre sans autre délai la continuation jusqu'à la fin du lessivage total des terres salpêtrées de son canton. »

Les membres du conseil général de la commune de Montbard. Signé : Rigoley, maire, Bernard, Sordot, Laubin, Drouard, officiers municipaux, Bouland, Laveme, Noirot, Bréon, Boquin, Drouard, membres du conseil général et Guérard le cadet, secrétaire.

Comme la précédente, cette adresse à la Convention fut lue à l'Assemblée nationale et insérée au Bulletin.

Le 20 prairial est célébrée, à Montbard comme dans toute la France, la fête de l'Être suprême au temple de l'Être suprême (ci-devant de la raison).

À cette fête, le citoyen Pierre Leclerc a prononcé, mentionne le registre municipal, « un discours analogue à la fête, qui a reçu la sanction générale de tous les citoyens et citoyennes assemblés. »

Nous ne possédons malheureusement pas le texte de ce discours.

Mais un carnet trouvé dans la maison Daubenton contient la copie de quelques hymnes destinés à être chantés pour la fête de l'Être suprême.

Voici quelques couplets de ses cantiques révolutionnaires.

Dieu tout-puissant, reçoit l'hommage
De nos concerts et de nos cœurs ;
Dissipe les sombres nuages
De l'imposture et de l'erreur, (bis)
Tu nous caches en vain ton essence :
L'univers naquit à ta voix,
Les éléments suivent tes lois,
Les cieux annoncent ta puissance.

Sophistes dangereux, qu'osez-vous donc tenter ?
Grand Dieu (bis) si tu n'étais, il faudrait t'inventer.

C'est toi qui lanças dans le vide
Ces milliers d'astres radieux.
Dont la marche égale et rapide
Fait éclater l'ordre des cieux (bis)
Mais fier d'une vaine science.
L'athée dans ses fangeux écarts
Voudrait bien faire honneur au hasard
Des bienfaits de ta providence.

Sophistes...

C'est toi qui versas dans nos âmes
Les principes de l'équité.
L'homme pénétré de tes flammes
S'élance à l'immortalité (bis)
Sous ta sanction redoutable
Il circonscrit (?) sa liberté
Et fonde sur l'égalité
De ses droits la base inébranlable.

Sophistes...

De la vertu persécutée
Tu soutiens les nobles efforts
À l'âme au vice abandonnée
Tu donnes le frein du remords (bis)
Ah ! Que deviendrait l'innocence,
Si tout rentrait dans le néant ?
C'est le refuge du méchant
Qui n'ose implorer la clémence.

Sophistes...

Si l'insolent fanatisme
Créa la superstition,
Le désespérant athéisme
Naquit dans la corruption, (bis)
Quand on est juste et secourable,
On chérit le divin pouvoir.
Qui bannit la crainte et l'espoir
Veut être impunément coupable.

Sophistes...

Cela se chantait sur l'air de la Marseillaise.
Les couplets suivants, chantés sur le même air appartiennent à un autre hymne

Voici le jour ou la nature
Reprend ses droits sur l'univers,
Depuis trop longtemps l'imposture
Tient la vérité dans les fers, (bis)
O toi, suprême intelligence,
Chasse la nuit détruis l'erreur ;
Et, pour mettre un terme au malheur,
Éclaire aujourd'hui l'ignorance !

Amis, unissons-nous, entrelaçons nos bras,
Marchons, marchons à la victoire et bravons le trépas !

Vous qui trompiez nos ancêtres

Pour les enchaîner sous vos lois,
Cruels tyrans, rois ou prêtres,
Fuyez ; l'homme a repris ses droits, (bis).
Nos pères nés dans l'esclavage,
Comptés comme des vils troupeaux,
Vous nourrissaient de leurs travaux
Ou servaient votre aveugle rage.

Amis...

Que la vertu, que l'innocence,
Fasse aujourd'hui la grandeur,
Que le repos, que l'abondance
Payent les soins du laboureur ! (bis)
Il est temps de purger la terre.
Brisons le sceptre et l'encensoir ;
C'est en détruisant leur pouvoir
Que nous enchaînerons la guerre.

Amis...

Frappez, tyrans, lancez la foudre,
Nous méprisons votre courroux.
Réduisez nos foyers en poudre
Plutôt que de régner sur nous, (bis)
Bientôt au sein des noirs abîmes
Où vous précipitez vos pas,
Vous verrez vos propres soldats
Nous venger et punir vos crimes.

Amis...
Toi qu'appelaient en vain nos pères,
Arme nos bras ô liberté !
Jurons par le sang de nos frères
De mourir pour l'égalité, (bis)
Si, parmi nous, quelque parjure
Osait profaner cet autel,
Puisse à l'instant le feu du ciel.
Par sa mort venger la nature !
Amis...

Le premier de ces chants est manifestement inspiré du déisme de Rousseau et de « l'horloger » de Voltaire. Le second semble renouveler les thèmes de la Marseillaise - avec un accent plus révolutionnaire.

H. DARGENTOLLE
Bulletin de la société archéologique et biographique de Montbard - n° 24 - 1932

Pétition pour la plantation d'un Arbre de la Liberté. Mai 1792

À Messieurs les officiers municipaux de la ville de Montbard, département de la Côte d'Or, le vingt-quatrième jour de mai de l'an quatrième de la liberté.

Les pétitionnaires soussignés, tous amis de la Constitution vous observent, Messieurs, que déjà, non seulement les villes de l'empire, mais même la plupart des villages ont manifesté à tous les Français par un signe éclatant la vivacité de leurs sentiments patriotiques, et c'est surtout depuis que nous avons déclaré la guerre au roi de Bohème et de Hongrie que chaque commune s'est empressée de montrer quel est le maître qui lui convient ! Ce maître, c'est la loi, c'est la liberté sous son égide.

Nous désirons, Messieurs, que notre commune ne tarde plus à exhiber ce signe qui a été adopté par toutes les autres. En conséquence, nous vous prions d'ordonner qu'il soit planté le dimanche troisième jour de juin vers les cinq heures de relevée, un arbre vif sur la place qui est devant l'Hôtel commun, surmonté d'une pique à la carra avec une cravate aux trois couleurs et couronné d'un bonnet de la liberté ; invitera la garde nationale à se trouver sous les armes à la cérémonie de l'installation, de requérir la garde nationale de Montbard qu'il soit monté exactement une garde du nombre d'hommes qu'il vous plaira fixer, afin que l'arbre de la liberté soit mis à couvert de toute insulte et aussi pour mettre à exécution le décret relatif aux passe-portes, suivant l'invitation qui a été faite par le directoire du département : les pétitionnaires ont pris en outre. Messieurs, d'accepter l'arbre qu'ils se proposent d'amener à leurs frais sur la place, la pique, les rubans et le bonnet qui doit couronner le tout.

Nous sommes avec fraternité, Messieurs les membres composant la société des amis de la constitution, séance à Montbard.

Trécourt. Garnier. Rigoley fils. Bariotte. Laseme. Bonjat. Bogureau. Pion. Fordat. Brion.

162 - Plantation d'un Arbre de la Liberté

La vie difficile au temps de la Convention (1792 - 1795)

L'histoire de la première République en France, république populaire et dictatoriale, qu'une évolution rapide mua ensuite en une république bourgeoise et anarchique, a, on l'a vu, marqué de fortes empreintes la vie politique et administrative de la ville de Montbard de 1792 à 1795.

En même temps, la population et sa municipalité se débattaient au milieu de difficultés économiques de toutes sortes, dues en grande partie aux circonstances extraordinaires où l'on vivait, et, quelquefois, à la conjuration des éléments naturels.

En tête des causes de la vie difficile d'alors, il faut placer la guerre. Commencée au printemps de 1792, elle se poursuit sans interruption pendant 9 ans, avec des alternatives diverses. Sans doute, la Convention, grâce à ses mesures énergiques et à son farouche et indomptable patriotisme, réussit à refouler d'abord l'invasion qui avait violé le sol national, puis à disloquer la coalition formidable qui avait rêvé de démembrer notre pays[124] ; mais, quand elle se sépare, la guerre dure toujours avec l'Angleterre, l'Autriche et le Piémont.

Or, la guerre, c'est, en premier lieu, le départ pour les armées de toute une population virile, jeune, vigoureuse, dont l'activité, consacrée à une œuvre de destruction, est totalement perdue pour l'œuvre de production. Les travaux des champs et des métiers liés manquent de bras : première cause d'appauvrissement. Si, par hasard, les semailles ont pu se faire normalement, la récolte ne se rentre qu'avec difficulté. C'était ainsi qu'un fermier de Flacey, en messidor an II, qui avait 180 journaux à déblayer, n'y réussit qu'en obtenant de la municipalité de Montbard - par application d'un arrêté du Comité de salut public - réquisition des « domestiques femelles » de 7 citoyens de la ville.

En second lieu, le ravitaillement des armées prélève sur les produits de la culture et de l'industrie tout ce qui est nécessaire pour la subsistance et l'entretien des soldats.

C'est journellement que sont réquisitionnées les denrées à destination de la guerre : grains, bétail, vins et eau-de-vie, toile, linges, laines, cuirs, fers et métaux, salpêtre[125].

C'est fréquemment que sont réquisitionnés les services : drapiers, tisserands, cordonniers, serruriers, bourreliers, doivent travailler aux approvisionnements de l'intendance, propriétaires et voituriers doivent se mettre à la disposition des autorités pour transporter ou escorter bétail, vivres, numéraire dirigés sur des armées, aux prisonniers de guerre évacués sur l'intérieur.

Un épisode curieux du chapitre des réquisitions est le suivant. Le 2 nivôse an III, le district demande à la ville de Montbard 5 porcs.

La municipalité a invité le 4 tous ceux qui ont des cochons à les amener sur la place de la Liberté, « l'heure de dix étant survenue, dit le procès-verbal sans qu'aucun cochon n'ait paru, elle délibère. Elle observe qu'il y a un mois et même moins, il était facile au citoyen Laverne, commis par le district à cet effet, et prévenu, de trouver 5 bons cochons chez des personnes qui en possédaient plusieurs ; mais aussitôt que ces personnes ont eu vent de la perquisition, elles ont vendu leurs bêtes, et aujourd'hui on n'en trouve plus que chez des citoyens qui n'ont qu'un cochon destiné exclusivement aux besoins de leur ménage. Il serait en échange facile de trouver cinq quintaux de lard « chez ceux qui en ont plus qu'il ne leur en faut, lesquels cinq quintaux pourraient tenir lieu de cinq cochons ».

Un pareil incident prouve que la population cherche à se dérober aux réquisitions.

C'est que ces réquisitions incessantes, conjointement avec une production minorée, engendrent la gêne dans la vie quotidienne. Que le mauvais temps persiste, qu'une gelée inopportune, une grêle survienne, et c'est la misère.

Et l'on comprend le souci permanent pour la municipalité d'assurer le pain de chaque jour à ses administrés.

---

[124] Le dix prairial III (29 mai 1795) est publié à Montbard le traité de paix conclu entre la République française et le Roi de Prusse dès le 5 avril à Bâle. Toscane, Espagne, Hollande se retirèrent également de la lutte.
[125] Jusqu'à quatre petites croix d'argent avec lesquelles le citoyen Heurley récompensait les écoliers qui se distinguent le mieux», du poids de 3 onces, un quart, un demi-gros.

Usant des facultés que lui accorde la loi, pour prévenir la spéculation, elle taxe les denrées de première nécessité. Elle ne peut empêcher les prix de monter. Le 18 novembre 1792, le pain vaut 3 sols 6 deniers la livre, le 7 février 1793, 3 sols 9 deniers ; le 29 mars 1794, interdiction est faite de fabriquer plusieurs sortes de pain et de bluter au-dessous de 85%. Le 18 novembre 1792 la viande vaut 6 sols 6 deniers la livre ; le 24 août 1793, elle monte à 10 sols 6 deniers, le 6 février 1794, à 12 sols.

Et voici les salaires en juin 1794 :

Journée d'un faucheur ou fort ouvrier de la campagne, sans nourriture : 2 livres par soiture ou 5 livres par jour, et, quand il y a du vin, 2 bouteilles par soiture ; journée de moissonneur ou moissonneuse non nourris : 2 livres 14 sols ; nourri, 36 sols... d'un cheval, 2 livres 5 sols, d'une bourrique, 18 sols. Une voiture à 2 chevaux : 6 livres ; une charrue : 4 livres 10 sols. Journée d'un charpentier, maçon, couvreur, charron : été, 2 livres 5 sols, hiver, 30 sols ; d'un manouvrier : été, 24 sols ; hiver 18 sols. Ferrures d'un cheval : 3 livres.

163 - Le ramassage du foin

Remarque : l'usage constant pour la moisson est de gager des moissonneurs et des moissonneuses pour la moisson entière, auquel cas on donne pour les hommes 33 livres et 3 boisseaux de blé, et pour les femmes, 21 livres et un boisseau et demi de blé, les uns et les autres nourris. Ou bien on marchande, sans la nourriture, au journal : 3 livres en vallée et 2 livres 5 sols en montagne[126].

À un manouvrier qui aurait eu besoin, pour nourrir sa famille d'un kilo de pain par jour et d'une livre de viande que serait-il resté pour le loyer, le chauffage, l'épicerie et l'entretien ?

Encore faut-il trouver à s'approvisionner. Il faudrait pour la ville de Montbard, pour chaque décade, environ 180 quintaux de grains, 400 livres de beurre et 100 douzaines d'œufs. La municipalité a bien établi trois jours de marché public, le tridi, le septidi et le nonidi. Ce marché doit être bien approvisionné par les producteurs de 30 communes, qui constituent une sorte de district commercial dont Montbard est le centre : Mont-sur-Brenne, Buffon, Rougemont, Quincy, Quincerot, Saint-Germain, Senailly, Athie, Viserny, Montigny-Montfort, Crépand, Nogent, Courcelles, Benoisey, Grignon, Les Granges, Venarey, Ménétreux, Seigny, Eringes, Lucenay Fresnes, Marmagne, Touillon, Etais, Savoisy, Verdonnet, Asnières et Arran.

Or, c'est en vain que la municipalité invite les cultivateurs à apporter leurs produits, notamment leurs grains à Montbard : en vain même que le district de Semur leur enjoint de fournir un contingent déterminé pour chacun d'eux en vain que les réfractaires sont dénoncés comme suspects, que même quelques-uns sont arrêtés, et que les maires et agents nationaux sont considérés comme responsables des défaillances de leurs concitoyens : c'est tout à fait exceptionnellement que quelques timorés livrent une fois des grains, pour s'en abstenir ensuite, quand ils se rendent compte que leur exemple n'est pas

---

[126] Nombre d'agriculteurs existant dans la commune : 27, dont 12 sans domestiques. D'ouvriers agricoles pour faire les récoltes : 75, outre les domestiques. D'ouvriers habitués à travailler aux champs : 160, sans compter les agriculteurs et leurs familles et leurs domestiques. Ouvriers habitués à travailler aux récoltes et dans d'autres communes : 85.

suivi.

Rien n'y fait, ni les démarches persuasives des membres du conseil général, ni les notes comminatoires : tantôt des cultivateurs déclarent que, par suite des réquisitions, il reste à peine pour les soins de leur commune, tantôt qu'ils ne tiennent pas à venir à Montbard parce que, disent-ils, les acheteurs de Montbard se ruent sur la marchandise, usent « de menace et quelquefois de violence pour se rendre maîtres des prix et faire mesurage du blé comme il leur convient ». C'est en vain encore que pour rassurer les marchands, la municipalité s'engage à faire régner l'ordre et la police, et prend un arrêté en conséquence : qu'elle interdit d'acheter aux habitants de la campagne ailleurs qu'au marché[127], d'aller au-devant des marchands sous peine de 20 livres d'amende, et même d'aller tirer des campagnes les « jours qui ne sont pas de marché » plus de deux livres de beurre et de quatre douzaines d'œufs par semaine : le 9 ventôse an II (27 février 1794), le corps municipal constate que les marchés de grains « sont à peu près nuls », que nul étranger ne vient s'y approvisionner, que les grains qu'on y apporte suffisent à peine aux besoins des plus nécessiteux, que les marchés de beurre, œufs et autres petites denrées « sont absolument tombés ! »

Et l'on assiste à des scènes comme celle-ci :

a) Le 10 messidor an II (28 juin 1794), Françoise Ravier de Montfort apporte au marché de Montbard une livre de beurre, la seule et unique du marché. Avant même l'ouverture du marché la femme Nicolas Parizot s'est emparée de cette livre... Et est partie sans la payer. Plainte est déposée devant le maire. Convoquée à l'hôtel de ville, ainsi que la femme de Jean Rebin marchand, celle de Gallois menuisier et la citoyenne Nadault, qui s'était « qu'analizée » pour l'enlèvement du beurre, elle est, ainsi que chacune de ses trois complices, condamnée à 25 sols d'amende ; et le beurre est saisi et confisqué au profit de l'hospice de Montbard.

b) Le 29 thermidor (16 août 1794), deux commissaires de la société populaire arrêtent à six heures et demie du matin, une citoyenne de Quincy portant une boîte, elle dit qu'elle apporte 8 douzaines d'œufs au citoyen Petit, médecin, en reconnaissance des services que ce dernier lui a rendus. À la porte du docteur, en présence de la femme du médecin qui confirme les dires de la marchande, les commissaires après avoir observé qu'il n'était rien venu au marché, saisissent 4 douzaines d'œufs qu'ils ont ensuite « exposés » au marché.

Ajoutons à cela que l'hiver 1794-95 fut exceptionnellement rigoureux. La municipalité eut le souci nouveau de procurer du bois de chauffage à la population. Le 12 pluviôse an III (31 janvier 1795), considérant que « les neiges et glaces empêchent de faire venir du bois des ventes », et attendu que le cas requiert célérité, elle invite deux marchands de bois de Buffon, fournisseurs de services et prisonniers de guerre à livrer le bois qu'ils possèdent sur le bord du ruisseau de Marmagne, et qui n'est pas empilé, non seulement aux prisonniers[128], mais encore à 75 personnes qui déclarent manquer de bois[129].

Et, pour le comble de malchance « les froids excessifs ont gelé dans le vallon les poiriers, pommiers et cerisiers dans la plus grande majorité dont le plus grand nombre sont morts, ce qu'il ne peut être réparé de plusieurs années. Il en est de même de la presque totalité des vignes du territoire de cette commune aussi bien dans la montagne que dans le vallon. La faible partie qui avait échappé à ce désastre

---

[127] Il faut croire que la population de Montbard était peu disciplinable sur ce sujet. On trouve à cet effet, dans les archives (cote 4,f°1), à la date du 23 septembre 1658, une ordonnance qui renouvelle les défenses ci-dessus faites d'acheter les grains et autres denrées ailleurs qu'aux lieux affectés à la tenue des marchés.

[128] Montbard avait en l'an III la garde de 24 prisonniers de guerre. C'était pour la municipalité un souci de plus. Ils étaient employés aux travaux par certains habitants. La surveillance en était assurée par le vétéran Jean Paris. Mais la commune était tenue d'assurer la nourriture et le chauffage des prisonniers. (Ceux-ci avaient apporté leur matériel de couchage, leurs marmites et leurs gamelles). En outre, il fallait de temps en temps intervenir pour maintenir l'ordre entre eux, ou réprimer des écarts de conduite. La plupart de ces prisonniers étaient de nationalité hongroise. Leur interprète était un de leurs caporaux qui connaissait le latin.

Plusieurs ont demandé par la suite à « recevoir la nationalité française » déclarant « aimer la Révolution ». Deux au moins, un Valzy, « de bonnes mœurs, sobre et bon ouvrier », et Étienne Varga demandèrent et obtinrent l'autorisation d'épouser, le premier, Marie Anne Humbert d'Arran, le second, Marguerite Hagle, veuve de Jean Boyer.

[129] Par économie, on remplace la bougie par l'huile pour éclairer le corps de garde (18 fructidor an II) et la garde est complètement supprimée quelques mois plus tard.

a été frappée de la forte gelée survenue le 23 floréal (12 mai), l'homme vivant toujours dans l'espérance faisait croire au vigneron que le contre bourgeon qui devait fournir le bois nécessaire à la reproduction du fruit des années suivantes pouvait donner quelques raisins et une faible récolte qui put au moins dédommager d'une partie des frais de la culture ; au moment actuel (5 messidor, 23 juin 1795) les cultivateurs et propriétaires de vigne ont la preuve complète sous leurs yeux qu'il seront privés en totalité de la récolte de vin au territoire de Montbard, à quoi il faut ajouter le prix exorbitant des frais de la culture, empesselage et autre façon ainsi que l'impôt foncier de la présente année qui est très élevé. Et comme la récolte de vignes est la principale ressource des habitants en tout genre de cette commune[130], il est facile d'imaginer la grande détresse des Montbardois en cette année 1795. »

164 - Anciennes mesures : Le boisseau et le setier

Le 28 germinal (17 avril 1795), « il y a plus de 120 familles à Montbard qui manquent absolument de grains... Il est à craindre qu'ils ne se manifestent au premier jour une explosion à cause cette disette de subsistance ». - Le 9 fructidor, Pierre Martin, boulanger, chargé de fournir le pain des prisonniers de guerre, déclare qu'il n'a plus de farine et qu'il n'en trouve point à acheter à aucun prix. Le dernier blé a été payé par lui 36 livres le boisseau (à titre de comparaison, un ouvrier agricole avait un revenu annuel de 500 livres).

La municipalité, dans cette triste occurrence, s'adresse à « la sagesse » du représentant en mission dans le département. En dehors des allocations accordées par l'État aux parents des défenseurs de la patrie (notamment le 24 ventôse an II, 16 mars 1793), 4 677 livres 10 sols 8 deniers, le 8 thermidor, 3 154 livres 17 sols 9 deniers), des secours sont distribués aux indigents. La municipalité en prend elle-même l'initiative le 1er février 1793 : elle achète en leur faveur une quantité de 1 200 à 1 800 boisseaux de blé et d'orge : une quête faite par le maire et par les notables produits la somme de 91 livres 9 sols, avec laquelle est payé le pain des pauvres pendant un mois.

La Convention vote la loi du 22 floréal an II, (11 mai 1794) qui institue dans chaque commune un livre de la bienfaisance nationale. Y sont inscrits les vieillards indigents et les mères de trois enfants au moins, allaitant le dernier. Le 14 thermidor, une somme de 760 livres 15 sols était ainsi répartie entre 79 ayants droit, à raison de 5 à 15 livres pour chacun. La commission qui fait la répartition est composée du maire, du corps municipal, de deux membres du comité de surveillance et de deux membres de la société populaire. Le 21 floréal an III (10 mai 1795) est distribué un secours de 389 livres 7 sols 6 deniers

En cet an III, le ravitaillement de Montbard, où la détresse est si grande, se fait de plus en plus difficilement. L'intervention du district seule assure parcimonieusement l'approvisionnement en grains, qui reste la hantise de la municipalité[131].

La liberté rendue au commerce par la loi du 4 nivôse an III (24 décembre 1794) a fait surgir de

---

[130] Assertion qui paraît bien justifiée par ce fait que le 17 brumaire an III, 7 novembre 1794, un marchand de vin en gros de Paris, reçoit l'autorisation de transporter à Paris 96 pièces de vin qu'il a achetées à Montbard.
[131] De temps en temps - rarement - est délivrée par le district une fourniture de savon (140 livres pour Montbard, 16 livres un quart pour Saint-Rémy, 7 pour Crépand.), ou de riz.

toutes parts des « mercantis » qui sont prêts à spéculer sur tout. Sans souci de la misère générale, ces individus sans scrupules s'instituent marchands de n'importe quoi, à des prix que rien ne peut réfréner.

Et l'on voit monter la livre de blé à quarante sols. Que gronde la colère populaire rien de plus naturel.

Et voici ce qui se passa le 23 messidor (11 juillet 1795), c'est-à-dire à la veille de la moisson.

Ce jour-là différentes citoyennes se sont présentées à la barre du corps municipal et ont dit qu'elles ont appris que « le citoyen Philibert Moucelot, natif de cette commune, serrurier à Paris, et autres citoyens venus avec luy de Paris, avait amené aud. Montbard une voiture chargée de sel et autres denrées, et que son intention était de l'échanger avec d'autres comestibles de toute espèce particulièrement pour du blé, ce qui pourrait ajouter au prix déjà excessif de toutes ces denrées qui sont déjà extrêmement rares et pourrait devenir très dangereux en ce que les citoyens manquent pour la plus grande partie du nécessaire... ».

Le citoyen Moucelot, appelé, reconnaît que dans un premier voyage « il a emmené une feuillette de farine et quelques livres de lard pour sa subsistance, que cette fois il est venu pour des affaires de famille, que pour se dédommager des frais de son voyage, il y a amené huit milliers de sel et quelques livres de savon, de sucre et de tabac, mais que son intention n'a jamais été de faire aucun accaparement de blé ni autres comestibles, et que pour éviter toutes divisions dans la commune, il se soumet à vendre ses denrées et à ne faire aucun amas de blé ni comestibles et de n'en acheter que pour son simple usage comme tous les autres citoyens pendant tout le temps qu'il sera en cette commune, qu'il invite tous ses compatriotes de croire qu'il est bien éloigné de faire aucun commerce qui puisse leur occasionner aucune privation ni apporter aucun exhaussement de prix dans les denrées. »

Ces déclarations paraissent rassurer le corps municipal, qui conseille à Moucelot de s'y conformer, et prie les plaignants de laisser ce serrurier, marchand de sel, savon, sucre et tabac, vendre ses denrées

Mais le procureur de la commune ayant remarqué le jeune âge du citoyen Moncelot, on demande à celui-ci comment il se fait qu'il n'est pas parmi les « défenseurs de la patrie ». Il répond qu'il a été « réquisitionné pour la fabrication des armes ». - Mais alors pourquoi n'est-il pas à son poste ? - Il a profité, dit-il, pour venir régler les affaires de famille, « d'un temps où le soumissionnaire pour la fabrication des armes manque de charbon, de fer et de limes. » - A-t-il un passeport ? - il n'en possède qu'un délivré le 22 fructidor an II, valable pour 3 décades, donc périmé.

Là-dessus, la municipalité enjoint au citoyen Moucelot de se rendre sans retard à son poste en même temps qu'elle informe du fait la commission des armes.

Ce qui explique ces manœuvres spéculatives, c'est que la liberté a été rendue au commerce par la suppression de la loi du maximum, le 4 nivôse. Désormais, plus de taxe, ni sur le prix des denrées, ni sur le taux des journées de travail ; la loi de l'offre et de la demande jouera seule. Ce qui se passa alors, l'offre étant rare et la demande abondante, c'est une ascension vertigineuse des prix.

Dès le 21 ventôse an III (7 mars 1795), la municipalité dresse le tableau des prix usités à cette date, en comparaison des prix de 1790 :

	en 1.795 :	en 1.790 :
Journée d'un manouvrier :	2 livres	16 sols
Journée d'un artisan :	3 livres	1 livre 10 sols
Une voiture et 2 chevaux ou 4 bœufs :	20 livres	6 livres
Transport d'un quintal de matière par 100 lieues :	60 livres	10 livres
Prix d'un quintal de blé :	40 livres	10 livres
Prix d'un quintal de seigle :	28 livres	7 livres
Prix d'un quintal d'orge :	24 livres	5 livres 10 sols
Prix d'un quintal d'avoine :	40 livres	5 livres
Prix d'un quintal de pomme de terre :	15 livres	3 livres 10 sols
Un millier de paille :	50 livres	10 livres
Un millier de foin :	160 livres	20 livres
La livre de bœuf :	2 livres	6 sols 3 deniers
La livre de lard :	5 livres	12 sols
La livre de beurre :	3 livres	12 sols
La livre de sel :	14 livres	1 sol 6 deniers
La livre d'huile d'olive :	6 livres	2 livres
La livre d'huile de noix :	4 livres 10 sols	12 sols
La livre de suif :	4 livres 10 sols	10 sols
La livre de cire :	5 livres	2 livres
La livre de miel :	4 livres	10 sols
Vin 1ère qualité, jauge de Beaune :	500 livres	120 livres
Vin 2ème qualité :	400 livres	100 livres
Vin qualité inférieure :	300 livres	80 livres
Drap fin, l'aune de 44 pouces :	100 livres	30 livres
Drap commun, l'aune de 44 pouces :	70 livres	18 livres
Serge fine, l'aune de 44 pouces :	15 livres	3 livres
Serge commune, l'aune de 44 pouces :	12 livres	2 livres
Toile fine, l'aune de 44 pouces :	12 livres	3 livres
Toile commune, l'aune de 44 pouces :	8 livres	2 livres
Chapeaux fins :	36 livres	12 livres
Chapeaux communs :	25 livres	8 livres
Bas de laine :	12 livres	4 livres
Bas de fil :	9 livres	3 livres
Bas de coton :	18 livres	3 livres
Bas de soie :	« on n'en vend plus »	12 livres
Souliers forts :	30 livres	5 livres 10 sols
Souliers minces :	22 livres	4 livres 10 sols
Sabots :	4 livres	8 sols
Cheval de labour :	3 000 livres	300 livres
Un âne :	600 livres	60 livres
Une paire de bœufs :	3 500 livres	300 livres
Une vache :	900 livres	72 livres
Une paire de moutons :	180 livres	20 livres
Charbonnette, la corde :	12 livres	4 livres

Pillon (moule) 4 pieds de toutes faces :	10 livres	4 livres
Milliers de merrain à monter les vignes :	45 livres	9 livres
Cent de cercles à tonneau :	10 livres	2 livres 10 sols
Pied cube de bois de charpente :	4 livres	1 livre 5 sols
Millier de fonte en gueuse :	1 200 livres	100 livres
Quintal de fonte moulé :	180 livres	15 livres
Quintal de fer forgé :	180 livres	15 livres
La livre d'acier :	4 livres	5 sols
La livre de cuivre ouvré :	10 livres	1 livre, 10 sols
Les livres d'étain :	4 livres	14 sols
Quintal de chaux vive :	14 livres	4 livres
Pied carré de verre à vitrer :	5 livres	16 sols
Cent de bouteilles à vin :	100 livres	20 livres
Rame de papier à écrire :	12 livres	8 livres
Quintal de laine :	1 000 livres	180 livres
Quintal de chanvre :	300 livres	35 livres
L'arpent (~2500m²) de terre 1ère qualité :	4 000 livres	600 livres
L'arpent de terre 2e qualité :	2 000 livres	300 livres
L'arpent de prés, 1ère qualité :	4 000 livres	600 livres
L'arpent de prés 2e qualité :	3 000 livres	450 livres
L'arpent de vigne 1ère qualité :	4 000 livres	800 livres
L'arpent de vigne 2e qualité :	3 000 livres	600 livres
25 arpents de bois de 25 ans, la surface :	5 000 livres	4 000 livres
25 arpents de bois, le fonds :	6 000 livres	4 000 livres
Façon d'un arpent de terre à 3 labours :	36 livres	12 livres
Façon d'un arpent de vigne :	80 livres	24 livres
Toise cube de pierre à bâtir :	90 livres	22 livres
Pied cube de pierre de taille :	1 livre 10 sols	10 sols
Mille bottes de tan :	400 livres	100 livres
Gages annuels d'un berger :	200 livres	40 livres
Gages annuels d'une servante de basse-cour :	100 livres	40 livres
Gages annuels d'un laboureur :	500 livres	100 livres
Un soc de charrue et autres ferrements :	80 livres	10 livres

Ainsi, il y a, par rapport aux prix pratiqués en 1790 une majoration qui va suivant les articles de 50 à plus de 1 000 % ; en moyenne, le prix de la vie a quintuplé.

D'ailleurs, les prix rappelés plus haut, vrais le 21 ventôse ne l'étaient peut-être plus le 22. La monnaie d'échange était l'assignat, sorte de billets d'état gagés sur des biens nationaux, mais que les besoins de l'intérieur et surtout de la guerre avaient fait multiplier bien au-delà du plafond normal[132]. La valeur nominale des assignats avait représenté un pouvoir d'achat de plus en plus faible.

Ainsi, dans la Côte d'Or, 100 livres d'assignats qui, en mars 1791, permettaient de payer 100 francs de marchandises, n'avaient plus au 1er janvier 1792 qu'un pouvoir d'achat de 86 francs, au 1er janvier 1793, de 71, au 1er janvier 1794, de 55, 1er janvier 1795 de 22 ; à l'époque où nous sommes arrivés (mars 1795), de 20 livres. Alors se fait sentir la suppression de la loi du maximum. Aussi l'ef-

---

[132] Sans compter les faux assignats, mis en circulation par des faussaires en vue du lucre ou pour discréditer le régime.

fondrement des assignats va-t-il croissant avec une rapidité telle qu'en décembre 1795, 100 livres d'assignats seront réduits à une valeur de 1f40[133].

Il n'est pas étonnant qu'avec de telles fluctuations dans le cours de la monnaie officielle, on ne s'y reconnût guère, et que la vie devînt de plus en plus chère. Cela explique que même les moins profanes ne puissent établir le chiffre exact de leurs revenus ou de leur fortune, et que chacun pouvait se poser l'interrogation que nous retrouvons dans une lettre de Daubenton à son berger Clément Junot (lettre qui est dans les archives de la société archéologique).

« Paris, 8 floréal an V républicain.

Le Citoyen Pion n'a pas bien entendu ce que je lui demandais, il m'a répondu qu'il avait vérifié le compte de Clément et qu'il s'était trouvé juste. Je n'en doutais pas ; aussi ce n'était pas cela que je demandais : je voulais que l'on m'expliquât ce que valaient 3 713 livres en assignats et six mille livres que j'ai reçues du Citoyen Léger ».

165 - Assignat de 15 sols

En ce temps-là, comme aujourd'hui, la première source de richesse de la France était l'agriculture, et la Convention, au milieu de toutes ses préoccupations, pensa développer la production agricole en accordant « des primes d'encouragement aux cultivateurs qui auront fait des découvertes avantageuses à l'agriculture, amélioré quelques parties de cet art en augmentant la production soit des végétaux qui servent à la nourriture des hommes, soit de ceux qui servent à la nourriture des bestiaux, enfin à ceux qui se distinguent le plus dans les travaux ruraux en améliorant quelque objet de culture tel que la pomme de terre, en faisant des essais pour avoir ou conserver des prairies artificielles et en perfectionnant la race des bestiaux et l'éducation des moutons. »

Sous ce rapport, la municipalité de Montbard signale dans le canton les citoyens suivants :

« A Montbard,

Charles François Petit, juge de paix, âgé de 45ans, ayant à sa charge 5 enfants et 2 neveux. - Par des soins assidus et de la dépense, il a bonifié sur la montagne au midi de cette commune un terrain de très médiocre qualité, fond de roche et arène, au point qu'il a des sainfoins bien venants et des apparences d'une récolte prochaine en grains supérieure aux terrains environnants.

Edme Rigoley, cultivateur tant à Aisy qu'à Montbard pendant 39 ans. -Il a introduit la culture de la pomme de terre en grand à Aisy et dans les pays environnants depuis 15 ans, et à Montbard depuis 6 ans. Il a introduit à Montbard la méthode du Poitou pour cultiver la vigne : fossés transversaux de la pente du terrain, en échiquiers, plants placés à 4 pieds les uns des autres ; il a introduit le raisin Puisard de Salins, le Fromentin de Joigny, le Picarneau de Vermenton, le passe-tout-grain de Dijon, le rouer de Sens.

---

[133] Le 16 fructidor III, 3 septembre 1795, le boisseau de blé froment du poids de 30 à 31 livres se vend 50 livres, la livre de viande, 5 francs. Le millier de foin, 500 francs, le boisseau d'avoine, pesant 20 livres, 40 francs. Le 16 pluviôse, 4 février 1795, un boucher vendait déjà sa viande 35 sols la livre, 4 quintaux de riz fournis au canton de Montbard ont été débités au prix de 20 sols la livre.

Les deux premiers, dit le procès-verbal, donnent un vin fin et généreux relativement aux raisins du pays, les trois autres un vin ferme, très coloré, d'une longue garde et vineux, qualité qui manque aux vins communs de Montbard. Le citoyen Rigoley entretient une pépinière de ces plants de vigne. Il s'occupe à tirer de différents points de la République les meilleures espèces de fruits en pommiers, poiriers, pruniers et cerisiers. Il a acheté des moutons « Roussillon », brebis et béliers, placés sur le territoire de Touillon, et il obtient, avec les races du pays, une laine longue et fine. Enfin, ses terres de Touillon qui étaient d'un faible rapport, il les a plantées de sapins de Bordeaux et de Masseik de Liège, d'ormes et de frênes d'espèces différentes, dont jouiront ses descendants et le public. »

J.B. Guichard, « pépiniariste », l'émule et le successeur de Daubenton père et fils, avantageusement connus par le semis et la culture des arbres indigènes et étrangers qu'il pratique avec zèle et intelligence.

Jacques Guiot « a forcé la nature en établissant sur la crête d'une montagne pelée en face du midi un verger et une vigne, dans le pourtour desquels il a planté des mûriers blancs, il a fait briser des roches, et, malgré sa médiocre fortune, y a employé des pauvres, ayant ainsi, sous tous les rapports, droit à la reconnaissance publique. »

Clément Junot est attaché à la bergerie du citoyen Daubenton l'académicien, dont il a puissamment secondé les travaux et les expériences, conservant et améliorant les races de moutons tant du pays qu'étrangères, soignant fort bien les animaux à lui confiés.

Jean Bressonnet améliore ses fonds en y faisant des aqueducs souterrains pour diriger les eaux qui se répandaient sur toute leur surface, par l'extraction des roches et l'enlèvement des « murgés[134] ».

François Bernard fils a défoncé un sol gras et compact à l'aide d'une charrue « d'une force extraordinaire sur laquelle il fallait 10 à 12 chevaux », il élève aussi avantageusement des poulains, des bœufs, ainsi que des moutons de bonne race.

Hors de Montbard, il faut citer : Jean Chantrier, de Benoisey, Edmé Bressonnet, de Marmagne, Charles Laubin, de Mont-sur-Brenne[135], Nicolas Varet, de Quincerot, Germain Tribolet, dont on ne donne pas le domicile, qui, tous, se sont distingués « avantageusement dans les différentes branches de l'agriculture ».

H. DARGENTOLLE.
Bulletin de la société archéologique et biographique de Montbard. N° 28 - 1933.

---

[134] Provient de l'ancienne rue parisienne Alphonse Murge, où se trouvaient des marchands de vin et où l'on allait s'enivrer.
[135] Nom donné à Saint-Remy à la Révolution française.

La grande terreur et la réaction thermidorienne
Le 22 prairial - 9 thermidor II - 4 brumaire IV
(10 juin - 27 juillet 1794 - 26 octobre 1795)

Au lendemain de la fête de l'Être suprême, la loi votée à la demande de Robespierre par la Convention nationale le 22 prairial an II (10 juin 1794), ouvre la période que quelques historiens ont appelée la grande Terreur.

En vertu de cette loi, des preuves morales, c'est-à-dire de simples présomptions, suffisent pour traduire devant le tribunal révolutionnaire des suspects, et ceux-ci, sans avocats, sans témoins, sont condamnés sans appel à la peine de mort.

Sans doute, à Montbard, il n'y a ni tribunal révolutionnaire ni guillotine. Mais le Comité de surveillance et la Société populaire sont là, prêts à dénoncer les suspects, et - on le verra plus loin - chacun tient sa langue et prend donc garde à ses actes. Il est certain qu'on vit alors dans une atmosphère de suspicion et de contrainte. Cependant, pendant les 47 jours de cette période de pression étouffante marquée à Paris par 1 376 exécutions capitales, s'il y a à Montbard quelques exaltés ou quelques timorés qui hurlent avec les loups, en général, on y fait preuve d'une grande modération pratique.

Sagesse foncière ou intérêts bien calculés, quels changements n'a-t-on pas vus depuis deux ans ; c'est un hommage à rendre au bon sens de la population montbardoise de ce temps.

De fait il n'y eut qu'une arrestation opérée à Montbard. Le 6 thermidor, le citoyen Edme Baudouin, greffier du juge de paix, fut décrété de prise de corps par le directeur du « juré spécial d'accusation » de Semur, et il fut traduit au Tribunal criminel du département de la Côte-d'Or. Heureusement pour lui, trois jours après, la Convention envoyait à l'échafaud Robespierre. Le greffier bénéficia de la réaction thermidorienne, plus heureux que le fils de Buffon qui avait été condamné à mort le 22 messidor et exécuté aussitôt (10 juillet 1794).

166 - Citoyens suspects fouillés par les postes de rue

Des réquisitions en revanche s'effectuent avec la dernière rigueur. Un certain Philibert Chargrasse de Montigny-Montfort n'avait pas fourni le cheval qui lui avait été demandé : il est conduit par les gendarmes devant la municipalité de Montbard, et avec lui un de ses concitoyens de Montigny et deux autres de Mont sur Brenne, compromis dans le maquignonnage du cheval. Cela se passait le 22 prairial.

Le lendemain, deux rouliers de Semur, de passage à Montbard, signalés pour s'être dérobés à une réquisition de leur voiture, se voient contraints de décharger des laines qu'ils conduisaient à Châtillon, et de repartir pour Semur. Le 24 prairial, tous les voituriers de Montbard sont tenus de se rendre à Semur et chargés des subsistances à destination de l'armée.

Le 12 messidor, tous les voituriers trouvés à Montbard, du pays, ou étrangers de passage, doivent également être dirigés sur Semur pour participer au travail du ravitaillement des armées.

L'œuvre de déchristianisation commencée en 1793 se poursuit en faveur du culte de l'Être suprême.

En exécution d'un ordre du district, il est dressé le 27 messidor an II un état des linges et ornements dépendant de l'église paroissiale et fabrique de la commune de Montbard, et de quelques autres objets qui avaient été conservés après les envois antérieurs.

Cet état comporte :

5 chapes noires, 5 violettes, 5 rouges, 8 blanches dont plusieurs à fleur rouge, 7 étoles et une écharpe à fond blanc,
- 4 chasubles vertes, 3 violettes, 5 noires, 7 blanches, 7 rouges,
- 6 tuniques de différentes couleurs, le tout garni des étoles,
- 1 couvre calice,
- 14 pièces de linge servant à couvrir les autels,
- 5 à couvrir le tabernacle,
- 1 couverture rouge pour le lutrin,
- 3 draps de morts,
- 7 couvre-chefs,
- 14 bourses,
- 9 « pâlies », deux devants de tabernacle,
- 2 couvre ciboire,
- Les pans de 2 dais, 2 dessus de dais, 2 voiles.
- 9 surplis, 5 rochets, 1 « ami »
- 60 amicts, 96 purificatoires,
- 19 corporaux, 18 lavabos, 17 retours d'étole,
- une petite serviette ouvrée, 3 serviettes de pain bénit,
- 3 pans de garniture d'autel,
- 27 nappes d'autel, 15 nappes de communion,
- 7 aubes de choriste, une nappe de mariage, 2 amicts et une aube, 26 aubes,
- 2 nappes de petit autel
- La couverture des fonts baptismaux, 3 tapis d'autel,
- un rouleau de velours rouge, 4 rideaux de serge verte,
- un petit rideau de cadis bleu, une robe de drap bleu avec bandes et parements rouges,
- 2 mauvaises soutanes et 6 bonnets carrés, une chasuble bleue, une noire, une à fleurs de différentes couleurs, une rouge, une aube, un amict avec des étoles et autres garnitures, provenant de la chapelle de l'ermitage dite Sainte-Barbe.
- 6 gros et quatre petits chandeliers,
- un ciboire avec son couvercle, un calice, une patène,
- un vaisseau pour les onctions et un gobelet, le tout en étain, 2 chandeliers de cuivre,
- un bénitier et le goupillon aussi de cuivre argenté, un calice avec la patène pareillement de cuivre argenté en dehors et doré en dedans.
- 2 croix de fer, l'une provenant de l'hôpital, l'autre d'une croix de Saint-Pierre avec d'autres ferrailles qui étaient infixées dans des croix de pierre,
- une croix de Malte en or et un croissant d'argent doré, trouvé dans un placard de la sacristie lors de l'enlèvement des linges.

Poids total des effets envoyés à Semur : 733 livres.

Poids des autres objets : étain : 28 livres, cuivre : 10 livres, fer : 200 livres.

Enfin, pour faire disparaître les derniers objets qui rappelaient l'odieuse gabelle et les règlements des corporations, le 28 messidor, le Comité décide d'envoyer à Semur plusieurs objets provenant du grenier à sel, qui « peuvent être utiles à la chose publique » :
- Un gros fléau en fer du poids de 95 livres, les deux plateaux en bois avec leurs cordes, pesant le tout 138 livres.
- Morceaux de grilles et bandes de fer, 83 livres.

- Un minot, un quart et un demi-quart avec leurs cercles en cuivre, pesant 74 livres.
- 20 poids de 50 livres, 2 de 25, 1 de dix, 1 de six, 1 de quatre, le tout de fonte, du poids de 1.070 livres et 1 marc en cuivre de 2 livres.

En outre, seront chargés sur la même voiture à destination de Semur :
- La presse, les 4 poinçons et le marteau qui servaient à marquer les toiles de coton.
- Les personnes les plus susceptibles d'être présumées suspectes étaient alors outre les émigrés et leurs proches les membres du clergé.

Des renseignements à ce sujet sont demandés par le district, il est répondu par Montbard :
1) Tous les ecclésiastiques de cette commune ont cessé toutes fonctions religieuses.
2) Noms de ces ecclésiastiques :
Pierre Degriselle, ex-curé de Montbard, 46 ans.
Jean Patriat, ex-vicaire de Montbard, 28 ans.
Nicolas Renault, ex-curé de Nogent, 68 ans.
Louis J B. Royer, ex-vicaire de Buffon, 29 ans.
Louis J. B. Carré, ex-curé de Viserny, 33 ans.
 J. B.-Carré, ex-curé de Montigny-Montfort, 31 ans.
André Mignot, ex-curé de Saint-Euphrone, 55 ans.
Jacques Guyot, ex-desservant de Crépand, 61 ans.
Etienne Millot, ex-vicaire à Beaune, 26 ans.
Pierre François Bienaymé, ex chanoine d'Évreux, 57 ans, et ex-chapelain de la chapelle Saint-Jean de Montbard.
Chrétien Fanon, ex-bernardin, ex-curé de Coublanc (Haute-Marne).
Sébastien Maître, ex-bernardin, ex curé de Grenant, (Haute-Marne) 38 ans.
Claude Germain Dunod, ex-bernardin et ex-curé de Quincy, 48 ans.
Anne Edmée Hivert, ex-ursuline, 43 ans.
Angélique Despiotte, ex-ursuline, 34 ans.
Légère Fèbvre, ex-tourière du couvent de Montbard, 61 ans.
Jacquette Denis, ex-sœur converse, 43 ans.
3) De tous ces religieux seuls se sont mariés les citoyens Etienne Millot et Cl. G. Dunod.
4) Sur la moralité de tous ces personnages, le corps municipal déclare que tous se sont bien comportés depuis qu'ils résident à Montbard, n'ont rien fait de contraire aux lois, ni commis aucun acte d'incivisme.

Le nombre des prêtres et religieux domiciliés à Montbard et le dernier paragraphe de la réponse municipale semblent attester qu'en somme, malgré la violence des temps, malgré même le zèle révolutionnaire dont paraissent animés les discours d'alors, un grand esprit de tolérance était au fond du cœur des Montbardois.

Au moment où nous sommes arrivés, d'ailleurs, le vent a tourné à Paris. Le 9 thermidor, Robespierre et ses amis du Comité de salut public ont été décrétés d'accusation à la Convention, et pendant deux ou trois jours, les acteurs principaux de la grande Terreur ont subi la peine de mort qu'ils avaient prodiguée si libéralement.

La nouvelle de cette contre-révolution est parvenue à Montbard dans les conditions suivantes.

Le 15 thermidor, le maître de la poste aux chevaux a déclaré au corps municipal que la nuit dernière ont logé chez lui deux citoyens se disant commissaires de la Convention nationale pour se rendre dans les départements du midi, emportant de nombreux exemplaires de la proclamation de la Convention sur la « conspiration de Robespierre, Saint-Just, Couthon, etc., contre la République » et en laissant dans les lieux de leur passage.

Le corps municipal, vu l'identité de cette proclamation avec celle insérée dans le Bulletin de la

Convention du 11 thermidor, décide que cette proclamation sera publiée sur-le-champ dans toutes les places de la commune.

Jusqu'alors, une publication de cette nature ne s'était faite qu'après que l'ordre en avait été donné du district ou du département. L'initiative que la municipalité ne craint pas de prendre en l'occurrence semble témoigner que le régime de la terreur est objet de désaffection de la part de corps municipal, c'est-à-dire, vraisemblablement, de la population.

La cessation du régime terroriste fut célébrée le 23 thermidor, ancien 10 août, avec une solennité particulière.

À 5 heures précises du soir, le conseil général s'est rendu à l'arquebuse, où les citoyens et citoyennes avaient été invités à se trouver. De là on partit en masse, précédé des tambours et hautbois, et l'on gagna la place de la réunion. Au centre de la place furent mis les défenseurs de la patrie blessés dans les combats. On chanta et on dansa en témoignage de l'allégresse qui animait tous les Français et, à 8 heures, on alluma un feu qui réduisit en cendres les emblèmes de la tyrannie. Qu'étaient ces emblèmes ?

Le lendemain 24 thermidor, le conseil général rédigea l'adresse suivante à la Convention nationale :

« Législateurs,

Recevez nos sincères félicitations sur l'énergie avec laquelle vous avez découvert et puni les trames scélérates, hypocrites et perfides des tyrans qui voulaient renverser la liberté publique, dont nous devons la conservation à cette active surveillance qui vous a si bien fait mériter de la patrie. Les fausses vertus de Robespierre et de ses complices en avaient imposé à un grand nombre de vrais patriotes, mais la mémoire de ces monstres est vouée à l'exécration de nos arrière-neveux et redoublera dans tous les cœurs la haine pour tout genre de tyrannie.

Combien, Législateurs, a été sublime la détermination de la Convention nationale en formant dans sa sagesse le gouvernement révolutionnaire provisoire. Sa marche active et sévère a empêché dans une circonstance aussi critique la République d'être la proie des faux patriotes ou des nations étrangères, elle a fait cesser l'anarchie dans l'intérieur.

Nous vous invitons, représentants, à redoubler de surveillance et de fermeté. La vengeance nationale est à l'ordre du jour, elle doit y rester tant qu'il existera un seul ennemi de la République une et indivisible.

Mais, tandis que nous appelons votre sévérité sur les têtes coupables, nous réclamons en même temps votre justice et votre humanité pour réhabiliter la mémoire des patriotes tombés sous le glaive de Robespierre et de ses complices et consoler leurs familles, par une révision scrupuleuse des jugements qui les ont condamnés. »

Signé : Rigolet, maire. Bernard, Drouard, Sordot, Royer, Martin, Bréon, Boulland, Noirot, Laubin, Simonnot, Malachin, Guérard le Cadet, secrétaire.

Ainsi le conseil général applaudissait à la réaction thermidorienne, comme il avait applaudi à la dictature de Robespierre, comme il avait fait à toutes les grandes journées de la révolution.

Quatre jours après, la population donna libre cours à sa joie, dans des manifestations qui n'avaient rien d'officiel. Le 28 thermidor correspondait au 15 août. Or, si le calendrier révolutionnaire était obligatoire, si les seuls jours officiels de repos étaient les décadis et les jours de fête républicaine, la tradition, plus forte que la révolution, n'avait pas fait oublier les dimanches et les anciennes fêtes de l'église. C'est ce qui explique que le 28 thermidor, 15 août, les cafés de Montbard furent envahis par une foule de gens venus des communes voisines, les Montbardois se joignirent naturellement à eux. Et l'on but à la chute de Robespierre, l'on but à la liberté recouvrée, à la liberté de parler, à la liberté de penser, à la liberté de boire, peut-être... L'on but à tel point que le corps municipal s'en émut. Le lendemain, en effet, il convoqua à l'hôtel de ville les onze cabaretiers de la commune. Ceux-ci déclarèrent avoir débité dans la journée, chacun, d'une feuillette à un demi-queue de vin. Prétextant que cette consommation exagérée du vin risquait d'épuiser rapidement les stocks d'une « denrée de première nécessité », la municipalité pensa un moment à interdire aux cabaretiers de vendre du vin aux citoyens domiciliés à moins d'un lieu de Montbard, jusqu'à la prochaine vendange.

167 - Le caveau de Buffon

La réaction contre la terreur se traduisit par l'abrogation de certaines mesures prises à l'égard des anciens suspects. Ainsi sont rayés de la liste des émigrés les noms de la mère d'Élisabeth Georgette Daubenton, puis du mari de celle-ci, le propre fils de Buffon. L'une et l'autre étaient désormais en droit de revendiquer des successions qui étaient jusqu'alors sous séquestre.

On avait même déjà commencé de vendre le mobilier du château de Buffon. Le 25 brumaire, le citoyen Hugot, membre de l'administration du directoire de Semur, reçoit l'ordre de surseoir à cette vente. Et le citoyen François Chevreux est chargé par la municipalité de garder la maison et les dépendances, parterre, jardins, potagers, promenades et remise, et de veiller qu'il « ne s'y commette aucune dégradation ». Seulement, du mobilier il ne reste plus que les platines des cheminées, les clochettes des chambres, les orangers, les statues tant du parterre que du grand jardin, les ouvrées les arrosoirs et autres ustensiles du jardin.

Le 28 vendémiaire avait été remis en liberté Jacques Trécourt, à Paris, en raison de ce que « tous les écrits de Trécourt respirent le plus ardent patriotisme, et des vues utiles à la République ainsi qu'aux arts et aux sciences, qu'il a toujours été reconnu pour bon républicain et qu'il n'a été arrêté que parce qu'il était l'agent de Leclerc supplicié ».

Après le 9 thermidor, la Convention elle-même voulut effacer ou renier les excès qu'elle avait laissé commettre pendant la terreur. Un rapport lu par Grégoire à la séance du 25 frimaire an III, et inséré dans le supplément du bulletin de l'Assemblée n° 26, signalait « qu'à Montbard l'on a arraché le cercueil de Buffon pour avoir quelques livres de plomb », c'était accuser la ville de Montbard de profanation d'une grande tombe, sans nécessité.

Le 2 nivôse, la municipalité piquée au vif déclare que, si elle a enlevé les cercueils de plomb de Buffon (on ne dit plus Leclerc) et de sa fille, elle n'a fait qu'exécuter les ordres impératifs du directoire de Semur. Et elle demande l'insertion au Bulletin de la Convention de cette déclaration, « afin que le public ne l'assimile pas aux communes qui se sont permis de détruire des mausolées que l'admiration et la reconnaissance avaient érigés à la mémoire des hommes célèbres »

Il y avait alors juste un an qu'avait eu lieu l'enlèvement des cercueils. Quel changement dans l'état des esprits[136].

La violation de la tombe du grand savant semble d'ailleurs bourreler de remords le Conseil général qui, le 12 pluviôse, pour dégager sa responsabilité, rédige l'adresse suivante à la convention nationale.

« Citoyens,

Des mains profanes ont souillé le tombeau du célèbre Buffon ; elles ont dispersé les cendres du citoyen qui honora le plus notre patrie.

Nous avons vu avec indignation cet acte de frénésie mais il y a eu un temps où il fallait se taire.

Aujourd'hui qu'il est loisible de manifester sans crainte son opinion, nous demandons qu'il nous soit permis d'ériger un nouveau monument à la mémoire de notre compatriote et de rassembler ses cendres éparses dans un endroit solitaire où sa main créatrice nous peignit si bien la nature.

La société populaire s'associe à cette adresse.

À la séance de ce jour Signé Rigoley, maire, Laubin, Fanon, Bernard, Boulland, Guérard, Bréon, Simonnot, Guiod, Malachin, Pion, Guérard le cadet, secrétaire. »

La délibération relative à l'enlèvement du plomb du caveau de Buffon était signée Rigoley, maire, Laubin Bernard, Royer, agent nat. et Guérard le cadet secrétaire.

Autre signe des temps, sur la proposition du maire Rigoley, le conseil général décide le 25 floréal an III (14 mai 1795) de changer les noms de plusieurs rues. La rue Marat deviendra rue Daubenton[137] ; la rue Pelletier, rue Crébillon ; la rue de la Montagne, rue Piron ; et pour réparer un oubli regrettable, la place de l'Égalité prendra le nom de place Buffon, du nom « de l'immortel historien de la nature, Georges Leclerc Buffon, notre compatriote, qui dans l'étendue de la République et chez les étrangers, honore si singulièrement notre commune. »

À la même séance, le maire informe le conseil général qui a « fait une pétition au Comité d'ins-

---

[136] Ajoutons les renseignements suivants à l'histoire des rapports de Buffon avec Montbard (voir-bulletin de juillet 1930). Le 18 décembre 1792 la municipalité a invité G. L. M. Leclerc Buffon, en la personne de Jacques Trécourt son préposé, « d'ouvrir la porte grillée qui sépare la chapelle que son défunt père a fait construire sur le terrain commun de l'église paroissiale, et la clef de ladite porte grillée sera remise au procureur de la commune ainsi que la clef de la porte de cette même chapelle donnant sur la place, attendu que ledit citoyen Leclerc n'a pas le droit d'avoir une chapelle close pour lui seul et que cette chapelle doit être libre comme tout le surplus de l'église et que la commune a le droit d'amodier les places à son profit... Et si ledit Leclerc se refusait à la remise desdites clés, la commune le tiendra garant et responsable de tous vols qui pourraient être faits à ladite église n'empêchant néanmoins qu'il enlève ladite porte grillée ainsi que tous les autres effets qui peuvent lui appartenir dans ladite chapelle à charge par lui de faire les réparations qu'entraînerait l'enlèvement desdits effets ».
Mais le 3 janvier, 15 jours après, le conseil général somme Trécourt, qui a enlevé la porte grillée de la remettre en place. C'est que conseil qui « croyait que la chapelle avait été construite sur le terrain acquis par Buffon a été en réalité édifié sur l'emplacement d'une petite maison où logeait sans payer de loyer le sonneur Nicolas Blesseau, sur le terrain communal, qu'en outre en fait de meubles il s'agit seulement de meubles meublants et non ce qui tient à fer et à clond » en confirmation de ces attendus, Nicolas Blesseau est appelé. Il survient et déclare qu'en effet il a occupé le logis pendant 36 ans. Et le 15 juin 1793, le Conseil municipal propose de mettre en vente par lots le château royal, « dont il ne reste plus que deux tours, un cabinet et une tourelle servant de Colombier, le surplus étant occupé par un jardin potager et des promenades plantées d'arbres de toutes espèces appartenant G.L. M. Leclerc. »

[137] En témoignage de gratitude, Daubenton écrivit à la municipalité la lettre suivante, datée de Paris, 21 messidor l'an III de la République :

« Citoyens,

J'ai toujours pensé que la plus grande ambition d'un honnête homme devait être de mériter l'estime de ses compatriotes.

Je vois avec un grand plaisir que vous m'accordez la vôtre, citoyens, puisque vous avez mis mon nom sur les murs de notre patrie, pour dire aux étrangers qui le liront : c'est notre compatriote que nous estimons et que nous aimons, voici l'habitation qu'il a parmi nous. Je suis très flatté et très reconnaissant de ce témoignage d'estime et d'amitié et, je vous prie, citoyens, d'être bien persuadés de l'intérêt que je prends au lieu de ma naissance et à tout ce qu'il y a rapport à nos compatriotes.

Salut et fraternité. »

Daubenton.

truction publique de la Convention nationale, conjointement avec la Société républicaine de cette commune, pour avoir la faculté de faire placer les cendres de Georges Louis Leclerc Buffon dans un tombeau, d'une forme simple et noble, au jardin du ci devant château de Montbard, en attendant la gloire qui attend ce grand homme d'être placé au panthéon ».

Cette pétition étant restée sans réponse il propose de demander au département l'autorisation de placer les cendres « de l'illustre Buffon au cabinet situé dans les jardins, ayant son aspect au couchant, dans lequel Buffon a créé pendant l'espace de plus de quarante ans, les sublimes tableaux répandus dans son immense histoire naturelle. Le tombeau, ainsi que son inscription serait simple mais noble, et annoncerait que ce n'est qu'un dépôt pour ainsi dire momentané ; la porte en serait grillée, pour empêcher les approches indiscrètes du tombeau, à clairevoie afin que l'étranger et les émules des sciences de toutes nations puissent y venir rendre leur hommage aux restes du premier génie de ce siècle ».

La ferveur révolutionnaire s'étant attaquée particulièrement au culte catholique, la réaction s'étend au domaine religieux. Le culte catholique avait fait place au culte de la Raison, celui-ci au culte de L'Être suprême. On revient au culte catholique :

Le 14 prairial an III et publiée la loi du 11, (30 mai 1795) « portant le libre usage des édifices non aliénés destinés originairement à l'exercice du culte... », les cultes pourront s'y exercer sous la surveillance des autorités constituées.

Dès le lendemain, les citoyens Degriselle et Patriat déclarent « qu'ils entendent exercer, en qualité de ministre, le culte catholique dans l'église paroissiale, faisant leur soumission expresse de se conformer aux lois de la République, et particulièrement à celle du 11 prairial et, à l'instant, les clés des portes d'entrée de l'église et celles de l'intérieur ont été remises auxdits citoyens Degriselle et Patriat ».

Le 16 prairial, le citoyen Bienaymé ; le 18, le citoyen Mignot font des déclarations identiques. Le 25 prairial, c'est le tour des citoyens Louis-Jean-Baptiste et J.B. François Carré.

En fructidor an III est remise définitivement au culte catholique l'église paroissiale. Mais, à la suite d'une pétition d'un grand nombre d'habitants, considérant que cette église « à raison de l'aspérité de la montagne où elle est située ne permet ni aux vieillards ni aux infirmes d'y aborder par les temps froids, neige et frimas, non plus que dans la saison des grandes chaleurs » qu'en outre « elle n'est point assez vaste pour contenir le peuple qui dans cette commune pour la grande majorité est resté attaché à son culte », et « sans entendre préjudicier à aucun droit que peut avoir la nation sur la chapelle dite Saint-Jean, la municipalité n'empêche pas que l'exercice du culte ne soit fait dans cette chapelle, qui est située au cœur de la ville, pour la grande facilité du peuple, et particulièrement pour remplir le vœu des vieillards et infirmes[138] ».

L'étreinte rigoureuse dans laquelle on se sentait serrés pendant la terreur se relâche. Des langues que la peur rendait muettes se délient. La discipline civique se détend. Néanmoins, il ne faut pas exagérer, et la tiédeur républicaine reste une cause de suspicion. Deux Montbardois s'en sont aperçus. Le 4 brumaire III, à propos de l'exécution d'un ordre du district (il s'agit pour la garde nationale d'aller à Seigny, obliger des cultivateurs à livrer du grain), deux gardes nationaux refusent de marcher. L'un va même jusqu'à dire qu'il « avait regret d'avoir servi la République, qu'on n'avait qu'à demander aux volontaires qui revenaient blessés s'ils étaient contents. »

Ces attitudes et ces propos défaitistes font condamner les deux récalcitrants à douze et vingt-quatre heures de détention dans la maison d'arrêt municipal. Au tribunal les propos ont d'ailleurs été rétractés, et les deux prévenus se sont déclarés prêts à « marcher toutes et quantes fois » qu'ils en seraient requis.

---

[138] Cette délibération n'eut aucun effet en ce qui concerne la chapelle Saint-Jean. Le 10 vendémiaire an IV, (2 octobre 1795) un voiturier conduisant une voiture de grains et n'ayant pas tous ses papiers en règle est arrêté, sa voiture saisie et son chargement déposé dans l'église Saint-Jean. Malgré l'opposition de la municipalité, la chapelle est mise en vente le 1er brumaire.
Et le 14 brumaire, le nouveau propriétaire entre en possession. Les grains remisés dans l'immeuble sont confiés à sa garde jusqu'à ce qu'ils soient réclamés par le citoyen Touzet de Vitteaux à qui ils appartiennent. Le 17, ils sont portés dans les greniers de la ville.

La réaction thermidorienne renouvela enfin le personnel révolutionnaire. Dans l'administration communale, c'est le représentant du peuple qui désigne les citoyens devant remplacer ceux dont le mandat est expiré.

C'est ainsi qu'à Montbard, le 4 pluviôse an III, sont nommés officiers municipaux Jean-Andoche Guide, Charles Antoine Guérard et Edmond Fanon, en remplacement de Michel Sordot, Nicolas Drouard et Urse Bréon.

Agent national, Pierre Adam, à la place d'Antoine Royer ; Jean Marie Bernard et Ch. François Petit, notables, à la place de Veuillot et Guérard ; Assesseurs en la justice de paix, Etienne Millot, au lieu de Rigoley fils.

Le 10 fructidor, an III, en exécution du décret du 6, qui ordonne la dissolution de toutes les sociétés populaires ou clubs, la municipalité fait enlever de la salle où se tenait la Société de Montbard tous les papiers, en ferme les portes, et dépose les archives à l'hôtel de ville.

Le 18 fructidor, an III, la Société populaire remet à la municipalité ceci :

« Règlement et suite du règlement et registre des lettres et pièces à conserver. »

Nous avons vu que la loi du 19 vendémiaire an IV, 11 octobre 1795 avait supprimé les conseils généraux des communes pour y substituer une administration municipale cantonale. Les derniers actes de la municipalité de Montbard ont été de proposer et de demander au département l'autorisation.

168 - Maison de l'octroi. Dessin de H. Tachy

1) d'agrandir la maison commune en y adjoignant le presbytère qui était adossé, et en modifiant les escaliers qui donnent accès.

2) Y laissant le mobilier actuel, deux petites tables, quelques chaises, une demie armoire et deux placards, le tout très insuffisant dans le nouvel ordre de choses, de faire l'acquisition de registres, papiers, chandelle, cire à cacheter, poêles, ainsi que de cartes itinéraires de la République, indispensables pour diriger le passage des troupes, et livres concernant toutes les parties de l'agriculture et des arts, d'une nécessité absolue à la nouvelle administration.

Le 17 brumaire, 9 novembre 1795, est installée la municipalité cantonale. Elle est ainsi composée :

	AGENT NATIONAL	ADJOINT
Saint-Rémy :	Antoine Raymond	François Dosdancq
Buffon :	Cyr Marcoux	Charles Jacquet
Rougemont :	Simon Martinet	Nicolas Davoise
Quincy :	Philippe Baillot	Jacques Maigrot
Quincerot :	Hubert Bresseau	Claude Boron
Crépand :	Cyr Gaveau	Antoine Gaillard
Nogent :	Claude Carré	Jean Thévenin
Courcelles :	Edmé Epry	Pierre Debussi

Benoisey :	Edme Bernard	Jean Debussy
Fresnes :	Pierre Guilleminot	Rémy Renard
Fain :	Pierre Gallois	Pierre Comparût
Marmagne :	Charles Sardin	Pierre Marot
Montbard :	J.B. Pion	Pierre Antoine Rigoley
Montigny :	personne ne s'est présenté.	

L'Assemblée primaire de Montbard avait élu comme président de l'administration du canton le citoyen Antoine Royer, de Saint Rémy, ancien notaire et procureur de la commune à Montbard. Il déclina cette fonction par la lettre suivante, annexée au procès-verbal d'installation, et adressée au président de l'assemblée primaire.

« Saint Rémy 12 brumaire l'an 4.
Citoyen,
Je reçois présentement un extrait du procès-verbal de l'assemblée primaire de la commune de Montbard, de sa séance d'hier, avec une lettre de votre part, par laquelle vous m'annoncez que je suis nommé président de l'administration municipale du canton de Montbard. Je désirerais, citoyen, pouvoir répondre à la marque de confiance que les citoyens de Montbard me donnent, mais mes forces ne me permettent pas de me charger de cette place. En conséquence je vous prie de faire part à vos concitoyens que je ne peux accepter la place de président, et qu'ils peuvent en choisir un autre.

Vous me permettrez de vous observer, que je ne crois pas, que le Bureau de l'assemblée primaire de la commune de Montbard puisse proclamer le président de l'administration du canton, il aurait fallu que ce bureau eût été formé par le canton en entier, pourquoi je crois qu'il y a nullité dans cette opération.
Salut et fraternité. »
Signé Royer
Ici s'arrête l'histoire de la municipalité de Montbard, pour la période et 1789 -1795.

La dernière inscription portée sur les registres des délibérations de la commune de Montbard est l'inventaire des titres, papiers et minutes, dépendants de la municipalité de Montbard, déposés aux archives de la maison commune, et l'inventaire des meubles, effets, armes et munitions appartenant à la commune de Montbard, qui sont remis à la municipalité cantonale :
- Un fauteuil couvert en panne jaune, 4 chaises couvertes en panne rouge, 8 chaises de paille dans la salle du fond,
- 2 chandeliers de cuivre argenté, une paire de mouchettes de fer et un binet de fer-blanc, dans la salle,
- Un boisseau de bois garni et cerclé de cuivre, une pinte en cuivre,
- Un pot de deux tiers de pinte, une chopine, un tiers et un choveau en étain, une pinte de Flavigny, en étain pour l'huile,
- Un demi-boisseau et un quart de boisseau,
- Une paire de petites balances à plateaux de cuivre et le « flaux » en fer, des poids de 8, 6, 4, 2,
- Un livre, une demie, un quarteron, une once et une demi-once, en cuivre et un poids de 2 livres de fer.
- 104 livres de balles de plomb de différents calibres,
- 12 fusils garnis de leurs baïonnettes,
- Une petite armoire fermant à clef,
- 13 livres de bougie, 14 cahiers de papier, un petit tapis bleu,
- Dans les deux grandes salles une table à quatre pieds tournés, un tapis vert dessus, une grosse table à quatre pieds carrés, quatre autres tables, avec tréteaux, 4 grands bancs et 4 bancs à dos en bois,
- 2 gros chenets de fonte, une pelle une pincette et une tenaille,

- Dans la chambre de la geôle un banc à 4 pieds carrés, 2 paires de roues à monter des affûts,
- Dans le grenier, dans un coffre, un sac de 84 livres et 1 baril de 18 livres de poudre, un gros flaux de fer avec les deux plateaux et ses cordes, 5 planches de chêne, une pelle de bois et 7 chaises non empaillées,
- 12 fusils avec leurs baïonnettes sont chez Nicolas Paris, serrurier, en réparations.

La Convention nationale s'est séparée le 4 brumaire an IV (26 octobre 1795). La municipalité de Montbard disparaît le 17 brumaire. La République demeure. Mais ce n'est plus un gouvernement provisoire et dictatorial. C'est la République directoriale, organisée par la Constitution approuvée à Montbard le 10 fructidor par 92 voix sur 93 votants.

H. DARGENTOLLE
Bulletin de la société archéologique et biographique de Montbard n° 26 - 1933

Les Fêtes du 14 Juillet

Pendant toute la durée de la révolution, le jour anniversaire de la prise de la Bastille fut célébré comme un jour de fête nationale.

C'est le Jour de l'An de la liberté !

Le premier anniversaire de la prise de la Bastille fut célébré le 14 juillet 1790.

Ce jour-là, les garde-nationales de tous les départements nouvellement créés envoyèrent des députations à Paris pour s'unir par un sermon-solennel.

C'est la fête la plus belle, la plus magnifique et la plus touchante que la France n'ait jamais vue.

Après le coup d'État du 18 brumaire (1799), la fête nationale commence à être célébrée avec moins de pompe et d'éclat.

1802 Ce fut Bonaparte, qui avait entrepris de détruire toutes les institutions de la révolution, ne manqua pas de supprimer la Fête nationale, qui fut bientôt remplacée par la Saint-Napoléon le 15 août.

En 1816, on fêtait la Saint-Louis en reconnaissance à Louis XVIII.

En 1848, les fêtes du roi sont remplacées par la fête Saint-Napoléon fixée au 15 août, jour anniversaire de la naissance de l'empereur.

1880 : il était réservé à la 3° République de reprendre les traditions de la révolution et de rétablir, comme fête nationale, le glorieux anniversaire du 14 juillet.

La loi du 30 juin 1880 décréta cette mesure en ces termes :

« La République adopte la date du 14 juillet comme jour de fête nationale. »

Depuis lors, l'anniversaire du 14 juillet 1789 est redevenu la fête de la France libre et républicaine.

169 - 14 juillet 2014

Plan de la Fête de la Fondation de la République française
Pour l'An VI (1797)

« Citoyens,

L'Époque à jamais mémorable de la fondation de la République française devant être célébrée d'une manière solennelle dans toute la république, en conséquence tous les citoyens et citoyennes de la commune de Montbard sont invités au nom de leur amour constant pour la liberté et de leur sincère attachement au gouvernement républicain français de suspendre demain premier vendémiaire an VI (22 septembre 1797) le cours de leurs travaux ordinaires et de concourir de tous leurs pouvoirs à la célébration de cette fête qui aura lieu ainsi qu'il suit :

1. Aujourd'hui cinquième jour complémentaire, à 6 heures après midi (21 sept. 1797) la fête sera annoncée au peuple au bruit de deux coups de canon tirés sur la place du temple, et au son des tambours, hautbois et fifres. À 8 heures précises trois fusées seront lancées du haut de la grande tour dans les airs.

2. Demain, premier vendémiaire (22 sept. 1797), la fête sera annoncée de nouveau au peuple par deux coups de canon tirés du même lieu à 6 heures précises du matin et par le son des mêmes instruments.

3. À 8 heures 30 l'assemblée sera annoncée au son des mêmes instruments et de suite le rappel.

4. Le cortège se trouvera assemblé à 9 heures précises sur la route de Dijon au-devant de l'arquebuse ; il en partira à 9 heures 30 composé et marchant dans l'ordre qui suit :

5. La gendarmerie à cheval avec d'autres citoyens montés, sabre nu à la main, ayant le brigadier de la gendarmerie à leur tête, ouvriront la marche.

6. Un groupe de vieillards portant chacun une branche de chêne à la main.

7. Les vétérans avec leurs épées, ayant à leur tête l'un d'entre eux.

8. Un groupe de jeunes filles vêtues de blanc et ceintes d'un ruban tricolore, chantant des hymnes qui leur seront désignés.

9. Un groupe de volontaires blessés au service de la patrie, ayant chacun une branche de laurier et à leur tête l'un d'entre eux.

10. Un groupe de jeunes garçons ayant au milieu d'eux de petits drapeaux tricolores et à leur tête leur instituteur, et chantant des airs patriotiques qui leur seront désignés.

11. Un groupe de volontaires, maintenant rentrés dans leurs foyers en vertu de congés réguliers, ayant le sabre à la main et dirigés par l'un d'entre eux.

12. Les tambours, hautbois et autres instruments.

13. Toute la garde nationale à l'exception d'un peloton de la garde avec le drapeau au milieu d'elle, ayant à leur tête le commandant.

14. Tout le peuple.

15. Le peloton réservé de la garde nationale, ayant à sa tête un tambour et un officier fermera la marche.

16. Le cortège arrivé ainsi devant le lieu des séances de l'administration municipale, le commandant fera halte ayant soin de faire laisser au centre de la garde nationale un espace suffisant pour placer les membres de l'administration municipale, les juges de paix et assesseurs et tous autres fonctionnaires publics, pour de suite, le cortège se rendre à la place de la révolution près le petit étang du Pâquis en passant par les rues de la liberté et Beaurepaire sur laquelle place il sera élevé un autel à la patrie où se fait lecture des droits de l'Homme, des hymnes patriotiques y seront chantés et un discours prononcé.

17. Le retour du cortège se fera dans le même ordre.

18. Les administrateurs municipaux et fonctionnaires publics étant rentrés au lieu des séances de l'administration municipale, le cortège se portera sur la place de la Liberté en face la maison commune ; le drapeau sera planté auprès de l'arbre de la liberté jusqu'à 5 heures du soir et sera gardé par dix hommes de garde. Il sera formé autour de l'arbre de la liberté et du drapeau des faisceaux d'armes de tous ceux

portés au cortège et chacun se retirera.

19. À 5 heures du soir la gendarmerie et la garde nationale se rassembleront sur la place de la Liberté. Chaque garde national reprendra son arme. Le drapeau sera repris. Alors le cortège s'avancera vers le lieu des séances de l'administration municipale. Le commandant fera halte, les administrateurs municipaux et fonctionnaires publics se placeront au centre et le cortège se rendra sur la place de la révolution par les mêmes rues. Des hymnes patriotiques seront chantés et répétés au son des instruments.

20. Le cortège rendu sur la place de la révolution, une course de jeunes républicains vêtus de blanc, autant qu'il sera possible, aura lieu à pied. Ils partiront d'un point indiqué sur la place de la révolution pour se rendre à un autre poteau qui sera planté en face du coude que fait la route de Semur au petit pont, pour de là revenir au point d'où ils sont partis et où sera l'administration, municipale. Le président donnera un chapeau à chacun des deux vainqueurs, le premier sera d'une valeur au-dessus du second.

21. Danses.

22. À 7 heures et demie du soir, illuminations.

23. À 8 heures et demie précises, feu d'artifice sur la place de la liberté et danses.

Fait à Montbard ce deuxième jour complémentaire
An cinq de la République française (18 sept. 1797)
Signé illisible.

170 - Feu d'artifice

Les Arbres de la Liberté

La coutume de planter des arbres symboliques semble remonter à l'antiquité.

Jusqu'en 1499, la corporation des orfèvres de Paris présentait tous les ans à Notre-Dame, le jour du 1er mai un arbre, qu'elle remplaça à cette date par un travail d'orfèvrerie, puis par des tableaux appelés « tableaux de 1er mai ».

À Paris, on planta encore un « mai » en 1610 dans la cour du Louvre et jusqu'au milieu du XVIIIème siècle, les « Basochiens » en plantaient un chaque année dans la cour du Palais.

L'usage de planter des « mai » devant les habitations ou sur les places, le jour du 1er mai, s'est conservé dans les campagnes jusqu'à une époque toute récente.

171 - l'arbre de la liberté au champ de foire

On sait que dans certaines régions d'Europe, et récemment encore dans le canton suisse d'Argovie, on plantait un arbre à la naissance d'un enfant.

C'est en 1790 qu'on commença en France à célébrer les temps nouveaux par la plantation de « mai », qu'on appela bientôt « arbre de la Liberté » parce qu'ils symbolisaient la liberté conquise par la révolution. La première plantation fut faite le 25 mai 1790, par le curé de Saint-Gaudens (Vienne) le jour où la municipalité élue entra en fonction.

Cette pratique se généralisa si rapidement dans tout le pays que dès 1791, il y avait 200 arbres de la Liberté à Paris et qu'on en compta bientôt plus de 660 000 en France. On en planta jusqu'en Pologne.

La plantation donnait lieu à une cérémonie patriotique et civique. Devant l'arbre, décoré de rubans de fleurs et d'inscriptions, on prononçait des discours grandiloquents, on déclamait des poèmes patriotiques, les enfants chantaient des chœurs et la fête se terminait par des danses et un banquet. Les citoyens se réunissaient devant l'arbre pour prêter le serment civique.

Beaucoup d'arbres de la liberté furent arrachés ou mutilés dès 1793 par des ennemis de la République. Sous la restauration, le gouvernement fit détruire presque tous ceux qui subsistaient encore.

Aussitôt après la révolution de février 1848, on se mit partout à planter des arbres, symboles de la liberté reconquise, au milieu de l'enthousiasme populaire. Dès 1850, le Préfet de police et les Préfets du Second Empire firent abattre ces arbres et il n'en subsiste aujourd'hui qu'un nombre infime.

Les arbres choisis à ces cérémonies étaient surtout des peupliers, à cause du nom latin « populus » dont l'homonyme signifie peuple ou bien des chênes, sans doute à cause de leur beauté et de la tradition celtique.

À Montbard, on a planté un arbre de la Liberté le 23 juin 1792 sur la place de l'Hôtel de Ville. N'ayant pas repris, il est remplacé le 10 novembre 1793. Il est abattu le 20 janvier 1816 (jour de deuil). Louis XVI a été assassiné le 20 janvier 1793.

-le 5 mai 1889, place du champ de foire pour le centenaire de la révolution. Il existe encore en 2002.

-Le 29 février 1948, pour la célébration du centenaire de la révolution de 1848. Le rassemblement se fit place du champ de foire pour se rendre, musique en tête, au lieu de plantation (Saint Michel). Une poésie de Victor Hugo est récitée par un élève. Le soir, une conférence est faite au Casino par Monsieur Dargentole. La soirée se termine par de la musique et des danses.

- Le 25 mars 1989, pour la célébration du bicentenaire de la révolution de 1789. Le rassemblement se fit sur le lieu de plantation, square Voltaire.

172 - La plaque de l'arbre du centenaire

173 - Plantation d'un arbre de la liberté

Situation Matérielle d'un Vigneron au 18ème Siècle.

De cette situation on peut se faire une idée à l'aide du document que nous reproduisons ici : Extrait d'un inventaire fait par les notaires Guérard et ? de Montbard assistés de Edme Poussine et Maurice Sordet, marchands, experts, le 23 novembre 1768, après le décès de Marie-Reine Maillard, femme d'André Champenois, vigneron, père et tuteur de ses enfants mineurs :

174 - Le travail de la vigne

Une crémaillère, deux chenets, un chenillon, une pesle à feu, un gril et une petite rôtissoire à rôtir des pains, estimés :	3 livres
Un lit, tour de lit de boge jaune avec leurs tringles de fer, une paire de draps de plein et étoupe, la paillasse, le châlit et la couverture de toile peinte :	30 livres
Un autre lit garni de ses rideaux de boge jaune avec leurs tringles, traversin, paillasse, couverture de toile piquée, avec le châlit, estimés :	45 livres
Une armoire à deux battants ferrée, fermant à clé :	18 livres
Dans cette armoire : deux cotillons rayés, dont l'un est de boge et l'autre de demi-boge, une camisole de boge blanc et un tablier aussi de boge brun :	7 livres
Deux autres cotillons de boge blanche, un corset de pareille étoffe et un autre corset de cotonne blanche :	15 livres
Deux autres camisoles, dont l'une est d'étamine et l'autre de dauphine, un jupon de cotonne et un tablier de quadrille :	11 livres
Un habit complet de crépon à l'usage de la défunte :	18 livres
Deux jupons noirs, un tablier de coton et une camisole bonne :	12 livres
Une camisole à l'ancienne mode d'étamine grise, une autre de cotonne et un mauvais corset brun :	7 livres
Deux camisoles et un jupon de coton blanc et un tablier de toilette :	3 livres
Deux autres camisoles, un jupon et un tablier, le tout de toile blanche :	15 livres
Trois mauvais jupons de toile, deux tabliers et une camisole aussi de toile :	9 livres
Six chemises d'étoupe à l'usage de la défunte :	12 livres
Trois draps, deux nappes, trois serviettes et trois aulnes de toile de Paris :	15 livres

Coiffes et bandes de coiffe, 41 pièces :	12 livres	
Quatre mouchoirs de mousseline, trois de cotonne, un d'indienne avec deux petites corbeilles à linge :	9 livres	
Trois autres coiffes et une calle :	1 livre	15 sols
Un coffre ferré, fermant à clef :	6 livres	
Sept livres de fil plein, trois d'étoupes et un livre d'œuvre :	7 livres	
Un autre petit coffre ferré sans clef, avec deux calles de toile, une de boge, deux grosses coiffes, deux camisoles de boge blanc et trois paires de mitaines :	5 livres	
Une maie[139] propre à pétrir le pain avec un mauvais coffre sans clef :	8 livres	
Trois chemises, une nappe de rigodelle, deux plotons de fil à tricoter et une paire de souliers à l'usage de la défunte :	6 livres	
Une table, deux bancs, deux chaises et trois selles de bois :	2 livres	
Trois sacs à passer la farine avec une coiffe de boge :	1 livre	4 sols
Quarante-deux livres et demie d'étain commun :	26 livres	
Deux chaudières, deux chaudrons et deux bassins pesant le tout 17 livres :	15 livres	
Une tourtière avec son couvercle, une grande marmite et trois petites, une grande chaudière et deux petites en fonte	8 livres	
Une poêle, un poêlon, une pioche, une écumoire, une petite cuillère de fer et une autre petite cuillère de cuivre :	2 livres	
Cinq chauveaux d'huile à brûler :	2 livres	
De la mauvaise ferraille :	1 livre	
Deux mauvais seaux, une sapine, un mauvais dévidot et une mauvaise table :	2 livres	
Plusieurs pièces de terrerie, une bouteille et six gobelets de verre avec un mauvais dressoir :	1 livre	10 sols

Au grenier :

Soixante et une livre de chanvre femelle :	1 livre
106 maniveaux de chanvre mâle	5 livres
Trois livres de laine :	3 livres
Deux boisseaux d'haricot :	3 livres
Deux boisseaux de chènevis :	4 livres
Une queue de tonneau vidangé et quatre liasses de cercles :	3 livres
Un saloir avec neuf livres de jambon :	6 livres
Trois boisseaux d'oignons, environ un demi-boisseau, nanti, de deux sacs, une besace et une paire de bas de laine :	5 livres
Trois citrouilles, un mauvais coutre, une mauvaise crémaillère et une mauvaise épée :	1 livre

Dans la cave :

Quatre queues de vin rouge :	240 livres
Un grand et deux petits cuviers, deux tire vin, un entonnoir et une liasse de cercles, une selle de buis, une mauvaise civière, un vent, une demi-queue de tonneau vidangé, deux demi munis et deux feuillettes :	6 livres

---

[139] Meuble rustique utilisé pour la conservation de la farine et, comme pétrin, pour la fabrication du pain.

Quatre pioches, un piochon, une mauvaise cognée, un grappin, deux mauvaises meugles, deux bêches et une pelle de bois :	5 livres	
Un plot de bois de chêne, un quartaut vidangé et deux mauvais hâtereaux :	1 livre	10 sols

Dans la vinée :

Deux petites cuves, une demi-queue de tonneau vidangé et deux mauvaises hottes :	2 livres

Dans le chafaud :

Sur la vinée, soixante maniveaux de chanvre mâle :	3 livres
Trois mauvaises échelles avec quelques vieux bois :	2 livres
Sept fagots de perches de tout bois propres aux vignes et un millier de mairains :	8 livres

Dans l'écurie :

Une vache de dix ans :	30 livres
Deux mères brebis, un agneau et un cochon :	32 livres

Dans la grange :

Un cent de foin :	12 livres
Quatre boisseaux d'orge encore dans la paille et deux cabas :	10 livres

Dans les deux jardins :

Différents légumes :	2 livres	10 sols

Dans le tiroir de l'armoire,

Une croix d'argent, six bagues d'argent usées les trois quarts :	3 livres

Différents titres de propriété :

Terres labourables :	245 livres
Prés :	400 livres
Vignes à 50f l'ouvrée[140], (20 ouvrées environ),	962 livres
Un jardin entouré de murs,	
Un boisseau de chènevière,	
Un corps de logis, rue au Beugnon : chambre haute, grenier, cave, petite vinée, appentis, cour et écurie,	
Autre corps de logis, même rue, à peu près même disposition.	

---

[140] Ouvrée : Mesure réservée à une surface viticole. Une ouvrée équivaut à 45 perches, soit 4,28 ares (428 m^2)

Dettes passives : 171 livres 18 sols

Parmi lesquelles, à titre documentaire, on peut relever :

Pour labourage fait dans le cours de l'année :	16 livres	
À un notaire pour différents actes :	12 livres	
À un autre pour deux actes :	6 livres	
Pour deux charrois de vendange et un de fumier :	3 livres	
Pour deux journées de vendanges :	1 livre	5 sols
À un cordonnier pour « ouvrage de son métier » :	5 livres	
Pour les tailles : Pour les vingtièmes :	5 livres	14 sols
Pour un boisseau de cendres :		6 sols
Au sieur Daubenton, chirurgien, pour traitement et médicaments :	2 livres	5 sols
Au sieur Richard, chirurgien, pour traitement et médicaments dans la dernière maladie :	24 livres	
À Monsieur Mandonnet, docteur en médecine pour ses honoraires :	3 livres	
À Monsieur Despoisse curé, pour les frais d'enterrement :	9 livres	

Évidemment, la valeur estimative de tous les biens meubles et immeubles de la succession du vigneron André Champenois ne monte pas à un chiffre très élevé. Mais si au lieu de s'en tenir à cette donnée, on considère les biens en eux-mêmes, il paraît bien qu'André Champenois était un bon vigneron qui jouissait d'une honnête aisance.

Bulletin de la société archéologique et biographique de Montbard n° 42 1938

175 - Les outils de la vigne

Vie économique et situation financière de Montbard au XVIIIe siècle

Montbard au XVIIIe siècle est traversé par des crises dont plusieurs ont pour origine les difficultés qu'elle a à prouver son importance administrative, politique et économique.

Occupant une position excentrée dans le bailliage de Semur, à proximité du nailliage de la montagne, Montbard tiraillé de toutes parts n'avait qu'une envie, montrer sa personnalité, son originalité et devenir une cité administrative importante, rôle qu'on ne lui reconnut pas tout de suite, et pour lequel elle dut souvent intervenir en plus haut lieu pour obtenir satisfaction.

Il est certes fort regrettable qu'une rivalité de personnes, en l'occurrence Monsieur de Buffon fils et Monsieur Guiod échevin, n'ait pas permis le 21 décembre 1789 la création d'un chef-lieu de bailliage.

Si cette création avait pu se faire, Montbard serait peut-être de nos jours une sous-préfecture à part entière, j'entends par là une sous-préfecture dotée de tous ses attributs, en particulier un lycée qui lui fait grandement défaut et qui se justifierait pleinement.

Ainsi donc Buffon et Daubenton séjournaient souvent dans notre accueillante cité. Mettre Buffon à l'étude d'un congrès des Sociétés Savantes qui se tient à Montbard parait aller de soi et peut-être pourrait-on craindre d'entendre des propos qui soient déjà connus de tous. Je ne le crois pas car replacer Buffon et Daubenton dans une partie de leur cadre de vie peut et doit conduire à une recherche précise et apporter ainsi des compléments à des portraits que nous connaissons tous d'ailleurs assez bien.

Mais la recherche de la vérité en histoire est capitale, le recours aux sources, aux documents, est obligatoire pour se faire une idée plus juste de ce que fut un homme, un événement.

Je sais que la mise à l'étude du congrès de Buffon, si elle a pu réjouir les scientifiques, a pu parfois chagriner les historiens qui voient dans ce grand personnage le dernier « fossoyeur » du château de Montbard.

Je n'ai pas à me faire le défenseur inconditionnel de Buffon, mais je me dois, malgré tout, d'apporter quelques précisions sur l'état dans lequel était le château quand Buffon devient seigneur engagiste de Montbard.

L'état des lieux est parfaitement décrit dans le manuscrit C 2576 conservé aux archives départementales de la Côte d'Or et qui dit ceci :

(C'est un extrait des registres du Conseil d'État datant du 7 août 1742)

« Sur la requête présentée au Roy son Conseil par Georges Louis Leclerc, écuyer, seigneur de Buffon, de l'Académie Royale des Sciences, intendant du jardin du Roy, contenant qu'en vertu des lettres patentes du 3 mai 1687 et d'un arrêt du 3 juillet suivant, l'intendant en Bourgogne adjugea au Sieur Lorin, le 16 août de la même année les bâtiments étant dans la basse-cour du château de Montbard, une tour et deux jardins dont le donjon du château, moyennant une rente annuelle de 32 livres, que par le procès-verbal il est dit que le château de Montbard consiste en une basse-cour dans laquelle il y a une grande écurie voûtée, grenier dessus une grange, une autre cour appelée le donjon avec deux corps de logis dont l'un est en ruine et l'autre en une cuisine voûtée, chambre sans cheminée, un escalier et galerie presque ruinés, trois chambres hautes et deux cabinets au second étage, petite cour en carré servant de volière, une chambre et une cave attenantes à la porte du dit donjon et une tour appelée Aubépin contenant trois chambres l'une sur l'autre et qu'en entrant dans ledit donjon il y avait un pont-levis, ensuite deux petits jardins avec une petite écurie, que le Sieur Lorin acquit lesdits jardins et tous les bâtiments qui n'étaient pas ruinés, le reste est demeuré en ruines et entièrement abandonné depuis 1687.

Que le suppliant, dont le père est engagiste du domaine de Sa Majesté à Montbard, a acheté des héritiers du Sieur Lorin les bâtiments et jardins du château de Montbard qu'en ayant fait dans cet endroit des réparations très considérables, il désirait d'acquérir aussi de Sa Majesté les places joignantes pour avoir la totalité du dit château de Montbard, lesdites places consistant en un terrain tenant d'occident à la cour servant de volière et, ici mur de clôture dudit château, de levant à la tour Saint Louis et aux murs de clôture du Château de midi aux jardins assenés par le sieur Lorin et du nord à la tour de l'Aubépin vers laquelle ledit château se termine et n'est qu'un grand fossé rempli de décombres, ladite tour Saint-

Louis qui est ruinée depuis 1687 et dont la couverture à la charpente sont entièrement détruites et ladite tour de l'Aubépin qui est voûtée et dans laquelle il pleut de temps immémorial, ces deux tours étant sans aucune porte, fenêtres ny fermeture quelconque, un autre terrain d'environ 2/3 de journal dans la basse cour dudit château avec les murailles et les portes dudit château et au terrain asséné au Sieur Lorin, une terrasse ruinée et chargée d'environ 20 ou 25 pieds tournant autour dudit château et tenant d'une part aux murs dudit château d'autre part aux vignes de Montbard, d'un bout à la croix de Villiers et d'autre aux murailles de la ville quartier de Couard à qui ces emplacements et masures étant totalement inutiles à Sa Majesté, le suppliant requérait à ses causes qu'il plut à Sa Majesté de lui faire concession à titre d'acensement des places joignant les bâtiments et jardins du château de Montbard acensé au Sieur Lorin en 1687 et faisant la totalité dudit château ».

Il semble donc bien que le château n'était déjà que ruine en 1742 - peut-on en vouloir à Buffon de ne pas avoir englouti une partie de sa fortune pour restaurer cet édifice ? Je ne le pense pas. Mettre Buffon à l'étude de ce congrès c'est donc nous aider à connaître encore mieux ceux qui ont fait l'histoire de notre cité.

Il en est de même pour Louis-Jean-Marie Daubenton, noble de Bourgogne d'abord destiné aux ordres. Daubenton fit des études médicales et se trouva bien vite appelé à Paris par son compatriote Buffon et fut nommé démonstrateur au Jardin du Roi en 1742, titulaire de la Chaire de zoologie générale au collège de France en 1778, de celle d'économie rurale à Alfort en 1783, professeur à l'École Normale en 1795. Il fut nommé sénateur et mourut d'apoplexie en pleine séance à 84 ans.

Cette biographie rapide montre que Daubenton fut vraiment un grand homme ; malheureusement, je crois, l'ombre de Buffon lui voila toujours un peu le visage et j'ai tendance à dire : Daubenton le méconnu.

Yann Gaillard écrit dans son « Buffon, biographie imaginaire et réelle » :

« Daubenton, lui, achetait des spécimens, aux chasseurs, aux pêcheurs.

Depuis qu'il était pourvu, abondamment, au Jardin du Roi, Buffon s'efforçait de calmer les ardeurs de son ancien collaborateur.

Daubenton envisageait, en s'inspirant de méthodes anglaises, de bâtir sur la laine une prospérité et une renommée. Hélas ! Dans ce projet Buffon n'entrait pas, et il était impossible à Daubenton de ne rien commencer sans lui.

Souvent, le petit médecin tentait de convaincre son protecteur, mais ce dernier ne lui opposait que... ?...

C'est quand Buffon redescendait de sa tour que Daubenton, en trottinant derrière lui dans l'escalier, essayait de revenir à ses moutons, et n'obtenait que des grognements, ne pouvant voir de son illustre interlocuteur que le dos et les pans dorés de son habit mordoré. Ce dos à ses projets les plus chers avait fini par mettre de l'amertume au cœur de Daubenton ».

Nous souhaitons donc que ce congrès, par ses études, puisse redonner à Daubenton la place qui semble lui être due.

Melle de Montjamont, résidant à Vitteaux et descendante de Daubenton devait nous faire un brillant exposé sur son ancêtre, malheureusement, la maladie nous prive aujourd'hui de sa présence ; nous avons une pensée pour cette personne qui nous est chère et lui souhaitons de retrouver bien vite sa vitalité et son allant que nous lui connaissons tous.

Montbard au XVIIIème siècle est aussi à l'ordre du jour, non pas que cette étude doive faire apparaître des faits exceptionnels. Montbard est pendant tout le XVIIème siècle une ville pauvre, très pauvre, endettée et qui, malgré cela fait les efforts nécessaires pour se hisser au rang d'un village au rayonnement certain.

Le gros problème de Montbard à la fin du XVIIIème siècle est de faire face aux difficultés économiques.

Les Finances de la Ville

Aux environs de 1779, la ville de Montbard se trouve à nouveau dans l'impossibilité de faire face à ses charges.

Depuis 1773, le don gratuit a cessé d'être régi au compte de la ville pour l'être à celui de Sa Majesté, privant ainsi Montbard du bénéfice qui lui revenait sur le produit de cette régie.

La perte est estimée à 7 ou 800 livres.

La ville s'est endettée et n'a pour s'acquitter du passé et ne plus engagé l'avenir, que d'économiser sur les dépenses et d'augmenter de droit le tableau de ses revenus. En 1779,

- Les dépenses de la ville sont estimées à 2523 livres 4 sols,
- Les recettes à 1870 livres 18 sols,
- Le déficit s'élève donc à 652 livres 6 sols.

L'assemblée de la communauté, du 2 février 1779, estime qu'elle ne peut augmenter les droits sur la viande, par contre il lui paraît indispensable de réviser les droits sur les vins.

Ainsi, le droit d'octroi patrimonial, pour l'entrée de chaque queue de vin étranger (c'est-à-dire des vins qui ne se recueillent point dans l'enceinte des murs de Montbard) passe de 2 livres 10 sols à 6 livres, toutes personnes vendant du vin payant alors un droit de débit de 10 sols par queue.

La communauté envisage, d'autre part, des économies sur les chapitres suivants :

1. Elle se déchargera dorénavant des charges de 75 livres à payer au recteur d'école, attendu que plusieurs personnes se sont présentées pour remplir cette fonction sans demander d'autre avantage que le logement.

2. Elle supprimera le paiement de 100 livres au prédicateur de carême étant entendu que les prêtres mépartistes de Montbard peuvent très bien assurer ce service.

3. Elle supprimera la rétribution de 30 livres au sacristain, 6 livres au porte-croix et 30 livres pour l'entretien des linges, attendu que les revenus de la fabrique sont très abondants et plus que suffisants.

4. Le paiement de 20 livres au curé pour l'enterrement des pauvres est rapporté étant donné que l'hôpital de la ville lui règle chaque année une somme relative à ces pauvres ; une partie des habitants estimant d'ailleurs que ce paiement est plus une charge qu'une œuvre de piété.

5. Les 20 livres payées annuellement pour l'entretien de la lampe de la chapelle Saint-Jean ne le seront plus, étant donné qu'un droit annuel de 12 sols par chaise peut être payé par les fidèles.

La quasi-totalité des économies touche le domaine du culte ; nous retrouvons là un aspect bien particulier des Montbardois, qui, tout au cours du XVIIIème siècle, n'ont toujours accordé que fort chichement des subsides aux ministres du Culte et ont toujours cherché à se dispenser de ces charges.

Les difficultés économiques

La révolution à Montbard va donc être essentiellement une période de difficultés économiques.

Le passage de l'ancien régime aux nouvelles institutions se fait, en somme sans grand bouleversement.

Peu de péripéties, peu de séquelles, les Montbardois après s'être intéressés à la chose publique, avoir participé aux assemblées vont peu à peu les délaisser, l'absentéisme étant de plus en plus important.

En fait, pendant la période révolutionnaire, les problèmes auxquels devront faire face les élus ne seront pas tellement d'ordre public mais plutôt d'ordre économique.

Montbard aura en effet des difficultés d'approvisionnement en grains fort importantes.

Les Amis de la cité N°32

En 1756 la taille royale imposée à la communauté de Montbard par les élus généraux des États du Duché de Bourgogne se répartissait sur 374 familles.

Il nous a paru intéressant de relever les états des chefs de ces différentes familles, ce qui nous donne la physionomie de Montbard en ce milieu du XVIIIème siècle.

Nous y trouvons :
- 12 bourgeois
- 4 notaires
- 3 huissiers
- 1 greffier
- 1 secrétaire
- 2 médecins
- 5 chirurgiens
- 1 commissaire à la direction des Cartes
- 1 directeur des chemins
- 3 bouchers
- 1 tripier
- 9 boulangers
- 13 marchands
- 2 pâtissiers
- 1 moutardier
- 2 marchands de bois
- 4 aubergistes
- 1 marchand de poteries
- 1 potier d'étain
- 1 potier de terre
- 1 fabricant de boutons
- 13 fabricants de lacets
- 6 vanniers
- 4 couvreurs
- 1 cadreur
- 2 meuniers
- 2 vitriers
- 1 gantier
- 1 cloutier
- 2 tuiliers
- 1 chaudronnier
- 2 bourreliers
- 2 chapeliers
- 4 charpentiers
- 8 taillandiers
- 7 charrons
- 1 rémouleur
- 2 cordiers
- 1 savetier
- 16 cordonniers
- 6 menuisiers
- 1 huilier
- 4 perruquiers

- 2 tailleurs d'habits
- 2 maréchaux
- 19 tisserands
- 7 maçons
- 5 serruriers
- 1 horloger
- 1 drapier
- 2 tonneliers
- 4 tanneurs
- 5 tailleurs de pierres
- 4 frotteurs de chanvre
- 4 jardiniers
- 20 vignerons
- 48 vignerons d'autrui
- 4 pâtres
- 2 gardes de bois
- 8 laboureurs
- 1 fermier
- 6 laboureurs d'autrui
- 28 journaliers
- 3 manœuvriers
- 1 matrone - (sage-femme)
- 35 veuves
- 6 femmes célibataires.

Dans la nomenclature des différents commerces et métiers de cette époque nous remarquons 13 fabricants de lacets, ce qui semble indiquer que cette activité était une petite industrie locale, la présence de frotteurs de chanvre et 19 tisserands nous montre la place qu'occupait la culture du chanvre dans notre région. Mais ce qu'il y a de plus frappant est le nombre de vignerons ; 20 vignerons et 48 vignerons d'autrui (personne ne possédant pas de terre mais cultivant la vigne à façon pour le compte de propriétaires). 68 familles vivaient à Montbard de la culture de la vigne qui prouve l'importance de cette activité au XVIIIe siècle dans notre région et en particulier dans notre ville.

À cette époque le prénom masculin le plus répandu était Edme, un homme sur 4 ou 5 se prénommait ainsi ; nous trouvons également quelques Urse, ce qui doit être assez local.

176 - Champ de céréales

Pour les 374 familles recensées sur ce rôle plus que deux fois centenaire, 13 portent le nom de Bréon et 7 celui de Bogureau et il est agréable de trouver dans cette longue liste de chefs de famille beaucoup de noms connus encore actuellement à Montbard ce qui montre l'attachement des habitants de notre ville à leur petite patrie.

Table des illustrations

1 - Lithographie 15
2 - Les Druides, dessin H.Tachy 16
3 - Lithographie colorisée de la ville 17
4 - Tableau au musée Buffon 18
5 - Entrée du village de Nogent-Lès-Montbard 19
6 - Détail du vitrail au-dessus de la porte d'entrée de St-Urse 21
7 - Blason de la maison Montbard 22
8 - Cachet de cire en1778 23
9 - Les différentes bornes séparant les bois du Duc et les bois communaux. 24
10 - Tableau au musée de Buffon 25
11 - Gravure du château de Montbard au XVe siècle 26
12 - Lithographie, début du XXe siècle 27
13 - Le vieux quartier des Halles à Montbard 28
14 - Le pont sur la Brenne et le château. Dessin de la fin du XIXe siècle 30
15 - La charte d'Affranchissement de 1201 31
16 - La chapelle St-Thomas en 1972. Elle sera démolie quelques années plus tard pour laisser place au centre social. 36
17 - Charte présentée en 1910, puis mise en réserve en 1998, après restauration, car elle supportait mal la trop forte exposition à la lumière. 39
18 - Reproduction de la charte originale exposée dans le salon d'honneur de l'Hôtel de Ville 41
19 - 750e anniversaire de la charte 46
20 - Les remparts 48
21 - Réparation de la toiture de la tour St-Louis en 2017 49
22 - Rue où se trouvait le grenier à sel 50
23 - La ville de Montbard en 1609 51
24 - Anne, duchesse de Bedfort, prie devant Ste-Anne 52
25 - Jean de Lancastre, 1er duc de Bedfort 53
26 - Le siège de Montbard dessin de H. Tachy 54
27 - Livre sur le siège de Montbard 55
28 - Un tisserand - Aquarelle de J. Bonsans 57
29 - Portrait de Colbert par Philippe de Champagne (1655) 57
30 - Anciennes mesures de France : l'aune. 58
31 - Métier à tisser 58
32 - Les troupes. Dessin d'Henri Tachy 59
33 - La ferme de Courtangy 61
34 - Croquis du 18 janvier 1695 de Claude Mongin, arpenteur juré 63
35 - Église de Crépand 65
36 - Le quartier Saint-Pierre 66
37 - La barre Émile Zola dans le quartier Saint-Pierre 67
38 - Vue aérienne de Corbeton 68
39 - Corbeton IV ouest en 1967 69
40 - Corbeton IV est 70
41 - L'église St-Urse 71
42 - Rue Clemenceau peinture F. Maillard 72
43 - Le fronton de l'église St-Urse 73
44 - La chaire de St-Urse 74

45 - Le vitrail du XVe siècle	75
46 - Intérieur de St-Urse	75
47 - Inauguration du tableau « la présentation de la Vierge au Temple »	76
48 - 1994 – Inauguration de l'église St-Urse après les travaux.	76
49 - Les orgues de St-Urse	77
50 - Les claviers	78
51 - Les tuyaux	78
52 - Affiche de l'inauguration des orgues restaurées	79
53 - Le vitrail au-dessus de la porte d'entrée	80
54 - L'autel de la chapelle de l'ancien hôpital	81
55 - Intérieur de l'église St-Urse	82
56 - Ossements et bois en décomposition dans l'un des caveaux	83
57 - Entrée des caveaux	83
58 - Gilbert Bonsans dans le caveau nettoyé	84
59 - Bâton de procession du XVIIIe siècle	85
60 - Tableau donné par le roi en 1846	87
61 - St-Augustin, toile du XVe siècle	89
62 - Tableau dans l'église	90
63 - Vieux Christ en bois	91
64 - Vieux Christ en bois	92
65 - La bannière de la vierge	92
66 - Le chemin de croix	93
67 - Statue en bois	94
68 - Peinture d'Ernest Boguet	101
69 - Église Saint-Urse - Peinture des fonts baptismaux	102
70 - Séance de cinéma parlant à Montbard	103
71 - Inauguration de la fête de Montbard	103
72 - Bannière de Saint-Urse	104
73 - Saint-Urse	104
74 - Vitrail représentant Saint-Urse	105
75 - Relique de St-Urse	106
76 - La chapelle Sainte-Barbe	107
77 - Borne de la chapelle Sainte-Barbe	108
78 - Détail de la borne	109
79 - Inscription au-dessus de la porte de la chapelle	109
80 - L'étang Sainte-Barbe	110
81 - Le puits des moines	110
82 - Le père Nurdin et le père Simon	112
83 - L'ancienne chapelle Saint-Jean-Baptiste	117
84 - Jean-Baptiste par Anton Raphaël Mengs	118
85 - L'église Saint-Thomas. Dessin H. Tachy	119
86 - La chapelle Saint-Thomas	121
87 - La chapelle Saint-Thomas	122
88 - L'église Saint-Paul. Aquarelle J. Bonsans	123
89 - Intérieur de l'église Saint-Paul	123
90 - Entrée de la chapelle Saint-Paul	124
91 - Plan de la propriété des Ursulines	125
92 - Plan de la propriété des Ursulines (Détail de la partie bâtie)	126

93 - Blason des Ursulines	127
94 - Bâtiments du couvent des Ursulines	127
95 - Porte d'entrée de la chapelle des Ursulines	127
96 - Musée des Beaux Arts	128
97 - Musée des Beaux Arts	129
98 - Vitrail du musée des Beaux Arts	130
99 - Vitrail du musée des Beaux-Arts	130
100 - Le musée des Beaux-Arts	131
101 - Vue de l'Institution Buffon	132
102 - Croix près du monument aux morts	134
103 - Détail du socle de la croix	134
104 - Rue du Faubourg, emplacement de la croix	135
105 - Croix à la dévotion de Michel Denevers	135
106 - Croix sur le pont de la Brenne	135
107 - Niche au 58 de la rue du faubourg	136
108 - Le Maire, assis au centre, est entouré de six échevins. Au-dessus d'eux, les blasons du Duc et de la ville de Montbard	138
109 - Ravières : la chapelle St-Roch	147
110 - Pièce d'un denier	165
111 - Louis XIV par Hyacinthe Rigaud en 1701	177
112 - Des truffes	179
113 - Maquette représentant les fontaines salées	182
114 - Plaque apposée sur l'ancien grenier à sel	183
115 - La rue Auguste Carré	186
116 - La Guillotine	189
117 - Louis XV par Louis Michel Van Loo	191
118 - Le pavillon de l'Arquebuse	193
119 - Naissance du Duc de Bourgogne	193
120 - L'Hôtel de Ville surmonté du Jacquemard	195
121 - Portrait de Mandrin tiré d'après nature dans les prisons de Valence	196
122 - La Cloche de St-Urse	197
123 - La moisson aux Bordes en 2009	201
124 - Boulangerie rue Anatole Hugot (1967)	202
125 - Boulangerie rue Eugène Guillaume	203
126 - Le moulin du pont	204
127 - Image représentant la revanche du tiers état sur la noblesse et le clergé.	206
128 - Image satirique de l'époque de la révolution.	207
129 - Le délire patriotique - Nuit du 4 au 5 août 1789.	208
130 - Les bois communaux de Montbard	211
131 - La devise de la république.	213
132 - La révolution vue par les Britaniques : "L'excellence de la république"	215
133 - Bonnet Phrygien.	217
134 - Dessin satirique de la Révolution.	220
135 - Abattage de l'arbre de la liberté - Dessin d'Henry Tachy	222
136 - Buste de Buffon.	224
137 - Un boisseau.	227
138 - Moisson en 2009	228
139 - Une boulangerie.	233

140 - La ferme du pressoir.	236
141 - Inscription permettant de localiser le pressoir.	236
142 - Canon dans la tour Saint-Louis. Aquarelle de J. Bonsans.	238
143 - Départ d'un citoyen	242
144 - Livre de Sadi Carnot.	244
145 - Maison rue des tanneries	251
146 - Inspection des chevaux et mulets	252
147 - Les soldats de la Révolution	259
148 - Pierre tombale de Pierre Leclerc	263
149 - L'hôtel Buffon	264
150 - Pièce de 6 livres argent qui sera remplacée par la pièce de 5 francs	265
151 - Pièce de six livres.	265
152 - Pièce de deux sols (2 sous)	266
153 - Stock de blé	276
154 - Entrée de la métairie St-Philibert	279
155 - Cochons à la foire en 2017	281
156 - 14 juillet 2007	285
157 - Calendrier républicain	289
158 - La coq de St-Urse	291
159 - Un enterrement à St-Paul	292
160 - Plaque de l'ancienne rue des tanneries	296
161 - Indication de rue de la fontaine	297
162 - Plantation d'un Arbre de la Liberté	302
163 - Le ramassage du foin	304
164 - Anciennes mesures : Le boisseau et le setier	306
165 - Assignat de 15 sols	310
166 - Citoyens suspects fouillés par les postes de rue	312
167 - Le caveau de Buffon	316
168 - Maison de l'octroi. Dessin de H. Tachy	319
169 - 14 juillet 2014	322
170 - Feu d'artifice	324
171 - l'arbre de la liberté au champ de foire	325
172 - La plaque de l'arbre du centenaire	326
173 - Plantation d'un arbre de la liberté	326
174 - Le travail de la vigne	327
175 - Les outils de la vigne	330
176 - Champ de céréales	335

Imprimé en Auto-édition.
Dépôt légal *Août 2018*

www.ingramcontent.com/pod-product-compliance
Lightning Source LLC
Chambersburg PA
CBHW082005220426
43670CB00014B/2558